Doppelrelevante Tatsachen im Internationalen Zivilverfahrensrecht

Studien zum vergleichenden und internationalen Recht -
Comparative and International Law Studies

Herausgeber: Bernd von Hoffmann und Erik Jayme

Band 67

PETER LANG
Frankfurt am Main · Berlin · Bern · Bruxelles · New York · Oxford · Wien

Konrad Ost

Doppelrelevante Tatsachen im Internationalen Zivilverfahrensrecht

Zur Prüfung der internationalen Zuständigkeit bei den Gerichtsständen des Erfüllungsortes und der unerlaubten Handlung

PETER LANG
Europäischer Verlag der Wissenschaften

Die Deutsche Bibliothek - CIP-Einheitsaufnahme

Ost, Konrad:

Doppelrelevante Tatsachen im internationalen Zivilverfahrensrecht : zur Prüfung der internationalen Zuständigkeit bei den Gerichtsständen des Erfüllungsortes und der unerlaubten Handlung / Konrad Ost. - Frankfurt am Main ; Berlin ; Bern ; Bruxelles ; New York ; Oxford ; Wien : Lang, 2002
(Studien zum vergleichenden und internationalen Recht ; Bd. 67)
Zugl.: Heidelberg, Univ., Diss., 2001
ISBN 3-631-39229-X

Gedruckt auf alterungsbeständigem, säurefreiem Papier.

D 16
ISSN 0930-4746
ISBN 3-631-39229-X

Printed in Germany 1 2 3 4 6 7

www.peterlang.de

Meinen Eltern
&
Christine, Julius und Marlene

Vorwort

Die vorliegende Arbeit wurde von der Juristischen Fakultät der Ruprecht-Karls-Universität Heidelberg im Sommersemester 2001 als Dissertation angenommen. Die Arbeit befindet sich überwiegend auf dem Stand von August 2000. Einige nachträgliche Rechtsentwicklungen wurden in den Fußnoten berücksichtigt.

Ich danke meinem verehrten Doktorvater Herrn Prof. Dr. Dr. h.c. mult. Erik Jayme für die vielen Jahre an "seinem" Heidelberger Institut, die uneigennützige Förderung und für seine engagierte Betreuung meiner Dissertation. Nicht minder danke ich dem Zweitgutachter Herrn Prof. Dr. Heinz-Peter Mansel. Er hat mich seit Beginn meines Studiums gefördert und stand mir stets mit seinem Rat zur Seite. Nicht zuletzt wegen seiner Ermunterung ist diese Dissertation entstanden.

Die Anfertigung der Arbeit wurde durch ein großzügiges Stipendium der Studienstiftung des deutschen Volkes ermöglicht. Für diese und die mir während des Studiums gewährte Förderung bedanke ich mich herzlich.

Für Hinweise zum englischen Recht danke ich Herrn Richard Fentiman, Queens' College, Cambridge. Ein Studienaufenthalt in Cambridge wurde durch die großzügige Förderung des britischen Außenministeriums und des Kurt-Hahn-Trusts ermöglicht.

Für hilfreiche Gespräche und für die bei der Entstehung einer Promotion erforderliche Aufmunterung danke ich meinen Heidelberger Freunden, insbesondere Herrn Dr.Christoph Herfarth und Herrn Kai-Udo Wiedenmann. Unverdrossen hat mein Bruder Hartmut die Entstehung der Arbeit begleitet. Er hat das Manuskript gelesen und stand als Gesprächspartner stets zur Verfügung. Für die Vielfach geleistete Hilfe danke ich ihm sehr herzlich.

Gewidmet ist die Arbeit Christine, für die Liebe und Hilfe in allen Lebenslagen, unseren Kindern Julius und Marlene, die die Entstehung des Buches mal mehr, mal weniger lautstark begleitet haben, und meinen Eltern, die mich immer liebevoll unterstützt haben.

Bonn, im November 2001 — Konrad Ost

Inhaltsübersicht

Einleitung

Erster Teil

Die autonome deutsche internationale Zuständigkeitsordnung

Zweiter Teil

Die Zuständigkeitsprüfung im rechtlichen Kontext

Dritter Teil

Die europäische Ebene - Das Europäische Gerichtsstands- und Vollstreckungsübereinkommen

Schluß

Auswertung und Zusammenfassung

Einleitung

Erster Teil
Die autonome deutsche internationale Zuständigkeitsordnung

Zweiter Teil
Die Zuständigkeitsprüfung im rechtlichen Kontext

Dritter Teil
Die europäische Ebene - Das Europäische Gerichtsstands- und Vollstreckungsübereinkommen

Schluß
Auswertung und Zusammenfassung

Einleitung

§ 1 Das Thema

Die Zulässigkeit und die Begründetheit einer Klage sind grundsätzlich strikt voneinander zu trennen. Die Prüfung der Zulässigkeit und Begründetheit findet auf unterschiedlichen Ebenen statt.[1] Diese Arbeit untersucht die prozessuale Behandlung von Tatsachen, die sich der genannten strikten Trennung der Prüfstationen widersetzen. Es handelt sich um Tatsachen, die sowohl in der Zulässigkeitsprüfung als auch für die Sachentscheidung, d.h. die Begründetheit, eine Rolle spielen. Die Arbeit konzentriert sich darauf zu untersuchen, wie diese Tatsachen im Rahmen der Zulässigkeitsstation zu prüfen sind und ob diese doppelte Relevanz eine Sonderbehandlung ebendort rechtfertigt. Ausgangspunkt bildet insoweit die herrschende Meinung.[2] Danach ist für doppelrelevante Tatsachen im Rahmen der Zulässigkeitsprüfung allein auf die Behauptungen des Klägers abzustellen. Anders als im Rahmen der Begründetheitsprüfung bleibt das Gegenvorbringen des Beklagten also unbeachtet. Jedoch wird das klägerische Vorbringen einer Schlüssigkeitsprüfung unterzogen. Dieses Vorgehen hat bisweilen Kritik erfahren[3], deren Berechtigung untersucht wird.

Die Problematik doppelrelevanter Tatsachen wird in dieser Arbeit anhand der internationalen Zuständigkeit untersucht, auch wenn sie in vielen anderen Bereichen an Bedeutung gewinnt. Als besonders relevante Konstellationen werden der Gerichtsstand des Erfüllungsortes und der Gerichtsstand der unerlaubten Handlung zum Gegenstand der Untersuchung gemacht.

Die Einbeziehung der europäischen Rechtsordnung des EuGVÜ als Teil der deutschen internationalen Zuständigkeitsordnung versteht sich von selbst. Im Rahmen der Untersuchung des EuGVÜ wird auch auf die Zuständigkeitsprüfung nach englischem Recht eingegangen, um so die Spannungen zu

---

[1]Vgl. unten § 13 III.2.

[2]RG 11.3.1892 RGZ 29, 371, 372; 12.12.1918 RGZ 95, 268, 270; BGH 7.10.1979 GRUR 1980, 227, 230; 24.9.1986 NJW 1987, 592, 594; Schumann, FS Nagel, 414. Vgl. ausführlich unten § 7.

[3]Vgl. nur Geimer, IZPR, RN 1826; Würthwein ZZP 106 (1993), 51. Ausführlich unten § 9 und der *Zweite Teil* der Arbeit.

verdeutlichen, die bei einem etwaigen Einheitsmodell einer europäischen Zuständigkeitsprüfung auftreten könnten.[4]

In der Arbeit wird nach der Berechtigung des Vorgehens der h.M. gefragt. Es wird untersucht, ob sich die von der h.M. vorgenommene Prüfung doppelrelevanter Tatsachen im Rahmen der Zuständigkeit stimmig in das zivilprozessuale System einfügt und ob sie interessengerecht ist. Darüber hinaus wird nach der Vereinbarkeit der h.M. mit den Vorgaben des EuGVÜ gefragt.

§ 2 Der Begriff der doppelrelevanten Tatsache

Im deutschen Zivilprozeßrecht ist der Begriff der doppelrelevanten Tatsache seit langem gebräuchlich.[5] Er verliert etwas an Schärfe dadurch, daß er auch in anderen Rechtsgebieten gelegentlich verwandt wird.[6] Ausländische Rechtsordnungen wie die schweizerische (faits de double pertinence[7] /doppelrelevante Tatsachen[8]) oder die schwedische (dubbelrelevanta rättsfakta[9]) verwenden die gleiche Begrifflichkeit, zumal die Wurzel zumeist in einer direkten Übernahme aus dem deutschen Recht stammen dürfte. Auch im englischen Rechtsraum ist der Begriff der "doubly relevant facts" inzwischen eingeführt.[10] Im deutschen Recht werden gelegentlich unter einem anderen Blickwinkel andere Umschreibungen genannt, wie "qualifizierte Prozeßvoraussetzungen"[11], "anspruchsbezogene Sachentscheidungsvoraussetzungen"[12] oder "qualifizierte

---

[4]Vgl. oben § 4 I.; § 23.

[5]Zuerst wohl Edmund Mezger in seiner 1908 erschienenen Tübinger Dissertation: "Prozessual-materielle Doppelrelevanz einer Tatsache im zivilprozessualen Erkenntnisverfahren"; Schlosser, EuGVÜ, Art. 5 Rn 18 spricht von doppelt relevanten Tatsachen; ebenso Thomas/Putzo-Hüßtege § 328 Rn 8a.

[6]Z.B. im Bereich eines Strafurteils spricht man gelegentlich von doppelrelevanten Tatsachen, die sowohl für die Schuld- wie für die Strafzumessungsfrage von Bedeutung sind. Vgl. die Dissertationen von Dietze und Alberts; nicht in diesen Zusammenhang paßt auch die Verwendung des Begriffs durch Zimmermann 170 Fall 263, nach dessen Auffassung eine Tatsache doppelrelevant ist, wenn sie sowohl für das Grund- wie für das Schlußurteil von Bedeutung ist.

[7]Donzallaz III Rn 4507; oder "faits doublement pertinents": Knoepfle AJP 1998, 787.

[8]BG 21.2.1996 BGE 122 III, 249; 12.3.1993 BGE 119 II 66; Vogel Rn 103b f.

[9]Pålsson SvJT 1999, 315.

[10]C.Kohler ICLQ 34 (1985), 574; zum brasilianischen Recht vgl. Pabst IPRax 1999, 78 f.

[11]BGH 25.11.1993 NJW 1994, 1413, 1414; OLG Köln 29.2.1988, RPfleger 1988 324, 325.

[12]Balzer NJW 1992, 2723.

Sachentscheidungsvoraussetzungen"[13], um das Phänomen der doppelrelevanten Tatsachen im Rahmen des Prozeßrechts zu benennen.
Nach der gängigen Definition[14] sind Tatsachen im strengen Sinne doppelrelevant, wenn ihr Vorliegen für die Zulässigkeit wie für die Begründetheit einer Klage *notwendig* ist.[15] Nach einer anderen Formulierung sind zuständigkeitsbegründende Tatsachen dann nicht doppelrelevant, wenn der erhobene Anspruch begründet sein kann, ohne daß diese Tatsachen vorliegen müßten.[16] Bevor im einzelnen auf problematische Abgrenzungen eingegangen wird, sollen hier zur Illustration des Begriffs einige klassische Beispiele doppelrelevanter Tatsachen vorgestellt werden:

So sind im Rahmen der Rechtswegabgrenzung zwischen ordentlicher und Arbeitsgerichtsbarkeit diejenigen Tatsachen doppelrelevant, die die Arbeitnehmereigenschaft begründen, wenn der geltend gemachte Anspruch als Tatbestandsvoraussetzung die Arbeitnehmereigenschaft voraussetzt.[17]
In der Abgrenzung zur Verwaltungsgerichtsbarkeit kann man bei Amtshaftungsprozessen die bestehende Amtspflicht als doppelrelevante Tatsache bezeichnen.[18]
Streiten die Parteien etwa in der Rechtsmittelinstanz über das Vorliegen von Prozeßvoraussetzungen, die in gleicher Weise für die Zulässigkeit des Rechtsmittels vorliegen müssen, so spricht man auch dort von doppelrelevanten Tatsachen. So wird in der Berufung des wegen Prozeßunfähigkeit unter-

---

[13] Balzer NJW 1992, 2723.

[14] Strenggenommen handelt es sich zumindest in der Rechtsprechung nicht um Definitionen des Begriffs "doppelrelevante Tatsache", sondern um die Eingrenzung eines rechtlichen Phänomens, das von der Rechtsprechung erst später mit dem Begriff der doppelrelevanten Tatsache belegt wurde z.B. in BGH 25.11.1993 NJW 1994, 1413, 1414.

[15] BGH 24.9.1952 BGHZ 7, 184, 186 "gleichzeitig notwendige Tatbestandsmerkmale des erhobenen Anspruchs, wenn also die Bejahung des Anspruchs begrifflich diejenige der Zuständigkeit in sich schließt"; etwas anders BGH 25.11.1993 NJW 1994, 1413 "Tatsachen, die sowohl für die Zulässigkeit als auch für die Begründetheit notwendigerweise *erheblich* sind" (Hervorhebung durch Verf.); Stein/Jonas-Schumann § 1 Rn 20 "Tatsachen, die zugleich die Zulässigkeit und die Begründetheit rechtfertigen sollen"; Stein/Jonas-Schumann § 1 Rn Rn 20a "Tatsachen, die notwendig vorliegen müssen, damit der erhobene Anspruch auch begründet ist".

[16] Stein/Jonas[19]-Pohle III vor § 12.

[17] Im Einzelnen sehr umstritten vgl. BAG 30.6.1958 BAGE 6, 160; 26.6.1967 BAGE 19, 355; 24.4.1996 AP § 2 ArbGG 1979 Nr.1 mit Anm. Hager; 15.3.2000 ZIP 2000, 899, 901; Stein/Jonas-Schumann § 1 Rn 175; Zöller-Gummer § 13 GVG Rn 11; Bötticher ZZP 72 (1959), 44 ff.; Rimmelspacher, Prüfung, 160 ff.

[18] BGH 28.2.1991 NJW 1991, 1686, 1687; GemSOGB 29.10.1987 NJW 1988, 2295, 2296; Balzer NJW 1992, 2723 (Schlüssigkeitsprüfung hier eingeschränkt vgl. KG 16.4.1956 ZZP 69 (1956), 377, 379; Lüke AöR 84 (1959), 122; ders., FS Bruns, 130 Kluth, Diss., 49.)

liegenden Klägers die Prozeßfähigkeit in der Zulässigkeitsstation unterstellt[19], so daß die Berufung nicht verworfen, sondern allenfalls zurückgewiesen wird. Darüber hinaus wird der allgemeine Satz aufgestellt, daß im Streit um die Prozeßfähigkeit die prozeßunfähige Person als prozeßfähig anzusehen sei.[20] Hier wird unter Umständen vom Rechtsschutzsuchenden gerade eine Tatsache zur Rechtsmittelbegründung vorgetragen, die strenggenommen das Rechtsmittel unzulässig machen müßte. Weitere Beispiele sind die Verbandsausstattung nach § 13 II Nr.2 UWG[21], die sowohl für die Klageberechtigung wie für die Aktivlegitimation Bedeutung hat, die Höhe der eingeklagten Geldforderung[22], die die sachliche Zuständigkeit und deren Bestehen das Sachurteil bestimmt.[23] Unter bestimmten Umständen kann auch die Parteifähigkeit (z.B. einer im Handelsregister gelöschten GmbH) doppelrelevant sein.[24] Weitere Bespiele finden sich im Bereich des Feststellungsinteresses bei Feststellungsklagen[25] sowie bei der Beschwerdebefugnis im FGG-Verfahren.[26]

Vorliegend stehen doppelrelevante Tatsachen bei der Prüfung der internationalen Zuständigkeit im Zentrum der Überlegungen. Parallel zur örtlichen Zuständigkeit sind auch dort bei einigen besonderen Gerichtsständen anspruchsbezogene Tatsachen zuständigkeitsbegründend. Hauptfälle sind der Gerichtsstand des Erfüllungsortes und der der unerlaubten Handlung. Im ersten Fall geht es unter anderem um das Vorliegen einer zu erfüllenden Verpflichtung, im anderen um das Vorliegen einer unerlaubten Handlung. Beides sind Tatsachen, die auch den Ausgang des Rechtsstreits in der Begründetheitsstation entscheiden. Auch andere Gerichtsstände wie der des Vermögens (§ 23 ZPO)[27], der der Mitgliedschaft (§ 22 ZPO)[28], der der Mietsache

---

[19]Stein/Jonas-Schumann § 1 Rn 20c; Hager ZZP 97 (1984), 174 ff.

[20]BGH 24.9.1955 BGHZ 18, 184, 190; 22.3.1961 BGHZ 35, 1, 6; 22.12.1982 BGHZ 86, 184, 186; 23.2.1990 BGHZ 110, 294, 295 f.; Stein/Jonas-Schumann § 1 Rn 20c; Hager ZZP 97 (1984), 178 f.

[21]BGH 11.4.1991 NJW-RR 1991, 1138; kritisch Balzer NJW 1992, 2721.

[22]Balzer NJW 1992, 2722.

[23]Weitere Konstellationen im Bereich der sachlichen Zuständigkeit bei Kluth, Diss., 75 ff.

[24]BGH 4.6.1957 WM 1957, 975; 6.11.1980 NJW1981, 678; 21.10.1985 WM 1986, 145; 7.10.1994 ZIP 1994, 1685; BayOBLG 23.9.1993 NJW-RR 1994, 230; Balzer NJW 1992, 2723; Bork JZ 1991, 848 ff.; Furtak 40 Fn 198 m.w.N.

[25]Balzer NJW 1992, 2725 ff.

[26]Keidel/Kuntze/Winkler-Kahl § 20 Rn 18 ff.; Knöringer, FGG, 39 f.; Bassenge/Herbst § 20 Rn 9 ff.

[27]RG 1.7.1899 Gruchot 44, 1150.

[28]RG 8.1.1902 JW 1902, 125.

(§ 29a ZPO), der Gerichtsstand für Umweltsachen (§ 32a ZPO)[29] oder auch der europäische Gerichtsstand für Verbrauchersachen (Artt. 13, 14 EuGVÜ)[30] umfassen in der Zuständigkeitsbegründung doppelrelevante Tatsachen. Doppelrelevante Tatsachen kommen somit an vielen verschiedenen Stellen im Prozeßrecht vor, ohne daß damit schon vorherbestimmt wäre, daß dieses Phänomen an jeder Stelle gleich behandelt werden müßte.

§ 3 Fragestellung der Arbeit

Die Arbeit hat zwei Schwerpunkte: Die Behandlung doppelrelevanter Tatsachen im autonomen internationalen Zuständigkeitsrecht und auf der europäischen Ebene. Das Phänomen doppelrelevanter Tatsachen ist kein neues Thema. Eine recht ausdifferenzierte Rechtsprechung und die Literatur befürworten seit nunmehr über 100 Jahren eine bestimmte Art der Behandlung nach der im folgenden so bezeichneten "Schlüssigkeitstheorie".[31] Diese Tatsache legt die Fragestellung, die der Arbeit zugrunde liegt, nahe: Es soll nicht voraussetzungslos aus allgemeinen Grundsätzen eine etwaige Neubestimmung der Behandlung doppelrelevanter Tatsachen entwickelt werden, die dann in einem weiteren Schritt mit der h.M. kontrastiert würde. Die Breite und Tiefe der bisherigen Diskussion macht es vielmehr notwendig, die Vorgehensweise der Schlüssigkeitstheorie selbst in das Zentrum der Untersuchung zu stellen.
Wichtige Gesichtspunkte, unter denen die h.M. kritisch untersucht werden muß, sind z.B. die involvierten Parteiinteressen, vor allem in besonderen prozessualen Konstellationen wie der Beklagtensäumnis oder -soweit ein Gerichtsstand des Sachzusammenhangs in Betracht gezogen wird- der Anspruchsgrundlagenkonkurrenz. Auch wird nach dem Zusammenhang zwischen der Behandlung doppelrelevanter Tatsachen und der Rechtskraft einer Entscheidung gefragt. Weiter wird untersucht, ob die h.M. ihren Ansatz tatsächlich systemstimmig in das deutsche und europäische Zivilprozeßrecht integrieren kann. Diese Arbeit kann die Problematik der doppelrelevanten Tatsachen lediglich exemplarisch behandeln und beschränkt sich daher auf die Untersuchung der Gerichtsstände des Erüllungsortes und der unerlaubten Handlung.

---

[29]Inhaberschaft der in Anhang 1 des Umwelthaftungsgesetzes genannten Anlagen.

[30]So sind Fälle vorstellbar, bei denen die Klagebegründung allein von der Verbrauchereigenschaft des Klägers abhängt.

[31]Vgl. Nachweise in FN 2.

Zusammenfassend läßt sich der Ansatz der Arbeit in zwei Fragen kanalisieren: 1. Ist die Vorgehensweise der Schlüssigkeitstheorie systemstimmig und interessengerecht und sollte sie im autonomen IZVR beibehalten werden? und 2. Ist diese Praxis mit den europarechtlichen Vorgaben des EuGVÜ zu vereinbaren?

§ 4 Methodische Vorüberlegung und Gang der Arbeit

- I. Methodische Vorüberlegung

Die soeben skizzierte Fragestellung gliedert die Arbeit in zwei Themenbereiche: Auf der einen Seite steht die Untersuchung des autonomen deutschen, auf der anderen Seite die des europäischen Rechts. Beide Komplexe bauen aufeinander auf, erfordern aber eine jeweils angepaßte Methodik. Im ersten Komplex geht es darum, zunächst die nicht immer klar ausformulierte Theorie der h.M. transparent zu machen und sodann die in der langjährigen Diskussion vorgebrachten Argumente für und wider zu sammeln, zu systematisieren und nach einer Interessenanalyse auf ihre Tragfähigkeit hin zu untersuchen. Daraus folgt die Aufspaltung des ersten Komplexes in einen primär darstellenden Teil und einen kritischen Teil. Der zweite Komplex, d.h. die europäische Dimension des EuGVÜ, erfordert eine zusätzliche, rechtsvergleichende Perspektive. Es ist zwar nicht erforderlich, alle Rechtsordnungen der Mitgliedstaaten zu untersuchen, jedoch soll durch die Einbeziehung des englischen Rechts die spezifische Spannung dargelegt werden, dem das auf Vereinheitlichung abzielende Übereinkommen ausgesetzt ist. Angesichts der eminenten Wichtigkeit der Urteile des EuGH wird der Schwerpunkt auf deren Interpretation gelegt. Vor diesem Hintergrund wird dann das Koordinatensystem des EuGVÜ dargestellt, in das sich die nationalen Lösungen einzufügen haben.

- II. Gang der Arbeit

Zunächst wird das autonome deutsche internationale Zuständigkeitsrecht unter Einbeziehung der Problematik der Anerkennungszuständigkeit dargestellt (*Erster und Zweiter Teil*). Dabei wird zunächst das Recht der örtlichen Zuständigkeit herangezogen. Danach werden die Besonderheiten der internationalen Zuständigkeit aufgezeigt. Im *Dritten Teil* wird die europäische Zuständigkeitsordnung des EuGVÜ untersucht, wobei in einem Überblick auch auf die Zuständigkeitsprüfung nach englischem Recht eingegangen wird. Gefragt wird in diesem Teil nach der Vereinbarkeit der von der h.M. in Deutschland vorgenommenen Zuständigkeitsprüfung mit dem EuGVÜ. Im abschließenden *Schlußteil* werden mögliche Lösungsmodelle bewertet.

Erster Teil

Die autonome deutsche internationale Zuständigkeitsordnung

§ 5 Allgemeine Grundsätze des Zuständigkeitsrechts

- I. Generalia

Im Rahmen der örtlichen Zuständigkeit wird zwischen dem allgemeinen Gerichtsstand des Beklagtenwohnsitzes und den besonderen Gerichtsständen unterschieden, die entweder an persönliche oder an sachbezogene Merkmale anknüpfen.
Die Bestimmung dieser Gerichtsstände ist das Ergebnis einer Abwägung der verschiedenen zuständigkeitsrechtlichen Interessen, wie der des Beklagtenschutzes, des Justizgewährungsanspruches, der Sach-, Beweis- und auch Rechtsnähe, der Vollstreckungsnähe und anderer Gerechtigkeitserwägungen.[32]

- II. Allgemeiner Gerichtsstand und besondere Gerichtsstände

Der allgemeine Gerichtsstand des deutschen Zivilprozeßrechts ist gemäß den §§ 12 ff. ZPO am Beklagtenwohnsitz angesiedelt.

Dieser allgemeine Beklagtengerichtsstand kann sich auf eine lange Tradition berufen (actor sequitur forum rei)[33] und ist die Konstante des deutschen wie auch des europäischen Zuständigkeitssystems. Nach überwiegender Auffassung in Rechtsprechung und Lehre beschränkt sich die Funktion des allgemeinen Beklagtengerichtsstandes nicht in der Bereitstellung eines einfachen Wahlgerichtsstandes. Der Grundsatz actor sequitur forum rei wird darüber hinaus als Auslegungshilfe bei der Bestimmung der Reichweite der besonderen Gerichtsstände herangezogen.[34] Insoweit sei der Grundsatz des actor sequitur

---

[32]Vgl. für eine systematische Darstellung und Analyse der Zuständigkeitsinteressen grundlegend Schröder passim, aus neuerer Zeit Schack, IZVR, Rn 199; Valloni 147 ff.; Buchner passim; Pfeiffer, Gerechtigkeit, passim.

[33]Ausführlich zu diesem aus dem römischen Recht abgeleiteten Grundsatz Wacke JA 1980, 654.

[34]BGH 2.7.1991 BGHZ 115,90,98; 28.2.1996 NJW 1996,1411, 1413;Wrangel 168; Jayme IPRax 1995, 14; Hertz 47; in der europäischen Rechtsprechung z.B. EuGH 27.9.1988 -

forum rei Ausdruck eines das Zuständigkeitssystem durchziehenden favor defensoris.[35]

In neuerer Zeit mehren sich allerdings Stimmen, die den Gerechtigkeitsgehalt und letztlich damit den Prinzipiencharakter des actor-sequitur-Grundsatzes in Frage stellen. Ein favor defensoris sei gar nicht[36] oder nur sehr eingeschränkt[37] zu bejahen, so daß die besonderen Gerichtsstandsregelungen ohne Rücksicht auf das Ergebnis eines Kläger- oder Beklagtengerichtsstandes auszulegen seien.

Die Arbeit befaßt sich nicht direkt mit dieser Streitfrage, handelt sie doch von der Art der Prüfung eines besonderen Gerichtsstandes. Hier muß daher keine grundsätzliche Auseinandersetzung mit den differierenden Auffassungen erfolgen. Ein Aspekt dieser Arbeit ist jedoch auch die Herausarbeitung von Schutzmechanismen vor der mißbräuchlichen Inanspruchnahme besonderer Gerichtsstände. Insoweit ist der Beklagtenschutz ein wichtiger Aspekt, der sorgfältig mit den anderen widerstreitenden Interessen abgewogen werden muß.

Neben dem allgemeinen Gerichtsstand am Beklagtensitz stellt die ZPO (wie auch das EuGVÜ)[38] besondere Gerichtsstände zur Verfügung. Teilweise werden die besonderen Wahlgerichtsstände als Ausgleich für die Bevorzugung des Beklagten durch das actor-sequitur-Prinzip verstanden.[39]
Einige besondere Gerichtsstände sind anspruchsbezogen, d.h. der Gerichtsstand wird auf die eine oder andere Art durch Bezugnahme auf das materielle Rechtsverhältnis bestimmt, um so auch eine besondere Sachnähe des Gerichts zu gewährleisten. Die insoweit wichtigsten Gerichtsstände sind die hier zu untersuchenden Gerichtsstände des Erfüllungsortes und der unerlaubten Handlung.

189/87 (Kalfelis/Bankhaus Schröder) Slg 1988, 5565 Rn 19; 17.6.1992 - 26/91 (Handte/TMCS) Slg 1992 I-3967 Rn 14; 3.7.1997 - 269/95 (Benincassa/Dentalkit) Slg 1997 I-3767 Rn 13; 15.2.1989 - 32/88 (Six Constructions/Humbert) Slg 1989, 341 Rn 18; Dumez France/Hessische Landesbank Slg 1990 I-49 Rn 16. Vgl. kritisch zum Prinzipiencharakter Kropholler, EuZPR, vor Art. 5 Rn 2; Buchner 50 ff.; Pfeiffer, Gerechtigkeit, 603.

[35] Vgl. zum europäischen Recht Kropholler, EuZPR, Art. 2 Rn 2; Geimer/Schütze, EuZVR, Einl. Rn 63.

[36] Schröder 229, 240; Buchner 48, 97.

[37] Pfeiffer, Gerechtigkeit, 603, tendenziell auch Geimer, FS Schwind, 38.

[38] Näher zum EuGVÜ unten §§ 18 ff.

[39] Pfeiffer, Gerechtigkeit, 601; Geimer, IZPR, Rn 1131; ders., FS Nagel, 41; Spellenberg IPRax 1981, 76; Schack, IZVR, Rn 256; ders., Erfüllungsort, Rn 141; Wieczorek/Schütze-Hausmann § 29 Rn 1; vgl. auch die Begründung des Entwurfs der CPO in Hahn, Materialien, 157.

- III. Sinn und Rechtfertigung des Gerichtsstandes des Erfüllungsortes

Die ratio legis des Gerichtsstandes des Erfüllungsortes ist seit langem umstritten. Neben der oben beschriebenen allgemeinen Ausgleichsfunktion zum actor-sequitur-Prinzip werden vor allem folgende Gesichtspunkte hervorgehoben:

-- 1. Das Identitätsdogma

Nach der Rechtsprechung[40] und der überwiegenden Meinung in der Literatur[41] zu § 29 ZPO liegt die eigentliche Rechtfertigung des Gerichtsstandes des Erfüllungsortes in dessen Bezug zur materiellen Leistungspflicht. Dort wo der Beklagte zu leisten habe (wo seine materiellrechtliche Reiselast zu verorten ist)[42], sei auch ein Gerichtsstand gerechtfertigt. Aus dieser Auffassung ergibt sich wie selbstverständlich das sog. Identitätsdogma, d.h. die Gleichsetzung von materiellrechtlichem Leistungsort und prozessualem Erfüllungsort.[43]
Weitere komplementäre, aber untergeordnete Gesichtspunkte sind die Beweisnähe[44] und im internationalen Rahmen die Rechtsnähe[45] des Gerichtsstandes.

-- 2. Autonome Begriffsbildung

Die so beschriebene Verknüpfung mit dem materiellen Recht ist hinsichtlich § 29 ZPO nur vereinzelt angegriffen worden. Insbesondere Lüderitz[46] und Schack[47] vertreten die Auffassung, daß mit der Aufgabe des römisch-rechtlichen Aktionendenkens, positivrechtlich spätestens mit der Einführung des

---

[40]RG 26.5.1880 RGZ 1, 438, 446; 24.9.1901 RGZ 49, 72, 73; OLG Hamburg 1.12.1976 IPRspr. 1976, Nr. 147, S. 427 f.

[41]Stein/Jonas-Schumann § 29 Rn 23a; Diederichsen BB 1974, 377; Wrangel 176; Lohse 37 f., Musielak-Smid § 29 Rn 1; Wieczorek/Schütze-Hausmann § 29 Rn 34; Geimer, IZPR, Rn 1482.

[42]Spellenberg IPRax 1981, 77.

[43]Dabei kann man zwei Ausprägungen unterscheiden. Nach der zu § 29 ZPO vorherrschenden strengen Theorie ist tatsächlich bei jedem eingeklagten Anspruch auf den jeweiligen Erfüllungsort zu achten. Nach der eher zum Art. 5 Nr.1 EuGVÜ vertretenen Auffassung ist zwar der materiellrechtliche Bezug wichtig, bei Neben- und Sekundärpflichten wird jedoch aus Gründen der Prozeßkonzentration und der Vorhersehbarkeit nur auf eine (Haupt-) Pflicht Bezug genommen. S.u. § 20 I.3.

[44]Valloni 159; Wrangel 171; Schack, IZVR, Rn 322.

[45]Valloni 161.

[46]FS Zweigert, 242.

[47]IZVR, Rn 270; Erfüllungsort, Rn 195.

§ 29 II ZPO, der Sinnzusammenhang zwischen materiellrechtlichem Leistungsort und prozessualem Erfüllungsort zerbrochen sei. Schack sieht die Rechtfertigung dieses besonderen Gerichtsstandes vor allem darin, daß dem Kläger eine Alternative zum Beklagtengerichtsstand geboten werden müsse.[48] Durch eine autonom-prozessuale Auslegung könne der Gerichtsstand des Erfüllungsortes am einfachsten festgestellt werden.[49] Lüderitz[50], der sich insoweit auch auf Savigny stützen kann[51], betont bei seinem autonomen Bestimmungsversuch das Moment der Willenseinigung der Parteien. Pfeiffer[52] sieht den Gerichtsstand des Erfüllungsortes als Symbol der forumbezogenen wirtschaftlichen Aktivitäten der Parteien und will sich auf dieser Grundlage vom Identitätsdogma lösen.

Nach Ansicht von Schack[53], wobei Pfeiffer[54] und Valloni[55] in ähnlicher Weise verstanden werden können, ist der prozessuale Erfüllungsort unabhängig vom materiellen Recht nach Abwägung aller möglichen Zuständigkeitsinteressen gesondert nach Vertragstypen zu bestimmen. Schack selbst mißt dabei weder der Sach-, Beweis- noch Rechtsnähe besonderes Gewicht bei[56], eher dem allgemeinen Ausgleichsgedanken[57], der vereinfachten Zwangsvollstreckung[58] und der Eindeutigkeit und Vorhersehbarkeit.[59]

Hinsichtlich des insoweit gleichgelagerten Problems auf europäischer Ebene (Art. 5 Nr. 1 EuGVÜ)[60] sind die Stimmen, die eine prozeßrechtliche Bestimmung des Erfüllungsortes befürworten, wesentlich zahlreicher[61], dennoch sieht auch hier die h.M., allen voran die Rechtsprechung des EuGH, die ratio legis

---

[48]Schack, IZVR, Rn 256.

[49]Schack, Erfüllungsort, Rn 207 ff.

[50]FS Zweigert, 238 ähnlich Broggini, Vertragserfüllung, 118.

[51]System VIII, 203.

[52] Pfeiffer, Gerechtigkeit, 678 und ders., Auslegung, 83.

[53]Schack, IZVR, Rn 207 ff.

[54]Pfeiffer, Gerechtigkeit, 678.

[55]Valloni 168; vgl. auch Roth, FS Stree/Wessels, 1053.

[56]Schack, Erfüllungsort, Rn 146.

[57]Vgl. soeben unter II. a.E.

[58]Schack, Erfüllungsort, Rn 149.

[59]Schack, Erfüllungsort, Rn 108.

[60]Vgl. unten § 18 ff.

[61]Jayme, IPRax 1995, 13; ders., EuGH, 69; ders./C.Kohler IPRax 1994, 410; Rauscher, Erfüllungsort, 176, 180; Schack, IZVR, Rn 271; ders. ZZP 107 (1994), 279; ders. ZEuP 1995, 666; Huber ZZPint 1 (1996), 179 ff.; Schwenzer IPRax 1989, 275.

vor allem im materiellrechtlichen Bezug des Gerichtsstandes, wie er sich in der Auslegung nach der lex causae ausdrückt.[62] Weitere wichtige Gesichtspunkte sind Vorhersehbarkeit und damit Rechtssicherheit.[63] Nach der Neufassung des EuGVÜ im Rahmen der EuGVVO[64] wird man zu einer Kombination autonomer, d.h. prozessualer Bestimmung des Erfüllungsortes und materiellrechtlicher Verweisung auf die lex causae kommen. Die Befürworter einer autonomen Bestimmung des Erfüllungsortes auf europäischer Ebene haben häufig ein anderes Interesse im Hintergrund als die Befürworter auf nationaler Ebene. So geht es nicht primär darum, dem Prozeßrecht eigenständige Interessen zuzuordnen, mag dies u.a. auch eine Rolle spielen.[65] Auf europäischer Ebene möchte man eine möglichst einheitliche Anwendung des Abkommens sicherstellen, die durch jeden Verweis auf nationale Rechtsordnungen erschwert wird.[66] Je mehr Begriffe autonom, d.h. ohne Rückgriff auf das materielle Recht bzw. das Prozeßrecht der Mitgliedstaaten bestimmt werden, desto eher kann man auf dieser Ebene zu einer einheitlichen Anwendung kommen. Zudem will man auf europäischer Ebene im Zusammenspiel mit dem EVÜ zu einer einheitlichen Begriffsbildung eines "Europäischen Kollisionsrechts" kommen.[67] Letztlich ist noch der Wunsch zu beobachten, daß die Zuständigkeit ohne schwierige kollisonsrechtliche Prüfung und materiellrechtliche Überlegungen feststellbar sein soll.[68]

Auch wenn somit die Auffassung an Boden gewinnt, die eine gewisse Emanzipierung der prozessualen Begrifflichkeit vom materiellrechtlichen Begriffsverständnis fordert, ist bei der hier vorliegenden Problematik zu prüfen, wie

---

[62]EuGH 6.10.1976 - 12/76 Tessili/Dunlop Slg 1976, 1473, 1486; 29.6.1994 - 288/92 Custom Made Commercial/Stawa Metallbau Slg 1994 I, 2913, 2956; zuletzt bestätigt durch EuGH 5.10.1999 - 420/97 (Leathertex/Bodetex) EWS 2000, 28; 28.9.1999 - 440/97 (GIE Concorde/Kapitän des Schiffes "Suhadiwarno Panjan") EWS 2000, 31.

[63]In letzter Zeit hat der EuGH (29.6.1994 - 288/92 Custom Made Commercial/Stawa Metallbau Slg 1994 I, 2913, 2956 - zuletzt bestätigt durch EuGH 5.10.1999 - 420/97 (Leathertex/Bodetex) EWS 2000, 28 -) diesen Gesichtspunkt betont. Häufig wird undifferenziert schon dann von einer autonomen Erfüllungsortbestimmung gesprochen, wenn auf die charakteristische Leistung abgestellt werden soll (z.B. Rauscher, IZVR, 30) Dabei handelt es sich aber bloß um eine Modifikation der Frage, auf welche streitige Verpflichtung abgestellt werden soll. Deren Erfüllugsort wird weiterhin gemäß dem materiellrechtlichen Identitätsdogma bestimmt.

[64]Vgl. unten § 18.

[65]So wird gerade argumentiert, daß das Prinzip des actor sequitur forum rei bei strikter Einhaltung des Identitätsdogmas unterlaufen würde, Jayme IPRax 1995, 19.

[66]Vgl. nur Schack, IZVR, Rn 273; Würthwein ZZP 106 (1993), 69 ff.

[67]Jayme, EuGH, 66.

[68]Schack, Erfüllungsort, Rn 208, 225; (zum EuGVÜ: 309); ders, IZVR, Rn 271; ders., FS Kegel, 516 ff.; zum Deliktsgerichtsstand Kubis, Int. Zuständigkeit, 125.

weit sich tatsächlich materielles und Prozeßrecht sinnvoll voneinander trennen lassen.

- IV. Sinn und Rechtfertigung des Gerichtsstandes der unerlaubten Handlung

Das forum delicti commissi rechtfertigt sich nach allgemeiner Ansicht aus dem Gedanken der Sach- und Beweisnähe[69]. In der noch zu zeigenden Auffächerung des Tatortbegriffs liegt zudem eine starke Begünstigung des Klägers, die in der typisierenden Betrachtung des Klägers als schutzwürdiges Opfer und des Beklagten als Täter begründet ist[70] (zuständigkeitsrechtlicher favor actoris).[71] Im internationalen Bereich ergibt sich häufig der zusätzliche Aspekt der Rechtsnähe, auch wenn ein Gleichlauf mit der lex fori nicht garantiert ist.[72]

§ 6 Die Tatbestände der §§ 29 und 32 ZPO

Bevor über die prozessuale Behandlung der "Zuständigkeitstatsachen" gesprochen wird, soll in einem kurzen Überblick dargestellt werden, wie die verschiedenen Begriffe der Zuständigkeitsnormen im einzelnen ausgelegt werden und in welchem Umfange es überhaupt zu einer Überschneidung von Zuständigkeits- und Begründetheitsprüfung kommen kann. Da, wie unter § 8 I. näher ausgeführt, die internationale Zuständigkeit auf der Normierung der örtlichen Zuständigkeit aufbaut, wird zunächst schwerpunktmäßig die örtliche Zuständigkeit untersucht. In § 8 werden die Besonderheiten der internationalen Zuständigkeit vertieft herausgearbeitet.

---

[69]BGH 3.5.1977 NJW 1977, 1590 f.; OLG Hamm 15.5.1986 NJW 1987, 138, 139; Wieczorek/Schütze-Hausmann § 32 Rn 1; MünchKomm-Patzina § 32 Rn 1; Stein/Jonas-Schumann § 32 Rn 1; Heinrichs 3 f.; Staudinger-v.Hoffmann Art. 38 Rn 254.; Kubis, Int. Zuständigkeit, 89.

[70]Schröder 265 ff.; Schwarz 3 f.; Heinrichs 3; Wieczorek/Schütze-Hausmann § 32 Rn 1; Zöller-Vollkommer § 32 Rn 1; Musielak-Smid § 32 Rn 1; Geimer, IZPR, Rn 1497; Schack, IZVR, Rn 289.

[71]Musielak-Smid § 32 Rn 1; Linke RIW 1977, 358; Zöller-Vollkommer § 32 Rn 1; kritisch Heinrichs 5; Schröder 266; Schwarz 4.

[72]Vgl. Mansel ZvglRWiss 1987, 1 ff.; ders., FS Weitnauer, 33 ff.

- I. § 29 ZPO

§ 29 ZPO lautet wörtlich:

(1) Für Streitigkeiten aus einem Vertragsverhältnis und über dessen Bestehen ist das Gericht des Ortes zuständig, an dem die streitige Verpflichtung zu erfüllen ist.
(2) Eine Vereinbarung über den Erfüllungsort begründet die Zuständigkeit nur, wenn die Vertragsparteien Kaufleute, juristische Personen des öffentlichen Rechts oder öffentlich-rechtliche Sondervermögen sind.

-- 1. Streitigkeiten aus einem Vertragsverhältnis

Der Gerichtsstand des Erfüllungsortes ist nur für vertragliche Ansprüche gegeben.[73] Es ist zu fragen, welche Ansprüche unter den Begriff "vertraglich" (="aus einem Vertragsverhältnis") fallen. Grundsätzlich werden alle schuldrechtlichen Vertragsverhältnisse erfaßt. Sehr umstritten ist, ob vertragsähnliche Ansprüche, etwa aus culpa in contrahendo[74], Geschäftsführung ohne Auftrag[75] oder Leistungskondiktion[76] unter § 29 ZPO fallen. Die Rechtsprechung und die herrschende Meinung in der Literatur tendieren in dieser Frage mit Hinweis auf den Wortlaut *Vertragsverhältnis* eher zu einer restriktiven Auslegung.[77]

---

[73]Zur Problematik des Gerichtsstandes des Sachzusammenhanges später unter § 13 II.2.

[74]OLG München 30.11.1979 NJW 1980, 1531 (analoge Anwendung); BayOblG 25.10.1984 VersR 1985, 741, 743; OLG Hamburg 9.7.1976 IPRspr. 1976, Nr. 125b; Stein/Jonas-Schumann § 29 Rn 2, 14a; Wieczorek/Schütze-Hausmann § 29 Rn 5; Zöller-Vollkommer § 29 Rn 6, 20; Baumbach/Lauterbach/Albers/Hartmann-Hartmann § 29 Rn 12; Jauernig, ZPO, § 9 II 2f; Küpper DRiZ 1990, 445; MünchKomm-Patzina § 29 Rn 11; Thomas/Putzo-Putzo § 29 Rn 2; Rosenberg/Schwab/Gottwald § 36 II 1; Schack, IZVR, Rn 154; ders., Erfüllungsort, Rn 154; Geimer, IZPR, Rn 1488; a.A. LG Essen 9.5.1973 NJW 1973, 1703; LG Braunschweig 4.4.1974 BB 1974, 571; LG Arnsberg 30.8.1984 NJW 1985, 1172; LG Kiel 18.8.1988 NJW 1989, 370, 371;Busche DRiZ 1989, 371.

[75]Dagegen: RG 23.5.1890 RGZ 26, 388; BayOblG 30.11.1980 MDR 1981, 233; Wieczorek/Schütze-Hausmann § 29 Rn 16; Zöller-Vollkommer § 29 Rn 14; Baumbach/Lauterbach/Albers/Hartmann-Hartmann § 29 Rn 3.

[76]Dagegen: RG 12.10.1880 RGZ 2, 408, 410; 25.10.1901 RGZ 49, 421; BGH 20.11.1961 MDR 1962, 399, 400; BayObLG 25.9.1990 BB 1990, 2442; LG Arnsberg 30.8.1984 NJW 1985, 1172; Stein/Jonas-Schumann § 29 Rn 2a, 12; Baumbach/Lauterbach/Albers/Hartmann-Hartmann § 29 Rn 3, 11; Thomas/Putzo-Putzo § 29 Rn 3; Rosenberg/Schwab/Gottwald § 36 II 1; Stein Gruchot 28 (1884), 412. Dafür: Wieczorek/Schütze-Hausmann § 29 Rn 8, 21; Schack, Erfüllungsort, Rn 155; Zöller-Vollkommer § 29 Rn 14; Mankowski IPRax 1997, 177. Vgl. auch unten § 14 II.3.

[77]Welche Auswirkungen dies auf die vorliegende Thematik hat, wird näher unten bei § 14 II. untersucht.

-- 2. Streitige Verpflichtung

Aus dem Wortlaut ist des weiteren nicht zweifelsfrei zu entnehmen, welche die maßgebliche streitige Verpflichtung ist. So könnte unter den möglichen Wortsinn die streitbefangene oder die dem Streit zugrundeliegende Verpflichtung, d.h. z.B. die konkret eingeklagte Sekundär- oder aber die Primärverpflichtung fallen. Auch kommt je nach Fallgestaltung die charakteristische, die Haupt- oder Nebenverpflichtung in Betracht.

Die Auffassung, daß auf die vertragscharakteristische Verbindlichkeit abzustellen sei[78], was im internationalen Bereich einen gewissen Gleichlauf mit dem Kollisionsrecht sichern würde, hat zumindest im Hinblick auf § 29 ZPO wenig Beachtung gefunden. Hinsichtlich der anderen Interpretationsmöglichkeiten fehlt es in der Rechtsprechung an konsistenten Prinzipien:

--- a) Haupt- und Nebenpflicht

Grundsätzlich stellt die Rechtsprechung auf die jeweils konkrete Verpflichtung ab und folgt somit der strengen Auffassung vom Identitätsdogma (s.o.) Wenn also eine Nebenpflicht eingeklagt wird, ist allein auf deren Erfüllungsort abzustellen.[79] Etwas anderes soll bei einem gemeinsamen Einklagen von Haupt- und Nebenpflicht gelten. Hier wird unter dem Gesichtspunkt des Sachzusammenhangs allein der Gerichtsstand der Hauptpflicht für maßgeblich erachtet.[80] Eine abweichende Auffassung in der Literatur, die allgemein zur Maßgeblichkeit der Hauptpflicht neigt[81], stellt den Gesichtspunkt der Vorhersehbarkeit und Verfahrenskonzentration in den Vordergrund und kommt so zu einem klar bestimmbaren Vertragsgerichtsstand für jede Partei. Tatsächlich kommt die Rechtsprechung im Ergebnis häufig auch zu einer Konzentration, indem sie die materiellrechtlichen Leistungsorte der Nebenpflichten an die der Hauptpflicht angleicht.[82]

---

78 Rauscher, Erfüllungsort, 219 ff.; Spellenberg ZZP 91 (1978), 56 f.; auch in diese Richtung die Neuregelung des Art. 5 I EuGVVO, in der eine teilweise autonome Definition des Erfüllungsortes enthalten ist. Dazu unten § 18.

79 BGH 6.11.1973 NJW 1974, 410, 411; RG 24.9.1901 RGZ 49, 72, 75; Wieczorek/Schütze-Hausmann § 29 Rn 30.

80 RG 21.6.1902 RGZ 52, 54, 56; BGH 20.11.1961 MDR 1962, 399, 400; OLG Düsseldorf 15.3.1990 NJW 1991, 1492, 1493; Wieczorek/Schütze-Hausmann § 29 Rn 30; Stein/Jonas-Schumann § 29 Rn 19.

81 Geimer/Schütze I/1 590 (zu Art. 5 Nr.1 EuGVÜ); auch Kropholler, Handb. IZVR, Rn 667; Wieczorek/Schütze-Hausmann Anh § 40 Art. 5 EuGVÜ Rn 20; Valloni 234.

82 BGH 30.9.1976 WM 1976, 1230, 1232; Schack, Erfüllungsort, Rn 92, 169, 196; Fleischer passim.

--- b) Primär- und Sekundärpflicht

Von einem Käufer, Werkbesteller oder Dienstleistungsempfänger wird häufig nicht Erfüllung, sondern eine Sekundärpflicht eingeklagt. Theoretisch könnte hier entweder auf die eingeklagte Sekundär- oder aber auf die dem Streit eigentlich zugrundeliegende Primärpflicht abgestellt werden.
Der Rechtsprechung fehlt es diesbezüglich an einer einheitlichen Linie. Soweit Schadensersatz geltend gemacht wird, soll es auf den Erfüllungsort der Primärpflicht ankommen.[83] Sobald für die Sekundärpflicht aber ein "besonderer" Tatbestand bereitsteht, der eine selbständige Rückgewährpflicht begründet[84], wie etwa bei der Wandelung, soll der Erfüllungsort der Sekundärpflicht maßgeblich sein.[85]

-- 3. Der Erfüllungsort

Der Erfüllungsort der örtlichen Zuständigkeit ist nach der oben vorgestellten Lehre vom Identitätsdogma einfach festzustellen. Er richtet sich nach dem materiellrechtlichen Leistungsort der streitigen Verpflichtung, es sei denn, es handelt sich um eine zwar materiellrechtlich wirksame, aber wegen § 29 II ZPO prozessual unbeachtliche Vereinbarung über den Erfüllungsort.[86] Die Befürworter einer prozessualen Bestimmung des Erfüllungsortes hingegen versuchen entweder für bestimmte Vertragstypen bestimmte Erfüllungsorte festzulegen[87] oder geben Richtlinien vor, nach denen dann der Erfüllungsort unabhängig vom materiellen Recht zu bestimmen ist.[88]

---

[83]BGH 6.11.1973 WM 1974, 182, 184; 30.9.1976 WM 1976, 1230, 1232; 10.2.1992 NJW-RR 1992, 800, 801; OLG Bremen 25.7.1952 IPRspr. 1952/53, Nr. 291, S. 580; RG 11.1.1898 RGZ 40, 408, 410; Wieczorek/Schütze-Hausmann § 29 Rn 27; Stein/Jonas-Schumann § 29 Rn 17; Zöller-Vollkommer § 29 Rn 23.

[84]Stein/Jonas-Schumann § 29 Rn 17.

[85]BGH 20.11.1961 MDR 1962, 399 f.; 9.3.1983 BGHZ 87, 104, 109; RG 13.2.1891 RGZ 27, 393, 397 f.; Stein/Jonas-Schumann § 29 Rn 17; Wieczorek/Schütze-Hausmann § 29 Rn 27; a.A. Schack, Erfüllungsort, Rn 165; MünchKomm-BGB- H.P.Westermann § 465 Rn 13; Erman[8]-Weitnauer § 465 Rn 2; vgl. auch die a.A. auf europäischer Ebene zu Art. 5 Nr.1 EuGVÜ unten § 20 I.3.

[86]Kritisch zu dieser Aufspaltung Stein/Jonas-Schumann § 29 Rn 23a.

[87]Schack, Erfüllungsort, Rn 207.

[88]Jayme, EuGH, 69 (zu Art. 5 Nr.1 EuGVÜ).

-- 4. Mögliche Überschneidungen mit der Begründetheitsprüfung

--- a) Streitigkeit aus Vertragsverhältnis

Je nachdem welche Prüfungstiefe man für dieses Tatbestandsmerkmal wählt, kann es zu erheblichen Überschneidungen mit der Begründetheitsprüfung kommen. So kann die Frage nach dem Bestehen des Vertrages sowohl in der Zuständigkeitsprüfung wie auch in der Begründetheitsprüfung von entscheidender Bedeutung für den Erfolg einer Klage sein.

--- b) Streitige Verpflichtung

Dieser Prüfungspunkt fällt in gewisser Weise mit dem vorhergehenden zusammen. Soweit es um das Bestehen der streitigen Verpflichtung geht, ist eine breite Überschneidung zwischen Zuständigkeits- und Begründetheitsprüfung gegeben. Wie weit diese dann tatsächlich geht, hängt von der Strenge der Prüfung in der Zulässigkeit ab und von der Frage, ob man mit der strengen Identitätstheorie grundsätzlich auf die streitbefangene oder mit der abweichenden Literaturmeinung regelmäßig auf die primäre Hauptpflicht abstellt. In letzterem Fall ergibt sich allein in der Form eines präjudiziellen Rechtsverhältnisses eine Überschneidung der Prüfungsebenen.

--- c) Erfüllungsort

Bei der Untersuchung etwaiger Überschneidungen zwischen der Prüfung des Erfüllungsortes für Zwecke der Zuständigkeitsprüfung und der Begründetheitsprüfung sind zwei Aspekte auseinanderzuhalten:
Zum einen kann man nach der Bedeutung der Erfüllungsortsbestimmung für das materielle Recht und damit für die Begründetheit einer Klage fragen. Umgekehrt kann man aber auch fragen, inwieweit Elemente des materiellen Rechts im Rahmen der Erfüllungsortprüfung herangezogen werden müssen oder sollten.
Aus beiden Perspektiven kann es Überschneidungen geben. So kann gerade der Ort der Leistungspflicht eine umstrittene Frage sein, die im Rahmen der Begründetheit notwendig zu entscheiden ist. Gerade bei Warenlieferungen kann der genaue Leistungsort eine Frage sein, über die die Parteien streiten.
Folgt man dem oben beschriebenen Identitätsdogma, sind auch aus der zweiten Perspektive Rückgriffe auf das in der Begründetheit maßgebliche Recht geradezu unvermeidlich. Auch die Erfüllungsortsabrede ist insoweit kein Sonderfall. Sie ist zwar grundsätzlich unabhängig vom Hauptvertrag zu betrachten. Ihre Gültigkeit kann festgestellt werden, ohne daß man im einzelnen auf die Begründetheit des geltend gemachten Anspruchs eingehen muß. Gleichwohl

sind auch hier Überschneidungen denkbar. So kann eine Erfüllungsortsabrede in einem die streitige Verpflichtung bestimmenden Vertrag enthalten und der Vertragsschluß streitig sein. Dann überlappen sich zumindest Einwendungen gegen den die Begründetheit stützenden Vertrag und die Erfüllungsortsabrede.

- II. § 32 ZPO

§ 32 ZPO lautet wörtlich:

Für Klagen aus unerlaubten Handlungen ist das Gericht zuständig, in dessen Bezirk die Handlung begangen ist.

-- 1. Klagen aus unerlaubter Handlung

Der Gerichtsstand des § 32 ZPO steht nur für Klagen aus unerlaubter Handlung, d.h. Geltendmachung deliktischer Ansprüche zur Verfügung. Der Begriff der unerlaubten Handlung ist nach allgemeiner Ansicht weiter als der des siebten Abschnitts des BGB, da er zumindest auch noch Fälle der Gefährdungshaftung umfaßt, die nicht im BGB geregelt sind.[89] Das materielle Recht liefert an keiner Stelle einen klaren Sammelbegriff der unerlaubten Handlung, ebensowenig wie Normen des Kollisionsrechts oder des Prozeßrechts. Es ist vereinzelt der Versuch gemacht worden, aus einer Gesamtschau der Begriffe, die den Sammelbegriff der unerlaubten Handlung ausmachen, zu einer Definition zu kommen.[90] Letztlich muß man jedoch feststellen, daß sich die Rechtsprechung damit begnügt, die unterschiedlichen Ansprüche dem Sammelbegriff zuzuordnen, ohne sich auf eine Gesamtdefinition festzulegen.[91]

Strittig ist, inwieweit der prozessuale Begriff der unerlaubten Handlung einen Schaden voraussetzt. Da überwiegend eine vorbeugende Unterlassungsklage im

[89]Wieczorek/Schütze-Hausmann § 32 Rn 4 ff.; Stein/Jonas-Schumann § 32 Rn 18 ff.

[90]Schwarz 39: Eine unerlaubte Handlung im Sinne von § 32 setze voraus: Einen Eingriff in einen fremden Rechtskreis, der allgemeine zwischen allen Personen bestehende Rechtsbeziehungen verletzt, also unerlaubt ist, wobei die Rechtswidrigkeit objektiv anhand des eingetretenen Erfolges zu bestimmen ist. Unerheblich ist die sich nach dem materiellen Recht ergebende Rechtsfolge. Danach wäre es auch möglich, Bereicherungsansprüche unter § 32 ZPO zu fassen. Ähnlich Wieczorek/Schütze-Hausmann § 32 Rn 4, der jeden Eingriff in eine fremde Rechtssphäre, der nicht an einen Vertrag anknüpft, unter § 32 ZPO fassen will.

[91]BGH 20.3.1956 NJW 1956, 911; 8.1.1981 BGHZ 80, 1, 3; RG 20.3.1905 RGZ 60, 300, 305 f.

Gerichtsstand des § 32 ZPO für zulässig erachtet wird[92], ist allenfalls ein hypothetischer Schaden, d.h. die Schadensmöglichkeit Voraussetzung der Zuordnung eines Anspruchs unter § 32 ZPO.

-- 2. Tatort

Den Bezug zum Gerichtssprengel stellt der Begehungsort, d.h. der Tatort her. Der Tatort ist der Ort, an dem auch nur eines der wesentlichen Tatbestandsmerkmale der unerlaubten Handlung in Erscheinung getreten ist.[93] Dies bedeutet, daß sowohl der Handlungsort (bei manchen Konstellationen: die Handlungsorte) und der Erfolgsort (Erfolgsorte) den Gerichtsstand des § 32 ZPO eröffnen.[94] Der Täter handelt überall dort, wo für den Deliktstatbestand wesentliche Teilakte verwirklicht werden.[95] Erfolgsort ist der Ort des primären tatbestandsmäßigen Erfolges. Darüberhinausgehende Schadensfolgen werden zuständigkeitsrechtlich nicht berücksichtigt.[96]

In letzter Zeit sind kritische Stimmen zur materiellrechtlichen Verwobenheit des Tatortbegriffs laut geworden. Insbesondere Würthwein[97] und Kubis[98] wollen den Ort der Handlung bzw. des Erfolges losgelöst vom materiellrechtlichen Tatbestand bestimmen. Nach Würthwein ist der Tatort durch die vom Kläger bezeichnete, im Gerichtssprengel lokalisierte faktische Beziehung (d.h. Handlung /Erfolg) bestimmt.[99] Da der Klägervortrag den Streitgegenstand festlege, gehe es nur um die so vom Kläger benannte Beziehung.[100] Die vom Kläger behauptete Tatsache müßte demnach für die Zuständigkeitsfrage nicht mehr in Beziehung zu einem materiellrechtlichen Tatbestand gebracht werden.

---

[92] BGH 20.3.1956 NJW1956, 911; Wieczorek/Schütze-Hausmann § 32 Rn 26; Stein/Jonas-Schumann § 32 Rn 26; Zöller-Vollkommer § 32 Rn 14; a.A. Thomas/Putzo-Putzo § 32 Rn 1.

[93] St.Rspr RG 18.10.1909 RGZ 72, 41, 44; BGH 20.12.1963 BGHZ 40, 391, 395; Wieczorek/Schütze-Hausmann § 32 Rn 31 ff.; Stein/Jonas-Schumann § 32 Rn 29; Zöller-Vollkommer § 32 Rn 16; Schröder 271 ff.

[94] Zur Situation bei arbeitsteiliger Deliktsverwirklichung vgl. HansOLG Bremen 21.11.1997 IPRax 2000, 226 mit Anmerkung Weller IPRax 2000, 202; Stein/Jonas-Schumann § 32 Rn 32; Schack, IZVR, Rn 299.

[95] Schack, IZVR, Rn 300.

[96] MünchKomm-Patzina § 32 Rn 17.

[97] Würthwein ZZP 106 (1993), 64 ff.

[98] Kubis, Int. Zuständigkeit, 129 ff.

[99] Würthwein ZZP 106 (1993), 64, 68.

[100] Diese Beziehung müsse dann aber auch real sein, d.h. vom Kläger bewiesen werden. Würthwein ZZP 106 (1993), 64.

Ähnlich stützt sich Kubis auf einen vom materiellen Recht losgelösten Tatortbegriff. Es gehe nur um eine inländische Handlung, und welche dies sei, bestimme der Kläger mit seinem Begehren.[101] Sowohl Würthwein als auch Kubis befassen sich mit dem Sonderfall der (internationalen) Zuständigkeit für Persönlichkeitsrechtsverletzungen. Kubis erarbeitet anhand verschiedener Konstellationen, was in dieser Fallgruppe als Handlungs- und Erfolgsort akzeptiert werden könne.[102] Da beide Auffassungen mit der herrschenden Schlüssigkeitstheorie nicht in Einklang zu bringen sind, wird erst wieder im kritischen *Zweiten Teil* der Arbeit insbesondere unter § 15 II. auf sie eingegangen.

-- 3. Überschneidung mit der Begründetheitsprüfung

--- a) Deliktischer Anspruch

Bei der Frage, ob es sich um einen deliktischen Anspruch handelt, ist, wie später noch auszuführen sein wird[103], ein zweistufiges Vorgehen der h.M.. zu beobachten. Zunächst wird abstrakt gefragt, ob der in Betracht gezogene Anspruch allgemein § 32 ZPO zugeordnet werden kann. In einem zweiten Schritt erfolgt dann die konkrete Subsumtion des Sachverhaltes, wobei festgestellt wird, ob der konkrete Sachverhalt tatsächlich Raum für die Bejahung eines deliktischen Anspruchs gibt. Der erste Schritt überschneidet sich nicht unbedingt mit der Begründetheitsprüfung; es ist aber schon hier danach zu fragen, welche Ansprüche in der Begründetheit eine Rolle spielen könnten. Der zweite Schritt, d.h. die konkrete Subsumtion des Sachverhaltes kann je nach erforderter Intensität auf der Zulässigkeitsebene sehr weit in die Begründetheitsprüfung führen.

--- b) Tatort

Der Tatort selbst spielt für die Begründetheit des Klageantrages primär keine Rolle.
Eine andere jedoch mit dem Problem der Doppelrelevanz verwandte Frage ist, ob sich der Tatort selbst ohne einen Rückgriff auf das materielle Recht sinnvoll bestimmen lassen wird.[104]

---

[101] Kubis, Int. Zuständigkeit, 129.

[102] Kubis, Int. Zuständigkeit, 130 ff.

[103] Dies wird insbesondere bei der Prüfung der internationalen Zuständigkeit deutlich. Vgl. unten § 8 IV.2.

[104] Schack, IZVR, Rn 299; Jayme/C.Kohler IPRax 1995, 348; Geimer, IZPR, Rn 1512.

Betrachtet man die vorgelagerte Tatortprüfung, dann sind Überschneidungen im Vorfeld denkbar. Nach der Definition der Rechtsprechung und der h.M. ist der Tatort im Sinne der Zuständigkeitsnorm dort gegeben, wo eine Teilverwirklichung des deliktischen Tatbestandes stattfindet (Handlungsort) bzw. wo der primäre Erfolg (d.h. regelmäßig Rechtsgutsverletzung) eintritt (Erfolgsort).[105] Solange man an dieser Definition festhält, ist also zu klären, welcher deliktische Tatbestand angeblich verwirklicht ist. Ist das geklärt, dann ist eine Teilverwirklichung des deliktischen Tatbestandes zu prüfen. Hier ist eine Überlappung mit der Begründetheitsprüfung denkbar. Insofern ist hier wie oben beim Erfüllungsort die Frage der Relevanz des Tatortes für die Begründetheitsprüfung von der Frage der Relevanz des materiellen Rechts für die prozessuale Tatortfeststellung zu unterscheiden.

§ 7 Die Prüfung der Zuständigkeit

Nach der herrschenden (hier so genannten[106]) "Schlüssigkeitstheorie" erfordert die Zuständigkeitsprüfung einen schlüssigen Vortrag der zuständigkeitsrelevanten Tatsachen (im folgenden Zuständigkeitstatsachen) und einen Beweis aller nicht-doppelrelevanten Tatsachen.

- I. Schlüssigkeitsprüfung

-- 1. Grundsatz

In einem ersten Schritt ist der vorgetragene Sachverhalt im Hinblick auf den Zuständigkeitstatbestand einer Schlüssigkeitsprüfung zu unterziehen.[107] Dies ist

---

[105] Soeben unter II.2.

[106] Vgl. auch Gravenhorst 48 ff.

[107] Im Recht der örtlichen und internationalen Zuständigkeit: Zu § 29: AG Marbach 3.5.1988 MDR 1988, 1061; OLG Stuttgart 14.7.1920 JW 1920, 1044; eingeschränkt OLG Nürnberg 28.11.1984, NJW 1985, 1297; zur Anerkennungszuständigkeit: RG 30.5.1905 RGZ 61, 69, 71; 20.2.1913 JW 1913, 552.Zu § 32 ZPO: BGH 7.10.1979 GRUR 1980, 227, 230; 25.11.1993 NJW 1994, 1413, 1414 (Anerkennungszuständigkeit); 28.2.1996 NJW 1996, 1411, 1413; RG 23.3.1912 JW 1912, 643; 12.12.1918 RGZ 95, 268, 270; 30.8.1924 RGZ 129, 175, 179; BayObLG 31.8.1995 NJW-RR 1996, 508, 509; OLG Frankfurt 18.2.1988 RIW 1988, 399, 400; OLG Hamburg 6.4.1949 MDR 1949, 368 f.; OLG Hamburg 14.4.1915 JW 1915, 731; OLG Köln 27.1.1961 NJW 1961, 835; OLG Köln 11.7.1969 WRP 1969, 389 ff.; OLG Köln 6.6.1997 VersR 1998, 1306; OLG Kiel 26.9.1946 SchlHA 1946, 501; KG 16.4.1956 ZZP 69 (1956), 377, 379; OLG München 15.2.1990 NJW 1990, 3097, 3098; OLG Stuttgart 8.12.1953 NJW 1954, 515; eingeschränkt LG Mannheim 10.11.1967 WRP 1968, 121, 122.; a.A. RG 6.10.1890

bei einer Klage am allgemeinen Gerichtsstand oder an personenbezogenen besonderen Gerichtsständen relativ problemlos durchzuführen: so muß z.B. der Wohnort des Beklagten in §§ 12,13 ZPO oder das Vorhandensein von Vermögen in § 23 ZPO schlüssig dargetan sein. Bei den anspruchsbezogenen Gerichtsständen ist das Erfordernis des schlüssigen Vortrags dazu vergleichsweise umfangreich.

-- 2. Schlüssigkeitsprüfung im allgemeinen

Die Schlüssigkeitsprüfung ist primär ein Instrument, das der Richter im Rahmen seiner relationstechnischen Vorgehensweise im Hinblick auf die Begründetheit der Klage nutzt. In der Klägerstation ist zu klären, ob der klägerische *Sach*vortrag ausreicht, den geltendgemachten Anspruch zu rechtfertigen. In der Beklagtenstation wird untersucht, welche behaupteten Tatsachen schlüssig das Nichtvorliegen des Anspruchs ergeben, um dann zur Frage der notwendigen Beweisaufnahme zu kommen. Besondere Bedeutung erlangt die Schlüssigkeitsprüfung der Klägerstation im Säumnisfall, da dann der Sachvortrag des Klägers die alleinige Grundlage für die Rechtsprüfung des Gerichts darstellt. Das herkömmliche Verständnis der Schlüssigkeitsprüfung ist durch das Erfordernis eines auf einzelne Tatsachen (d.h. nicht Rechtsbehauptungen) gestützten Klägervortrages und eine genaue Rechtsprüfung mittels der klassischen Subsumtionsmethode des so gewonnenen Tatsachenstoffes geprägt: Schlüssig ist eine Klage, wenn die vom Kläger vorgetragenen Tatsachen den Klageantrag rechtfertigen, d.h. wenn sie in Verbindung mit einem

Bolze 11, Nr. 653, S. 325: Unschlüssigkeit berührt Zuständigkeit nicht, zustimmend Petersen Gruchot 37 (1893), 26; OLG Hamm 14.6.1999 TranspR-IHR 2000, 29, 30 (Rechtsbehauptung des Vertragsschlusses ausreichend).Aus der Literatur: Mezger 14 ff. (mit Nachweisen aus der älteren Literatur); Mayer ZZP 14 (1890), 241; Stein Gruchot 28 (1884), 431; Petersen Gruchot 37 (1893), 1 ff. (mit Einschränkungen); Stein/Jonas-Schumann § 1 Rn 17; Wieczorek/Schütze-Hausmann Vor § 12 Rn 28; § 29 Rn 113; § 32 Rn 50; Thomas/Putzo-Putzo § 32 Rn 8; Musielak-Smid § 1 Rn 20, § 12 Rn 12; Zöller-Vollkommer § 12 Rn 14, § 32 Rn 15; MünchKomm-Patzina § 32 Rn 26; Rosenberg/Schwab/Gottwald § 36 II 7; Schwab, FS Zeuner, 509; Pfeiffer, Gerechtigkeit, 605; Schneider JurBüro 1965, 108; Deutsch MDR 1967, 88, 91; Baur/Grunsky Rn 5; Baumbach/Lauterbach/Albers/Hartmann-Hartmann § 32 Rn 6; Rohner 187; Staudinger-v.Hoffmann Art. 38 EGBGB Rn 254; Banniza von Bazan 143; Baumgärtel/Laumen JA 1981, 214; Lüke AöR 84 (1959), 191; AK-Röhl § 1 Rn 35; Wrangel 33; Schwarz 66. Zum EuGVÜ vgl unten § 24 I. Zur ähnlich behandelten Problematik der Abgrenzung der Arbeitgerichtsbarkeit: BAG 30.6.1958 BGE 6, 160; 26.6.1967 BAGE 19, 355; 24.4.1996 AP § 2 ArbGG 1979 Nr.1 mit Anm. Hager; 15.3.2000 ZIP 2000, 899, 901; Stein/Jonas-Schumann § 1 Rn 175; Zöller-Gummer § 13 GVG Rn 11; Bötticher ZZP 72 (1959), 44 ff.; Rimmelspacher, Prüfung, 160 ff.; Reinecke ZfA 1998, 359; zur Frage der Wirksamkeit einer Schiedsabrede BGH 24.9.1952 BGHZ 7, 184, 186; RG 11.4.1919 Warneyer 1919, 318, 319. Zum Problem der Schlüssigkeitsprüfung bei der Hauptintervention Wieczorek/Schütze-Mansel § 64 Rn 32 ff.; Pfeiffer ZZP 111 (1998), 137.

Rechtssatz geeignet und erforderlich sind, die geltend gemachten Rechte in der Person des Klägers entstanden erscheinen zu lassen.[108]
Nicht ausreichend ist bei einem geforderten Tatsachenvortrag eine bloße Rechtsbehauptung des Klägers. Begriffe wie Rechtsgutsverletzung, Rechtswidrigkeit, Verschulden müssen mit konkreten Tatsachen ausgefüllt werden.[109]
Rechtsbehauptungen durch die Parteien sind generell ohne weitere Bedeutung für das Prozeßgeschehen. Es kommt allein dem Gericht zu, die vorgetragenen Tatsachen einer verbindlichen rechtlichen Überprüfung zu unterziehen.

-- 3. Schlüssigkeitsprüfung bei § 32 ZPO

Da im Hinblick auf die konkrete Ausgestaltung der Schlüssigkeitsprüfung der Gerichtsstand der unerlaubten Handlung wesentlich schärfere Konturen durch Rechtsprechung und Literatur erfahren hat als der Gerichtsstand des Erfüllungsortes, wird hier die Behandlung des § 32 ZPO vorgezogen. Anschließend werden dann die herausgearbeiteten Grundsätze der herrschenden Meinung auf den Gerichtsstand des Erfüllungsortes übertragen.

--- a) Unerlaubte Handlung

Nach der herrschenden Schlüssigkeitstheorie müssen für die Zuständigkeit Tatsachen behauptet werden, aus denen bei rechtlich zutreffender Würdigung eine unerlaubte Handlung folgt.[110] Demnach ist eine konkrete Tatsachendarlegung erforderlich, die, wenn z.B. § 823 I BGB in Betracht kommt, eine Rechtsgutsverletzung, Rechtswidrigkeit und Verschulden[111] begründet. Hinsichtlich des Schadens ließ das Reichsgericht noch offen, ob auch diesbezüglich eine schlüssige Tatsachenbehauptung erforderlich sei.[112] Da man aber üblicherweise zumindest das Vorliegen irgendeines Schadens schon zur Tatbe-

---

[108]BGH 13.8.1997 NJW-RR 1998, 712, 713; Thomas/Putzo-Thomas Vor § 253 Rn 38.

[109]Vgl. nur Schwab, FS Zeuner, 510; Weller IPRax 2000, 204. Davon zu unterscheiden sind u.U. sog. Rechtstatsachen. Näher dazu Anders/Gehle Rn 31 ff.; OLG Koblenz 2.4.1994 NJW-RR 1993, 571.

[110]Thomas/Putzo-Putzo § 32 Rn 8; intensive Schlüssigkeitsprüfung z.B. OLG Köln 11.7.1969 WRP 1969, 389 ff.; auch BGH 11.1.1990 IPRax 1991, 183, zustimmend Flessner/Schulz IPRax 1991, 164, kritisch Geimer, IZPR, Rn 1826; Kubis, Int. Zuständigkeit, 98; vgl. auch die Nachweise oben bei § 7 I.1.

[111]Balzer NJW 1992, 2723 meint, daß die Frage des Verschuldens noch nicht vertieft worden sei. Dies ist nicht zutreffend: siehe RG 12.12.1918 RGZ 95, 268, 270 und OLG Stuttgart 8.12.1953 NJW 1954, 515.

[112]RG 12.12.1918 RGZ 95, 268, 270; bejahend Schwab, FS Zeuner, 509; vgl. auch Otte 806.

standsseite des § 823 I BGB zählt[113], muß sich zwar nicht der geltendgemachte, wohl aber irgendein Schaden schlüssig aus dem Tatsachenvortrag ergeben.[114]

Mit welcher Intensität von der Rechtsprechung tatsächlich eine Schlüssigkeitsprüfung vorgenommen wird, oder, mit den Worten des Amtsgerichts Marbach[115], inwieweit tatsächlich hinsichtlich der Rechtsprüfung ein Teil der Begründetheitsprüfung in die Zulässigkeitsprüfung verlagert wird, läßt sich vielen Urteilen nicht mit nötiger Klarheit entnehmen.

Ein Urteil des Reichsgerichts vom 12.12.1918 kann insoweit als Leitentscheidung angesehen werden.[116] Darin ging es um die vermeintliche Verletzung eines Namensrechts und eines darauf bezogenen Unterlassungsanspruchs. Die Zuständigkeit nach § 32 ZPO wurde verneint, da "die tatsächlichen Angaben des klägerischen Vorbringens bei zutreffender Würdigung das Vorliegen der klagebegründenden Tatsache, hier also der unerlaubten Handlung ergeben müsse"; daran fehlte es.
Das Reichsgericht forderte, daß sich aus dem Tatsachenvortrag die objektive Rechtswidrigkeit und ein schuldhaftes Verhalten ergeben müsse. Ob auch die Behauptung eines Vermögensschadens zur schlüssigen Behauptung gehört, wurde indes offengelassen, da es schon an der objektiven Rechtswidrigkeit fehlte.

Diese Entscheidung, die zum einen auf anderen Urteilen des Reichsgerichts aufbaut[117] und später vom Reichsgericht bestätigt wurde[118], ist auch nach dem Zweiten Weltkrieg vom BGH[119] und den Obergerichten[120] aufrechterhalten worden: Der BGH hat diese Rechtsprechung noch in seinem Urteil vom 24.9.1986 (zu Art. 5 Nr.3 EuGVÜ) bestätigt.[121] In seiner berühmten "Verlöbnisentscheidung" vom 28.2.1996 formulierte der BGH indes zunächst etwas

---

[113]Schlechtriem Rn 740.

[114]So interpretiert auch Otte 806 die h.M. Anders im Sonderfall der vorbeugenden Unterlassungsklage BGH 20.3.1956 NJW 1956, 911.

[115]3.5.1988 MDR 1988, 1061.

[116]RGZ 95, 268.

[117]RG 23.3.1912 JW 1912, 643; RG 14.11.1912 SA 68, Nr. 88, S. 163.

[118]RG 30.8.1924 RGZ 129, 175.

[119]BGH 7.12.1979 GRUR 1980, 227, 230 "schlüssige Behauptung einer Urheberrechtsverletzung"; BGH 11.1.1990 IPRax 1991, 183.

[120]OLG Kiel 26.9.1946 SchlHA 1946, 501 f.; OLG Köln 27.1.1961 NJW 1961, 835; KG 16.4.1956 ZZP 69 (1956), 337, 379.

[121]BGH 24.9.1986 NJW 1987, 592, 594 zustimmend Thomas/Putzo-Hüßtege Art. 5 EuGVÜ Rn 12.

vorsichtiger: "Nach überwiegender Auffassung reicht für § 32 ZPO die schlüssige Behauptung von Tatsachen, aus denen sich ein deliktischer Anspruch ergeben *kann*."[122] Der BGH bezieht sich aber auf Belegstellen, die das schlüssige Vortragen eines Deliktes fordern[123], so daß sich aus dieser Formulierung wohl keine Abschwächung des Prüfungsmaßstabes ergibt. Im gleichen Urteil fährt der BGH dann auch fort, daß die schlüssige Behauptung einer deliktischen Anspruchsgrundlage *genüge*, um den Gerichtsstand des § 32 ZPO zu begründen.

Noch deutlicher wird der BGH bei der Prüfung der Anerkennungszuständigkeit. Diese unterliegt nach den eigenen Prämissen des BGH (Spiegelbildgrundsatz), zumindest was die Rechtsprüfung angeht, den gleichen Grundsätzen wie die Prüfung der direkten Zuständigkeit.[124] In dem später noch ausführlicher zu würdigenden Urteil zu doppelrelevanten Tatsachen bei der Anerkennungszuständigkeit vom 25.11.1993[125] fordert der BGH das Vorliegen eines materiellrechtlichen Deliktstatbestandes, um die Zuständigkeit des Gerichtes nach § 32 ZPO bejahen zu können.[126]
In der Literatur ist diese Rechtsprechung überwiegend auf Zustimmung gestoßen.[127] Allerdings wählen manche Kommentatoren eine etwas unklare Formulierung[128] und nennen Urteile[129], die eine volle Schlüssigkeitsprüfung vornehmen, mit solchen in einem Atemzug, die sie ablehnen.[130]

---

[122]BGH 28.2.1996 NJW 1996, 1413 (Hervorhebung durch Verf.).

[123]Thomas/Putzo-Putzo § 32 Rn 8; Zöller-Vollkommer § 32 Rn 19.

[124]Vgl. u. § 16 II.1.

[125]BGH 25.11.1993 BGH NJW 1994, 1413, 1414. Vgl. unten § 16.

[126]BGH 15.11.1993 NJW 1994, 1411, 1413.

[127]Staudinger-v.Hoffmann Art. 38 Rn 254; Schneider JurBüro 1965, 108 ff.; Schwab, FS Zeuner, 509; MünchKomm-Patzina § 32 Rn 26; Deutsch MDR 1967, 88, 91; Thomas/Putzo-Putzo § 32 Rn 8; Heinrichs 9; Wieczorek/Schütze-Hausmann § 32 Rn 50; Zöller-Vollkommer § 32 Rn 15; Rosenberg/Schwab/Gottwald § 36 II 8; Musielak-Smid § 32 Rn 18; Neumann-Duesberg NJW 1955, 696; Flessner/Schulz IPRax 1991, 164; Schellhammer Rn 1441.

[128]Stein/Jonas[19]-Pohle § 32 V: "erforderlich, daß das Vorbringen des Kl. bei sinngemäßer Auslegung und zutreffender rechtlicher Würdigung als unerlaubte Handlung aufzufassen ist...Ob wirklich eine unerlaubte Handlung vorliegt, ist eine Frage der Begründetheit." Dabei bezieht er sich auf RGZ 95, 268 und RGZ 129, 475, die beide eine volle Schlüssigkeitsprüfung durchführen. Andererseits Vor § 12 III 3 "Die Zuständigkeit muß für den behaupteten Anspruch gegeben sein, ob dieser Anspruch selbst schlüssig begründet ist, bleibt für die Zuständigkeit gleich. Bei anspruchsbezogenen Gerichtsständen kommt es darauf an, ob sich nach den tatsächlichen Behauptungen des Klägers ein Anspruch der behaupteten Art ergibt. Wenn der Kl. einen Anspruch behauptet, der überhaupt nicht besteht..., wenn er jedoch bestünde, vor das angerufene Gericht gebracht werden müßte, ist die Klage nicht als unzulässig, sondern als unbegründet abzuweisen." Stein/Jonas-Schumann § 32 Rn 16: "nicht auf § 32 stützen, wenn sie selbst nicht einmal das Vorliegen

Als Zwischenergebnis ist festzuhalten, daß der Kläger nach der herrschenden Schlüssigkeitstheorie zur Begründung des Gerichtsstandes des § 32 ZPO Tatsachen vortragen muß, die schlüssig das Vorliegen eines materiellrechtlichen Tatbestandes ergeben, der in einer abstrakten Prüfung als unerlaubte Handlung im Sinne des Prozeßrechts einzuordnen ist.[131]

--- b) Tatort

Auch der zweite Teil der Norm, d.h. das ortsbestimmende Merkmal, muß schlüssig dargelegt werden. Es gibt keinen allgemeinen materiellrechtlichen Tatortbegriff, auch bedarf es eines solchen nicht. Insofern handelt es sich um eine autonom-prozessuale Begriffsbestimmung. Diese weist, wie oben ausgeführt, jedoch auch materiellrechtliche Bezüge auf[132], da etwa die Prüfung des Handlungsortes als "wesentlicher" Teil der Tatbestandserfüllung nur im Hinblick auf mögliche materiellrechtliche Tatbestände durchführbar ist.[133]

-- 4. Schlüssigkeitsprüfung bei § 29 ZPO

Zu § 29 ZPO fehlt es an entsprechend klaren und einhelligen Aussagen in Rechtsprechung und Literatur. Im folgenden werden die wenigen vorhandenen Äußerungen dargestellt und analysiert. Sodann wird anhand der Grundsätze der Rechtsprechung und Literatur, die zu § 32 ZPO entwickelt wurden, versucht, die eher bruchstückhaften Äußerungen zu § 29 ZPO durch eine systemstimmige Fortentwicklung zu einem Modell zusammenzufügen. Diese Vorgehensweise erscheint angezeigt, um für die spätere kritische Prüfung einen präzisen Gegenstand zur Beurteilung zu erhalten.

Die Vertreter der Schlüssigkeitstheorie geben sich hinsichtlich der Frage, wie die Schlüssigkeitsprüfung in § 29 ZPO im einzelnen zu erfolgen hat, eher zurückhaltend. Einmütig wird behauptet, daß auch bei § 29 ZPO die Zu-

---

einer unerlaubten Handlung behauptet oder wenn sich wenigstens nicht sonst bei sinngemäßer Auslegung und zutreffender rechtlicher Würdigung aus dem Klagevortrag ergibt, daß wegen unerlaubter Handlung geklagt wird."

[129]Wieczorek/Schütze-Hausmann § 32 Rn 50 Fn 145; Wieczorek § 32 A III; Stein/Jonas-Schumann § 32 Rn 15 Fn 32.

[130]LG Mannheim 10.11.1967 WRP 1968, 121.

[131]So auch die Analyse Rauschers in ZZPint 1 (1996), 166.

[132]Oben § 6 II.2.

[133]Ähnlich Jayme/C.Kohler IPRax 1995, 348; vgl. auch Ahrens IPRax 1990, 132; Schack, IZVR, Rn 299. Geimer IZPR 1512; BGH 24.9.1986 NJW 1987, 592, 594; 24.7.1957 IPRspr. 1956/57, Nr. 170.

ständigkeitstatsachen schlüssig vorzutragen sind.[134] Mit dieser Aussage ist aber noch wenig gewonnen, da damit nicht geklärt ist, was Zuständigkeitstatsache in diesem Sinne ist und was darzulegen ist. Wenig weiterbringend ist auch der Hinweis, daß das bloße Bestreiten des Anspruchs noch kein Bestreiten der Zuständigkeit ist.[135] Daraus kann allenfalls etwas zur Frage der Beweispflicht geschlossen werden, nicht jedoch, welche Tatsachen der Kläger zunächst zur Zuständigkeitsbegründung vortragen muß.

--- a) Erfüllungsort

Nach dem von der Rechtsprechung und der herrschenden Meinung in der Literatur zum autonomen deutschen Zuständigkeitsrecht vertretenen Identitätsdogma muß hier eine Schlüssigkeitsprüfung durchgeführt werden. Die vom Kläger vorgetragenen Tatsachen müssen einen Erfüllungsort der streitigen Verpflichtung im Gerichtssprengel schlüssig ergeben. Dieser Erfüllungsort entspricht dem Leistungsort im materiellrechtlichen Sinn.

Soweit eine Erfüllungsortsabrede geltend gemacht wird, müssen lediglich deren Zustandekommen und Inhalt schlüssig vorgetragen werden. Schwieriger ist es allerdings bei dem gesetzlichen Erfüllungsort. Hier kommt das Gericht nicht umhin, zunächst den streitigen Anspruch zu identifizieren, d.h. den Sachverhalt einer Anspruchsnorm des materiellen Rechts zuzuordnen, um dann den dafür vorgesehenen gesetzlichen Erfüllungsort bestimmen zu können. Muß also der Richter zur Bestimmung des Erfüllungsortes prüfen, ob der vom Kläger vorgetragene Sachverhalt auch den geltend gemachten Anspruch schlüssig begründet? Dies ist nicht zwangsläufig so, denn man könnte auch einfach aus dem Klageantrag und dem vom Kläger vorgetragenen Sachverhalt die möglich erscheinenden vertraglichen Ansprüche herausfiltern und dann deren gesetzlichen Erfüllungsort bestimmen. In den frühen Stimmen zur Frage der doppelrelevanten Tatsache wurde bisweilen behauptet, daß ein Erfüllungsort ohne eine Erfüllungspflicht nicht denkbar sei.[136] Dies mag zwar theoretisch richtig sein, sagt aber noch nichts darüber aus, welche Prüfungstiefe in der Zulässigkeitsstation zu fordern ist.

---

[134] Zöller-Vollkommer § 12 Rn 12; Stein/Jonas-Schumann § 1 Rn 20 ff.; Wieczorek/Schütze-Hausmann § 29 Rn 113; Schack, Erfüllungsort, Rn 176; ders., IZVR, Rn 387; zu Art. 5 Nr.1 EuGVÜ: Bülow/Böckstiegel/Geimer/Schütze-Auer Art. 5 EuGVÜ Rn 20; OLG Bamberg 3.11.1976 NJW 1977, 505; Piltz NJW 1981, 1876.

[135] Wieczorek § 29 BII a 1; Stein/Jonas-Schumann § 29 Rn 38.

[136] J.Kohler, Beiträge, 119; Stein Gruchot 28 (1884), 434.

So kommt man demnach bei der Frage des schlüssigen Vortrages eines Erfüllungsortes noch nicht zwingend zu dem Schluß, daß etwa auch der streitige Anspruch schlüssig dargelegt werden muß.

--- b) Vertraglicher Anspruch

Neben dem Erfüllungsort, der auch bei jedem nicht-vertraglichen Anspruch gegeben ist, muß das Gericht noch feststellen, daß es sich um eine Streitigkeit aus einem Vertragsverhältnis, d.h. um einen vertraglichen Anspruch handelt. Die Vertreter der Schlüssigkeitstheorie stufen das Bestehen des Vertrages als doppelrelevante Tatsache ein.[137] Mit dieser Bezeichnung wird üblicherweise zum Ausdruck gebracht, daß es keines Beweises des Vertragsschlusses für die Zuständigkeitsentscheidung bedarf. Aus anderer Perspektive zeigt es aber auch, daß der Vertragsschluß grundsätzlich eine Zuständigkeitstatsache ist, folglich einer Schlüssigkeitsprüfung unterzogen werden muß. Bedeutet dies nun, daß es ausreicht, einen Vertragsschluß schlüssig darzulegen, um den Gerichtsstand des § 29 ZPO zu eröffnen? Denkbar wäre, daß der Kläger nur einen Vertrag schlüssig behaupten muß, die beantragte Rechtsfolge sich zumindest aus diesem Vertrag ergeben kann und die möglichen materiellrechtlichen Ansprüche ihren Erfüllungsort in dem Gerichtssprengel haben. Dann würde man der eigentlichen Schlüssigkeitsprüfung hinsichtlich des materiellrechtlichen Anspruchs ausweichen können. Es fragt sich aber, ob sich diese Lösung in die oben zu § 32 ZPO herausgearbeiteten Grundsätze der herrschenden Meinung zur Schlüssigkeitsprüfung einfügen läßt. In § 32 ZPO ist der deliktische Charakter des Anspruchs das erste "Tor", das zur Eröffnung des Gerichtsstandes durchschritten werden muß. In § 29 ZPO könnte dies der Vertrag sein. Bei näherer Betrachtung kommt es jedoch weniger auf den Vertrag an als - parallel zur Verknüpfung von Delikt und Tatort - auf die streitige Verpflichtung und ihren Erfüllungsort. Gerade die streitige Verpflichtung muß vertraglicher Natur sein, das Bestehen eines abstrakten Vertrages ist insoweit wenig aussagekräftig. Ist also Zuständigkeitstatsache der vertragliche Anspruch, so ist dieser genau wie der deliktische Anspruch schlüssig darzulegen.[138] Auch das Reichsgericht ging bei einer Entscheidung zur An-

---

137RG 11.3.1892 RGZ 29, 373; Stein/Jonas-Schumann § 1 Rn 20 i; Wieczorek/Schütze-Hausmann Vor § 12 Rn 100; Schack, IZVR, Rn 387; ders., Erfüllungsort, Rn 176; Rauscher, IZVR, 77 (zu Art. 5 Nr.1 EuGVÜ).

138In diesem Sinne kann man auch Stein/Jonas-Schumann verstehen, der bei § 1 Rn 20b meint, es sei zu unterstellen, daß das vom Kläger behauptete Vertragsverhältnis mit dem *schlüssig* vorgetragenen Anspruch tatsächlich bestehe. Ähnlich Schellhammer Rn 1438 "schlüssige Behauptung eines Vertragsanspruchs"; Banniza v.Bazan 150 "schlüssiger Vortrag eines vertraglichen Anspruchs"; anders Schwarz 66 "schlüssiger Vortrag des Bestehens des Vertrages". Schack, Erfüllungsort, Rn 312 zu Art. 5 Nr.1 EuGVÜ: "Ist der

erkennungszuständigkeit davon aus, daß es auf die Behauptung gerade der streitigen Verpflichtung ankommt.[139] Auch der häufig wiederholte Hinweis, daß es nicht auf die Rechtsbehauptung von der Rechtsnatur des streitigen Anspruchs ankomme, kann in diese Richtung interpretiert werden.[140]
Wenn man also davon ausgeht, daß der vertragliche Anspruch schlüssig dargelegt werden muß, dann ist in einem zweiten Schritt zu klären, ob es sich dabei um den streitigen oder den streitgegenständlichen Anspruch handeln soll. Eine Verortung dieser Schlüssigkeitsprüfung am Merkmal "vertraglicher Anspruch" weist eher auf den streitgegenständlichen Anspruch hin. Ausschlaggebend aber dürfte sein, daß gerade der streitige Anspruch das konkrete prozessuale Band knüpft, welches den Gerichtsstand des § 29 ZPO eröffnet, wobei dieser nach der deutschen Rechtsprechung zumeist mit dem streitgegenständlichen Anspruch identisch ist.[141]

Zusammenfassend kann man feststellen, daß bei § 29 ZPO die gesamte streitige Verpflichtung schlüssig darzulegen ist. Die Rechtsprüfung dieser Tatsachen muß das Vorliegen des Anspruchs und dessen Erfüllungsort im Gerichtsbezirk ergeben. Im übrigen ist an dieser Stelle darauf hinzuweisen, daß je nach Beschränkung der relevanten streitigen Verpflichtung etwa auf die primäre Hauptpflicht sich die Schlüssigkeitsprüfung verringert, meistens dann sogar mit dem schlüssigen Darlegen des Vertrages zusammenfallen dürfte.

-- 5. Reihenfolge von Zuordnungsfrage und Schlüssigkeitsprüfung

Die Schlüssigkeitsprüfung hinsichtlich der prozessualen Sammelbegriffe Vertrag/Delikt wird anhand des materiellen Rechts durchgeführt. Es bedarf somit zweier Zuordnungsvorgänge: Dem prozessualen Begriff müssen bestimmte materiellrechtliche Begriffe zugeordnet werden; den materiellrechtlichen Begriffen wird der Sachverhalt zugeordnet (mittels Schlüssigkeitsprüfung). Man kann nun streiten, welcher von beiden Schritten vorrangig ist, letztlich ist dies eine Frage der Prozeßökonomie. Das bedeutet für den

---

Vortrag des Klägers zur Existenz des Vertrages und des Erfüllungsortes im Gerichtsbezirk schlüssig, ist die Zuständigkeit gegeben".

139 RG 30.5.1905 RGZ 61, 69, 71.

140 AG Marbach 3.5.1988 MDR 1988, 1061: "ist darauf abzustellen, ob die tatsächlichen Behauptungen des Klägers, ihre Richtigkeit unterstellt, Rechtsbeziehungen oder Rechtsfolgen ergeben, für welche eine Zuständigkeit des angerufenen Gerichts besteht. Maßgeblich ist dabei die wahre, vom Gericht zu ermittelnde Rechtsnatur des vom Kl. behaupteten Rechtsverhältnisses und der vom Kläger in Anspruch genommenen Rechtsfolge, nicht die vom Kl. geltend gemachte Rechtsfolge....An dieser Stelle findet also - relationstechnisch betrachtet - ein Stück Schlüssigkeitsprüfung statt."

141 Vgl. § 6 I.2.

Gerichtsstand der unerlaubten Handlung: Wenn überhaupt keine Ansprüche in Betracht kommen, die unter den prozessualen Deliktsbegriff zu fassen sind, ist das Gericht unzuständig, in gleicher Weise wie wenn der geltend gemachte Anspruch unschlüssig dargelegt wurde.
Bei § 29 ZPO gibt es ein entsprechendes Problem, da auch hier gerade umstritten ist, ob z.B. Ansprüche aus Geschäftsführung ohne Auftrag, culpa in contrahendo oder Kondiktionsansprüche unter den Vertragsbegriff fallen.[142] Diese Frage läßt sich wie bei § 32 ZPO auf einem gewissen Abstraktionsniveau beantworten, ohne einen Bezug zum Sachverhalt herstellen zu müssen.

-- 6. Zwischenergebnis

Die Prüfung der beiden hier untersuchten Tatbestände läßt sich wie folgt strukturieren. Auf einer ersten Prüfungsstufe muß ein in Betracht kommender materieller Anspruch der Zuständigkeitsnorm zugewiesen werden. Entweder es handelt sich um einen deliktischen, vertraglichen oder sonstigen Anspruch. Auf einer weiteren Ebene ist dann der Sachverhalt an dem so zugeordneten materiellrechtlichen Tatbestand zu messen (einfache Subsumtion). Aus dem Klägervortrag muß sich dieser Anspruch schlüssig ergeben. Auf einer dritten Ebene ist dann der örtliche Bezugspunkt dieses Anspruchs festzustellen.

- II. Beweis

Der eigentliche Schwerpunkt der Schlüssigkeitstheorie liegt nicht so sehr in der Betonung der Schlüssigkeitsprüfung als solcher, sondern in der Meinung, daß diese *hinreichend* ist. Es geht somit primär um Beweisfragen. Ihre Kernaussage ist, daß doppelrelevante Tatsachen zur Begründung der Zuständigkeit nicht bewiesen werden müssen.
Nachfolgend werden in einem Überblick die für die Schlüssigkeitstheorie vorgebrachten Argumente kurz vorgestellt, um die im weiteren aufgezeigten Probleme besser einordnen zu können. Zu diesen Argumenten selbst wird im *Zweiten Teil* der Arbeit Stellung bezogen.[143]

- In den frühen Entscheidungen des Reichsgerichts und in der frühen Literatur wird zur Rechtfertigung der Schlüssigkeitstheorie häufig darauf verwiesen,daß

---

[142]Unten § 1 III.3., § 14 II.

[143]§§ 16 ff.

der Zuständigkeitsstreit vor der Sachverhandlung geführt wird und die Zuständigkeit vor der Verhandlung zur Hauptsache feststehen müsse.[144]

- Damals und zum Teil auch noch heute wird das Argument der Prozeßökonomie angeführt[145]: Es soll im Zuständigkeitsstreit nicht schon Beweis erhoben werden müssen, der in der Hauptsache ebenfalls zu erheben sei.[146] Auch als prozeßökonomisches Argument wird bezeichnet, daß man die Zuständigkeitsprüfung nicht mit Begründetheitsfragen überfrachten solle.[147]

-Wichtigstes Argument der heute herrschenden Meinung ist der Gedanke des Beklagtenschutzes.[148] Würde man den Beweis schon zur Zuständigkeitsfeststellung einfordern, dann sei, wenn der Kläger den ihm obliegenden Beweis nicht erfolgreich führen könnte, nur ein Prozeßurteil mit der ihm eigenen eingeschränkten Rechtskraft möglich, obwohl in der Sache die Unbegründetheit bereits feststünde.[149] Durch die Theorie der doppelrelevanten Tatsachen sei ausgeschlossen, daß eine Verurteilung des Beklagten durch ein an sich unzuständiges Gericht erfolge.[150] Daß hingegen eine Klageabweisung in der Sache durch ein an sich unzuständiges Gericht möglich sei, sei hinzunehmen, da der Kläger als derjenige, der den Gerichtsstand angegangen hat, nicht schutzwürdig sei.[151]

Oben wurden doppelrelevante Tatsachen als Tatsachen definiert, die zwingend sowohl für die Zulässigkeit wie für die Begründetheit der Klage vorliegen müssen, damit diese Erfolg hat.[152] Im einzelnen ergeben sich bei den Gerichtsständen des Erfüllungsortes und der unerlaubten Handlung folgende doppelrelevante Tatsachen:

---

[144]RG 11.3.1892 RGZ 29, 371, 372; RG 12.12.1918 RGZ 95, 268, 270; Petersen Gruchot 37 (1893), 6 f.

[145]BGH 25.11.1993 NJW 1994, 1413, 1414; Hohloch JuS 1994, 800.

[146] RG 11.3.1892 RGZ 29, 371, 372; Mayer ZZP 14 (1890), 241; J.Kohler, Beiträge, 119; dieses Argument betont Stein/Jonas-Schumann § 1 Rn 22 in der 20. Auflage; wesentlich abgeschwächt nun in 21. Auflage Rn 21b.

[147]Stein/Jonas-Schumann § 1 Rn 21b; Kropholler, EuZPR, Art. 19 Rn 5. Vgl. unten § 15 I.

[148] RG 11.3.1892 RGZ 29, 371, 372; BGH 25.11.1993 NJW 1994, 1413, 1414; Stein/ Jonas-Schumann § 1 21f; Gottwald IPRax 1995, 75; Otte 802.Vgl. unten § 13.

[149]J.Kohler, Beiträge, 119.

[150]RG 11.3.1892 RGZ 29, 371, 373; Stein/Jonas-Schumann § 1 Rn 21c.

[151]Stein/Jonas-Schumann § 1 Rn 21g.

[152]Oben § 2.

-- 1. § 29 ZPO

--- a) Streitigkeiten aus Vertragsverhältnis

Alle Tatsachen, die zum Nachweis der streitigen Verpflichtung, bzw. des streitigen Anspruchs bewiesen werden müßten, sind demnach doppelrelevant und für die Zuständigkeit nicht beweispflichtig. Dies gilt auch dann, wenn die streitige nicht mit der streitgegenständlichen Verpflichtung identisch sein sollte, da das Bestehen des Vertrages bzw. der streitigen Verpflichtung auch für die streitgegenständlichen Sekundärpflichten ein präjudizielles Rechtsverhältnis darstellt. Insbesondere muß das Zustandekommen des Vertrages nicht bewiesen werden.[153]
Sollte es sich um übergegangene Pflichten oder Ansprüche handeln, so ist auch der Übergangstatbestand notwendigerweise nur in der Begründetheit zu klären und somit in der Zulässigkeitsstation nicht beweisbedürftig.

--- b) Erfüllungsort

Wie oben schon erwähnt, kann je nach Klageantrag die Frage des Erfüllungsortes auch in der Begründetheit zu klären sein, so daß man auch hier eine doppelrelevante Tatsache annehmen könnte. Von der überwiegenden Meinung in der Rechtsprechung und Literatur wird eine solche Abhängigkeit vom Klageantrag jedoch abgelehnt, da hier verstärkt Mißbrauchsgefahr drohe. Vielmehr wird nach wertenden Gesichtspunkten abgewogen, ob der Erfüllungsort bei einem expliziten Antrag auf Leistung im Gerichtssprengel für die Leistung bei realistischer Betrachtung von Bedeutung ist.[154]
Dabei sind drei Fallgruppen zu unterscheiden:

Wenn denknotwendig die Erfüllung nur an einem Ort ergehen kann, wie etwa die Übergabe eines Hauses oder die Hausreparatur, ist es müßig, den besonderen Beweis eines Erfüllungsortes zu verlangen, da der Erfüllungsort mit dem Anspruch steht und fällt.[155]

In der zweiten Fallgruppe, insbesondere bei Dienstleistungspflichten und Verkäuferpflichten, hat der Erfüllungsort eine tatsächliche und rechtliche (z.B. bzgl. Gefahrtragung) Bedeutung, die auch wirtschaftlich meßbar ist und eine

---

153 RG 11.3.1892 RGZ 29, 373; Stein/Jonas-Schumann § 1 Rn 20 i; Wieczorek/Schütze-Hausmann Vor § 12 Rn 100; Schack, IZVR, Rn 387; ders., Erfüllungsort, Rn 176; Rauscher, IZVR, 77(zu Art. 5 Nr.1 EuGVÜ); ähnlich Schellhammer Rn 1438.

154 Kritisch zu dieser Differenzierung J.Kohler, Beiträge, 123.

155 Petersen Gruchot 37 (1893),18.

Klage auf Erfüllung an einem bestimmten Ort rechtfertigen kann. Ist hier also der Klageantrag auf Lieferung am Gerichtsort gestellt, so ist die Tatsache doppelrelevant und muß nicht bewiesen werden.[156] Falls sich in der Begründetheitsprüfung ein anderer Leistungsort ergibt, wäre die Klage (allerdings im Hinblick auf das Bestehen der "Forderung an sich" mit beschränkter Rechtskraft) als unbegründet abzuweisen.

In die dritte Fallgruppe ist die Zahlungspflicht einzuordnen. Hier ist nach allgemeiner Auffassung der Leistungsort materiellrechtlich im Regelfall irrelevant.[157] Dieser Auffassung kann angesichts des modernen bargeldlosen Zahlungsverkehrs beigepflichtet werden. Sollte sich durch eine ungewöhnliche Fallgestaltung etwas anderes ergeben, so wäre dies im Einzelfall zu berücksichtigen. Eine Antragstellung, daß das Geld an einem bestimmten Ort zu leisten sei, dürfte kaum tatsächlich durch das Interesse am materiellen Leistungsort motiviert sein. Die Versuchung, sich durch die Behauptung eines Erüllungsortes und dessen Aufnahme in den Klageantrag einen ansonsten nicht gegebenen Gerichtsstand zu eröffnen, ist bzw. war recht groß, so daß das Reichsgericht diese Mißbrauchsmöglichkeit zu Recht so gut wie ausgeschlossen hat.[158]

So kommt es also bei der Frage der Doppelrelevanz immer darauf an zu unterscheiden, ob der Leistungsort in der Begründetheit eine Rolle spielt (d.h. durch Antragsfassung) oder nicht. Wenn er eine Rolle spielt, ist weiter danach zu unterscheiden, ob die Antragsstellung für die Frage der Beweisführung tatsächlich beachtlich ist, was bei Zahlungspflichten z.B. nicht der Fall ist. Nur wenn dies zu bejahen ist, liegt eine doppelrelevante und damit in der Zulässigkeitsstation nicht beweisbedürftige Tatsache vor.
Im übrigen ergeben sich bei der praktischen Anwendung dieser Grundsätze erhebliche Unterschiede zwischen gesetzlichem und vereinbartem Erfüllungsort.

---- aa) gesetzlicher Erfüllungsort

Bei fehlender Erfüllungsortsabrede ist regelmäßig keine Beweisaufnahme erforderlich, da sich der Erfüllungsort durch die Prüfung der Vorschriften des materiellen Rechts ergibt. Dies gilt selbst im Fall von Zahlungspflichten, obwohl es sich hier beim Erfüllungsort nicht um eine doppelrelevante Tatsache handelt. Allenfalls könnte innerhalb dieser den Leistungsort bestimmenden

---

[156]Stein/Jonas-Schuman § 1 Rn 20 i.

[157]RG 11.3.1892 RGZ 29, 371.

[158]Dem RG folgend Stein/Jonas-Schumann § 1 Rn 20i.

Normen wieder ein Anknüpfungsmerkmal umstritten sein, wie etwa der Wohnsitz des Beklagten oder des Klägers. Diese Frage wäre dann durch Beweis zu klären.

---- bb) Erfüllungsortsabrede

Ist der Leistungsort zum Gegenstand der Klage gemacht worden und tatsächlich beachtlich, so bedarf auch die Erfüllungsortsabrede keines Beweises, da bei Nichtvorliegen der Erfüllungsortsabrede die Klage als unbegründet abgewiesen werden muß, wenn sich der geltend gemachte Leistungsort allein aus dieser Abrede ergibt. Insofern würde sie doppelrelevant. Ist der Erfüllungsort aber entweder schon nach Klageantrag für die Begründetheit ohne Belang oder der Klageantrag insoweit für die Zuständigkeitsprüfung unbeachtlich, so muß das Bestehen der Erfüllungsortsabrede vom Kläger bewiesen werden.

Nun wird in vielen Fällen die Erfüllungsortsabrede in dem selben Vorgang wie der (Haupt–) Vertragsschluß erfolgt sein. Häufig wird sie z.B. in die gleiche Vertragsurkunde aufgenommen. Unter diesen Umständen wird von Vertretern[159] der Schlüssigkeitstheorie angenommen, daß die Erfüllungsortsabrede keines Beweises bedürfe, da andernfalls doch - was gerade vermieden werden sollte - faktisch Beweis über den Vertragsschluß erhoben würde. Dies soll zumindest dann gelten, wenn der einzige vorgebrachte Einwand gegen die Wirksamkeit der Erfüllungsortsabrede sich faktisch gegen das Zustandekommen des Vertrages richtet.[160]
Nach anderer Ansicht[161] ist die Erfüllungsortsabrede auf jeden Fall zu beweisen, gleichgültig, ob sie selbständig vereinbart wurde oder als Teil eines Vertrages. Häufig sei die Form der Erfüllungsortsabrede zufällig. Es würden nach der ersten Auffassung gleiche Sachverhalte wegen einer rein zufälligen Besonderheit unterschiedlich behandelt.

Häufigere Einwände gegen eine Erfüllungsortsabrede betreffen ihre Einbeziehung in den Vertrag, somit ihr Zustandekommen selbst. Problematisch ist insbesondere die Einbeziehung der Erfüllungsortsabrede mittels allgemeiner

---

[159] J.Kohler, Beiträge, 120.

[160] OAG Kiel 27.4.1850 SA 5, 801 f.; Stein Gruchot 28 (1884), 440; Mayer ZZP 14 (1890) 251; Wieczorek § 12 B II a I. RG 6.3.1889 Bolze 7, Nr. 864, S. 323 ; 7.6.1898 Gruchot 43, 1219; 8.10.1901 JW 1901, 798.

[161] Stein/Jonas-Schumann § 1 Rn 20i; § 29 Rn 38 Fn 199; Wieczorek/Schütze-Hausmann § 29 Rn 114; Petersen Gruchot 37 (1893), 9; Schack, Erfüllungsort, Rn 177; Heinsheimer JW 1920, 1044; BG 21.2.1996 BGE 122 III, 249 ff.

Geschäftsbedingungen.[162] Die Klärung dieser spezifischen Einwände kann erfolgen, ohne daß die Prüfung der Begründetheit tatsächlich vorweggenommen werden müßte.
Etwas anderes gilt jedoch, wenn der Vertragsschluß insgesamt und damit auch die Erfüllungsortsabrede bestritten wird. Kann der Kläger den Vertragsschluß nicht beweisen, ist die Klage unbegründet. Der Konsens über den Vertragsschluß ist somit laut der oben dargelegten Definition doppelrelevant. Insoweit macht es einen Unterschied, ob eine isolierte oder eine integrierte Erfüllungsortsabrede geschlossen wurde. Zwar ist die Frage der Trennung eventuell zufällig, für die Tatsache des Vertragsschlusses kommt es aber hinsichtlich der Doppelrelevanz gerade auf diesen (zufälligen) Unterschied an.

Wie bereits ausgeführt, zielt die Schlüssigkeitstheorie darauf ab, daß Tatsachen für Zwecke der Zuständigkeitssprüfung unterstellt werden. Bei der Beurteilung der Doppelrelevanz ist dabei nicht nur auf die "Haupttatsache" (z.B. "Erfüllungsort") abzustellen, um dann etwa zu der Schlußfolgerung zu gelangen, daß etwa der Erfüllungsort nicht doppelrelevant und somit die Erfüllungsortsabrede voll beweispflichtig wäre. Wenn ein Teil des Gesamttatbestandes der Erfüllungsortsabrede doppelrelevant ist, dann ist dieser in der Beweisebene zu unterstellen. Ist somit die Abgabe einer Willenserklärung zur Zustimmung zum Gesamtvertrag streitig, ist diese auch bei der Prüfung der Erfüllungsortsabrede zu unterstellen.[163] Entsprechend den Grundsätzen der Schlüssigkeitstheorie ist eine *Verurteilung* in diesen Fällen durch ein an sich unzuständiges Gericht nicht möglich, denn ohne Konsens liegt kein Vertrag vor und die Klage ist zwangsläufig unbegründet.

Man könnte diesem entgegenhalten, daß entsprechend der h.M. zur Gerichtsstandsvereinbarung gemäß § 38 ZPO[164]/ Art. 17 EuGVÜ[165] die Erfüllungsortsabrede auch gerade bei Nichtigkeit des Hauptvertrages gelten solle.[166] Abgesehen davon, daß diese Ansicht auch im Zusammenhang mit Gerichtsstandsvereinbarungen nicht unumstritten ist,[167], stimmt die Parallele nur

---

[162]OLG Köln 19.3.1980 WM 1980, 905, 906; OLG Hamm 11.7.1983 BB 1983, 1814, 1815; OLG Stuttgart IPRax 1988, 293, 294; OLG Stuttgart 16.6.1987 IPRax 1988, 293, 294.

[163]Anders bliebe der Effekt, einfacher zu Sachurteilen zu gelangen, aus. Vgl. oben § 13 III.

[164]RG 1.3.1901 JW 1901, 285 (speziell zum Problem doppelrelevanter Tatsachen); Stein/ Jonas-Schumann § 38 Rn 57.

[165]Jayme IPRax 1989, 362; Kropholler, EuZPR, Art. 17 Rn 26.

[166]Wieczorek/Schütze-Hausmann § 29 Rn 96; Zeiss Rn 88; Schack, Erfüllungsort, Rn 178; LG Hamburg 12.3.1963 MDR 1963, 758.

[167]So machen auch Stein/Jonas-Schumann § 38 Rn 57 und Wieczorek/Schütze-Hausmann § 38 Rn 22 Einschränkungen für den Fall, daß derselbe Mangel (z.B. Geschäftsfähigkeit;

begrenzt und ist mit der h.M. zum sachlichen Anwendungsbereich des § 29 ZPO nicht zu vereinbaren. Selbst wenn man annimmt, daß die Erfüllungsortsabrede von der Nichtigkeit des Hauptvertrages unberührt bliebe, so blieben zur Geltendmachung doch nur Bereicherungsansprüche. Diese fallen aber nach h.M. nicht unter § 29 ZPO.[168]

-- 2. § 32 ZPO

--- a) Unerlaubte Handlung

Beim Gerichtsstand der unerlaubten Handlung sind alle Tatsachen, die für den Tatbestand der unerlaubten Handlung gegeben sein, die also schlüssig vorgetragen werden müssen, doppelrelevant. Sie bedürfen nach der Schlüssigkeitstheorie für die Zuständigkeitsprüfung keines Beweises.[169]

--- b) Tatort

---- aa) Einleitung

Die Frage, wo eine unerlaubte Handlung begangen worden ist, ist jedenfalls im nationalen Rahmen für die Begründetheit einer Klage regelmäßig ohne Bedeutung. Der "Tatort an sich" ist nicht doppelrelevant, da der behauptete Ort nicht notwendigerweise stimmen muß, damit die Klage in der Sache Erfolg hat.[170] Jedoch könnten sich wie bei der Erfüllungsortsabrede im Rahmen der Prüfung des Tatortes Probleme bei der Zuordnung hinsichtlich der Doppelrelevanz ergeben.
Hier sei noch einmal die Definition des Tatortes wiedergegeben: Danach ist Handlungsort der Ort, an dem ein Teil der Tatbestandsverwirklichung erfolgte. Erfolgsort ist dort, wo der primäre Schädigungserfolg eintritt (im deutschen Recht zumeist zusammentreffend mit dem Ort der Rechtsgutsverletzung).

Willensmängel; fehlende Stellvertretung) sowohl Gerichtsstandsvereinbarung wie Hauptvertrag betrifft.

[168] Vgl. in anderem Zusammenhang näher unten § 14 II.3.

[169] BGH 25.11.1993 NJW 1994, 1413, 1414; 22.11.1994 IPRax 1995, 316, 317; OLG Frankfurt a.M. 18.2.1988 RIW 1988, 399,400; KG 16.4.1956 ZZP 69 (1956), 377; OLG Köln 11.7.1969 WRP 1969, 389; OLG Köln 27.1.1961 NJW 1961, 835; OTrib Stuttgart 31.1.1863 SA 19, 630; OLG Dresden 27.10.1900 SA 65, 334; Petersen Gruchot 37 (1893), 22, 29 .

[170] Zöller-Vollkommer § 32 Rn 19 (anders noch bis 20.Auflage); Stein/Jonas-Schumann § 32 Rn 16, § 1 Rn 20k; ders. JuS 1985, 207; Wieczorek/Schütze-Hausmann § 32 Rn 50; Schumann, FS Nagel, 419; Würthwein ZZP 106 (1993) 56.

Die Zuordnungsschwierigkeit läßt sich einfach illustrieren: Der Kläger beschuldigt den Beklagten wegen eines im Gerichtsbezirk A begangenen Betruges (z.B. mittels des sog. Churning[171]). Betrugshandlung war die angeblich in diesem Bezirk vorgenommene Täuschung. Die Täuschung ist Tatbestandsmerkmal des Betruges, somit doppelrelevant. Die Tatsache, daß die Täuschung in Bezirk A begangen wurde, ist hingegen nicht doppelrelevant.

Wie verhält es sich nun mit der "Gesamttatsache Täuschung" ?

---- bb) Die Rechtsprechung

In der Rechtsprechung sind Formulierungen zu finden, die nur so interpretiert werden können, daß auch hinsichtlich des Tatortes die schlüssige Behauptung ausreichend ist.[172] Eine Problematisierung findet jedoch nicht statt. Soweit zum Problem des Tatortes Stellung bezogen wird, geht es zumeist um einen fehlenden Tatort im Gerichtssprengel/Inland schon aufgrund des klägerischen Vortrages.[173]

---- cc) Die Auffassung Schumanns

Schumanns Ausgangspunkt ist die auch hier dargelegte Prämisse, daß der "Tatort an sich" nicht doppelrelevant ist.[174] Die Problematik, daß die den Tatortbegriff ausfüllenden Tatsachen doppelrelevant sein können, umgeht er mit dem Kunstgriff einer "an der Dynamik des Prozesses orientierten Betrachtungsweise".[175] Danach soll über die den Tatort betreffende bestrittene Tatsache Beweis erhoben werden. Sollte sich dabei herausstellen, daß das Delikt nicht begangen wurde, soll ein abweisendes Sachurteil ergehen[176]. Sollte die Beweis-

---

[171]BGH 22.11.1994 IPRax 1995, 316; OLG Bremen 21.11.1997 IPRax 2000, 226.

[172]BGH 9.10.1986 NJW 1987, 1323, 1324; BayObLG 31.8.1995 NJW-RR 1996, 508, 509; OLG Frankfurt 18.12.1988 RIW 1988, 399, 400.

[173]Vgl. nur BGH 24.9.1986 NJW 1987, 592, 594. Der von Schumann als Stütze seiner Gegenauffassung angeführte Beschluß des BGH v.12.10.1954 LM § 32 Nr.1 befaßt sich nicht mit der Frage der Prüfungsintensität. Der dort aufgeführte Satz "Die Zuständigkeit nach § 32 ZPO ist aber immer nur für die in dem Bezirk des Gerichts begangenen Handlungen gegeben" bezog sich schon auf einen Sachvortrag des Klägers dahin, daß auch andere Forderungen geltend gemacht wurden.

[174]Stein/Jonas-Schumann § 1 Rn 20b.

[175]Stein/Jonas-Schumann § 1 Rn 20k.

[176]Schumann, FS Nagel, 422 f.; Stein/Jonas-Schumann § 1 Rn 20d. Es ist nicht ganz klar, wie die Vorgehensweise im Einzelnen zu erfolgen hat. In JuS 1985, 207 führt Schumann als Beispiel einen Verkehrsunfall an. Es sei lediglich zu prüfen, ob der behauptete Tatort innerhalb des Gerichtsbezirkes liege. Ob der Unfall dann tatsächlich dort stattgefunden habe, sei dagegen eine Frage der Begründetheit. Diese Vorgehensweise ließe sich

aufnahme ergeben, daß das Delikt außerhalb des Gerichtsbezirkes begangen wurde, dann soll ein Prozeßurteil mangels Zuständigkeit ergehen.[177]

Für die überwiegende Anzahl der Fälle ist diese Betrachtungsweise gut praktizierbar. Jedoch muß sich ein Lösungsmodell auch in untypischen Situationen bewähren, um akzeptiert zu werden.
Ein erstes Problem taucht auf, wenn (ausnahmsweise) eine abgesonderte Verhandlung über die Zuständigkeit angeordnet wird.[178] In diesem Fall ist die von Schumann vorgeschlagene synchrone Behandlung von Zuständigkeits- und Begründetheitsebene nicht einfach durchführbar. Soll nun Beweis erhoben werden oder nicht ?
Weiter erscheint es durchaus als problematisch, die Frage der Rechtskraft eines Urteils davon abhängig machen zu wollen, ob das Delikt an einem anderen Ort begangen worden ist. In den meisten Fällen dürfte die Frage einfach zu klären sein. Soweit dies aber nicht möglich ist, sind Schutzbehauptungen des Klägers in der Absicht, ein abweisendes Sachurteil zu vermeiden, im Falle des Nichtbeweises der im Gerichtsbezirk begangenen Handlung Tür und Tor geöffnet. Soll das Gericht dann gezielt Beweis erheben, ob das Delikt an einem anderen Ort begangen wurde? Dies würde zu der absurden Situation führen, daß das Gericht, um zu klären, ob es ein Sach- oder ein Prozeßurteil erlassen muß, eine Beweisaufnahme durchführen müßte, die eigentlich nur zur Zuständigkeitsbegründung eines anderen Gerichts erforderlich ist. Dies mag im nationalen Rahmen in Anbetracht der Möglichkeit einer bindenden Verweisung noch halbwegs zu rechtfertigen sein, im internationalen Rahmen hingegen nicht.

---- dd) Die Auffassung in der älteren Literatur

In der vor 1900 ausgetragenen Kontroverse um doppelrelevante Tatsachen wurde von einigen Autoren nach Fallgruppen differenziert[179]: Danach ist dann Beweis zu erheben, wenn vom Beklagten allein der Ort der Handlung/des Erfolges bestritten wird. Wenn das Delikt insgesamt in Abrede gestellt wird, sei kein Beweis zu erheben.[180]

---

dahingehend interpretieren, als ließe sich die für die Zuständigkeit relevante Frage anhand der Landkarte lösen. Eine Beweisaufnahme hinsichtlich des tatsächlichen Geschehens fände nicht statt.

177Schumann § 1 Rn 20k.

178Unten § 12 I.2.

179Stein Gruchot 28 (1884), 443; J.Kohler, Beiträge, 101; Petersen Gruchot 37 (1893), 24; Wieczorek § 12 B II a 2; Heinsheimer JW 1920, 1044.

180So auch RG 24.6.1886 JW 1886, 265.

---- ee) Stellungnahme

Das Dilemma ist einfach beschrieben: Es sollen zwei Aspekte einer Tatsache voneinander getrennt betrachtet werden, die in einer festen logischen Verbindung stehen können. So kann im tatsächlichen Bereich nicht das "wo" einer Handlung beantwortet werden, wenn das "ob" ungeklärt bleibt. Es werden an einen einheitlichen Beweisgegenstand zwei Fragen gestellt, deren eine (das "ob"), zumeist logisch vorrangig ist. Ist eine Handlung (in ihrer Existenz) "an sich" unstreitig, kann die Frage des Ortes dieser Handlung isoliert geprüft werden. In den Fällen, in denen der ganze deliktische Sachverhalt in Abrede gestellt wird, muß zwangsläufig die Frage, ob die Handlung überhaupt stattgefunden hat, vor oder gleichzeitig mit der Frage nach dem Ort geklärt werden.

Die Lösung der Problematik[181] muß von zwei Konstanten der Schlüssigkeitsprüfung ausgehen:
1) Tatsachen, die für ein zusprechendes Sachurteil notwendig vorliegen müssen, sollen erst in der Begründetheitsstation bewiesen werden, um eher ein Sach- als ein Prozeßurteil zu erhalten.
2) Es sollen <u>nur</u> diese Tatsachen unterstellt werden, damit eine Verurteilung durch ein "an sich" unzuständiges Gericht nicht möglich ist.[182]

Wollte man der Unterteilung der älteren Literatur in die zwingende Fallgruppenbildung zustimmen, dann könnte es in den Fällen des vollen Bestreitens dazu kommen, daß das Gericht seine Zuständigkeit lediglich aufgrund von Behauptungen annimmt. Wenn sich in der Beweisaufnahme dann tatsächlich ergibt, daß zwar der lokale Bezug fehlt, das Delikt aber begangen wurde, bestünde nach den Grundsätzen der perpetuatio fori die Zuständigkeit fort.[183] Eine *Verurteilung* durch ein "an sich" unzuständiges Gericht wäre möglich. Ein Ergebnis, das sich mit den Grundlagen der Schlüssigkeitsprüfung nicht vereinbaren ließe.[184]

Versteht man Schumann so, daß der Ortsbezug auf jeden Fall nachgewiesen werden muß[185], so wäre ein entsprechendes Ergebnis ausgeschlossen. Der Be-

---

[181] Hier sei darauf hingewiesen, daß es sich nur um eine Lösung innerhalb der Systematik der Schlüssigkeitsprüfung handelt. Zu der Frage, ob diese überhaupt zu angemessenen Ergebnissen führt, wird später Stellung bezogen (Zweiter Teil).

[182] Vgl. soeben unter II.

[183] So auch Zöller-Vollkommer § 32 Rn 19 bis zur 20. Auflage. In der 21. Auflage schließt er sich Schumann an.

[184] RG 26.5.1913 Gruchot 57, 473, 474.

[185] Anders wohl Schumann in JuS 1985, 207.

weis müßte dann auch in einer abgesonderten Verhandlung erhoben werden, gleichgültig, ob allein der Deliktsort oder das Delikt an sich bestritten ist.

Was geschieht, wenn sich die zu beweisende Tatsache nicht erweisen läßt und damit (solange der Kläger seinen Sachvortrag nicht abändert) die Unbegründetheit der Klage feststeht? Müßte die Schlüssigkeitstheorie nicht nach ihren eigenen Prämissen zu einem Prozeßurteil kommen? Mit dem Nichtbeweis steht nämlich fest, daß die einfachrelevante Tatsache "Tatort" nicht im Gerichtsbezirk gegeben ist. Grundsätzlich müssen aber einfachrelevante Tatsachen auch für ein klageabweisendes Sachurteil vorliegen, so daß bei deren Fehlen nur ein Prozeßurteil ergehen dürfte.

Eine Lösung läßt sich mit Blick auf die Problematik beim Erfüllungsort finden. Dieser muß auch für ein klageabweisendes Sachurteil feststehen. Er ist nicht doppelrelevant. Von Stein wurde richtig angemerkt, daß ohne Forderung auch kein Erfüllungsort besteht.[186] Es wird somit die logisch vorrangige Prüfung des Bestehens der Verbindlichkeit übergangen und danach gefragt, wo der Erfüllungsort bei einem Bestehen der Forderung liegt. Hierzu ist gegebenenfalls Beweis zu erheben. Dementsprechend sollte grundsätzlich an der Beweispflichtigkeit des Tatortes für die Zuständigkeitsprüfung festgehalten werden, was insbesondere bei dem später zu erörternden Problem der Mißbrauchsgefahr im Falle des Versäumnisurteils von großer Bedeutung ist. Wenn sich aber bei diesem Beweis die Unbegründetheit der Klage ergibt, dann ist auch ein abweisendes Sachurteil möglich. Sollte aber zur Feststellung der Unbegründetheit der Klage weiter Beweis erhoben werden müssen, ist davon Abstand zu nehmen und ein Prozeßurteil zu erlassen. Die Inkonsequenz, die in der Möglichkeit eines Sachurteils trotz Fehlens einer einfachrelevanten Zuständigkeitstatsache liegt, ist angesichts der engen Verwobenheit des Beweises von Tatort und Deliktstatbestand hinzunehmen. In dieser etwas präzisierten Form ist daher Schumanns Auffassung zuzustimmen.

§ 8 Die internationale Zuständigkeit

Die Diskussion um doppelrelevante Tatsachen ist bei der örtlichen Zuständigkeit angesichts der Möglichkeit einer Verweisung an das zuständige Gericht wenig brisant.[187] Anders verhält es sich bei der internationalen Zuständigkeit,

---

[186]Stein Gruchot 28 (1884), 434.

[187]Stein/Jonas-Schumann § 1 Rn 20f Fn 48.

bei der diese Möglichkeit nicht gegeben ist. Infolgedessen ist gerade hier die Diskussion um doppelrelevante Tatsachen besonders intensiv geführt worden.[188] Auch die vorliegende Untersuchung hat primär die internationale Zuständigkeit im Blick.

- I. Doppelfunktionalität

Nach heute allgemeiner Ansicht sind die Normen über die örtliche Zuständigkeit doppelfunktional, d.h. sie regeln auch die internationale Zuständigkeit, soweit nicht eigene Vorschriften über die internationale Zuständigkeit erlassen wurden und die Besonderheiten des internationalen Kontextes eine Übertragung zulassen.[189] Die örtliche Zuständigkeit indiziert somit die internationale Zuständigkeit.[190] Für die hier interessierenden §§ 29[191] und 32[192] ZPO ist dies allgemein anerkannt.

- II. Besondere Interessen im IZVR

Die internationale Zuständigkeit ist für die Parteien von ganz anderer Bedeutung als die örtliche Zuständigkeit. Es handelt sich um die "Kardinalfrage" in Auslandsrechtsstreitigkeiten.[193] Auch innerhalb Deutschlands kann es für einen Beklagten beschwerlich sein, an einem entfernten Ort verklagt zu werden oder für den Kläger mühsam, den Beklagten an seinem Wohnsitz aufzusuchen. Die internationale Zuständigkeit hat aber noch eine andere Dimension. Zum einen wird der Unbequemlichkeitsfaktor um ein Vielfaches gewichtiger (Sprache, Schwierigkeiten der Rechtsberatung, fremdes Rechtsumfeld; Reisekosten...). Zum anderen wird ein anderes Prozeßrecht angewandt, was z.B. bei der U.S.-amerikanischen pre-trial discovery vorentscheidende Bedeutung für den Ausgang des Verfahrens haben kann. Ebenso wird meistens ein

---

[188]Stein/Jonas-Schumann § 1 Rn 20f Fn 48.

[189]BGH 14.6.1965 BGHZ 63, 219; 30.10.1974 BGHZ 44, 46: " In ihren Voraussetzungen miteinander verknüpft"; 28.2.1996 NJW 1996, 1411, 1413; Thomas/Putzo-Putzo Vor 1 Rn 6; Wieczorek/Schütze-Hausmann Vor § 12 Rn 48; Stein/Jonas[20]-Schumann Einl Rn 755; MünchKomm-Patzina Vor § 12 Rn 86 f.; Kropholler, Handb. IZVR, Rn 30 ff.; Geimer, IZPR, Rn 943 ff.; Schack, IZVR, Rn 236; vgl. auch E. Lorenz IPRax 1985, 256 f.

[190]Soergel-Kronke Art. 38 Anh IV Rn 20; Geimer, IZPR, Rn 943; Schröder 84; Pfeiffer, Gerechtigkeit, 76.

[191]BGH NJW 28.2.1996 NJW 1996, 1411, 1412; Stein/Jonas-Schumann § 29 Rn 43.

[192]BGH NJW 28.2.1996 NJW 1996, 1411, 1412; 7.12.1979 GRUR 1980, 227, 230; Staudinger-v.Hoffmann Art. 38 Rn 256; Wieczorek/Schütze-Hausmann § 32 Rn 62.

[193]Kropholler, Handb. IZVR, Rn 16; Geimer WM 1986, 117; Schwarz 54; Pfeiffer, Gerechtigkeit, 3.

anderes Kollisionsrecht und damit unter Umständen anderes materielles Recht angewandt. Auch die Prozeßkostenregelung kann entscheidend anders geregelt sein. Die Entscheidung über die internationale Zuständigkeit kann die Parteien veranlassen, von einem weiteren Rechtsstreit Abstand zu nehmen, z.B. indem der Beklagte dem Rechtsstreit fernbleibt (mit weitreichenden Konsequenzen) oder der Kläger eventuell auf die Rechtsverfolgung verzichtet.

- III. Prüfung der internationalen Zuständigkeit

Die internationale Zuständigkeit ist wie die örtliche Zuständigkeit eine Zulässigkeitsvoraussetzung, die von Amts wegen zu prüfen ist.[194] Bei der internationalen Zuständigkeit überträgt die h.M., von hier nicht relevanten Ausnahmen abgesehen[195], die Vorgehensweise bei der Prüfung der örtlichen Zuständigkeit. So ist es auch nicht weiter verwunderlich, daß allgemein die Grundsätze zur Prüfung doppelrelevanter Tatsachen ohne Modifizierung[196] auf den internationalen Sachverhalt übertragen werden.[197]

- IV. Auslegung der §§ 29 und 32 ZPO im internationalen Kontext

Im Fall der Auslandsberührung ergibt sich häufig das Problem, daß Rechtsverhältnisse und Ansprüche durch ausländisches Recht geprägt sind. Gerade bei anspruchsbezogenen Gerichtsständen kann dies zu der Frage führen, nach welchem Recht bestimmte Begriffe auszulegen oder Ansprüche zu bestimmen sind. Aufgabe des *Ersten Teils* ist grundsätzlich primär die Darstellung der h.M. Im Bereich der Auslegung der Sammelbegriffe der §§ 29 und 32 ZPO ist

---

[194] Kropholler, Handb. IZVR, Rn 216 m.w.N.

[195] Vgl. zur Revisibilität Kropholler, Handb. IZVR, Rn 222; zur Besonderheit doppelrelevanter Tatsachen in der Revisionsinstanz vgl. Gottwald, Revisionsinstanz, 38 ff.

[196] Daraus rechtfertigt sich auch, daß schon im vorangehenden Teil mitunter Entscheidungen und wissenschaftliche Äußerungen in die Überlegung miteinbezogen wurden, die sich allein auf die internationale Zuständigkeit beziehen.

[197] BGH 28.2.1996 NJW 1996, 1411, 1413; BGH 7.12.1979 GRUR 1980, 227, 230; BGH 9.10.1986 NJW 1987, 1324 RG 12.12.1918 RGZ 95, 269, 270; Stein/Jonas-Schumann § 1 Rn 20 f; Wieczorek/Schütze-Hausmann Vor § 12 Rn 100; Thomas/Putzo-Putzo Vor § 1 Rn 7; Schack, IZVR, Rn 387; Kropholler, Handb. IZVR, Rn 219; Pfeiffer, Gerechtigkeit, 603 ff.; Schröder 265 f.; Gottwald IPRax 1983, 16; ders. IPRax 1995, 75; Linke Rn 211; zweifelnd jedoch BGH 25.11.1993 NJW 1994, 1413, 1414. Beachte aber Pagenstecher RabelsZ 11(1937), 428 ff., der gerade zwischen örtlicher und internationaler Zuständigkeit unterscheiden will und für letztere eine intensive Prüfung der Wahrheit der Tatsachen fordert.

diese jedoch nicht immer deutlich, so daß hier ein eher kritisch diskutierender Ansatzpunkt gewählt werden muß.[198]
Häufig wird im Zusammenhang mit der Auslegung der Tatbestandsmerkmale der §§ 29 und 32 ZPO der Begriff der Qualifikation gebraucht. Dieser nicht nur im IZVR "schillernde"[199] Begriff, ist zunächst für den hier vorgesehenen Gebrauch näher zu erläutern:

-- 1. Zum Begriff der Qualifikation im internationalen Zivilprozeßrecht

Der Begriff der Qualifikation wird üblicherweise im Bereich des Internationalen Privatrechts verwendet. In diesem Bereich hat sich eine weitreichende Kontroverse entfacht, was Qualifikation im IPR bedeute und wie sie durchzuführen sei.[200] Eine Auffassung bezeichnet den Zuordnungsvorgang von Sachnormen zu bestimmten Verweisungsvorschriften (Kollisionsnormen) als Qualifikation.[201] Andere nennen als Qualifikationsgegenstand nicht die Sachnorm, sondern die Rechtsfrage[202] oder aber gar den Sachverhalt.[203] Wieder andere[204] versuchen den Qualifikationsvorgang in seiner Totalität zu beschreiben, die weder auf einfache Sachnormen noch reine Rechtsfragensubsumtion reduziert werde könne. Zuletzt wurde der Versuch unternommen, die Defizite der bisherigen Lösungsmodelle durch einen unterschiedlichen Qualifikationsgegenstand auf Tatbestandsseite einerseits und Rechtsfolgenseite andererseits zu bezeichnen.[205] Nach Klärung dieses Problems stellt sich die weitere Frage, nach welchem Maßstab qualifiziert wird (Qualifikationsstatut). Grundsätzlich ist hier die Alternative der Qualifikation nach den Vorstellungen des IPR der lex fori, einer diese modifizierenden funktionellen Qualifikation oder einer Qualifikation nach der lex causae möglich.[206]

---

[198]Vgl. auch die weiterführende Diskussion unten in § 15 II.

[199]Basedow, Qualifikation, 135.

[200]Kropholler, IPR, § 14 ff.; Kegel/Schurig § 7; Vgl. auch die Dissertationen von Weber, Grundmann und Mistellis.

[201]Raape 103 ff.; Raape/Sturm 279 ff.

[202]Vgl. nur Jayme, Identité, 108 f.; Kropholler, IPR, § 15 I 3.

[203]Rabel, RabelsZ 5 (1931), 245.

[204]Weber 215 ff.; MünchKomm-BGB-Sonnenberger Einl IPR Rn 444.

[205]MünchKomm-BGB-Sonnenberger Einl.IPR Rn 444 "Qualifikation als Gesamtprozeß"; Herfarth, 177 ff.; Jaeckel 73.

[206]Vgl. dazu MünchKomm-BGB-Sonnenberger; Einl.IPR Rn 458 ff.; Kegel/Schurig § 7 III; Kropholler, IPR, § 17.

Im Rahmen des Internationalen Zivilverfahrensrechts ist die Verwendung des Begriffs der Qualifikation sehr umstritten. So will Basedow[207] den Verwendungsbereich des Begriffs wesentlich beschränken, um ihm inhaltliche Kontur zu verschaffen, andere wenden sich gegen diese Einschränkung[208]. Im europäischen Kontext wird insbesondere bei den Begriffen des EuGVÜ sowohl von autonomer Auslegung[209] wie von autonomer Qualifikation[210] gesprochen. Hier kann es nicht darum gehen, eine umfassende Diskussion um den Qualifikationsbegriff durchzuführen. Es soll aber mit Blick auf das tatsächliche Vorgehen der Gerichte erläutert werden, was im folgenden unter Qualifikation verstanden werden soll.[211]

Im Recht der örtlichen Zuständigkeit sind, wie gezeigt wurde, theoretisch zwei Schritte voneinander zu trennen. Auf der einen Ebene werden Anspruchsnormen des deutschen Rechts, oder, wie im Fall der culpa in contrahendo, Fallgruppen einer anspruchsvermittelnden richterrechtlichen Institution dem prozessualen Sammelbegriff zugeordnet. Auf einer anderen Ebene wird dann der Sachverhalt unter die so zugeordnete Sachnorm oder, je nach Blickwinkel, unter den durch die Sachnorm aufgefüllten Sammelbegriff des Prozeßrechts subsumiert. Der erste hier beschriebene Schritt ordnet die im deutschen Recht bestehenden Ansprüche einer Zuständigkeitsnorm zu. So handelt es sich entweder um einen in einer besonderen anspruchsbezogenen Gerichtsstandsnorm bezeichneten Anspruch oder aber um einen anderen Anspruch, der dann dem allgemeinen oder anderen nicht anspruchsbezogenen Gerichtsständen zugeordnet wird. Insoweit handelt es sich in gewisser Weise auch um Verweisungsrecht, so daß dieser Schritt, der eine Parallele mit der IPR-Qualifikation aufweist, hier als Qualifikation im engeren Sinne bezeichnet werden soll. Der zweite Schritt ist ein einfacher Subsumtionsvorgang, der aber mit dem ersten zu einer Qualifikation (im weiteren Sinne) des konkreten Anspruchs zu einer Einheit wird.
Überträgt man diese Begrifflichkeit auf die vorliegende Problematik, sind zunächst die in den untersuchten Gerichtsstandsnormen verwendeten Begriffe auszulegen.[212]

---

[207]Basedow, Qualifikation, 135 ff.; vgl. auch die Diskussion bei Jaeckel 78 ff.

[208]Roth, FS Stree/Wessels, 1052; Schack, IZVR, RN 48 Fn 3; Kubis, Int. Zuständigkeit, 91; vgl. auch Linke Rn 46.

[209]Scholz passim; Kropholler EuZPR Einl Rn 45; Wieczorek/Schütze-Hausmann Anh I § 40 Art. 5 EuGVÜ Rn 4.

[210]Lohse 33.

[211]Vgl. auch Jaeckel 80 f., der statt von Qualifikation von der Vorfragenmethode spricht.

[212]Es erscheint hier wichtig darauf hinzuweisen, daß man die Vorgehensweise des IZVR nicht zunächst aus der IPR-Perspektive betrachten und die Begrifflichkeit kritiklos

-- 2. Prozessuale Sammelbegriffe: Streitigkeiten aus einem Vertragsverhältnis / Klagen aus unerlaubter Handlung

--- a) Gehalt der Sammelbegriffe

Wie oben schon angedeutet, ist der prozessuale Vertragsbegriff nicht mit dem des materiellen (deutschen) Rechts identisch. Dies zeigt sich schon an dem Einschluß mancher auf c.i.c. basierenden Ansprüche.[213] Insofern gibt es einen prozessualen Sammelbegriff des Vertrages i.S.d. § 29 ZPO. Gleiches gilt für die unerlaubte Handlung i.S.d. § 32 ZPO. Diese Begriffe bestehen aber, wenn man sie ohne die ihnen zugeordneten materiellrechtlichen Ansprüche betrachtet, allein aus Zuordnungskriterien dafür, ob ein bestimmter materiellrechtlicher Anspruch als vertraglich bzw. deliktisch eingestuft werden soll oder nicht.

--- b) Qualifikation nach der lex causae

Auf internationaler Ebene stellt sich die gleiche Frage: Welche Ansprüche sollen als vertraglich/deliktisch eingestuft werden? Es wird vorgeschlagen, den prozessualen Begriff des Vertrages/Deliktes nach der lex causae zu qualifizieren[214], was in der hier gebrauchten Terminologie eher als Auslegungsvorgang (qualifiziert wird der Anspruch) bezeichnet werden soll. Was ist damit gemeint? Da auf die Einordnung gemäß der dem Anspruch zugrundeliegenden Rechtsordnung abgestellt wird, ist wohl gemeint, daß die Maßstäbe für die Qualifikation des Anspruchs der lex causae entnommen werden sollen. Nun fragt sich aber weiter: Wo ist diese Einordnung zu finden ? Allein die Verortung innerhalb eines Gesetzbuches führt schon im deutschen Recht manchesmal in die Irre und kann in Case-Law-Systemen überhaupt nicht angewandt werden. Die für die der Einordnung in das IPR der lex causae verwendeten Maßstäbe könnten zwar übernommen werden, doch spielen im IPR andere Interessen eine Rolle.[215] So wird im deutschen Recht auch nicht einfach ein pro-

---

übernehmen sollte. Das internationale Zuständigkeitsrecht hat sich aus dem Recht der örtlichen Zuständigkeit entwickelt. So ist auch zunächst aus diesem Bereich die Begrifflichkeit und Methodik zu entnehmen. Daß dies praktisch relevant wird, zeigt sich beim hier behandelten Problem der Qualifikation. Es ist insoweit wenig sachgerecht, direkt einen IPR-Qualifikationsbegriff zu übernehmen. Vgl. u. § 15 II.2.a)ee).

[213] Vgl. unten § 14 II.2.

[214] Zur ähnlichen Problematik der Begriffe im Rahmen des EuGVÜ: Lohse 227; Geimer/Schütze-Geimer I/1 616; Geimer NJW 1988, 3090; anders nun Geimer/Schütze, EuZVR, Art. 5 Rn 146.

[215] Im IZVR besteht durch die Wahlgerichtsstände regelmäßig ein einseitiges Bestimmungsrecht des Klägers. Im IPR wird entweder durch Vereinbarung oder objektiv angeknüpft, die Neuregelung des Art. 40 EGBGB ist insofern eine Ausnahme. Die

zessualer mit dem gleichlautenden kollisionsrechtlichen Begriff gleichgesetzt (auch wenn hier viele Gemeinsamkeiten vorliegen dürften).[216] Es bliebe also nur der Rückgriff auf die Maßstäbe zur Einordnung in das nationale Prozeßrecht der lex causae, was voraussetzt, daß dieses Prozeßrecht die gleichen Gerichtsstände kennt. Abgesehen davon kann nicht eine ausländische Zuständigkeitsordnung maßgeblich bestimmen, wann deutsche Gerichte ihre Zuständigkeit annehmen. Dafür ist die Zuständigkeitsordnung zu sehr mit materiellen Gerechtigkeitsvorstellungen besetzt. Eine Qualifikation der Anspruchsgrundlagen nach der lex causae ist daher abzulehnen. Sinnvollerweise kann es nur um die Maßstäbe der lex fori gehen, die den §§ 29/32 ZPO selbst innewohnen. Sie sind eruierbar durch die Bewertung der deutschen materiellrechtlichen deliktischen Ansprüche, die traditionellerweise und in systemstimmiger Weise unter §§ 29/32 ZPO gefaßt werden.

--- c) Prüfung anhand des materiellen Rechts ?

Von der Einordnung der Anspruchsgrundlagen zu unterscheiden ist wie auch bei der örtlichen Zuständigkeit die Zuordnung des konkreten Sachverhalts zu den prozessualen Sammelbegriffen. Diese erfolgt bei der örtlichen Zuständigkeit anhand der den Sammelbegriffen zugeordneten materiellrechtlichen Anspruchsgrundlagen. In Sachverhalten mit Auslandsbezug ist der Sachverhalt aber mitunter durch das anwendbare ausländische Recht geprägt. Folglich müßte Gegenstand der Schlüssigkeitsprüfung die materielle Norm des anwendbaren Rechts sein.

Nach diesem Modell muß innerhalb der Zuständigkeitsprüfung auf das anwendbare Recht eingegangen werden, was problematisch ist.[217]

Zu überlegen ist, ob es nicht noch alternative Möglichkeiten einer Schlüssigkeitsprüfung gibt. Bei der örtlichen Zuständigkeit wurde gezeigt, daß die Schlüssigkeitsprüfung anhand von Normen des materiellen Rechts durchgeführt wird. Theoretisch denkbar erscheint es im internationalen Rahmen, lediglich anhand der prozessualen Sammelbegriffe selbst eine Schlüssigkeits-

---

Unterschiedlichkeit beider Systeme wird auch deutlich durch die Vielzahl der unterschiedlichen Anknüpfungsmöglichkeiten z.B. im Bereicherungsrecht, Familienrecht, Erbrecht, Gesellschaftrecht etc., die nicht notwendigerweise im Zuständigkeitsrecht ihre Entsprechung haben.

[216]Dies scheidet auch schon aus, da der prozeßrechtliche Begriff auch ohne internationalen Bezug gedacht werden kann und muß und der IPR-Begriff nicht nach dem Vorbild des Prozeßrechts entwickelt wurde. Für die Übernahme der IPR-Maßstäbe sprechen sich aus: Staudinger-v.Hoffmann Art. 38 EGBGB Rn 255; Mankowski IPRax 1997, 174, 176; Weller, IPRax 2000, 205.

[217]Vgl. § 8 VIII.

prüfung vorzunehmen.[218] In der Durchführung einer solchen "einstufigen" rein prozessualen Qualifikation tauchen jedoch kaum überwindbare Hindernisse auf: Die Schlüssigkeitsprüfung bei den §§ 29/32 ZPO wird von der h.M. bei der örtlichen Zuständigkeit ähnlich einer Begründetheitsprüfung durchgeführt.[219] Dabei können z.T. komplizierte Rechtsfragen auftauchen: War das schädigende Handeln schuldhaft? War die Schädigung sittenwidrig? Wurde der Vertragspartner wirksam beim Vertragsschluß vertreten?... Um diese Fragen zu beantworten, bedarf es eines differenzierten Rechtssystems. Die begriffliche Ausgestaltung der prozessualen Sammelbegriffe reicht jedenfalls zur Zeit zur Lösung derartiger Aufgaben nicht aus. Mit einer Schlüssigkeitsprüfung im Sinne der h.M. wären die prozessualen Begriffe überfordert. Sinnvoll durchführbar ist eine strenge Schlüssigkeitsprüfung lediglich anhand der Normen des materiellen Rechts.[220]

--- d) Prüfung anhand des materiellen Rechts der lex fori ?

Ein Blick auf die allgemeine Diskussion zur Auslegung sachrechtsbezogener Prozeßrechtsbegriffe[221] zeigt, daß sich hier zwei Ansichten gegenüberstehen: Zum einen wird das anwendbare Recht in den Blick genommen und werden zivilrechtliche Begriffe der Rechtsordnung entnommen, die das deutsche Kollisionsrecht beruft.[222] Nach anderer Auffassung ist aus Gründen der Effektivität und Klarheit der Prozeßrechtsordnung auf die "ergebnisblinde" Berufung des anwendbaren Rechts zu verzichten.[223]

Zu fragen ist, ob auch bei der Auslegung der hier untersuchten Sammelbegriffe ein Verzicht auf die Einbeziehung des *anwendbaren* Rechts sinnvoll ist. Dann wäre, da wie gezeigt eine Einbeziehung des materiellen Rechts erforderlich ist, der Sachverhalt unter deutsche Normen materiellrechtlicher Art im Wege der Schlüssigkeitsprüfung zu subsumieren.[224] Gerade die Aussage, daß der prozessuale Sammelbegriff des Vertrages durch die materiellrechtlichen

---

[218]Dies wird vor allem auf europäischer Ebene im Rahmen einer rein autonomen Begriffsbestimmung der Sammelbegriffe des Ar. 5 EuGVÜ erwogen. Vgl, C.Kohler ZEuP 1996, 466 f.; Rauscher ZZPint 1 (1996), 166; vgl. auch Ulrike Wolf ZZPint 2 (1997), 132 f.; kritisch dazu Wyss 38.

[219]Vgl. § 7 I.3.

[220]Vgl. § 15 II. Zur ähnlichen Problematik im europäischen Recht vgl. § 22 III.1.b)aa),cc).

[221]Vgl. Jaeckel 97 ff. m.w.N.

[222]So in der Tendenz Basedow, Qualifikation, 146 f.

[223]Roth, FS Stree/Wessels, 1052 f.

[224]OLG Düsseldorf 30.5.1958 IPRspr. 1958/59, Nr. 160, S. 531 ff.; RG 14.11.1912 SA 68, Nr. 88, S.165.

Normen ausgefüllt wird, könnte hierzu verleiten.[225] Auch dies könnte man als Auslegung nach der lex fori bezeichnen. Jedoch käme man zu ganz und gar unangemessenen Ergebnissen. Wenn man wie die h.M. bei einem Delikt eine strenge Schlüssigkeitsprüfung vornimmt und auf einen auslandsrechtlich geprägten Sachverhalt keine deutsche Norm passen will, etwa weil kein Rechtsgut im Sinne des § 823 I BGB verletzt ist, wie z.B. das Eheband als solches[226], der Anspruch aber nach dem anwendbaren Recht offensichtlich begründet wäre, würde man diesem wohl zum Kernbereich des Deliktsrecht gehörenden Anspruch den Gerichtsstand der unerlaubten Handlung verwehren. Man würde über das Prozeßrecht entgegen den Wertungen des IPR sein materielles Recht zum Maßstab aller Dinge erheben.

Wie fragwürdig es ist, grundsätzlich die deutschen materiellen Normen, die sozusagen zum Kernbestand des § 32 ZPO gehören, zum Maßstab der Schlüssigkeitsprüfung zu machen, zeigt schon eine Parallele im deutschen Recht: Wenn es nämlich gerade um die Frage geht, ob durch eine neue oder in ihrer Einordnung umstrittene Norm Ansprüche vermittelt werden, die unter § 32 ZPO fallen, wird nicht geprüft, ob der Sachverhalt nach anderen, schon eindeutig deliktisch qualifizierten Anspruchsgrundlagen schlüssig ist. Das wäre er wohl regelmäßig nicht. Den bisher anerkanntermaßen unter den Sammelbegriff fallenden Konstellationen sind vielmehr Gemeinsamkeiten und Wertungen zu entnehmen, an denen dann der "neue" Anspruch gemessen werden kann.

Entsprechende Probleme riefe eine Schlüssigkeitsprüfung bei § 29 ZPO hervor, wenn man trotz Anwendbarkeit ausländischen Rechts etwa den Vertragsschluß nach deutschem Zivilrecht prüfen würde. Im Falle eines fehlenden Vertragsschlusses nach deutschem Recht wäre die Klage als unzulässig abzuweisen, obwohl sie nach dem anwendbaren Recht u.U. offensichtlich begründet sein könnte.[227]

---

[225]Dies scheint selbst dem BGH 25.11.1993 NJW 1994. 1413, 1414 zu unterlaufen. Kritisch dazu auch Koch ZZP 108 (1995), 369; unklar BGH 11.1.1990 IPRax 1991, 183, es kam wohl nur deutsches Deliktsrecht in Betracht.

[226]Anderes Beispiel: Ein nach Art. 1382 frz. Code Civil offensichtlich begründeter Anspruch bei bloßem Vermögensschaden. Eine Schlüssigkeitsprüfung nach § 823 I BGB würde diesem Anspruchsinhaber einen besonderen Gerichtsstand vorenthalten.

[227]Ein Blick auf die Bestimmung des Erfüllungsortes, der nach ganz h.M. nach dem anwendbaren Recht bestimmt wird, zeigt, wie sonderlich für das Tatbestandsmerkmal "vertraglicher Anspruch" eine Prüfung anhand des deutschen materiellen Rechts wäre.

Was die Schlüssigkeitsprüfung angeht, erscheint es entsprechend der Rechtsprechung des BGH daher im Ergebnis allein sinnvoll, diese am anwendbaren Recht vorzunehmen, d.h. nach lex causae.[228]

--- e) Ergebnis: Zweistufige lex fori/lex causae Qualifikation

Bei der Qualifikation (im weiteren Sinne) des konkreten Anspruchs ist demnach richtigerweise von einer zweistufigen lex fori/ lex causae Qualifikation[229] zu sprechen. Die abstrakte Ebene der Einordnung der zu prüfenden Anspruchsgrundlagen erfolgt anhand der lex fori, die konkrete Subsumtion anhand der lex causae.[230]

-- 3. Anknüpfungsmomente: Tatort / Erfüllungsort

Die Auslegung der örtlichen Verknüpfungsbegriffe wie Tatort und Erfüllungsort wirft andere Probleme auf als die Zuordnung von Ansprüchen. Es kommen mehrere Möglichkeiten der Auslegung in Betracht: Die Auslegung im Rückgriff auf das materielle Recht oder eine eigenständige prozeßrechtsautonome Auslegung. Wenn man eine Auslegung anhand des materiellen Rechts befürwortet, kann man schließlich nach der lex causae oder nach dem materiellen Recht der lex fori auslegen.

--- a) Erfüllungsort

Nach der herrschenden Meinung zur örtlichen Zuständigkeit ist der Erfüllungsort des prozessualen Rechts mit dem Leistungsort des materiellen Rechts identisch.[231] Insoweit besteht eine Verweisung auf das materielle Recht. In internationalen Fällen ist in der Sache häufig eine ausländische Rechtsordnung berufen. Folgt man der h.M. hinsichtlich des Identitätsdogmas (und dem dahinterliegenden telos) in der örtlichen Zuständigkeit, erscheint es nur

---

[228] 24.9.1986 NJW 1987, 592, 594; Koch ZZP 108 (1995), 369 f. Auch das Reichsgericht in seiner oben besprochenen Grundsatzentscheidung bezog das anwendbare Recht mit ein. RG 12.12.1918 RGZ 95, 269, 272. Nicht ganz eindeutig Stein/Jonas-Schumann § 32 Rn 18.

[229] In Anlehnung an Schlossers Ausführungen zum EuGVÜ, vgl. unten § 22 III.1.d)aa). Dies sollte nicht als Doppelqualifikation mißverstanden werden (sogleich unter V.). Eine Einordnung d.h. Qualifikation zu Systembegriffen findet nur nach einer Rechtsordnung statt. Wyss 35 spricht im Falle des EuGVÜ von einer konkret autonomen Methode.

[230] Vgl. die gleichlautende Analyse der h.M. durch Rauscher in ZZPint 1 (1996), 166 (zu der gleichen Problematik bei Art. 5 Nr.3 EuGVÜ); Würthwein ZZP 106 (1993), 69 Fn 73; Koch ZZP 108 (1995), 369 f.; ähnlich Kubis, Int. Zuständigkeit, 98.

[231] S.o. § 6 I.3.

als folgerichtig, daß der Erfüllungsort wie der Leistungsort durch das vom IPR des Forums berufene materielle Recht bestimmt wird.[232]

--- b) Tatort

Der Tatort hat im materiellen Recht anders als der Erfüllungsort kein Äquivalent. Es gibt keinen materiellrechtlichen Tatort, der für das materielle Recht Bedeutung hätte. Man kann ihn daher nicht nach der lex causae auslegen. In Frage kommt nur eine prozeßrechtliche Auslegung, wie sie auch von der herrschenden Meinung vorgenommen wird. Entsprechend der Rechtsprechung zur örtlichen Zuständigkeit ist auch auf internationaler Ebene jeder Ort Tatort, an dem auch nur eines der wesentlichen Tatbestandsmerkmale verwirklicht worden ist, d.h. sowohl der Erfolgs- als auch der Handlungsort.[233] Bei mehraktiger Ausführungsweise ist jeder Handlungsort zuständigkeitsbegründend.[234] Ein Blick auf diese Definitionen zeigt schon, daß es zwar in der Praxis häufig einfach sein wird, den Tatort ohne Rückgriff auf das materielle Recht zu bestimmen; theoretisch ist aber vorab die Frage zu beantworten, was denn ein erheblicher Teil des Tatbestandes sei. Dies kann nur anhand des anwendbaren materiellen Rechts geschehen.[235] Folglich spielt auch bei diesem Merkmal, das grundsätzlich nach dem Prozeßrecht auszulegen ist, das materielle Recht als "Vorfrage" eine Rolle.

- V. Doppelqualifikation ?

In seltenen Fällen kann es tatsächlich zu einer abweichenden Qualifikation durch das Prozeßrecht der lex fori einerseits und durch Zuordnungsnormen (IPR, Prozeßrecht oder Einteilung des materiellen Rechts[236]) der lex causae

---

[232]RG 27.2.1913 Warneyer 6 (1913), Nr. 302, S. 360; BGH 20.5.1981 NJW 1981, 2642; OLG Düsseldorf 15.3.1990 IPRax 1991, 327, 328; BayObLG 18.1.1979 IPRspr. 1979 (Nr. 154), 531; OLG Nürnberg NJW 1985, 1296; Stein/Jonas-Schumann § 29 Rn 43; Wrangel 51; Stein Gruchot 28 (1884), 414; Kropholler, Handb. IZVR, Rn 355; Wieczorek/Schütze-Hausmann § 29 Rn 123; Zöller-Vollkommer § 29 Rn 3. Zu Art. 5 Nr.1 EuGVÜ :OLG Düsseldorf 20.11.1975 RIW 1976, 297; OLG Hamburg 9.7.1976 IPRspr. 1976, Nr. 125b, S. 368 f.; OLG Bamberg 5.11.1976 NJW 1977, 505, 507.

[233]Wieczorek/Schütze-Hausmann § 32 Rn 63; MünchKomm-Patzina § 32 Rn 28; Kropholler, Handb. IZVR, Rn 376.

[234]OLG Celle 2.2.1977 IPRspr. 1977, Nr. 119.

[235]Geimer, IZPR, Rn 1512; Schack, IZVR, Rn 299; so auch BGH 24.9.1986 BGH NJW 1987, 592, 594 zu Art. 5 Nr.3 EuGVÜ; ähnlich BGH 24.7.1957 IPRspr. 1956/57, Nr. 170.

[236]Siehe Donzallaz III Rn 4517: Fragen des Forums, Jus und IPR seien streng zu trennen und könnten dreimal unterschiedlich qualifiziert werden.

andererseits kommen. Beispielhaft seien hier die Ansprüche eines Opfers bei einer "französischen" Produkthaftungsklage genannt. Nach der hier dargelegten Schlüssigkeitstheorie würde der Anspruch zunächst abstrakt auf eine Fallgruppe bezogen qualifiziert und in diesem Fall als deliktisch eingeordnet. Sodann würde eine Schlüssigkeitsprüfung nach dem anwendbaren Recht folgen.[237] Wie aber geht das deutsche Recht damit um, daß das französische Recht den Anspruch vertraglich einordnet? Man könnte eine IZVR-spezifische Doppelqualifikation befürworten[238], d.h. zusätzlich fordern, daß der Anspruch auch nach dem anwendbaren Recht deliktisch qualifiziert wird. Jedoch ist die Vorstellung von einer Doppelqualifikation im internationalen Zivilprozeßrecht problematisch. Zum einen kann auch die Einordnung der lex causae unsicher sein, da kein zwingender Maßstab gegeben ist. Zum anderen würde man Ansprüchen, die durch das Raster der Doppelqualifikation fallen, einen besonderen Gerichtsstand verweigern, ohne daß dafür eine Rechtfertigung bestünde.[239] Allein die Befürchtung, daß bei einer abweichenden Qualifikation das Urteil im Heimatland nicht anerkennungsfähig ist, kann die Doppelqualifikation nicht rechtfertigen. Baut diese Befürchtung doch auf der fehlgehenden Auffassung auf, daß grundsätzlich auch die ausländischen Staaten dem deutschen Spiegelbildgrundsatz entsprechende Anerkennungsvoraussetzungen haben. Auch könnte es dem Kläger gar nicht um eine Anerkennung im Heimatland des Beklagten gehen, sondern eventuell um eine Vollstreckung im EuGVÜ-Raum. In Anbetracht dieser Unsicherheiten erscheint die Versagung *zweier* wichtiger besonderer Gerichtsstände (d.h. sowohl des für deliktische wie für vertragliche Ansprüche) für diese Ansprüche als ein zu hoher Preis für den Einklang mit den Wertungen der lex causae. Die Auffassung des deutschen Prozeßrechts von der Natur eines Anspruchs als deliktisch bzw. als vertraglich muß sich demnach durchsetzen.

- VI. Weitere doppelrelevante Tatsachen ?

Durch die Einbeziehung des IPR in Rechtsstreite mit Auslandsberührung muß über Tatsachen entschieden werden, die ansonsten in der Begründetheit keine Rolle spielen. Das IPR und das Recht der internationalen Zuständigkeit sind zumindest insoweit vergleichbar, als es um die örtliche Anbindung eines Rechtsstreites geht. Im Deliktsrecht ist das Anknüpfungsmoment des IPR und

---

[237]RG 14.11.1912 SA 68, Nr. 88, 165; BGH 24.9.1986 NJW 1987, 592, 594.

[238]Nicht eindeutig Stein/Jonas-Schumann § 32 Rn 18; vgl. auch Lohse 39 m.w.N.

[239]Der Kläger müßte mit einem Anspruch, der nach deutschem Recht deliktisch, nach anwendbarem Recht aber vertraglich qualifiziert wird, sowohl im Gerichtsstand des Erfüllungsortes wie dem der unerlaubten Handlung scheitern, auch wenn beide Anknüpfungspunkte nach Deutschland weisen.

der internationalen Zuständigkeit insofern parallel ausgestaltet, als beide Regelungen an den Tatort anknüpfen. Dies bedeutet nicht, daß beide Begriffe des Tatortes notwendigerweise deckungsgleich sind, eine Angleichung wird aber angemahnt.[240] In Anbetracht dieser Tatsache könnte man zu der Auffassung gelangen, daß bei einem Fall, in dem das internationale Deliktsrecht die anwendbare Rechtsordnung bestimmen muß, der Tatort an sich (und nicht nur wie oben u.U. einige ihn ausfüllenden Tatsachen) zu einer doppelrelevanten Tatsache werden kann. Es muß ja notwendigerweise über den Tatort entschieden werden (es sei denn die Parteien wählen ein anwendbares Recht). Wenn man den Sinn der doppelrelevanten Tatsachen darin sieht, daß möglichst auf Zuständigkeits- und Begründetheitsebene gleichgerichtete Entscheidungen gefällt werden, dann müßte man von einer doppelrelevanten Tatsache ausgehen.[241]

Besinnt man sich aber auf die Definition der doppelrelevanten Tatsache, die gleichzeitig schon die Rechtfertigung der verneinten Beweispflicht in sich trägt, dann muß man fragen: Ist bei einem Nichtvorliegen des behaupteten Tatortes die Klage notwendigerweise unbegründet? Dies ist gerade nicht der Fall! Stellt sich heraus, daß sich der Tatort in einer anderen Rechtsordnung befindet, ist lediglich ein anderes Deliktsrecht anwendbar. Ob dieses dann auch einen Anspruch vermittelt, ist eine andere Frage. Häufig wird das andere Recht den Anspruch auf andere Weise oder in anderer Höhe gewähren. Im übrigen können sich hinter dem Tatort unterschiedliche parallele Anknüpfungsorte verbergen. Wenn die Zuständigkeit an den Erfolgsort anknüpft, das materielle Recht aber an den Begehungsort, ist keine Kongruenz gegeben. Gleiches gilt bei mehraktigen Delikten mit mehrfachen Handlungsorten.

Nach der Definition der h.M. ist somit der Tatort auch bei einem internationalen Sachverhalt nicht doppelrelevant.

- VII. Bestimmung der Doppelrelevanz

Angesichts der bezüglich des genauen Prüfungsablaufes z.T. etwas unscharfen h.M. sei hier noch auf ein weiteres Problem[242] eingegangen, das sich nur stellt, wenn man entgegen der hier herausgearbeiteten h.M. keine Qualifikation (im weiteren Sinne) unter Einschluß des anwendbaren Rechts fordert: Laut Definition der h.M. bestimmt sich die Doppelrelevanz einer Tatsache nach deren konstitutiver Bedeutung für die Begründetheit einer Klage. Theoretisch

---

[240] Staudinger-v.Hoffmann Art. 38 EGBGB Rn 255; Mankowski IPRax 1997, 176; Weller IPRax 2000, 205. Dagegen betont v.Bar, IPR I, Rn 415 die Unterschiede der beiden Regelungsbereiche.

[241] Vgl. Weller IPRax 2000, 204.

[242] Dazu auch Weller IPRax 2000, 204.

muß man nun erst klären, ob eine Tatsache in der Begründetheit für den Erfolg einer Klage von entscheidender Bedeutung ist. Dies kann sinnvollerweise nur nach dem in der Begründetheitsprüfung anwendbaren Recht geschehen. Erst dann kann überhaupt zu der Frage der Doppelrelevanz Stellung genommen werden. Eine Prüfung ausschließlich nach deutschem Recht käme bei der Frage der Doppelrelevanz nicht umhin, innerhalb der Zuständigkeitsprüfung das anwendbare Recht in den Blick zu nehmen. Dies ist ein weiteres Argument dafür, daß man gleich innerhalb der Qualifikation (im weiteren Sinne) das anwendbare Recht einbezieht. Die zur örtlichen Zuständigkeit herausgearbeitete h.M. zur Ebene der Rechtsprüfung läßt sich sinnvoll auf die internationale Ebene übertragen.

- VIII. Schlüssigkeitsprüfung anhand des anwendbaren Rechts

Die Schlüssigkeitsprüfung nach dem anwendbaren Recht beinhaltet aber noch eine Schwierigkeit für den Fall, daß eine Entscheidung über die Zuständigkeit zeitlich der Entscheidung über die Begründetheit vorgelagert ist. Der Kläger muß einen schlüssigen Anspruch nach dem anwendbaren Recht vortragen. Doch was ist, wenn gerade dieses noch nicht feststeht?[243] Im Vertragsrecht dürfte die Frage des auf den Vertrag und dessen Zustandekommen anwendbaren Rechts nur dann problematisch sein, wenn etwa eine Rechtswahlklausel ein bestimmtes Recht beruft. Es kann ja durchaus sein, daß sich diese Klausel als unwirksam herausstellt und nach dem dann auf den Vertrag kraft objektiver Anknüpfung anwendbaren Recht der Anspruch nicht mehr schlüssig vorgetragen ist. Noch häufiger dürfte im Deliktsrecht die Frage des anwendbaren Rechts mit Unsicherheiten belastet gewesen sein, war doch bis vor kurzem nach altem Recht ein Günstigkeitsvergleich erforderlich, wenn sich mehrere Tatorte ausmachen ließen. Allerdings ist seit der Reformierung des Internationalen Deliktsrechts die aufgezeigte Problematik durch Art 40 I EGBGB weitgehend entschärft.

Will man beim Auftreten der hier aufgezeigten Problematik am Erfordernis der Schlüssigkeitsprüfung anhand des konkreten Anspruchs festhalten, ergeben sich drei Möglichkeiten: Man läßt einen schlüssigen Vortrag nach einem der möglichen Rechte genügen oder man bestimmt schon in der Zulässigkeitsstation das anwendbare Recht oder man führt eine kumulative Prüfung nach den in Betracht kommenden Rechten durch.[244]

---

[243] Allgemein zu diesem Problem Wengler I 329.

[244] Diese Lösung sieht Kubis, Int. Zuständigkeit, 98 als Konsequenz der h.M., der er selber kritisch gegenüber steht.

Eine Schlüssigkeitsprüfung nach lediglich *einem* möglichen anwendbaren Recht erscheint recht willkürlich. Unter Umständen wird dann die Zuständigkeit angenommen, obwohl es schon nach dem Sachvortrag des Klägers an einem schlüssigen Anspruch fehlt (was sich allerdings erst nachträglich ergibt). Außerdem müßte das Gericht u.U. alle in Betracht kommenden Ansprüche durchprüfen, was prozeßunökonomisch wäre.
Will man schon in der Zuständigkeitsstation das anwendbare Recht bestimmen, dann ergeben sich wieder zwei Möglichkeiten: Zum einen könnte man auch insofern auf den Klägervortrag abstellen und das anwendbare Recht allein nach diesem Vortrag bestimmen. Dagegen spricht, daß man damit indirekt auch die kollisionsrechtlichen Anknüpfungsmomente zu doppelrelevanten Tatsachen macht, was gerade der Definition der h.M. und den oben angestellten Überlegungen widersprechen würde. Zum anderen könnte man das anwendbare Recht normal, d.h. unter Umständen nach Beweisaufnahme bestimmen. Dies ist zwar aufwendig, wäre aber in der Praxis relevant nur bei einer abgesonderten Verhandlung. Im übrigen müßte das anwendbare Recht zu einem späteren Zeitpunkt auf jeden Fall bestimmt werden.
Eine dritte Möglichkeit ist die kumulative Prüfung aller anwendbaren Rechtsordnungen. Dies wäre eine aufwendige Lösung und führte zu inadäquaten Ergebnissen, da der Kläger ja gerade nur einen Sachverhalt vortragen muß, der die Schlüssigkeit nach dem anwendbaren Recht ergibt, nicht nach allen in Betracht kommenden Rechten.

Letztlich überzeugend erscheint lediglich die Vorgehensweise, das auf die Hauptsache anwendbare Recht für die Zuständigkeitsentscheidung schon zu bestimmen.

- IX. Internationales Beweisrecht

Die Einbeziehung des anwendbaren Rechts in die Zuständigkeitsprüfung hat zur Folge, daß sich schon auf der Zulässigkeitsebene Fragen des internationalen Beweisrechts stellen. Grundsätzlich unterliegen die Beweisfragen der lex fori.[245] Es gilt somit grundsätzlich deutsches Beweisrecht. Im Einzelfall wird jedoch von diesem Grundsatz Abstand genommen.[246] Insbesondere bei der hier relevanten Frage des Beweismaßes gehen die Meinungen auseinander. Die h.M. greift auf die lex fori zurück[247], die Gegenansicht will

[245]Nagel/Gottwald § 9 Rn 2; Kegel/Schurig § 22 IV.

[246]Vgl. Schack, IZVR, Rn 659 ff.

[247]Schack, IZVR, Rn 697; Linke Rn 303; Nagel/Gottwald § 9 Rn 37; OLG Koblenz 5.2.1993 RIW 1993, 502, 503.

das Beweismaß der lex causae genügen lassen.[248] Betrachtet man die zweistufig prozessual-materiellrechtliche Qualifikation, so wird durch das anwendbare Recht lediglich ein Begriff des Prozeßrechts ausgefüllt. Es geht somit nicht wie in der Begründetheit primär darum, ob etwa ein Vertrag nach dem anwendbaren Recht vorliegt, sondern um das Vorliegen eines Vertrages nach prozessualem Verständnis, wobei der prozessuale Begriff mit dem Inhalt des anwendbaren Rechts aufgefüllt wird. In dieser Situation ist es erst recht nicht gerechtfertigt, auf das Beweisrecht der lex causae zurückzugreifen. Ohne auf die Streitfragen im allgemeinen einzugehen, ist der h.M. zumindest für den Bereich der Zuständigkeitsprüfung zu folgen und das Beweisrecht der lex fori anzuwenden.

- X. Zwischenergebnis

Die Schlüssigkeitstheorie wird auch bei der internationalen Zuständigkeit angewandt. Dabei kann die Schlüssigkeitsprüfung sinnvollerweise nur anhand des anwendbaren Rechts durchgeführt werden. Die Zuständigkeitsprüfung gemäß der Schlüssigkeitstheorie wird im internationalen Rahmen durch die Einbeziehung des anwendbaren Rechts kompliziert. In der Struktur der Zuständigkeitsprüfung ergeben sich jedoch keine Besonderheiten: Zunächst ist eine materiellrechtliche Anspruchsgrundlage in das System der besonderen Gerichtsstände einzuordnen. Der konkrete Lebenssachverhalt wird dann anhand dieser Anspruchsgrundlage einer Schlüssigkeitsprüfung unterzogen. Auf der Ebene der Tatsachenprüfung ergeben sich ebenfalls keine Besonderheiten. Die Anknüpfungsmerkmale, die sowohl im Bereich der Zuständigkeit wie im IPR eine Rolle spielen, sind keine doppelrelevanten Tatsachen. Bei einem Sachverhalt mit Auslandsberührung sind nicht mehr Tatsachen doppelrelevant als in einem reinen Inlandsfall.

§ 9 Alternative Lösungsmodelle im Überblick

Die Prüfung auch der internationalen Zuständigkeit nach der Schlüssigkeitstheorie kann in zwei Ebenen unterteilt werden. Zum einen geht es um Gegenstand und Intensität einer Rechtsprüfung im Hinblick auf den Klagegegenstand. Zum anderen geht es um die Beweislast und -pflicht. Auf beiden Ebenen sind alternative Lösungsmodelle vorhanden bzw. denkbar.

---

[248] Coester-Waltjen, Beweisrecht, Rn 362 ff.

- I. Rechtsprüfung

Auf der Ebene der Rechtsprüfung werden zwei radikal abweichende Lösungsmodelle der Schlüssigkeitstheorie gegenübergestellt. Auf der einen Seite wird allein auf die Rechtsbehauptung des Klägers abgestellt.[249] Wenn er seinen Anspruch als deliktisch bezeichnet, wird die Zuständigkeit des § 32 ZPO als eröffnet betrachtet. Das entgegengesetzte Extrem ist das wesentliche Abstellen auf den Beklagtenvortrag. Danach ist der anspruchsbezogene Gerichtsstand schon dann ausgeschlossen, wenn das Anknüpfungsmerkmal ernsthaft bestritten ist.[250] Dies führt faktisch dazu, daß nur dann der besondere Gerichtsstand eröffnet ist, wenn sich der Streit um Einzelheiten der Anspruchsausgestaltung (Schadenshöhe oder Sekundäransprüche etc.) dreht.
Weiter sind bloße Modifizierungen der Schlüssigkeitstheorie denkbar, so daß etwa lediglich eine vorläufige Abschätzung der Rechtslage zu erfolgen hat (in gewisser Weise eine summarische Rechtsprüfung)[251]; es wäre denkbar hinsichtlich der einzelnen normativen Tatbestandsmerkmale des materiellen Anspruchs Rechtsbehauptungen zuzulassen (z.B. bei Rechtswidrigkeit oder Verschulden)[252]. Man könnte zumindest beim Vertragsgerichtsstand die Schlüssigkeitsprüfung allein auf den Vertragsschluß beschränken oder aber andersherum gerade hinsichtlich des Vertragsschlusses die Rechtsbehauptung erlauben, daß der Vertrag zustandegekommen sei und nur bei den daraus folgenden Pflichten und deren Erfüllungsort eine Schlüssigkeitsprüfung vornehmen.[253] Möglich ist letztlich gänzlich auf eine Rechtsprüfung zu verzichten und für die anspruchsbezogenen Gerichtsstände tatsächliche Anhaltspunkte herauszuarbeiten, die bewiesen werden müssen.[254]

---

[249] So neuerdings das BAG bei der Rechtswegabgrenzung in den sog. sic-non-Fällen (= Fälle, in denen der Anspruch, wenn er begründet ist, ausschließlich vor der Arbeitsgerichtsbarkeit geltend gemacht werden kann) BAG 24.4.1996 AP § 2 ArbGG 1979 Nr. 1 mit Anmerkung Hager.

[250] Zu dieser im französischen Recht diskutierten Lösung siehe J.Kohler, Beiträge, 124 f.; Gottwald IPRax 1983, 15 ff.; Guinchard Art. 46 note 2 mit Nachweisen aus der Rechtsprechung; vgl. auch Gaudemet-Tallon RCDIP 1982, 574; Huet Clunet 1982, 474.

[251] In diese Richtung RG 6.10.1890 Bolze 11, Nr. 653, S. 325: Mängel der Schlüssigkeit der Behauptung berühren Zuständigkeit nicht. BGH 22.11.1994 IPRax 1995, 316, 317 ("Der Vortrag des Kl. legt die Möglichkeit [eines Deliktes] nahe.") (Rauscher sieht darin Erfordernis eines prima facie Beweises, ebenda 293); ähnlich Gravenhorst 53.Vgl. dazu das Erfordernis des *good arguable case* im englischen Zivilprozeßrecht (oben § 23), das wohl auch auf Tatsachenfragen bezogen ist (vgl. Kubis, Int. Zuständigkeit, 127, der annimmt, daß es dabei nur um Rechtsfragen gehe.)

[252] LG Mannheim 10.11.1967 WRP 1968, 121, 122.

[253] So wohl das OLG Nürnberg 28.11.1984 NJW 1985, 1296, 1297.

[254] Würthwein ZZP 106 (1993), 60 ihr folgend Kubis, Int. Zuständigkeit, 99.

- II. Beweis

Auch hinsichtlich der Beweisanforderungen sind zur Schlüssigkeitstheorie zwei radikale Alternativen denkbar. Zum einen könnte man es allgemein (d.h. nicht nur bei doppelrelevanten Tatsachen) bei der bloßen Behauptung des Klägers belassen[255], zum anderen könnte man schon für die Zuständigkeitsprüfung vollen Beweis verlangen[256] (im folgenden Beweistheorie genannt). Auch hier ist die herrschende Schlüssigkeitstheorie nicht die einzige "Zwischenlösung". Von Geimer ist vorgeschlagen worden, zumindest einen Beweis des äußeren Tatbestandes des Vertrages und des Deliktes zu verlangen[257]. Auch kann man die Beweisanforderung im Rahmen einer summarischen Prüfung auf bloße Möglichkeit[258], Plausibilität[259] oder auch Glaubhaftmachung[260] reduzieren.

Im nun folgenden Teil wird die herrschende Schlüssigkeitstheorie anhand eines Kriterienkataloges überprüft. Gleichzeitig werden auch die aufgezeigten Alternativen näher ins Blickfeld gerückt werden.

[255]J.Kohler, Beiträge, 103, 120; Stein Gruchot 28 (1884), 443 (hinsichtlich § 32 ZPO).

[256]Rimmelspacher, Prüfung, 165 f.; Otte 807; Hager, FS Kissel, 337; Bötticher ZZP 72 (1959), 59 (zur Zuständigkeitabgrenzung der Arbeitsgerichtsbarkeit); Otte 807; EG-Kommission zu Art. 5 Nr.1 EuGVÜ im Verfahren EuGH 4.3.1982 - 38/81 Effer /Kantner Slg 1982, 825, 831; BGH im Rahmen der Anerkennungszuständigkeit 25.11.1993 NJW 1994, 1413, 1414; OLG Stuttgart 14.7.1920 JW 1920, 1044; RG 25.2.1892 JW 1892, 204 (ausführlicher Sachverhalt bei Petersen Gruchot 37 (1893), 3, Fn 4).

[257]Geimer zunächst im Bereich der Anerkennungszuständigkeit: Geimer, Prüfung, 165; auch Anmerkung, LM § 29 Nr. 8; später zur direkten Zuständigkeit: Anm. NJW 1974, 1046; Geimer/Schütze-Geimer I/1 329, 469, 582 f., 634; WM 1986, 119; EWiR 1/87 § 175 ZPO (S.94); EWiR 1/87 Art. 5 Nr. 3 GVÜ (S. 794); BerGesVöR 33 (1994), 241; IZVR Rn 1826; ihm folgend Mansel IPRax 1989, 86.

[258]Gravenhorst 53; ähnlich aber eher unklar BGH 22.11.1994 IRRax 1995, 316, 317; kritisch Deutsch MDR 1967; 90 f.; Würthwein ZZP 106 (1993), 62; Wengler I 329 will differenzieren: Säumnis des Klägers: Überzeugung des Gerichts, daß behauptete Tatsachen nicht unwahrscheinlich, bei Zuständigkeitsrüge: voller Beweis.

[259]Gottwald IPRax 1989, 274: "ernstliches Bestehen des zuständigkeitsbegründenden Umstandes" und JZ 1997, 93: "ernsthafter Verdacht einer unerlaubten Handlung".

[260]Trunk IPRax 1998, 450; Schwarz 66.

Zweiter Teil

Die Zuständigkeitsprüfung im rechtlichen Kontext

§ 10 Vorbemerkung

In diesem Teil wird, die Zuständigkeitsprüfung bei den §§ 29 und 32 ZPO von verschiedenen Seiten aus beleuchtet. Die verschiedenen Interessen, Institutionen und Problembereiche, die mit der Behandlung doppelrelevanter Tatsachen zusammenhängen und in unterschiedlichem Umfang zur Rechtfertigung oder zur Kritik der prozessualen Behandlung doppelrelevanter Tatsachen herangezogen werden, werden geordnet und in einer Art Kriterienkatalog zusammengeführt.

Anhand dieses Kataloges werden dann die beiden Bereiche Rechts- (d.h. nach h.M. Schlüssigkeits-) Prüfung und Beweisfragen untersucht. Die Prüfung erfolgt in zwei Richtungen. Es ist einerseits zu fragen, ob das Kriterium einen gewissen Mindeststandard an Rechtsprüfung oder Beweisführung fordert. Andererseits sind Kriterien denkbar, die eine notwendige Begrenzung der Rechtsprüfung und Beweisführung in der Zuständigkeitsprüfung erfordern.

Dabei ist vorab anzumerken, daß nicht alle der herauszuarbeitenden "Kriterien" zwangsläufig feste Konstanten sind, nach denen sich die zuständigkeitsrechtliche Behandlung doppelrelevanter Tatsachen zu richten hätte. Es kommt hier vor allem darauf an, die Interdependenz der verschiedenen Probleme aufzuzeigen, um so eine systemstimmige Lösung zu ermöglichen.

§ 11 Historische Betrachtung

- I. Die Zuständigkeitsprüfung im gemeinen Zivilprozeß

Die Zuständigkeitsprüfung unter Geltung des gemeinen Rechts unterschied sich wesentlich von der des heutigen Zivilprozesses. Die Zuständigkeit war vor Beginn des eigentlichen Prozesses zu klären.[261] Einreden insbesondere hin-

---

261 Wetzell 941 ff. nennt dies das Prinzip der Reihenfolge.

sichtlich der Zuständigkeit wurden regelmäßig in einem Vorverfahren geprüft, um die Gefahr der Urteilsnichtigkeit nach dem generellen Nullitätsprinzip einzuschränken.[262] Aufgrund dieser strikten Trennung der Verfahrensabschnitte hielt man es für geboten, möglichst wenig Fragen der Hauptsache in diesem Vorverfahren zu prüfen. Die Gerichte des gemeinen Rechts behalfen sich bei doppelrelevanten Tatsachen auf unterschiedliche Art und Weise.
Berühmt ist das in Leysers Meditationes[263] zitierte Responsum des Helmstädter Spruchkollegiums hinsichtlich der Einrede der Unzuständigkeit beim forum contractus: Demnach wurde die Einrede der Unzuständigkeit verworfen, weil "aus dem, was Klägere beygebracht, schon so viel erhellet, daß zwischen Klägeren und Beklagten einiger Handel vorgegangen, ob gleich alle dessen Umstände nicht völlig am Tage liegen." Hier handelt es sich um eine Zwischenlösung, die mit der heute herrschenden Schlüssigkeitstheorie nicht vollständig konform geht. Das Kollegium sah eine gewisse Wahrscheinlichkeit für das Vorliegen der Zuständigkeitstatsache, was ihm ausreichte.
Noch etwas näher an der heute herrschenden Meinung liegen die Urteile des OAG Kiel aus dem Jahre 1850[264] und des Obertribunals Stuttgart aus dem Jahre 1863[265], nach dem es allein auf den klägerischen Vortrag ankommen soll.

- II. Rechtslage unter der ZPO

Mit Erlaß der ZPO und der Einführung des Anfechtungsprinzips[266] verlor die strikte Teilung des Verfahrens ihre Rechtfertigung[267] und wurde z.T. (d.h. im amtsgerichtlichen Verfahren) schon aufgehoben.[268] Dieser Schritt wurde für das landgerichtliche Verfahren weitgehend durch die sog. Emminger-Novelle von 1924 nachgeholt.[269] Jetzt war eine Verweigerung in der Sache nach Rüge der Unzuständigkeit nicht mehr möglich, wollte man seine Rechte wahren. Zwar gab und gibt es weiterhin die Möglichkeit zur abgesonderten Verhandlung. Eine derartige Anordnung wurde aber dem Ermessen des Richters

---

[262]Rimmelspacher, Prüfung, 161.

[263]Leyser, Meditationes ad Pandectas Bd II Leipzig 1742 Specimen 73 II S. 77, zitiert nach Wrangel 32; vgl. auch Stein Gruchot 28 (1884), 439.

[264]OAG Kiel 27.4.1890 SA 5, Nr. 227), S. 801.

[265]OTrib Stuttgart 31.1.1863 SA 19, Nr. 73, S. 630.

[266]Mit dem Anfechtungsprinzip wurden auch fehlerbehaftete Urteile weitgehend bestandskraftfähig; vgl. Rimmelspacher, Prüfung, 82 ff.

[267]Rimmelspacher, Prüfung, 162.

[268]Schmidt 679.

[269]Vgl. Berg JuS 1969, 125; Rimmelspacher, Prüfung, 113; Hinz JZ 1968, 11 ff.

unterstellt. Tatsächlich bekam die abgesonderte Verhandlung Ausnahmecharakter.[270] Die Verhandlung zur Sache wurde damit möglich, ohne daß die Zuständigkeit endgültig geklärt war. Insoweit ist es richtig, statt von Sachverhandlungs- nun von Sachurteilsvoraussetzungen zu sprechen.[271] Ein argumentativer Rückgriff auf die Rechtslage des gemeinen Zivilprozesses scheidet mithin für die hier angestellte Untersuchung aus. Erschwerend kommt hinzu, daß die Motive zur ZPO hinsichtlich der Behandlung doppelrelevanter Tatsachen keine direkten Aussagen enthalten.

Im übrigen ist gerade im Zuständigkeitsrecht und besonders im internationalen Zuständigkeitsrecht eine historische Argumentation mit Vorsicht zu führen, da dieses Rechtsgebiet erst seit neuerer Zeit einem starken Wechsel der Anschauungen unterworfen ist. Von einem Gebiet besonderer Technizität wird es immer mehr zu einem Rechtsgebiet, das ebenso wie das materielle Recht als Ausdruck von Gerechtigkeitsvorstellungen gesehen wird.[272] Die Normen werden heute auf ihren Gerechtigkeitsgehalt geprüft und aus diesen Gründen uminterpretiert.[273] Schon aus diesem Grund ist hier eine historische Argumentation von zweifelhaftem Wert. Die h.M. muß sich im Hinblick auf das gewandelte Verständnis des Zuständigkeitsrechts neu rechtfertigen.

- III. Die Entwicklung von Rechtsprechung und Lehre

Die Entwicklung der Rechtsprechung seit der Einführung der ZPO ist durch anfängliche Unsicherheit und widersprüchliche Entscheidungen geprägt.[274]

---

[270] Vgl. unten § 12 I.2.

[271] Stein/Jonas[20]-Schumann Einl Rn 312; Stein/Jonas-Schumann § 1 Rn 15; J.Blomeyer ZZP 81 (1968), 30; Olroth JurA 1970, 712. Die Gegenansicht (Jauernig, ZPO, § 33 III; Rosenberg/Schwab/Gottwald § 96 I 3; Wieser ZZP 84 (1971), 312) spricht weiterhin von Sachverhandlungsvoraussetzungen. Der Streit darüber ist hier nicht weiter entscheidungsbedürftig, da in Anbetracht von § 280 ZPO auch die Gegenansicht konzediert, daß in die Verhandlung zur Sache eingetreten werden kann, auch wenn sich dies im Nachhinein als unzulässig herausstellt, Wieser ZZP 84 (1971), 313. Damit ist die hier betonte Grenzverwischung zwischen den Verfahrensstadien nur bei anderer Begrifflichkeit ebenfalls anerkannt.

[272] Fricke 82; Mathies 13; Geimer NJW 1973, 1151; ders., Prüfung, 123 f.;Heldrich, FS Ficker, 205; Pfeiffer, Gerechtigkeit, passim; Schröder passim. Vgl. andererseits BGH 11.4.1956 FamRZ 1956, 186, 187; dagegen Schröder 620; LG München 28.3.1973 NJW 1973, 1617 f. m.w.N.

[273] Vgl. nur den Wandel der Rechtsprechung bei § 23 ZPO im internationalen Bereich- BGH 2.7.1991 NJW1991, 3092. Dazu Jayme, Gerechtigkeitsgehalt, 36 ff. und Pfeiffer, Gerechtigkeit, 545 ff.

[274] Mit der Schlüssigkeitstheorie nicht vereinbare Entscheidungen: RG 7.3.1882 RGZ 7, 310; 6.10.1890 JW 1890, 402; 25.2.1892 JW 1892, 204 ausführlicher Sachverhalt bei Petersen Gruchot 37 (1893), 3 Fn 4.

Zwar ist die grundlegende Entscheidung des RG im 29. Band der Entscheidungssammlung recht frühen Datums.[275] Dennoch gab es auch danach noch abweichende Entscheidungen, die mit der herrschenden Meinung nicht zu vereinbaren waren.[276] In der Literatur entbrannte parallel zu den frühen Entscheidungen eine breite Diskussion über die Behandlung von Zuständigkeitstatsachen beim Gerichtsstand des Erfüllungsortes.[277] Im Verlauf der Diskussion, deren Abschluß die den Begriff der doppelrelevanten Tatsache prägende Dissertation von Edmund Mezger[278] markiert, hatte sich im wesentlichen die heute noch herrschende Meinung durchgesetzt. Die Diskussion flammte in den sechziger Jahren wieder auf, wobei jedoch die Abgrenzung der Arbeitsgerichtsbarkeit von der ordentlichen Gerichtsbarkeit den Schwerpunkt der Diskussion bildete.[279] Seitdem befaßt sich vor allem Geimer in verschiedenen Publikationen kritisch mit der Behandlung der doppelrelevanten Tatsachen.[280] Wichtige Beiträge zur Rechtfertigung der herrschenden Schlüssigkeitstheorie wurden in neuerer Zeit vor allem durch Schumann geliefert.[281] Zuletzt kamen die Arbeiten von Würthwein[282] und Kubis[283] hinzu, deren Schwerpunkt jedoch weniger auf der beweisrechtlichen Ebene als vielmehr im Bereich der Rechtsprüfung zu sehen ist.

Die Rechtsprechung hält bisher weitgehend an ihrer Position fest[284], auch wenn sie im verwandten Bereich der Anerkennungszuständigkeit im Jahre 1993 eine Kehrtwende vollzog.[285]

---

[275]RG 11.3.1892 RGZ 29, 371. In dieser Entscheidung wurde ausführlich die Rechtfertigung der besonderen Behandlung doppelrelevanter Tatsachen im Zuständigkeitsrecht behandelt. Vgl. oben § 7 II.

[276]OLG München 20.1.1912 OLGRspr 25, 56; OLG Stuttgart 14.7.1920 JW 1920, 1044.

[277]J.Kohler, Beiträge, 80 ff.; Stein Gruchot 28 (1884), 406 ff.; Petersen Gruchot 37 (1893), 1 ff.; Mayer ZZP 14 (1890), 241 ff.

[278]"Prozessual-materielle Doppelrelevanz einer Tatsachen im zivilprozessualen Erkenntnisverfahren", insbesondere 8 ff.

[279]Vgl. die Ausführungen von BAG 30.6.1958 BAGE 6, 160; 26.6.1967 BAGE 19, 355; Bötticher ZZP 72 (1959), 44 ff.; Rimmelspacher, Prüfung, 160 ff., Zeuner, FS Bötticher, 405; neuerdings BAG 4.4.1996 AP § 2 ArbGG 1979 Nr.1 mit Anm. Hager.

[280]Zunächst für den Bereich der Anerkennungszuständigkeit: Geimer, Prüfung, 165; auch Anmerkung, LM § 29 Nr. 8; später zur direkten Zuständigkeit: Anm. NJW 1974, 1046; Geimer/Schütze-Geimer I/1 329, 469, 582 f., 634; WM 1986, 119; EWiR 1/87 § 175 ZPO (S.94); EWiR 1/87 Art. 5 Nr. 3 GVÜ (S. 794); BerGesVöR 33 (1994), 241; IZVR Rn 1826; ihm folgend Mansel IPRax 1989, 86.

[281]Zunächst in Stein/Jonas[20]-Schumann § 21 f.; sodann ders., FS Nagel, 414 ff.; zuletzt in Stein/Jonas-Schumann § 1 Rn 21 ff.

[282]Würthwein ZZP 106 (1993), 51 ff.

[283]Kubis, Int. Zuständigkeit, insbesondere 93 ff.

[284]BGH 28.2.1996 NJW 1996, 1411, 1413.

[285]BGH 25.11.1993 NJW 1994, 1413 vgl. unten § 16.

§ 12 Prozessuale Rahmenbedingungen

Bei der Diskussion um doppelrelevanter Tatsachen werden zumeist lediglich die großen Themen, wie Beklagtenschutz, internationale Gerichtspflichtigkeit, Rechtskraft, Interessenabwägung etc. behandelt. Nicht zu vernachlässigen sind aber auch eher technische Details des Zivilprozeßrechts. Diese im folgenden untersuchten prozessualen Rahmenbedingungen geben zwar selbst keine Richtung vor, wie die doppelrelevanten Tatsachen im einzelnen zu behandeln sind. Ihre Untersuchung zeigt aber Schwächen mancher vorgeschlagener Lösungsmodelle auf, da nicht immer auf die systematisch kohärente Einpassung in das geltende allgemeine Zivilprozeßrechtssystem geachtet wird.

- I. Aufteilung des Verfahrensganges

-- 1. Grundlagen

--- a) Zwischenurteil

In der Praxis ist die Entscheidung über die Zuständigkeit des Gerichts vor allem im Rahmen eines Endurteils von Bedeutung. Möglich ist aber auch ein die Zuständigkeit bejahendes Zwischenurteil, wenn die Sache nur insoweit entscheidungsreif ist, wobei das Urteil je nach Verfahrenssituation nach § 280 II ZPO oder nach § 303 ZPO ergeht. Auf welche der beiden Grundlagen sich das Urteil stützt, ist für die weitere verfahrensmäßige Behandlung des Zwischenurteils ohne Bedeutung.[286]

--- b) Bindungswirkung

Ein die Zuständigkeit bejahendes Zwischenurteil bindet das Gericht allein für die Zuständigkeitsentscheidung. Auch wenn im Rahmen des Zwischenurteils über doppelrelevante Rechts- oder Tatsachenfragen entschieden worden sein sollte, bindet diese Entscheidung das Gericht nicht in der Sache selbst, da allein über die Zulässigkeit rechtskräftig entschieden wird[287] und die Entscheidungsgründe eines Urteils als solche nicht in Rechtskraft erwachsen.[288]

---

[286]Zur Revisibilität BGH 10.3.1994 WM 1994, 1051, 1052; Stein/Jonas-Leipold § 280 Rn 16; Thomas/Putzo-Thomas-§ 280 Rn 6; Zöller-Greger § 280 Rn 8; a.A. Rosenberg/ Schwab/Gottwald § 59 III 2.

[287]Stein/Jonas-Leipold § 280 Rn 14.

[288]Zöller-Vollkommer § 322 Rn 31.

-- 2. Möglichkeit einer abgesonderten Verhandlung

--- a) Grundlagen

In § 280 sieht die ZPO die Möglichkeit einer abgesonderten Verhandlung vor. Einen Anspruch auf abgesonderte Verhandlung hat keine Partei.[289] Die Anordnung erfolgt durch einen unanfechtbaren Beschluß des Gerichts.[290] Gegenstand der abgesonderten Verhandlung
kann jede Frage der Zulässigkeit sein, insbesondere auch die internationale Zuständigkeit. Es handelt sich dabei um einen Zwischenstreit, bei dem im Falle der Säumnis nur ein über die Zulässigkeit entscheidendes Urteil ergehen kann (§ 347 II ZPO).[291]

Mit der abgesonderten Verhandlung ist nicht ein eigenes Verfahrensstadium mit besonderen prozessualen Regeln geschaffen worden. Anders als noch im gemeinen Prozeß handelt es sich lediglich um ein Vorziehen eines sonst im Rahmen der allgemeinen Verhandlung zu behandelnden Themenkomplexes. Der Regelfall in der Praxis ist jedoch nicht die abgesonderte Verhandlung, sondern die einheitliche Verhandlung, in der gleichzeitig über Zulässigkeitsfragen und die Begründetheit der Klage verhandelt werden kann.[292] Dies ist Ausdruck einer Abkehr der Zivilprozeßordnung vom gemeinrechtlichen Prozeßverständnis.[293]
Es daher unpräzise zu behaupten, die Zuständigkeit der Gerichte müsse vor Behandlung der Begründetheitsfragen feststehen.[294] Zwar ist dem Gericht anzuraten, zunächst alle Fragen der Zulässigkeit zu klären, bevor es Beweis zu Begründetheitsfragen erhebt, um so keinen vergeblichen Aufwand zu betreiben. Eine strikte Trennung von Zulässigkeit und Begründetheit ist jedoch in der Verhandlung nicht zwingend.

---

289 Im deutschen Recht nicht mehr seit der ZPO-Novelle 1924, Hinz JZ 1968, 11 ff.; Stein/Jonas-Leipold § 280 Rn 8. Vgl. auch zum europäischen Recht Schulte-Beckhausen 229 f.; Leipold IPRax 1982, 223.

290 Thomas/Putzo-Thomas § 280 Rn 1.

291 Stein/Jonas-Leipold § 280 Rn 6.

292 Schilken Rn 336: "seltene Prozedur"; Stein/Jonas-Schumann § 1 Rn 21b: "in der Praxis weitgehend unbekannt".

293 Vgl. oben § 11 2.

294 Wieser ZZP 84 (1971), 308.

--- b) Neutralität der gewählten Verfahrensform

Eine stimmige Lösung muß beiden Konstellationen, d.h. der einheitlichen wie der abgesonderten Verhandlung gerecht werden, da es durchaus von Zufällen abhängen kann, ob der Richter eine abgesonderte Verhandlung anordnet oder nicht. Die Anordnung des Richters ist unanfechtbar.[295] Das Ergebnis zur Zuständigkeit darf nicht von der vom Richter gewählten Verfahrensform abhängen. Es muß daher sinnvoll möglich sein, in beiden Konstellationen zu dem gleichen, von der Verfahrensform unabhängigen Ergebnis der Zuständigkeitsprüfung zu kommen.

--- c) Bewertung der Lösungsmodelle

---- aa) Starre Modelle

Ein einheitliches Ergebnis der Zuständigkeitsprüfung ist für die Lösungsmodelle, die nach fest umrissenen Kriterien vorgehen, wie etwa die Schlüssigkeitstheorie, problemlos möglich: Eine Schlüssigkeitsprüfung kann wie auch das Abstellen auf die klägerische Rechtsbehauptung in beiden Verfahrenskonstellationen durchgeführt werden und müßte zu gleichen Ergebnissen führen. Gleiches gilt auf der Beweisebene, wo die volle Beweispflicht ebenso wie die Befreiung von der Beweispflicht unabhängig vom gewählten Vorgehen zu jeweils gleichgerichteten Ergebnissen führt.

---- bb) Zwischenlösungen

Problematisch sind aber Zwischenlösungen, die gerade auf eine gewisse Vorläufigkeit der Erkenntnis aufbauen. Insbesondere Modelle, die eine oberflächliche Rechtsprüfung oder eine summarische Tatsachenprüfung vorschlagen[296], erscheinen zwar im Rahmen einer abgesonderten Verhandlung plausibel. Wie im englischen Recht[297] kann dann eine vorläufige Prüfung stattfinden, die zumindest im Rahmen der Mißbrauchskontrolle[298] zu angemessenen Ergebnissen führt. Auf ähnliche Weise kann man auch Geimers Modell[299] (der Prüfung von Tatsachen, die möglicherweise auf einen Vertragsschluß / ein Delikt hindeuten) interpretieren, das gerade auf den Fall einer abgesonderten

---

[295]Thomas/Putzo-Thomas § 280 Rn 1.

[296]Oben § 9 II..

[297]Unten § 23.

[298]S.u. § 13 II.

[299]Geimer, Prüfung, 165; ders., IZPR, Rn 1826; Geimer/Schütze-Geimer I/1 470. Zu dem Modell oben § 9 II.

Verhandlung konzipiert zu sein scheint. Fraglich ist aber, ob diese Modelle auch in einer einheitlichen Verhandlung sinnvoll durchführbar sind.

Nach einer vollen Beweisaufnahme erscheint es zumindest nicht ohne weiteres klar, nach welchen Kriterien die Zuständigkeitsentscheidung zu ergehen hat. Sollte, nachdem die Beweisaufnahme stattgefunden hat, der Richter den Sachverhalt nochmals dahingehend überprüfen, ob auch das minus, z.B. die Glaubhaftmachung erfüllt ist?[300] Insbesondere wenn sich die Unbegründetheit der Klage ergeben hat, ist es für den Richter ein schwieriges Unterfangen zu beurteilen, ob die Zuständigkeitstatsache wenigstens nach dem Maßstab der Glaubhaftmachung für die Zuständigkeitsfrage als gegeben anzusehen ist bzw. ob die Rechtsprüfung bei oberflächlicherer Betrachtung ein entgegengesetztes Ergebnis als denkbar erscheinen ließe.
Ähnlich problematisch ist die Lösung Geimers zumindest in ihrer allgemeinen Formulierung. So ist es zwar in einer abgesonderten Verhandlung einfach, dem Kläger aufzugeben, er habe Tatsachen zu beweisen, die auf einen Vertragsschluß hindeuten. Wenn sich aber bei einer einheitlichen Verhandlung die Unbegründetheit der Klage ergibt, ist es durchaus schwierig zu beurteilen, ob der Kläger zumindest für die Zuständigkeitsfrage genügend Tatsachen beigebracht hat. Dieses Problem läßt sich allerdings bei Geimers Modell eher beheben, als bei der Lösung der "Glaubhaftmachung"[301] oder des "ernstlichen Verdachts"[302]. Denn seine Lösung läßt sich immerhin dahingehend konkretisieren, daß beim Vorliegen gerade der Tatsachen, die den äußeren Tatbestand der Zuständigkeitstatsache bilden, wie z.B. der Nachweis der Vertragsverhandlung bzw. der Nachweis des Unfallgeschehens, die Zuständigkeit eröffnet ist.[303] Wenn allgemein feststeht, welche Tatsachen zur Zuständigkeitsebene und welche zur Begründetheitsebene gehören, dann kann in beiden Verfahrensarten ein gleichförmiges Ergebnis erzielt werden.

-- 3. Ergebnis

Geeignete Lösungsmodelle für die in dieser Arbeit untersuchte Problematik der Behandlung doppelrelevanter Tatsachen im Zuständigkeitsrecht müssen gleichermaßen im Rahmen einer abgesonderten und auch einer einheitlichen Verhandlung zu befriedigenden Lösungen kommen. Lösungsmodelle, die die Zuständigkeitsprüfung mit Hilfe von vorläufigen, summarischen o.ä. Betrach-

---

300Windel, Diss., 48 erscheint dieses Ergebnis als "grotesk".

301Trunk IPRax 1998, 450; Schwarz 66.

302Gottwald JZ 1997, 93.

303Geimer, IZPR, Rn 1826 "äußerer Tatbestand" eines Vertragsabschlusses/eines Deliktes.

tungen auf der rechtlichen oder tatsächlichen Ebene bewältigen wollen, sind vor dem Hintergrund der beiden möglichen Alternativen einer einheitlichen und abgesonderten Verhandlung ausgesprochen problematisch. "Starre" Modelle hingegen, wie etwa die herrschende Schlüssigkeitstheorie, sind insoweit unproblematisch.

- II. Frei- und Strengbeweis

-- 1. Problemaufriß

Um eine ähnliche Problematik geht es bei der Frage, mit welchen Beweismitteln Zuständigkeitstatsachen zu beweisen sind. Nach ständiger Rechtsprechung kann das Gericht Tatsachen, die die Zulässigkeit betreffen, im Freibeweisverfahren klären.[304] Diese Unterscheidung zwischen Freibeweis für Zulässigkeitstatsachen und Strengbeweis für Begründetheitstatsachen stellt eventuell ein Problem für die Auffassungen dar, die auch für doppelrelevante Tatsachen einen Beweis in der Zulässigkeitsprüfung fordern (etwa die Beweistheorie oder die Theorie Geimers). In einer einheitlichen Verhandlung müßte dann das Gericht die vorhandenen Beweise unterschiedlich werten und insbesondere alle im Freibeweis zulässigen Beweismittel ausschöpfen, um dann in der Urteilsbegründung festzustellen, daß das Gericht zwar von der Tatsache xy überzeugt sei, die Klage aber abgewiesen werden müsse, da die Tatsache xy nur mit im Strengbeweis unzulässigen Beweismitteln ermittelt werden konnte. Dieses Vorgehen ist zwar theoretisch möglich, stünde aber dem Befriedungsauftrag des Zivilprozesses entgegen und wäre den rechtssuchenden Parteien kaum zu vermitteln.
Auch im Rahmen der abgesonderten Verhandlung stellt sich ein Problem: Wenn sich in der abgesonderten Verhandlung im Freibeweis ergibt, daß die Klage unbegründet ist, der Beklagte sich aber rügelos einläßt, wäre eine neuerliche Beweisaufnahme im Strengbeweisverfahren auf jeden Fall erforderlich, um zu einem abweisenden Sachurteil zu kommen. Diese doppelte Beweisaufnahme ist ein wenig prozeßökonomisches Ergebnis.[305]

Aber auch für die herrschende Schlüssigkeitstheorie ist die Unterscheidung Freibeweis für die Zulässigkeit / Strengbeweis für die Begründetheit nicht unproblematisch.[306] Denn die aus Praktikabilitätserwägungen vorgenommene

---

[304] BGH 12.1.1951 NJW 1951, 441, 442; 9.7.1987 NJW 1987, 2875, 2876; 18.9.1995 NJW 1996, 1059, 1060; Baumbach/Lauterbach/Albers/Hartmann-Hartmann Einf vor § 284 Rn 9.

[305] Stein/Jonas[20]-Schumann Vor § 355 Rn 32.

[306] Stein/Jonas[20]-Schumann Vor § 355 Rn 32.

Verlagerung der Beweisverwertung hinsichtlich doppelrelevanter Tatsachen allein in die Begründetheitsebene beruht, wie Schumann richtig herausgearbeitet hat[307], auf der stillschweigenden Prämisse, daß die Zulässigkeitstatsachen keinen anderen beweisrechtlichen Regeln unterliegen als die Begründetheitstatsachen.

-- 2. Lösungsversuche

Eine Lösung der sich für die "Beweistheorie" und die Theorie Geimers ergebenden Probleme kann auf zwei verschiedenen Wegen gefunden werden: Zunächst kann man mit guten Argumenten die herrschende Meinung zum Freibeweis für Zulässigkeitstatsachen mit einem nicht unerheblichen Teil des Schrifttums angreifen.[308]
Ein anderer Weg ist, lediglich für doppelrelevante Tatsachen auf Zuständigkeitsebene allein den Strengbeweis zuzulassen. Neben den Argumenten, die allgemein für das Strengbeweisverfahren sprechen, kommt noch hinzu, daß es dem Rechtssuchenden schwer vermittelbar ist, warum innerhalb eines Urteils verschiedene Überzeugungen von der Richtigkeit ein und derselben Tatsache darzulegen sind.

Da auch die Schlüssigkeitstheorie Schwierigkeiten mit dem Freibeweis für Zulässigkeitstatsachen hat, liegt das Problem allgemein in der Zulassung des Freibeweises und nicht in der Art und Weise der Zulässigkeitsprüfung.

-- 3. Ergebnis

Theorien, die einen wie auch immer gearteten Beweis doppelrelevanter Tatsachen auf Zulässigkeitsebene fordern, sind mit dem Freibeweisverfahren für Zulässigkeitstatsachen nur schwer vereinbar. Bei Anwendung dieser Theorien wäre zumindest hinsichtlich doppelrelevanter Tatsachen auch für die Zulässigkeitsprüfung ein Strengbeweisverfahren durchzuführen. Auch die Schlüssigkeitstheorie überzeugt in diesem Zusammenhang nicht. Die Problematik des Freibeweises kann mithin bei der Gewichtung der einzelnen Lösungsmodelle keine ausschlaggebende Bedeutung haben.

---

[307] Stein/Jonas[20]-Schumann Vor § 355 Rn 32.

[308] Stein/Jonas[20]-Schumann Einl Rn 323; Schlosser, ZPO, Rn 340; Stein/Jonas-Leipold § 138 Rn 97; Stein/Jonas-Chr. Berger Vor § 335 Rn 24 ff.; Rosenberg/Schwab/Gottwald § 112 II 3; Peters, Freibeweis, 133 ff.; ders., ZZP 101 (1988), 296 ff.; Rimmelspacher, Prüfung, 171 ff.

- III. Amtsprüfung

-- 1. Grundsatz

Die internationale Zuständigkeit ist eine in jedem Stadium des Verfahrens von Amts wegen zu prüfende Sachurteilsvoraussetzung.[309]
Diese Prüfung von Amts wegen ist ein prozessuales Prinzip, das zwischen Verhandlungs- und Untersuchungsgrundsatz eine "eigentümliche Mittelstellung"[310] einnimmt. Wesentlicher Aussagegehalt ist, daß dem Parteiverhalten bei der Prüfung keine bestimmende Bedeutung beigemessen werden soll.[311]
Dabei sind zwei Aspekte zu unterscheiden: Zunächst ist bei Geltung des Amtsprüfungsprinzips eine Rüge der Partei nicht erforderlich, um das Gericht zur Überprüfung der Voraussetzung zu veranlassen. Dies bedeutet, daß das Gericht nicht erst durch Rüge veranlaßt werden muß, seine Zuständigkeit zu überprüfen. Letztlich ist dieser Teil der Amtsprüfung nur ein positiver Ausdruck dafür, daß es sich bei den der Amtsprüfung unterliegenden Zulässigkeitsvoraussetzungen nicht um echte materielle oder prozessuale Einreden handelt, die nur auf Rüge zu beachten sind.[312]

Ein zweiter Aspekt[313] betrifft die Stoffsammlung, die zur Beurteilung der Zulässigkeitsvoraussetzungen erforderlich ist. Grundsätzlich ist auch hier eine Bindung des Gerichts an das Parteiverhalten nicht gegeben, so daß sog. Beweisersatzlagen[314] wie Nichtbestreiten, Geständnis, Geständnisfiktion (§ 331 ZPO) das Gericht nicht binden.
Was aus dieser Freiheit des Gerichts folgt, ist nicht unumstritten. Ganz überwiegend wird angenommen, daß trotz dieser Freiheit das Gericht keine amtlichen Untersuchungen oder Nachforschungen wie beim Untersuchungsgrundsatz durchzuführen hat.[315] Das Gericht habe nur auf Bedenken aufmerksam zu

---

[309] BGH 14.6.1965 BGHZ 44, 46, 51; 17.5.1977 BGHZ 69, 37, 44; 31.1.1991 NJW 1991, 3095; Kropholler, Handb. IZVR, Rn 216; Schack, IZVR, 385; Stein/Jonas[20]-Schumann Einl Rn 773; Rosenberg/Schwab/Gottwald § 20 IV 1; MünchKomm-Patzina § 12 Rn 65; Wieczorek/Schütze-Hausmann Vor § 12 Rn 99.

[310] Jauernig, ZPO, § 25 X.

[311] Stein/Jonas-Leipold Vor § 128 Rn 91a.

[312] Ähnlich Stein/Jonas-Leipold Vor § 128 Rn 91a.

[313] Zu dieser Zweiteilung auch Pagenstecher RabelsZ 11 (1937), 427.

[314] Zu diesem Begriff Rimmelspacher, Prüfung, 167.

[315] BGH 5.11.1975 NJW 1976, 149; 25.10.1979 VersR 1980, 90; 11.2.1982 NJW1982, 1467, 1468; 20.1.1989 NJW 1989, 2064; RG 17.5.1939 RGZ 160, 338, 346; Jauernig, ZPO, 25 X; Zöller-Greger § 139 Rn 14; Rosenberg/Schwab/Gottwald § 78 V 2a; Schilken Rn 351; Thomas/Putzo-Thomas Vor § 253 Rn 12; Schlosser, ZPO, Rn 171.

machen und gegebenenfalls nach Beweislastverteilung zu urteilen.[316]In Ausnahmefällen scheint der BGH jedoch von diesem Grundsatz abzurücken und auch Eigeninitiative der Gerichte zu billigen.[317]

-- 2. Bedeutung

Aus der Geltung des Amtsprüfungsgrundsatzes für die örtliche und internationale Zuständigkeit wurde wiederholt hergeleitet, daß die Prüfung der örtlichen bzw. der internationalen Zuständigkeit durch die h.M. fehlerhaft ist. Dabei werden zwei Problembereiche zum Teil miteinander vermengt.[318] Zum einen wird allgemein kritisiert[319], daß im Bereich der Zuständigkeitsprüfung Beweisersatzlagen wie Geständnis bzw. Geständnisfiktion gelten sollen. Ein anderes Problem stellt die Behandlung doppelrelevanter Tatsachen durch die h.M. dar. Hier wird zwar nicht formell eine Beweisersatzlage herangezogen, vielmehr beschränkt man sich schon im Bereich der Schlüssigkeitsprüfung allein auf den bloßen Klägervortrag, was im Ergebnis noch weitreichender als eine Beweisersatzlage ist. Nach Rimmelspacher überantwortet die Verlagerung der Beweisführung in die Begründetheit die Frage der Zuständigkeit der Disposition des Klägers, was mit dem Amtsprüfungsgrundsatz nicht vereinbar sei.[320]

Bevor zu dieser Kritik Stellung genommen werden kann, ist darauf hinzuweisen, daß der Amtsprüfungsgrundsatz nicht überall die gleiche Bedeutung hat. Dies ergibt sich bei der Zuständigkeit schon daraus, daß diese zumindest teilweise gemäß §§ 38, 39 ZPO der Parteidisposition unterliegt und somit eine Prüfung vom Amts wegen teilweise durch gesetzliche Vorschriften ausgeschlossen ist.[321] Dementsprechend kann man die zweite Ebene des Amtsprüfungsgrundsatzes auch dahingehend definieren, daß es um die dem Gericht überlassene Beurteilung *nicht disponibler* Voraussetzungen geht.[322]

---

[316]Zöller-Greger § 139 Rn 14; Schilken Rn 351.

[317]BGH 18.9.1995 NJW 1996, 1060.

[318]Z.B. Stein/Jonas[20]-Schumann § 331 Rn 8 Fn 10a und Stein/Jonas-Grunsky § 331 Rn 8 wie sich aus den Nachweisen in Fn 12 zu Rn 8 ergibt.

[319]Rimmelspacher, Prüfung, 168; Geimer, IZPR, Rn 1494; ders. WM 1986, 119; ders. NJW 1973, 1152; Geimer/Schütze-Geimer I/1 330 Fn 36; Kropholler, Handb. IZVR, Rn 218; Wieczorek/Schütze-Hausmann Vor § 12 Rn 100; Linke, IZPR, Rn 211; Wengler I 328; v.Hoffmann AWD 1973, 63; Pagenstecher RabelsZ 11(1937), 438 f.; Matthies 72; Walchshöfer ZZP 80 (1967), 225.

[320]Rimmelspacher, Prüfung, 167.

[321]Vgl. zum ähnlichen Art. 18 EuGVÜ Schulte-Beckhausen 223.

[322]Schilken Rn 351.

In dem hier behandelten Problemkreis der §§ 29 und 32 ZPO ist die Zuständigkeit aber faktisch weitgehend disponibel.[323] Zwar ist seit der Reform von 1974[324] die Zuständigkeitsvereinbarung nicht mehr allgemein möglich, jedoch zeigt § 39 ZPO, daß die Zuständigkeit weiterhin der Parteiherrschaft unterliegt, soweit kein ausschließlicher Gerichtsstand eingreift.[325] Streng rechtstechnisch unterliegen die §§ 29, 32 ZPO zwar nicht der Disposition der Parteien, da für die rügelose Einlassung ein eigener Gerichtsstand gegeben ist. Jedoch kann man daraus a maiore ad minus schließen, daß es den Parteien auch möglich sein muß, einzelne Tatsachengrundlagen unstreitig zu stellen, nach denen das Gericht dann die örtliche Zuständigkeit bestimmen soll.[326]

---

[323]Daraus ergibt sich auch der Unterschied zur Diskussion doppelrelevanter Tatsachen bei der Rechtswegabgrenzung und der Abgrenzung zwischen Zivil- und Arbeitsgerichtsbarkeit. Die zu diesem Problem gefundenen Erkenntnisse lassen sich daher nur eingeschränkt übertragen.

[324]Vgl. Stein/Jonas[20]-Leipold Vor § 38 Rn 1 ff.

[325]Zeiss Rn 180. Schilken Rn 351. Nach dem Wortlaut von § 40 ZPO a.F.war eine rügelose Einlassung nur bei vermögensrechtlichen Ansprüchen möglich. Ausgeschlossen waren außer familien- und statusrechtlichen Streitigkeiten auch die für die §§ 29 und 32 ZPO durchaus relevanten Widerrufs- und Unterlassungsansprüche etwa im Bereich des Ehrschutzes (Thomas/Putzo-Putzo Einl. IV Rn 4). Diese Einschränkung galt aber entsprechend Art. 18 EuGVÜ im internationalen Rahmen nicht (Stein/Jonas[20]-Schumann § 40 Rn 7 anders jetzt Stein/Jonas-Bork § 40 Rn 7). Der Sinn, nichtvermögensrechtliche Streitigkeiten von der rügelosen Einlassung auszuklammern, lag vor allem in der Sicherstellung eines besonders sachkundigen Gerichts. In Familien- und Statussachen ist dies durch die besondere ausschließliche sachliche Zuständigkeit sichergestellt (vgl. §§ 23a, 23b GVG). Früher wurden andere nichtvermögensrechtliche Streitigkeiten allein dem Landgericht zugewiesen, etwa um in Ehrschutzsachen dem öffentlichen Interesse ausreichend Rechnung zu tragen. Diese Sonderbehanlung hat der Gesetzgeber für überholt erachtet und die sachliche Zuständigkeit mit Gesetz v.11.1.1993 mit Wirkung ab 1.3.1993 nach normalen Grundsätzen des Streitwertes neu geregelt (vgl. § 23 GVG). Dabei wurde eine Abänderung des § 40 ZPO wohl versehentlich unterlassen. Ein erster Versuch, diesen Fehler zu beheben, scheiterte im Rahmen der kleinen Zivilprozeßrechtsreform (Entwurf eines Gesetzes zur Vereinfachung des zivilgerichtlichen Verfahrens und des Verfahrens der freiwilligen Gerichtsbarkeit, BtDrs. 13/6398 v. 4.12.1996), ist jetzt aber innerhalb der großen Zivilprozeßrechtsreform geglückt. § 40 II lautet nun: "Eine Vereinbarung ist unzulässig, wenn 1. der Rechtsstreit nichtvermögensrechtliche Ansprüche betrifft, die den Amtsgerichten ohne Rücksicht auf den Wert des Streitgegenstandes zugewiesen wird, oder (...)"
(Zum alten Recht siehe kritisch Schack MDR 1985, 457 Fn 10, 458; ders., IZVR, Rn 440; Habscheid, FS Schima, 194; a.A. Hausmann, FS Lorenz, 369; Kropholler, Handb. IZVR, Rn 526).

[326]Stein/Jonas-Leipold Vor § 128 Rn 99; Schlosser JURA 1981, 656; Rosenberg/Schwab/Gottwald § 39 I 3a.

-- 3. Stellungnahme

Zu den beiden angesprochenen Problemkreisen ist daher folgendes zu sagen:

--- a) Beweisersatzlagen

Aus dem Grundsatz der Amtsprüfung selber lassen sich konkrete Anforderungen an die Frage der für die Prüfung der internationalen Zuständigkeit zu beurteilenden Tatsachengrundlage nicht ableiten. Der Amtsprüfungsgrundsatz wird je nach konkreter Interessenlage differenziert beurteilt. So ist die Begründung, daß wegen des Amtsprüfungsgrundsatzes (§ 335 Nr.1 ZPO) die Geständnisfiktion im Säumnisfall nicht eingreift[327], nicht tragfähig. Es ist nämlich jeweils zu untersuchen, welchen Inhalt der Amtsprüfungsgrundsatz konkret hat.[328] Bei der Frage, ob z.B. im internationalen Zuständigkeitsrecht die Geständnisfiktion des § 331 ZPO greifen soll oder nicht[329], ist nach einer Abwägung der konkreten Interessen zu entscheiden. Allein der Hinweis auf den Amtsprüfungsgrundsatz führt nicht weiter.

--- b) Doppelrelevante Tatsachen

Hinsichtlich doppelrelevanter Tatsachen ist die Lage ähnlich. Stützt man wie die h.M. die Verlagerung des Beweises doppelrelevanter Tatsachen in die Begründetheitsprüfung aus Praktikabilitätserwägungen[330], um den Beklagtenschutz zu optimieren, stellt sich die Frage, ob dadurch nicht die Zuständigkeitsordnung durcheinandergebracht wird.[331] Anders als bei der Rechtswegabgrenzung ist aber hier ein staatliches Interesse an der Aufrechterhaltung der Zuständigkeitsordnung nicht zu berücksichtigen, da gemäß § 39 ZPO die Zuständigkeitsordnung der Disposition der Parteien unterliegt. Es erscheint somit zulässig, den Amtsprüfungsgrundsatz allein auf die rechtliche Bewertung von Tatsachen zu beschränken. Die Zuständigkeitsprüfung hat in diesem Falle allein den Schutz des Beklagten im Blick, der sich zudem einlassen könnte. Wenn es sein Schutz aber erfordert, wie die h.M. annimmt, daß es allein auf

---

[327]Wieczorek/Schütze-Hausmann Vor § 12 Rn 100.

[328]Verwunderlich ist, wenn der Amtsermittlungsgrundsatz dazu führen soll, daß gerade auf der internationalen Ebene die Geständnisfiktion gelten soll, auf örtlicher Ebene aber nicht, so aber Wieczorek/Schütze-Hausmann Vor § 12 Rn 26 und 100.

[329]Dazu unten § 13 II.1.c. und Kubis, Int. Zuständigkeit, 97; MünchKomm-Prütting § 331 Rn 13; Stein/Jonas-Grunsky Rn 8.

[330]So ausdrücklich z.B. Furtak 49; ähnlich Gottwald IPRax 1995, 75 und ders. JZ 1997, 93; vgl. auch die Ausführungen in § 16 zum Anerkennungsrecht.

[331]Baumbach/Lauterbach/Albers/Hartmann-Hartmann Vor § 253 Rn 15.

die Behauptung ankommt, dann ist die Einschränkung der Prüfungstiefe eine gerechte *Gestaltung* der Zuständigkeitsordnung.[332] Der Amtsprüfungsgrundsatz selber kann nicht bestimmen, was zu prüfen ist, sondern nur die Art und Weise. Wenn es also nach Abwägung der Zuständigkeitsinteressen darauf ankommt, daß die Zuständigkeitsprüfung bei doppelrelevanten Tatsachen auf die Klägerbehauptung beschränkt ist, dann ist dies von dem "dienenden Prinzip" der Amtsprüfung hinzunehmen.

-- 4. Ergebnis

Der Grundsatz der Amtsprüfung ist zu vielschichtig und in seiner Reichweite an die konkrete prozessuale Situation gebunden, als daß man aus ihm heraus konkrete Maßstäbe für die hier vorliegende Problematik ableiten könnte. Er ist in gewisser Weise ein "dienendes Prinzip", d.h. es muß zuvor festgelegt werden, auf was sich die Amtsprüfung bezieht. Dies ist aber keine Frage mehr des Amtsprüfungsgrundsatzes, sondern Ergebnis einer Abwägung der relevanten Zuständigkeitsinteressen für die verschiedenen prozessualen Konstellationen.

§ 13 Beklagteninteressen

Die Prüfung der internationale Zuständigkeit dient zumindest im Bereich der Gerichtsstände des Erfüllungsortes und der unerlaubten Handlung angesichts der Möglichkeit einer rügelosen Einlassung primär dem Beklagtenschutz. Insoweit sind bei der Ausgestaltung dieser Prüfung die Beklagteninteressen in besonderem Maß zu berücksichtigen.

- I. Allgemein

-- 1. Heimatgerichtsstand

Bei einer generalisierenden Betrachtung hat der Beklagte grundsätzlich ein Interesse daran, an seinem Wohnsitz verklagt zu werden.[333] Diesem Interesse kommt keines der verschiedenen Lösungsmodelle unmittelbar entgegen, da

---

[332]Dabei handelt es sich nicht um eine Umgehung des § 39 ZPO, sondern um eine logisch vorrangige indirekte Einschränkung seines Anwendungsbereichs im Vorfeld der Prüfung. Davon zu unterscheiden ist ein unzulässiges Übergehen des a priori anerkannten Regelungsbereiches des § 39 ZPO. Vgl. unten § 13 II.4.d).

[333]Buchner 80 f.

diese den oder die besonderen Gerichtsstände als grundsätzlich in Betracht kommend voraussetzen und lediglich für die Prüfung, ob ein solcher tatsächlich gegeben ist, eine Rolle spielen. Nach dem einen Modell wird die tatsächliche Voraussetzung eher auf der Zulässigkeitsebene, beim anderen auf der Begründetheitsebene geprüft.[334] Bei fast allen Modellen wird der Rechtsstreit somit zumindest teilweise vor dem besonderen Gerichtsstand ausgetragen. Ist z.B. gerade der Vertragsschluß streitig, so kommt es im Bestreitensfall sowohl nach den verschiedenen Beweistheorien wie nach der Schlüssigkeitstheorie im Laufe des Verfahrens zu einer Beweisaufnahme. Unterschiedlich ist die Verortung der Prüfung im späteren Urteil und eventuell die Rechtskraftwirkung.[335] Allein die z.T. im französischen Recht vertretene Auffassung[336], daß wesentlich auf den Beklagtenvortrag abzustellen sei (contestation serieuse), würde zu einer starken Einschränkung der besonderen Gerichtsstände führen und sie im wesentlichen ihrer Bedeutung berauben.[337] Da diese Lösung für das deutsche Recht nicht vertreten wird und wohl auch schon nach dem klaren Wortlaut unvertretbar ist, muß sie hier nicht weiter diskutiert werden.

Aus dem Gesagten folgt jedoch nicht, daß es dem Beklagten gleichgültig sein kann, wie, d.h. nach welchem Lösungsmodell die Zuständigkeitsprüfung erfolgt. Vordergründig scheint es zwar im Interesse des Beklagten zu sein, hohe Anforderungen an die Zuständigkeitsprüfung zu stellen, da diese den Zugang des Klägers zu den Gerichten an den besonderen Gerichtsständen erschwert. Bei näherer Betrachtung bringt ihn die höhere Prüfungsintensität jedoch dem Heimatgerichtsstand nicht näher. Ganz im Gegenteil trägt die herrschende Schlüssigkeitstheorie als Rechtfertigung ihrer "flachen" Tatsachenprüfung gerade den Beklagtenschutz vor.[338] Wie gezeigt, verlagert sich nur der Standort der Prüfung. Im folgenden sollen vier Situationen aufgezeigt werden, in denen es für den Beklagten tatsächlich auf die Intensität der Zuständigkeitsprüfung ankommt: bei abgesonderter Verhandlung (I.2.), bei einem Versäumnisurteil (II.1.), bei einem Gerichtsstand des Sachzusammenhangs (II.2.) und bei der Frage der Rechtskraft einer Entscheidung (III.).

---

[334]Vgl. Auseinandersetzung mit dem Wunsch nach einer schlanken Zuständigkeitsprüfung oben § 15 I.

[335]S.dazu unten § 13 III.

[336]Guinchard Art. 46 note 2 mit Nachweisen aus der Rechtsprechung; vgl. auch Gaudemet-Tallon RCDIP 1982, 574; Huet Clunet 1982, 474.

[337]So auch EuGH 4.3.1982 - 38/81 (Effer/Kantner) Slg 1982, 825 Rn 7.

[338]§ 13 II.1.

-- 2. Beschränkte Einlassungslast bei abgesonderter Verhandlung

--- a) Problemaufriß

Im Regelfall werden Zulässigkeits- und Begründetheitsfragen in einer gemeinsamen Verhandlung angesprochen.[339] Auch wenn der Beklagte die Zuständigkeit rügt, so obliegt es ihm angesichts der Gefahr, bei einem die Zuständigkeit bejahenden Urteil Nachteile durch Präklusion zu erleiden, sich zumindest hilfsweise auf die gesamte Sache einzulassen.[340] In vielen, gerade komplexen Sachverhalten dürften die Zuständigkeitstatsachen (vertragliche Verpflichtung, Deliktstatbestand) sich nicht vollständig mit der Begründetheit decken. Ein weiter Bereich, wie etwa der der Schadenshöhe ist nicht doppelrelevant. Ist der Beklagte nun faktisch gezwungen, von Anfang an die gesamte Sache abzuwehren, können auf ihn erheblich mehr Anstrengungen und Kosten zukommen, als wenn er sich zunächst auf die reinen Zuständigkeitstatsachen beschränken könnte. Er muß den Sachverhalt für sich aufklären, anwaltlichen Rat suchen, durch Einholung von Rechtsgutachten zum ausländischen Recht eventuell die Erfolgsaussichten prüfen, Zeugen ermitteln und andere Beweismittel herbeischaffen. Kurz gesagt, es liegt im wohlverstandenen Interesse des Beklagten, im Falle des Nichtvorliegens einer Zuständigkeitstatsache seine Einlassungslast möglichst beschränkt zu halten. Während ihm bei einheitlicher Verhandlung bisher die Berücksichtigung dieses Interesses an beschränkter Sacheinlassung zumeist verwehrt wird, so gibt es im deutschen Recht zumindest die *Möglichkeit* einer abgesonderten Verhandlung nach § 280 I ZPO.[341] Würde das Gericht einer Anregung des Beklagten, der der Auffassung ist, daß schon der Zuständigkeitstatbestand nicht vorliegt (z.B. der Vertrag nicht zustandegekommen ist), folgen und eine abgesonderte Verhandlung anordnen, so läge es im Interesse des Beklagten, eine möglichst intensive Zuständigkeitsprüfung zu fordern. Für ihn wäre eine volle Beweispflicht für die Zuständigkeitstatsachen die beste Lösung. Er müßte ansonsten zu diesem Zeitpunkt die Anstrengungen und Kosten einer umfassenden Einlassung zur Sache tragen. Wenn er in diesem Abschnitt obsiegt, ist er zumindest vor einem vollständigen Prozeß an dem für ihn ungünstigen Ort geschützt.[342]

Daß die abgetrennte Verhandlung nach § 280 I ZPO bei deutschen Gerichten nicht gerade populär ist und auch kein Anspruch des Beklagten auf die Anord-

---

[339] S.o. § 12 I.2.

[340] Stein/Jonas-Leipold § 280 Rn 8.

[341] S.o. § 12 I.2.

[342] Ob im übrigen dazu unten § 13 III.

nung besteht[343], ist in diesem Zusammenhang kein starkes Argument. Die Vernachlässigung der abgetrennten Verhandlung hinsichtlich Zuständigkeitsfragen läßt sich relativ einfach mit der herrschenden Schlüssigkeitstheorie erklären: Danach sind in der Zuständigkeitsprüfung fast nur Rechtsfragen zu klären, wozu aber keine Verhandlung notwendig ist.

--- b) Ergebnis

Im Rahmen einer abgetrennten Verhandlung kann es im Interesse des Beklagten liegen, bezüglich der Beweisfragen eine intensive Zuständigkeitsprüfung zu erreichen.

- II. Mißbrauchsgefahr

Grundsätzlich hat der Kläger ein Interesse daran, an seinem Wohnort verklagt zu werden. Sowohl die deutsche als auch die europäische Zuständigkeitsordnung räumen diesem Interesse einen hohen Stellenwert ein (actor sequitur forum rei).[344] Ein davon abweichender Gerichtsstand ist nur zu rechtfertigen, wenn die in den besonderen Gerichtsständen normierten Voraussetzungen vorliegen. Diese Voraussetzungen symbolisieren auf die eine oder andere Weise eine Beziehung des Beklagten zum Ort der Klageerhebung. Im folgenden geht es um Situationen, in denen diese Beziehung des Beklagten zum angegangenen Gerichtsstand nicht besteht und dennoch eine Inanspruchnahme droht. Diese Gefahr soll im allgemeinen als Mißbrauchsgefahr bezeichnet werden, ohne daß damit zwingend ein Urteil über das Verhalten des Klägers verbunden werden soll.[345]

-- 1. Versäumnisurteil gegen den Beklagten

--- a) Einleitung

Solange ein Urteil nur in bestimmten, relativ umgrenzten Gebieten vollstreckbar ist, kann sich ein ausländischer Beklagter leisten, einem Verfahren fernzubleiben und ein Versäumnisurteil zu riskieren. Dieses wäre für den Kläger unter Umständen mangels Vollstreckungsmöglichkeiten wertlos und besondere Gerichtsstände verlören wesentlich an Attraktivität.

---

[343] S.o. § 12 I.2.a).

[344] Oben § 5 II.

[345] Davon zu unterscheiden ist das Problem der arglistigen Sachverhaltsmanipulation, mit der die Voraussetzungen einer Norm formal eingehalten werden sollen, die Zielrichtung der Norm aber umgangen wird (fraus legis). Dazu allgemein Heeder, insbes. 306 ff.

Heutzutage stellt sich die Sachlage jedoch zumeist anders dar: Der freie Verkehr von Urteilen, d.h. die Größe der Vollstreckungsräume nimmt ständig zu. Dazu kommt, daß diese Vollstreckungsräume immer freier werden, d.h. daß die Überprüfung der Rechtmäßigkeit der Urteile sowohl hinsichtlich Zuständigkeit als auch hinsichtlich Begründetheit des Urteils in den Vollstreckungsstaaten immer weiter zurückgeht. Im Vollstreckungsraum des EuGVÜ/Lugano-Übereinkommen findet eine Überprüfung kaum statt, was auch gerade für die vorliegende Untersuchung von Brisanz ist, da es für die Vollstreckbarkeit nicht darauf ankommt, ob die Entscheidungszuständigkeit selbst vom EuGVÜ/Lugano-Übereinkommen beherrscht wurde.[346]
Die Folge dieser weiten Vollstreckungsräume ist, daß ein Versäumnisurteil in einem Mitgliedstaat des EuGVÜ/Lugano-Raumes immer gefährlicher wird: Einmal in der Welt, wird sich ein international tätiger Beklagter diesem kaum noch entziehen können. Da der Erlaß eines Versäumnisurteils somit gewichtige Konsequenzen hat, muß ein auf angemessenen Beklagtenschutz setzendes Rechtssystem besondere Vorsicht bei der Normierung der Voraussetzungen eines Versäumnisurteils walten lassen. Sie bestimmen die internationale Gerichtspflichtigkeit[347] des Beklagten. Die mittelbare Verpflichtung zu erscheinen ist um so größer, je größer der Vollstreckungsraum ist.
Will das Rechtssystem Beklagte vor ungerechtfertigter Inanspruchnahme schützen, muß es die internationale Gerichtspflichtigkeit eingrenzen, was einerseits indirekt durch eine hohe Prüfungsdichte in der Begründetheitsstation, andererseits aber auch direkt über die Regelung der Entscheidungszuständigkeit geschehen kann. Ein wirksamer Beklagtenschutz ist nur dann verwirklicht, wenn der Beklagte sich nicht überall auf der Welt gegen eine mißbräuchliche Klage wehren muß, sondern das Rechtssystem ihn auch ohne seine Anwesenheit schützt.[348]
Im weiteren ist auf die Begründetheitsstation einzugehen. Erst nach deren Auswertung ist zu ermessen, welche Gefahren dem Beklagten bei einem Fernbleiben tatsächlich erwachsen.

---

[346]Vgl. Art. 25 EuGVÜ; Kropholler, EuZPR, Art. 25 Rn 4.

[347]Zum Begriff Mansel, Streitverkündung, 189; ders. Gerichtspflichtigkeit 178 f.

[348]Zu beachten ist aber,daß dieser Gedanke Einschränkung findet, wenn man von einem so geschlossenen Raum ausgehen kann, daß einem Beklagten diese Reise zuzumuten ist. Innerhalb Deutschlands dürfte dies der Fall sein, ob der europäische Rechtsraum schon so eng zusammengewachsen ist, mag bezweifelt werden. Vgl. Art. 20 EuGVÜ dazu unten § 22 I.1. sowie Haubold IPRax 2000, 95, demgegnüber aber Jayme, FS Ago, 146.

--- b) Schlüssigkeitsprüfung in der Begründetheitsstation

Das deutsche Recht sieht für jedes Versäumnisurteil gegenüber dem Beklagten eine vollständige materiellrechtliche Rechtsprüfung vor. Dies ergibt sich mittelbar aus § 331 I ZPO.[349] Daß dies keineswegs selbstverständlich ist, zeigt ein Blick auf das englische Recht.[350]
Nach der ZPO hat die Klage nur Erfolg, wenn sich der geltend gemachte Anspruch aus einem schlüssigen Sachvortrag des Klägers ergibt. Die Abwesenheit hat also theoretisch auf die Rechtsprüfung der Begründetheit der Klage keinen Einfluß. Inwieweit ein Gericht sich auch auf Rechtsargumente der Parteien einläßt, ist einzelfallabhängig. Jedenfalls besteht keinerlei Bindung an die Rechtsansichten des Klägers.

--- c) Zuständigkeitsprüfung

Die örtliche und internationale Zuständigkeit ist eine von Amts wegen zu prüfende Sachurteilsvoraussetzung.[351] Weiter wurde gezeigt, daß sich aus dem Amtsprüfungsgrundsatz selber nicht herleiten läßt, auf welche Tatsachengrundlage sich die Amtsprüfung zu stützen hat. Angesichts des Normtextes und der unterschiedlichen Interessenlage bietet es sich hier an, zwischen Zulässigkeitsvoraussetzungen im allgemeinen, örtlicher und internationaler Zuständigkeit zu unterscheiden.

---- aa) Zulässigkeit im allgemeinen

Bei einem Erscheinen der Parteien werden die Zulässigkeitsvoraussetzungen regelmäßig auf der von den Parteien beigebrachten Tatsachengrundlage überprüft. Zwar ist das Gericht grundsätzlich nicht an die Ausführungen der Parteien gebunden, das kontradiktorische Prinzip trägt aber regelmäßig ausreichend zur Sachverhaltsaufklärung bei. In der Säumnissituation fehlt nun sowohl im Sachvortrag als auch in der Beweisbeibringung das Korrektiv des Beklagten. Die ZPO regelt dieses Problem scheinbar eindeutig in § 331 I 1 ZPO: Das tatsächliche Vorbringen des Klägers ist als zugestanden anzunehmen. Etwaige Zweifel daran, daß sich die Norm überhaupt auch auf Zulässigkeitsvoraussetzungen bezieht, werden durch § 331 I 2 ZPO ausgeräumt. Der Gesetzgeber sah sich nämlich genötigt, die zweifellos zur Zulässigkeitsprüfung

---

349 Vgl. auch Thomas/Putzo-Thomas § 331 Rn 5.

350 S.u. § 23 III.2.b).

351 Oben § 8 III.

gehörenden §§ 29 II, 38 ZPO ausdrücklich von der Geständnisfiktion auszunehmen.[352]
Diese Geltung der Geständnisfiktion allgemein für die Zulässigkeitsfragen wird zwar bisweilen vertreten[353], die überwiegende Auffassung spricht sich jedoch auch im Säumnisfall für eine Amtsprüfung der Prozeßvoraussetzungen einschließlich deren tatsächlicher Grundlagen aus.[354]
Daß eine Bindung des Gerichts bei Zulässigkeitsvoraussetzungen, die gerade im überragenden Parteiinteresse (wie etwa die Prozeßfähigkeit) oder im überragenden Ordnungsinteresse (Rechtskraft/Rechtshängigkeit) an den Sachvortrag einer Partei bestehen soll, nur weil die beklagte Partei abwesend ist, läßt sich plausibel kaum begründen. § 335 I Nr. 1 ZPO sieht ein Urteilserlaßhindernis gerade für den Fall vor, daß von Amts wegen zu prüfende Prozeßvoraussetzungen nicht ausreichend bewiesen sind. Da das Verhältnis von § 335 I Nr. 1 ZPO zu § 331 I ZPO jedoch unklar ist[355], läßt sich eine genaue Abgrenzung, wann eine Bindung an den Parteivortrag besteht, aus dieser Vorschrift nicht ziehen. Gegen ein Bindung spricht allerdings überzeugend das Argument, daß das Gericht gegen sonst hochgehaltene Interessen verstoßen würde, ohne daß das Interesse des Klägers an einer Bindung des Gerichts in diesen Fragen als besonders schützenswert erscheint oder andere Ordnungsinteressen die Geständnisfiktion erforderten.

---- bb) Örtliche Zuständigkeit

Hinsichtlich der Prozeßvoraussetzung der örtlichen Zuständigkeit wird allerdings überwiegend eine Geltung der Geständnisfiktion bejaht.[356] Diese Behandlung im Unterschied zu den sonstigen Zulässigkeitsvoraussetzungen wird mit einer weitgehenden Disponibilität der Zuständigkeitsordnung (§ 39 ZPO) begründet. Wenn die Zuständigkeit somit bei Anwesenheit des Beklagten durch ein Geständnis begründet werden könne[357], dann müsse auch die Beweis-

---

[352]Gesetz v. 21.3.1974 BGBl. I 753; dazu Vollkommer Rpfleger 1974, 138 f.

[353]Rosenberg/Schwab/Gottwald § 107 III 4.; Baur/Grunsky Rn 159.

[354]BGH 5.10.1961 LM Nr. 1 zu § 331; OLG Hamm 5.5.1913 OLGRspr. 27, 25, 27; MünchKomm-Prütting § 331 Rn 13; Stein/Jonas-Grunsky § 331 Rn 4, § 335 Rn 2; Musielak-Stadler § 331 Rn 3.

[355]Vgl. nur Schack, IZVR, Rn 387 einerseits; Rimmelspacher, Prüfung, 169 und Wieczorek/Schütze-Hausmann Vor § 12 Rn 100 andererseits.

[356]RG 26.5.1880 RGZ 1, 438, 443; BAG 15.11.1972 NJW 1973, 727, 728; Stein/Jonas[20]-Schumann § 331 Rn 6; Stein/Jonas-Grunsky § 331 Rn 6; MünchKomm-Prütting § 331 Rn 13; Vollkommer Rpfleger 1974, 138; Zöller-Herget § 331 Rn 6; Baumbach/Lauterbach/Albers/Hartmann-Hartmann § 331 Rn 8; Thomas/Putzo-Thomas § 331 Rn 3; Zeiss Rn 628; Jauernig, ZPO, § 66 III 2.

[357]Vgl. zu dieser Schlußfolgerung aus § 39 ZPO oben § 12 III.2.

ersatzlage Geständnisfiktion Geltung finden. Die Sonderbehandlung der Zuständigkeitsfrage reicht bis in die Gesetzgebungsgeschichte zurück[358] und wird seit langem von der überwiegenden Meinung vertreten. Mit der ZPO-Novelle von 1974 hat der Gesetzgeber diese Auffassung e contrario durch die Einführung des § 331 I 2 ZPO bestätigt.[359]
Auch wenn es kritische Stimmen gibt[360], wird man de lege lata diesen Befund akzeptieren müssen. Das bedeutet, daß innerhalb Deutschlands Beklagten zugemutet wird, allein wegen der Zuständigkeitsentscheidung das Gericht aufzusuchen, zumindest jedoch einen Rechtsbehelf einzulegen, wenn das Gericht aufgrund eines falschen Vortrages des Klägers seine Zuständigkeit begründet haben sollte. Die gefährlichsten Fälle für den Kläger (Behauptung der Gerichtsstands-/Erfüllungsortsvereinbarung) sind allerdings durch § 331 I 2 ZPO aus dem Bereich der Geständnisfiktion herausgenommen.

---- cc) Internationale Zuständigkeit

----- (1) Gesetzliche Grundlagen

Wie unter § 8 I. ausführlicher dargestellt, gelten die Regeln über die örtliche Zuständigkeit grundsätzlich auch für die internationale Zuständigkeit, solange letztere keine eigenständige Normierung erhalten hat und nicht besondere Interessen des internationalen Rechtsverkehrs eine Abweichung erfordern.
So vertritt auch eine gewichtige Meinung[361], daß die Geständnisfiktion des § 331 I 1 ZPO auch für die internationale Zuständigkeit gilt. Unter anderem wird dies mit der Auffassung begründet, daß der Reformgesetzgeber von 1974 im Zusammenhang mit § 331 I 2 ZPO auch Regeln zur internationalen Zuständigkeit erlassen habe (38 II ZPO), die Neufassung mit der indirekten Bestätigung der Geständnisfiktion für den Zuständigkeitsstreit sich somit auch auf die internationale Zuständigkeit beziehe.[362]

---

[358]Hahn, Materialien, 613 f., 1166; vgl. auch RG 26.5.1880 RGZ 1, 438, 443.

[359]Stein/Jonas-Leipold Vor § 128 Rn 99; MünchKomm-Prütting § 331 Rn 13; Stein/Jonas.Gursky § 331 Rn 6; Wieczorek/Schütze-Hausmann Vor § 12 Rn 26 (örtliche Zuständigkeit); Kubis, Int. Zuständigkeit, 97; wohl auch Jauernig, ZPO, § 66 III 2; Rosenberg/Schwab/Gottwald 78 V 2b.

[360]Rimmelspacher, Prüfung, 168 ff.; W.Lüke, ZPO, Rn 372.

[361]Stein/Jonas[20]-Schumann Rn 8; Stein/Jonas-Grunsky § 331 Rn 8; MünchKomm-Prütting § 331 Rn 13; Kubis, Int. Zuständigkeit, 97; Schack, IZVR, Rn 386 ("hart, aber geltendes Recht"), wohl auch Schröder 265; Riezler 322.

[362]Kubis, Int. Zuständigkeit, 97.

Weder der Normtext noch die Gesetzgebungsmaterialien[363] geben jedoch einen Hinweis darauf, daß speziell bei § 331 I 2 ZPO der Gesetzgeber auch gerade die Geständnisfiktion hinsichtlich der internationalen Zuständigkeit mitregeln wollte. Somit darf der zweite Teil des Prinzips der Doppelfunktionalität nicht unbeachtet bleiben. Es ist demnach zu prüfen, ob nicht die spezielle Interessenlage des internationalen Rechtsverkehrs einer Übernahme der Regelung der örtlichen Zuständigkeit entgegensteht.

----- **(2) Besondere Interessenlage**

Die internationale Zuständigkeit ist von ganz anderem Gewicht als die örtliche Zuständigkeit. Dies wird vom deutschen Recht auch anerkannt, wie die unterschiedliche Behandlung in der Revision zeigt.[364] Mit der internationalen Zuständigkeit wird nicht ein anderer Gerichtskörper in einem einheitlichen Rechtssystem benannt. Es handelt sich um die Frage, ob ein Beklagter zu einem ihm fremden Forum reisen, sich in einem nicht vertrauten Gerichtssystem, in einer fremden Sprache und in einer fremden Verfahrensordnung bewegen muß. Er kann nicht auf den ihm vertrauten Rechtsbeistand zurückgreifen. Auch im Hinblick auf die Unterschiedlichkeit der nationalen IPR-Regelungen ist die internationale Zuständigkeit mitentscheidend für die Frage des anwendbaren Rechts.

Im nationalen Rahmen wird man es jedem Beklagten zumuten können, in den Fällen, in denen die Zuständigkeit aufgrund fehlerhafter Angaben des Klägers angenommen wurde, zumindest über Rechtsbehelfe (Einspruch gemäß § 338 ZPO) sich selbst um eine Urteilskorrektur zu bemühen. Das relativ problemlose Agieren im nationalen Rechtsumfeld hat dabei neben korrektiven (durch Einspruch) auch präventive Auswirkungen, da ein Kläger ob des zu erwartenden Einspruchs seltener versucht sein wird, durch (bewußte) Falschangaben "sein Glück zu versuchen" und mißbräuchlich ein Urteil zu erlangen.

Anders ist dies im internationalen Rahmen. Ein Beklagter mag einem Verfahren im Ausland skeptisch gegenüberstehen, eine weite Anreise und die Kosten der ausländischen Rechtsberatung scheuen und auf Nichtanerkennung des Versäumnisurteils hoffen, wenn aus seiner Sicht die internationale Zuständigkeit des ausländischen Gerichts nicht gerechtfertigt ist. Dem Kläger dürften diese Bedenken bekannt sein.

---

[363]Gesetzentwurf des Bundesrates BT Drs 7/268 v. 27.2.1973; Bericht und Antrag des Rechtsausschusses des Bundestages BT Drs 7/1384 v.7.12.1973; Protokoll über die 70. Sitzung des Bundestages v.12.12.1973 S. 4314.

[364]BGH 14.6.1965 BGHZ 44, 460; Kropholler, Handb. IZVR Rn 222.

Es ist somit ein vitales Interesse des Beklagten, daß das Gericht auch ohne seine Anwesenheit korrekt über seine internationale Zuständigkeit entscheidet. Demgegenüber ist ein anerkennenswertes Interesse des Klägers, an der Geständnisfiktion festzuhalten, nicht zu erkennen. Zwar dürfte im Einzelfall ein Versäumnisurteil nach einem schriftlichen Vorverfahren gemäß § 331 III ZPO schwieriger werden.[365] Dies ist jedoch auch schon hinsichtlich § 331 I 2 ZPO und den anderen Zulässigkeitsvoraussetzungen der Fall und vom Gesetzgeber hingenommen. Auch hat ein Gerichtsinteresse an der Vereinfachung des Verfahrens durch Geständnisfiktion in Abwägung mit dem beachtlichen Beklagteninteresse zurückzustehen.

Die Berechtigung dieser gesonderten Behandlung der internationalen Zuständigkeit im Versäumnisverfahren wird auch deutlich, wenn man betrachtet, wie problematisch der BGH ausländische Versäumnisurteile im Anerkennungsrecht beurteilt.[366] Er sieht die Gefahr der Urteilserschleichung und die Gefahr der weltweiten Gerichtspflichtigkeit des Beklagten, sollte allein für die Zuständigkeitsfrage der Sachvortrag des Klägers ausreichen. Der BGH fordert, daß zumindest bei einer Wirkungserstreckung auf deutsches Hoheitsgebiet die Tatsachengrundlage für die Zuständigkeit des Erstgerichts (zwar nach gespiegelten Grundsätzen)[367] feststehen müsse.[368] Wenn ein ausländisches Urteil, das nach den Grundsätzen einer "gespiegelten" deutschen ZPO erlassen wurde, als nicht ohne weiteres anerkennungswürdig gilt und damit als ungerecht gebrandmarkt wird, da die Mißbrauchsgefahr nicht ausgeschlossen werden kann, sollte dies zu einer kritischen Hinterfragung der deutschen internationalen Entscheidungszuständigkeit führen.[369]

----- (3) Zwischenergebnis

Eine Geständnisfiktion bezüglich der Zuständigkeitstatsachen ist somit abzulehnen, da man andernfalls die internationale Gerichtspflichtigkeit vor deutschen Gerichten unzumutbar ausdehnen würde.[370]

---

[365] Vgl. dazu den Streit im geltenden Recht zu den Ausnahmen in § 331 I 2 ZPO Reinelt NJW 1974, 2310 f.; Vollkommer Rpfleger 1974, 130 m.w.N.

[366] BGH 25.11.1993 NJW 1994, 1413, 1414 f.

[367] S.u. § 16 II.1.

[368] Vgl. ausführlich unten § 16.

[369] Zur Relevanz der Behandlung der Anerkennungszuständigkeit für die Entscheidungszuständigkeit gerade im Hinblick auf § 331 ZPO vgl. Pagenstecher RabelsZ 11(1937), 438 f.

[370] Geimer/Schütze-Geimer I/1 330 Fn 36; ders., IZPR, Rn 1494; ders. WM 1986, 119; ders. NJW 1973, 1152; Kropholler, Handb. IZVR, Rn 218; Wieczorek/Schütze-Hausmann Vor § 12 Rn 100; Linke, IZPR, Rn 211; Wengler I 328; v.Hofmann AWD 1973, 63;

---- **dd) Doppelrelevante Tatsachen**

In der Literatur werden die beiden Komplexe der Geständnisfiktion einerseits und der Behandlung doppelrelevanter Tatsachen andererseits häufig nicht ausreichend differenziert.[371]. Wenn man die Geständnisfiktion auch für die Zuständigkeitsprüfung bejaht, ist die Schlüssigkeitstheorie im Rahmen des Versäumnisurteils überflüssig (zumindest im beweisrechtlichen Teil). Es wird auf jeden Fall auf den Sachvortrag des Klägers abgestellt, so daß sich die Frage der beweisrechtlich motivierten Doppelrelevanz nicht mehr stellen kann.[372]
Folgt man aber der hier vertretenen Auffassung, daß die Geständnisfiktion des § 331 I ZPO für die Frage der internationalen Zuständigkeit nicht greift, muß man sich mit der Frage auseinandersetzen, ob dann bei anspruchsbezogenen Gerichtsständen weiterhin die Schlüssigkeitstheorie Anwendung finden kann. Die Stimmen in der Literatur, die die Geständnisfiktion ablehnen, bejahen dies überwiegend.[373] Unter anderem wird dies mit dem Argument begründet, daß man die Zuständigkeitsprüfung nicht überlasten wolle.[374]
Lediglich Geimer[375] sieht die Gefahr einer unzumutbaren internationalen Gerichtspflichtigkeit vor deutschen Gerichten und fordert - seinen allgemeinen Vorstellungen zur Zuständigkeitsprüfung entsprechend - zumindest den Beweis eines äußeren Geschehensablaufes, der auf die Zuständigkeitstatsache hinweist. Es mag hier noch offenbleiben, ob man Geimers Lösungsmodell im einzelnen folgen sollte. Richtig ist jedenfalls die Kritik, die Geimer gegen die Schlüssigkeitstheorie im Versäumnisverfahren vorbringt.

Jedoch sprechen nicht nur allgemeine Erwägungen hinsichtlich der Begrenzung der Gerichtspflichtigkeit gegen die Schlüssigkeitstheorie. Vielmehr

---

Pagenstecher RabelsZ 11(1937), 438 f.; Matthies 72; Walchshöfer ZZP 80 (1967), 225. Vgl. auch Rimmelspacher, Prüfung, 168.

[371]Vgl. die Nachweise bei Stein/Jonas-Schumann § 331 Rn 8 Fn 10a; Stein/Jonas-Grunsky § 331 Rn 8 Fn 12; MünchKomm-Prütting § 331 Rn 13 Fn 12, die sich zur Stützung iherer Auffassung von der Geltung der Geständnisfiktion u.a. auf Literaturstellen beziehen (z.B. Piltz NJW 1981, 1876; Spellenberg IPRax 1981, 77), die sich lediglich mit der Schlüssigkeitstheorie befassen, nicht aber mit dem Säumnisfall. Auch findet es Stein/Jonas[20]-Schumann § 331 Rn 8 Fn 10a offenbar befremdlich, daß Kropholler, Handb. IZVR, Rn 651, 692 und Bülow/Böckstiegel/Geimer/Schütze-Linke B I 1e Art. 5 EuGVÜ III 2C zwischen diesen beiden Punkten differenzieren.

[372]Kubis, Int. Zuständigkeit, 97.

[373]Kropholler, Handb. IZVR, Rn 219; Wieczorek/Schütze-Hausmann Vor § 12 Rn 100; Linke, IZPR, Rn 211; zum EuGVÜ Kropholler, EuZPR, Art. 19 Rn 5; Bülow/Böckstiegel/Geimer/Schütze-Auer Art. 5 EuGVÜ Rn 20; Bülow/Böckstiegel/Geimer/Schütze-Safferling Art. 19 EuGVÜ Rn 4.

[374]Wieczorek/Schütze-Hausmann Vor § 12 Rn 100; zum EuGVÜ Kropholler, EuZPR, Art. 19 Rn 5.

[375]Geimer WM 1986, 117.

verliert die Schlüssigkeitstheorie im Versäumnisverfahren ihre Rechtfertigungsstützen.

Eine dieser Rechtfertigungen ist das Interesse des Beklagten an einem abweisenden Sachurteil, das nur durch eine Verwertung der Beweisergebnisse allein für die Begründetheitsebene erreicht werden könne.[376] Da im Säumnisverfahren keine Beweisaufnahme stattfindet, könnte sich das Interesse des Beklagten nur noch auf eine Rechtsprüfung richten. Diese hat aber nach der Schlüssigkeitstheorie auch schon auf der Zulässigkeitsebene zu erfolgen. Ein Interesse des Beklagten an einer bloßen Schlüssigkeitsprüfung im Säumnisfall ist aber gerade nicht zu erkennen.
Die zweite zentrale Stütze der Schlüssigkeitstheorie sind die mit der Verlagerung der Beweisverwertung auf die Begründetheitsebene verbundenen Praktikabilitäts[377]- und Beklagtenschutzerwägungen. Dadurch sei ausgeschlossen, daß ein *an sich* unzuständiges Gericht den Beklagten verurteile.[378] Dies ist durch die Beweisverwertung für die doppelrelevanten Tatsachen in der Begründetheitsstation sichergestellt. Im Versäumnisverfahren kann es aber aufgrund des Fehlens einer Beweisaufnahme eben zu dieser Verurteilung durch ein *an sich* unzuständiges Gericht kommen, da nun weder auf der Zulässigkeits- noch auf der Begründetheitsebene eine Tatsachenprüfung vorgenommen wird. Auch diese Stütze kann die Schlüssigkeitstheorie für das Versäumnisverfahren nicht tragen.

Die Schlüssigkeitstheorie verliert demnach im Bereich des Versäumnisverfahrens ihre zentralen Rechtfertigungselemente und ist zumindest in diesem Bereich unhaltbar.

---- ee) Mißbrauchsgefahr und gesicherter Beklagtenbezug

Neben dieser eher dogmatischen Kritik an der Schlüssigkeitstheorie zeigt sich aber auch, daß die von ihr propagierte Prüfung der Zuständigkeitstatsachen handfeste Mißbrauchsmöglichkeiten eröffnet.
Denn selbst bei Überwindung der Geständnisfiktion des § 331 I ZPO hinsichtlich der internationalen Zuständigkeit müßten lediglich einfachrelevante Zuständigkeitstatsachen wie die Erfüllungsortsabrede oder der Tatort bewiesen werden, wenn der Beklagte fernbleibt. Dadurch ist nur ein unzureichender Schutz vor mißbräuchlichen Inanspruchnahmen der §§ 29, 32 ZPO gegeben.

---

[376]Vgl. § 7 II; § 13 III.1.

[377]Ausdrücklich Furtak 49; ähnlich Gottwald IPRax 1995, 75; ders. JZ 1997, 93.

[378]RG 11.3.1892 RGZ 29, 371, 373; Stein/Jonas-Schumann § 1 Rn 21c.

Folgt man der Schlüssigkeitstheorie, so sind weitere Mißbrauchsfälle möglich. So sind beim gesetzlichen Erfüllungsort oder bei einer in den Hauptvertrag eingefügten Erfüllungsortsabrede die zuständigkeitsvermittelnden Merkmale doppelrelevant. Nach der Schlüssigkeitstheorie würde hier im Säumnisfall auch auf der Begründetheitsebene keine Beweisaufnahme erfolgen, so daß die Mißbrauchsgefahr gegeben ist. Im Deliktsgerichtsstand ist eine solche Mißbrauchsgefahr dadurch gegeben, daß selbst wenn Handlungs- oder Erfolgsort nachgewiesen wird, das Verhältnis dieser Zuständigkeitstatsache zum Beklagten (etwa die Frage: war gerade der Beklagte der Urheber der Rechtsgutsverletzung / war der Beklagte der Handelnde) doppelrelevant ist und im Säumnisfall mithin insoweit kein Beweis erhoben würde.

In diesem Zusammenhang muß man sich vergegenwärtigen, welche Aufgaben die Zuständigkeitsprüfung bei besonderen Gerichtsständen hat. Zum einen soll das (vermeintlich) sachnahe Gericht mit dem Streit befaßt werden. Zum anderen ist es Aufgabe der Zuständigkeitsnormen, die Festlegung der Gerichtspflichtigkeit gerade des Beklagten, d.h. die Sicherstellung einer sachlich-tatsächlichen Verbindung zwischen Gerichtspflichtigem und dem Gericht, festzulegen.[379]
Gerade der letzte Aspekt, d.h. die *Sicherstellung* der tatsächlichen Verbindung des Beklagten zum Gerichtsort, wird von der Schlüssigkeitstheorie vernachlässigt. Diese Verbindung muß, um die Mißbrauchsgefahr auszuschließen, vom Kläger bewiesen werden.

---- ff) Schlüssigkeitsprüfung

Im Säumnisfall hat der abwesende Beklagte an einer intensiven Schlüssigkeitsprüfung im Zuständigkeitsbereich kein Interesse. Das Ziel der Schlüssigkeitsprüfung im normalen Verfahren, wenigstens teilweise eine vollständige Sacheinlassung des Beklagten zu erübrigen, wenn schon der Klageantrag hinsichtlich doppelrelevanter Tatsachen unschlüssig ist, entfällt bei Säumnis des Beklagten regelmäßig. Sein Interesse geht vielmehr auf ein "dünne" Rechtsprüfung auf der Zuständigkeitsebene und eine vollständige Schlüssigkeitsprüfung in der Begründetheit, damit er bei Unschlüssigkeit ein Sachurteil erlangt. Allerdings ist dieses Interesse nicht besonders schützenswert, da von der Seite des Beklagten keine Aufwendungen in dem Rechtsstreit gemacht wurden, er nichts in den Rechtsstreit investiert hat.
Aus ebendiesen Gründen hat der Kläger ein großes, jedoch wenig anerkennungswürdiges Interesse an einer intensiven Schlüssigkeitsprüfung auf Zulässigkeitsebene, entginge er doch dann häufiger einer materiellen Aberken-

---

379Mansel, Gerichtspflichtigkeit, 178.

nung seines Anspruchs und könnte einen zweiten Versuch vor einem anderen Gericht wagen.
Weder der Kläger noch der Beklagte haben somit hinsichtlich der Schlüssigkeitsprüfung besonders schützenswerte Interessen. Die Frage der Schlüssigkeitsprüfung wird durch die Besonderheit des Versäumnisurteils nicht in gewichtiger Weise beeinflußt.

--- d) Ergebnis

Bei Säumnis des Beklagten in einem Rechtsstreit mit Auslandsberührung ist der Gesichtspunkt des Beklagtenschutzes im Zuständigkeitsrecht von besonderer Bedeutung. Die Geständnisfiktion der § 331 I ZPO gilt nicht für die Tatsachengrundlage, aufgrund derer die internationale Zuständigkeit beurteilt wird. Die Schlüssigkeitstheorie verliert im Bereich des Versäumnisverfahrens ihre Rechtfertigung und birgt die Gefahr des Mißbrauchs durch den Kläger in sich. Für die Frage der Rechtsprüfung ergeben sich aus der Situation des Versäumnisverfahrens keine Besonderheiten.
Bei der Zuständigkeitsprüfung der anspruchsbezogenen Gerichtsstände muß es neben der Gewährleistung der Sachnähe bzw. der allgemeinen Bereitstellung eines weiteren Wahlgerichtsstandes im Säumnisfall vor allem darum gehen, daß ein Bezug des Rechtsstreits zum Beklagten sichergestellt ist.

-- 2. Gerichtsstand des Sachzusammenhangs bei Anspruchsgrundlagenkonkurrenz

Bei der Eröffnung eines Gerichtsstandes des Sachzusammenhangs erhält die Prüfung der internationalen Zuständigkeit bei besonderen Gerichtsständen eine besondere Bedeutung. In diesem Fall ist in besonderem Maß auf die Interessen des Beklagten einzugehen, da je nach Art und Weise der Zuständigkeitsprüfung Mißbrauchsgefahren drohen.

--- a) Einleitung

---- aa) Ausgangslage

Dem deutschen Prozeßrecht ist anders als anderen Rechtsordnungen[380] ein allgemeiner Gerichtsstand des Sachzusammenhangs fremd. Er ist bisher weder hinsichtlich der örtlichen noch der internationalen Zuständigkeit anerkannt. Ein Reformvorhaben zu seiner Einführung durch einen § 32 a ZPO wurde

[380] Z.B. Belgien, Griechenland vgl. Otte 782 ff.; Schack Rn 341.

nicht verwirklicht.[381] Eine gesetzliche Regelung hat allerdings in neuerer Zeit die Kognitionsbefugnis der Gerichte hinsichtlich rechtswegfremder Gesichtspunkte in § 17 II 1 GVG erfahren.[382] Einzelne Regelungen finden sich auch im Zuständigkeitsrecht etwa in § 24 II UWG oder auch in §§ 621, 623 ZPO.[383] Auch über diese gesetzlichen Regelungen hinaus hat der Gedanke des Sachzusammenhanges vereinzelt Anerkennung gefunden. Wie oben dargestellt wurde, wird bei vertraglichen Ansprüchen im Falle der objektiven Klagenhäufung mitunter der Grundsatz praktiziert, daß hinsichtlich der örtlichen Zuständigkeit Nebensächliches der Hauptsache folgt.[384]
Unter der Überschrift des Sachzusammenhanges versammeln sich eine Vielzahl unterschiedlicher Fallgruppen, wie etwa die Streitgenossenschaft, die objektive Klagenhäufung, die Anspruchsgrundlagenkonkurrenz, die Aufrechnung oder die Widerklage.[385] Gegenstand der folgenden Untersuchung soll lediglich die Fallgruppe der Anspruchsgrundlagenkonkurrenz sein. An ihr läßt sich die Verknüpfung der Behandlung doppelrelevanter Tatsachen mit der Zulassung eines Gerichtsstandes des Sachzusammenhanges exemplarisch[386] darstellen.[387]

---- bb) Doppelrelevante Tatsachen und Sachzusammenhang

Die Diskussion um den Gerichtsstand des Sachzusammenhanges hat für die vorliegende Problematik folgende Bedeutung:
Eines der Hauptargumente in der Diskussion um den Gerichtsstand des Sachzusammenhanges, das von dessen Gegnern vorgebracht wird, ist die Mißbrauchsgefahr (Zuständigkeitserschleichung), die dem Beklagten drohen würde.[388] Diese entstehe dadurch, daß u.U. für die Klage insgesamt keinerlei tatsächlicher kausaler Nexus zum Forum bestehe, da hinsichtlich doppelrelevanter Tatsachen der schlüssige Vortrag des Klägers für die Zuständigkeitsprüfung ausreichend sei. Stellte sich in der Begründetheitsprüfung heraus, daß die doppelrelevanten Tatsachen nicht zu beweisen sind, liefe eine Prüfung einer weiteren Anspruchsgrundlage darauf hinaus, daß sich der Gerichtsstand für

---

[381] Vgl. Banniza v.Bazan 49.

[382] Ausführliche Darstellung der Diskussion bei Otte 529 ff.; Spickhoff ZZP 109 (1996), 493 ff.

[383] Vgl. Otte 573 ff. und Rohner 19 ff. mit weiteren Beispielen.

[384] S.o. § 6 I.2.a).

[385] Vgl. Banniza v. Bazan 43 ff.

[386] Zu den anderen Fallgruppen vgl. ausführlich die Arbeiten von Banniza v. Bazan, Otte, Auer, Albicker, Rohner.

[387] Den Zusammenhang beider Bereiche betont Windel ZZP 112 (1999), 515.

[388] Vgl. zuletzt BGH 28.2.1996 NJW 1996, 1411, 1413; Hager, FS Kissel, 331; Würthwein ZZP 106 (1993), 51, 76; Otte 799 ff.

den letzteren Anspruch aufgrund (evtl. bewußt) unwahrer Behauptungen eröffnen ließe.
Die so umrissene Mißbrauchsgefahr steht und fällt mit der Intensität der Zuständigkeitsprüfung. Insoweit läßt sich bei diesem "Kriterium" keine strikte Prüfung im Hinblick auf die Unvereinbarkeit eines Lösungsmodells mit dem geltenden Recht vornehmen, sondern beide Problemkomplexe sind so miteinander in Beziehung zu setzen, daß ihre Interdependenz klar hervortritt.

In einem ersten Abschnitt wird die Realisierbarkeit eines Gerichtsstandes des Sachzusammenhanges bei den hier untersuchten Gerichtsständen des Erfüllungsortes und der unerlaubten Handlung de lege lata diskutiert. Sodann wird erörtert, ob zumindest bei Ausblendung des Mißbrauchsgedankens dieser Gerichtsstand wünschenswert ist. Zum Abschluß wird dann das Mißbrauchsproblem mit möglichen Lösungsentwürfen behandelt. Im Vorgriff auf die später erfolgende grundsätzliche Auseinandersetzung mit dem EuGVÜ muß innerhalb dieses Abschnittes schon auf die europarechtliche Dimension eingegangen werden, da die deutsche Rechtsprechung sich in letzter Zeit geradezu tragend auf eine europarechtliche Argumentation stützt, auch soweit es um die Ausgestaltung der autonomen Zuständigkeitsordnung geht.[389]

--- b) Realisierbarkeit de lege lata

Wie schon in den methodischen Vorüberlegungen angedeutet, ist Ziel der Arbeit, die Zuständigkeitsprüfung nach geltendem Recht zu überprüfen, also im wesentlichen das vorhandene Normenmaterial als gegeben hinzunehmen. Als erstes ist demnach zu erörtern, ob sich ein Gerichtsstand des Sachzusammenhangs bei Anspruchsgrundlagenkonkurrenz unter dem geltenden Recht überhaupt verwirklichen läßt.

---- aa) Autonomes Zuständigkeitsrecht

Der Gesetzgeber der ZPO hat sich grundsätzlich gegen einen allgemeinen Gerichtsstand des Sachzusammenhanges entschieden.[390] Diese pauschale Aussage bedarf allerdings einer gewichtigen Einschränkung: Der Gesetzgeber ging bei der Schaffung der ZPO nicht von dem heutigen zweigliedrigen Streitgegenstandsbegriff aus. Geprägt von aktionenrechtlichem Denken faßte er den heute so genannten Fall der Anspruchsgrundlagenkonkurrenz als objektive

---

[389]Vgl. auch allg. zur Austrahlungswirkung des EuGVÜ auf das autonome Verfahrensrecht unten § 19 III.

[390]Banniza v. Bazan 49.

Klagehäufung auf.[391] Das Reichsgericht lehnte eine Ausdehnung der besonderen Gerichtsstände auf konnexe Klagen ab.[392] Die früheren Argumente können seit der Entwicklung des heute allgemein anerkannten zweigliedrigen Streitgegenstandsbegriffs nicht mehr in gleichem Maße aufrechterhalten werden.[393] So ist darauf zu verweisen, daß eine Aufspaltung eines Streitgegenstandes - mit der Problematik der umstrittenen Teilverweisung[394] und Teilrechtskraft[395] - nicht im Sinne des historischen Gesetzgebers gewesen sein kann und ein Streitgegenstand, der zumindest auch die Voraussetzungen eines besonderen Gerichtsstandes erfüllt, vor diesem vollständig geklärt werden kann und sollte. Vor diesem Hintergrund scheint das Normenmaterial beide Möglichkeiten zuzulassen, d.h. den Gerichtsstand für einen einheitlichen oder auch einen gespaltenen Streitgegenstand.[396]
Gleichwohl folgte der BGH ohne besondere Rechtfertigung der Rechtsprechung des Reichsgerichts[397] und mit ihm die h.M.[398]
Einen neuen Schub erfuhr die Diskussion durch die Einführung des § 17 II 1 GVG und die darauf verweisenden Normen in verschiedenen Verfahrensgesetzen. § 17 II 1 GVG lautet:

Das Gericht des zulässigen Rechtsweges entscheidet den Rechtsstreit unter allen in Betracht kommenden rechtlichen Gesichtspunkten.

Die zentrale Frage war, ob man § 17 II 1 GVG n.F. zur Stützung eines Gerichtsstandes des Sachzusammenhanges heranziehen könnte. Zum Teil wurde dies mit einem Erst-Recht-Schluß begründet[399]: Wenn schon die wichtigere,

---

[391]Banniza v. Bazan 152; Otte 547 ff.; Spickhoff ZZP 109 (1996), 495 ff.; Gravenhorst 100.

[392]RG 9.2.1891 RGZ 27, 385, 386; ausführlicher Bericht bei Otte 538.

[393]Gravenhorst 100.

[394]Diese bejahend Grunsky, Grundlagen, 340; Ritter NJW 1971, 1218; Stein/Jonas[20]-Schumann Einl Rn 295; MünchKomm-Patzina § 12 Rn 49; Hoffmann ZZP 107 (1994), 6 ff.; ablehnend die Rechtsprechung des BGH 8.12.1970 BGH NJW 1971, 564 ff.; kritisch Schwab, FS Zeuner, 507; Otte 531 ff. Im internationalen Bereich ist eine Verweisung nach bisherigem Recht ohnehin ausgeschlossen; vgl. zum EuGVÜ auch Grunsky, FS Fenge, 65.

[395]Rohner 181; Hoffmann ZZP 107 (1994), 7 ff.

[396]Rimmelspacher AcP 174 (1974), 509; Zeiss Rn 91; Rohner 183, der eine gesetzliche Klarstellung empfiehlt; Gravenhorst 102; a.A. Banniza v. Bazan 152.

[397]BGH 8.12.1970 NJW 1971, 564; 6.11.1973 NJW 1974, 410; 30.9.1976 WM 1976, 1231; 11.2.1980 WM 1980, 825; 4.2.1986 NJW 1986, 2436, 2437; w.N. bei Mankowski IPRax 1997, 178 Fn 59.

[398]MünchKomm-Patzina § 12 Rn 34 ff.; Stein/Jonas[20]-Schumann Einl 295, § 32 Rn 17; Baumbach/Lauterbach/Albers/Hartmann-Hartmann § 32 Rn 14; Jauernig, ZPO, § 12 II.

[399]Zöller-Vollkommer § 12 Rn 21; Schwab, FS Zeuner, 508; Zeiss Rn 24, 91; Hoffmann ZZP 107 (1994), 15 f., 23; Windel ZZP 111 (1998), 13; BayOblG 31.8.1995 MDR 1995, 1261.

nicht der Parteidisposition unterliegende Rechtswegabgrenzung in diesem Maße aufgelockert wird, dann müßte dies erst recht für die örtliche und damit zugleich auch für die internationale Zuständigkeit gelten. Banniza von Bazan hat jedoch überzeugend dargelegt, daß dieser Analogieschluß unzulässig ist.[400] Der Gesetzgeber wollte mit § 17 II 1 GVG die örtliche Zuständigkeit gerade nicht regeln. Andererseits ist auch der e contrario Schluß[401] unzulässig. Aus den Gesetzesmaterialien ergibt sich nicht, daß mit der Einführung des § 17 II 1 GVG die zu diesem Zeitpunkt schon intensiv geführte Diskussion im Bereich der örtlichen Zuständigkeit entschieden werden sollte.[402] Vielmehr ist davon auszugehen, daß die Einführung des § 17 II 1 GVG die Rechtslage im Bereich der örtlichen Zuständigkeit unberührt läßt, d.h. Rechtsprechung und Literatur überantwortet bleibt. An dem Befund, daß schon das bisherige Normenmaterial zumindest bei der Anspruchsgrundlagenkonkurrenz eine umfassendere Kognitionsbefugnis zuläßt, ist somit festzuhalten.[403] In seiner letzten großen Entscheidung zu dieser Problematik[404] hat der BGH auch nicht mehr formal argumentiert, sondern gerade eine Interessenanalyse vorgenommen und sein Ergebnis zusätzlich auf die europäische Rechtsentwicklung gestützt.

Eine weitere Flexibilität erlangt die Rechtsprechung für den vorliegenden Zusammenhang noch dadurch, daß die internationale Zuständigkeit zwar regelmäßig, aber nicht zwingend der örtlichen Zuständigkeit folgt. Gerade im Bereich des internationalen Zuständigkeitsrechts ist die Rechtsprechung für Interessenabwägungen empfänglich, da eine direkte Bindung an einen Normtext nicht besteht.

Einer Erstreckung der Kognitionsbefugnis auf konkurrierende Anspruchsgrundlagen steht somit der Normtext nicht im Wege.

---- bb) Europäische Zuständigkeitsordnung

Die im wesentlichen mit dem autonomen IZVR übereinstimmende Struktur der Gerichtsstände des Erfüllungsortes und der unerlaubten Handlung im EuGVÜ führt zumindest in Rechtsordnungen, die den Grundsatz des non-cumul des

---

[400]Banniza v.Bazan 141; ihr folgend Ulrike Wolf ZZPint 2 (1997), 130; ebenso Spickhoff ZZP 109 (1996), 506; Kubis, Int. Zuständigkeit; 110 f.; ähnlich Otte 566.

[401]So Jauernig, ZPO, § 12 II; Spickhoff ZZP 109 (1996), 499.

[402]BT-Drs 11/7030 v. 27.4.1990 S. 37.

[403]Zöller-Vollkommer § 12 Rn 21; Schwab, FS Zeuner, 509; a.A. Banniza v.Bazan 152, Spickhoff ZZP 109 (1996), 506 und Otte 566, der aber eine allgemeine Rechtsanalogie für möglich hält (588).

[404]BGH 28.2.1996 NJW 1996, 1411, 1413.

romanischen Rechtskreises nicht kennen, zu den gleichen Fragen wie im autonomen deutschen Recht. Inwieweit sich die Verfasser des EuGVÜ das "deutsche"[405] Problem der Anspruchsgrundlagenkonkurrenz vor Augen geführt haben, läßt sich nicht mehr rekonstruieren.

In seiner Entscheidung Kalfelis / Bankhaus Schröder u.a.[406] hatte der EuGH Vorlagefragen zu beantworten, die aus einem deutschen Verfahren stammten, in dem die Anspruchsgrundlagenkonkurrenz in Frage stand.[407] In der Sache ging es um Schadensersatz wegen verlustreicher Warentermingeschäfte. Die Klage wurde vor deutschen Gerichten auf pVV, 823 II BGB i.V.m. § 263 StGB, § 826 BGB und § 812 BGB gestützt. Der BGH legte dem EuGH u.a. die Frage vor, ob Art. 5 Nr.3 EuGVÜ für eine auf deliktische, vertragliche und Ansprüche aus ungerechtfertigter Bereicherung gestützte Klage eine Annexzuständigkeit kraft Sachzusammenhangs auch für nichtdeliktische Klageansprüche eröffne.[408]
Der EuGH entschied, daß ein Gericht, das nach Art. 5 Nr. 3 EuGVÜ für die Entscheidung über eine Klage unter einem auf deliktischer Grundlage beruhenden Gesichtspunkt zuständig sei, nicht auch zuständig sei, über die Klage unter anderen, nichtdeliktischen Gesichtspunkten zu entscheiden.[409] Die zum deutschen Recht herrschende sogenannte "Spaltungstheorie" gilt somit nach der Rechtsprechung des EuGH zumindest im Bereich des Gerichtsstandes der unerlaubten Handlung.[410] In einer neueren Entscheidung hat der EuGH noch einmal in einem obiter dictum zu dem Gesamtkomplex Stellung bezogen[411]. In dieser Stellungnahme bekräftigt der EuGH seine Ablehnung, besondere Gerichtsstände auf andere Anspruchsgrundlagen auszudehnen. Die Hoffnung

---

[405]Geimer IPRax 1986, 81; es ist jedoch darauf hinzuweisen, daß auch das Common law die Anspruchskonkurrenz kennt (vgl. Henderson v Merrett Syndicates [1994] 3 All ER 506, 523 ff. (H.L.)), was jedoch im internen Zuständigkeitsrecht angesichts der einheitlichen Eingangsinstanz des High Court in London keine Rolle spielte, Gottwald JZ 1997, 93.

[406] EuGH 27.9.1988 - 189/87 (Kalfelis/Bankhaus Schröder) Slg 1988, 5565.

[407]Ausführlicher Bericht bei Otte 509 ff und Lohse 5 ff.; Weiss 103 ff.; 110 ff.

[408]BGH 27.4.1987 WM 1987, 883 f. (Vorlagebeschluß).

[409]EuGH 27.9.1988 - 189/87 (Kalfelis/Bankhaus Schröder) Slg 1988, 5565 Rn 19.

[410]So die Interpretation der h.M.: Kropholler, EuZPR, Art. 5 Rn 60; Wieczorek/Schütze-Hausmann Art. 5 EuGVÜ Rn 55 f.; Geimer/Schütze, EuZVR, Art. 5 Rn 154; Münch Komm-Gottwald Art. 5 EuGVÜ Rn 30; Banniza v.Bazan 149; Schlosser, EuGVÜ, Vor Art. 5 Rn 2; Schack, IZVR, Rn 347; Mansel IPRax 1989, 87; Gottwald IPRax 1989, 273; Welter WuB VII B1 Art. 5 EuGVÜ 1.89 (S. 278) einschränkend C.U.Wolf IPRax 1999, 86, der meint, der EuGH habe den Fall der Anspruchsgrundlagenkonkurrenz nicht umfassend entschieden. Ebenfalls zweifelnd Otte 522 ff.

[411]EuGH 27.2.1998-51/97 (Réunion Européenne/Spliethoff's) Slg 1998 I-6511 Rn 50; vgl. zu dieser Interpretation Rauscher, IZVR, 27; zuvor schon Mansel IPRax 1989, 87; Valloni 213.

einiger Autoren[412], daß der EuGH wenigstens im Bereich des Gerichtsstands des Erfüllungsortes eine umfassende Prüfungsbefugnis bei Anspruchsgrundlagenkonkurrenz zulassen werde, ist damit zumindest zur Zeit unbegründet.[413]

In seiner recht kurz gefaßten Begründung stellt der EuGH vor allem darauf ab, daß die besonderen Gerichtsstände aufgrund ihres Ausnahmecharakters eng zu interpretieren seien.[414] Dieses Argument ist indes rein formaler Natur und kann eine umfassende Interessenanalyse nicht ersetzen. Aus ihm folgt allenfalls, daß eine Ausweitung besonderer Gerichtsstände einer besonderen Rechtfertigung bedarf. Bei einem Überwiegen gewichtiger Interessen ist eine großzügigere Interpretation der besonderen Gerichtsstände jedenfalls nicht ausgeschlossen.[415]

Auch der BGH stützte sich neben einem Verweis auf den EuGH in der sog. Verlöbnisentscheidung[416] auf eine Interessenabwägung. Der Wortlaut des Normtextes des EuGVÜ ähnelt dem des autonomen deutschen Zivilprozeßrechts. Angesichts der vielgestaltigen, vom EuGVÜ vereinten Rechtsordnungen kann nicht davon ausgegangen werden, daß sein Wortlaut an sich schon der umfassenden Prüfung bei Anspruchsgrundlagenkonkurrenz entgegenstünde. Hier ist der EuGH im Bereich der Streitgegenstandslehre noch freier, als die der BGH hinsichtlich des autonomen Rechts ist. De lege lata wäre der

---

412 Kropholler, EuZPR, Art. 5 Rn 60, folgend Schack, IZVR, Rn 349; Schlosser, EuGVÜ, Vor Art. 5 Rn 2; Wieczorek/Schütze-Hausmann Art. 5 EuGVÜ Rn 56; kritisch zur unterschiedlichen Behandlung von Art. 5 Nr.1 und Art. 5 Nr.3 Gottwald IPRax 1989, 274; Valloni 215; C.U. Wolf IPRax 1999, 87.

413 Von der Auffassung der weitergehenden Attraktivität des Gerichtsstandes des Erfüllungsortes ist die Meinung zu unterscheiden, die zu einer Konzentration am Gerichtsstand des Art. 5 Nr.1 EuGVÜ kommen, indem sie deliktische Ansprüche als vertraglich qualifizieren, wenn sie parallel zu einer Vertragsbeziehung stehen. (OLG München 8.3.1989 RIW 1989, 901, 903; OLG Koblenz 23.2.1990 IPRax 1991, 241, 243 f.; OLG Saarbrücken 2.10.1991 IPRax 1992, 165, 166; OLG Stuttgart 7.8.1998 IPRax 1999, 103, 104) kritisch zu der verdrängenden Auslegung des Art. 5 Nr.1 Mansel IPRax 1989, 85; C.U. Wolf IPRax 1999, 84: Durch diese Konstruktion eines Subsidiaritätsverhältnisses werde der Gerichtsstand des Art. 5 Nr.3 EuGVÜ wesentlich entwertet, ohne daß dafür im Bezug auf Art. 5 Nr.1 EuGVÜ eine Rechtfertigung im Normtext oder der Rechtsprechung des EuGH gefunden werden könnte.

414 EuGH 27.9.1988 - 189/87 (Kalfelis/Bankhaus Schröder) Slg 1988, 5565 Rn 19.

415 Hingewiesen werden soll darauf, daß die temporäre Konzentrierung eines Rechtsstreites an einem Gerichtsstand durch Art. 21 EuGVÜ mittels dessen weiter Auslegung durch den EuGH mit der Ablehnung des Gerichtsstands der Konnexität in Art. 5 EuGVÜ in Wertungskonflikte gerät. Dazu Windel ZZP 112 (1999), 515; Otte 505.

416 BGH 28.2.1996 NJW 1996, 1411, 1413.

EuGH demnach nicht gehindert, seine Rechtsprechung in diesem Bereich zu ändern.[417]

--- c) Interessenabwägung

In der Diskussion, ob ein Gerichtsstand des Sachzusammenhangs wünschbar ist, wird nach nunmehr jahrzehntelanger Debatte eine Vielzahl von Argumenten ausgetauscht.[418] Hier soll nur ein kurzer Überblick über den weitgefächerten Streitstand gegeben werden.

---- aa) Parteiinteressen

----- (1) Klägerinteressen

Der Kläger hat ein Interesse an einer umfassenden Sachentscheidung. Lehnt das Gericht den die Zuständigkeit begründenden Anspruch ab, müßte der Kläger einen zweiten Prozeß in einem anderen Land mit erneutem Kostenrisiko anstrengen. Er verliert somit unter Umständen mit voller Kostenfolge einen Prozeß, obwohl die Klage hinsichtlich eines anderen Aspektes voll begründet war.[419] Dieses Risiko dürfte den Kläger bei Unsicherheiten etwa im Sachverhalt oder der Anspruchsgrundlagen dazu bewegen, eine Klage nur im Heimatgerichtsstandes des Beklagten zu erheben. Gerade dieser Ausweg wird dem Kläger sowohl vom EuGH[420] als auch vom RG[421] und BGH[422] genannt. Folge ist allerdings, daß viele Streitigkeiten statt vor die besonderen Gerichtsstände zu kommen, eher im allgemeinen Beklagtengerichtsstand erhoben werden. Damit werden die besonderen Gerichtsstände entwertet.[423]

----- (2) Beklagteninteressen

Sieht man von der Mißbrauchsgefahr ab, die unter § 13 II.2.d) diskutiert werden wird, so sind keine besonderen schutzwürdigen Beklagteninteressen ersichtlich.[424] Daß der allgemeine Beklagtengerichtsstand im Interesse des

---

[417]Banniza v. Bazan 154.

[418]Vgl. nur jüngst die umfassende Monographie von Otte.

[419]Banniza v. Bazan 154.

[420]EuGH 27.9.1988 - 189/87 (Kalfelis/Bankhaus Schröder) Slg 1988, 5565 Rn 20.

[421]RG 9.2.1891 RGZ 27, 385, 392.

[422]BGH 28.2.1996 NJW 1996, 1411, 1413.

[423]Banniza v. Bazan 142; Zöller-Vollkommer § 12 Rn 21.

[424]Vgl. Otte 503.

Beklagten besteht, ist offensichtlich. Eine Bevorzugung dieses Gerichtsstandes per se vor einem besonderen Gerichtsstand ist nicht zu rechtfertigen, solange die Voraussetzungen des besonderen Gerichtsstandes vorliegen. Wie oben angedeutet, steht eine aus dem actor-sequitur-Grundsatz teilweise hergeleitete enge Interpretation der besonderen Gerichtsstände bezüglich einer großzügigen Interpretation des besonderen Gerichtsstandes nicht entgegen, solange diese gerechtfertigt wird.[425]
Zentraler Angelpunkt ist insoweit die Gerichtspflichtigkeit des Beklagten. Wenn er zulässigerweise vom Kläger zur Verteidigung an einen besonderen Gerichtsstand gezwungen wird, dann sind kaum Konstellationen vorstellbar, in denen ein berechtigtes Interesse des Beklagten anzuerkennen ist, das Gericht nicht auch über konkurrierende Ansprüche entscheiden zu lassen.[426] Zumindest im Fall der Anspruchsgrundlagenkonkurrenz geht es immer um einen einheitlichen Sachverhalt, um einen Streitgegenstand. Das Verteidigungsvorbringen des Beklagten wird durch die Ausweitung der Kognitionsbefugnis meistens kaum tangiert, was um so mehr gilt, als schon nach jetziger Rechtsprechung vertragliche Vorfragen auch im Deliktsgerichtsstand geltend gemacht werden können.[427]
Übertrieben erscheint es allerdings, wenn gelegentlich behauptet wird, daß die umfassendere Kognitionsbefugnis gerade auch den Interessen des Beklagten dient.[428] Sollte diese ausnahmsweise im Interesse des Beklagten sein, so stünde einer rügelosen Einlassung nichts im Wege. Ein Gerichtsstand des Sachzusammenhanges ist dafür nicht erforderlich.

---- bb) Gerichtsinteressen

Gerichtsinteressen werden z.B. im Gerichtsstand der unerlaubten Handlung berührt, wenn es um die Beweisnähe oder auch Rechtsnähe geht. Gegner einer umfassenden Kognitionsbefugnis führen ins Feld, daß für die konkurrierenden Ansprüche eine solche besondere Sachnähe des angerufenen besonderen Gerichtsstandes nicht bestehe.[429] Durch eine Zuständigkeitsspaltung wird der Kläger aber in vielen Fällen eher am allgemeinen Gerichtsstand klagen und nicht an den auch den Gerichtsinteressen dienenden besonderen Gerichtsständen. Im Hinblick auf den Anspruch, der zu dem anderen besonderen Ge-

---

[425]RG 9.2.1891 RGZ 27, 385, 386.

[426]Geimer NJW 1974, 1045; ders. NJW 1988, 3090; ders. IPRax 1986, 81; Gottwald IPRax 1989, 273; Spellenberg ZVglRWiss 79 (1980), 122; Banniza v. Bazan 144, Rohner 184.

[427]BGH 11.2.1988 IPRax 1989, 98 mit Anmerkung Mansel IPRax 1989, 84.

[428]Gottwald IPRax 1989, 273.

[429]Für § 29: ZPO Habscheid, Streitgegenstand, 158; für § 32: ZPO Ritter NJW 1971, 1218; RG 9.2.1891 RGZ 27, 385, 386.

richtsstand gezogen wird, geht daher kein Gerichtsinteresse verloren. Denn in der Regel wird die Klage nicht an zwei besonderen Gerichtsständen, sondern ausschließlich am allgemeinen Gerichtsstand erhoben. Dieser ist mindestens ebenso beziehungslos zum "angezogenen" Anspruch wie der "anziehende" besondere Gerichtsstand.

---- cc) Ordnungsinteressen

Gerade im internationalen Verkehr ist bei einheitlichem Streitgegenstand aber gespaltener Zuständigkeit die Gefahr sich widersprechender Urteile besonders groß[430], da es auch keinen bindenden Verweisungsbeschluß entsprechend § 281 ZPO gibt und das jeweilige nationale Kollisionsrecht unter Umständen auf den gleichen Lebenssachverhalt in den angerufenen Foren unterschiedliches Sachrecht beruft.[431] Daraus können nicht nur widersprechende Urteile resultieren, die im Interesse eines internationalen Entscheidungseinklanges vermieden werden sollten, sondern es könnten sich auch Rechtsschutzlücken für den Kläger ergeben.

Die doppelte Prozeßführung liegt auch nicht im Interesse einer auf Prozeßökonomie und somit Verfahrenskonzentration bedachten Justiz.[432] Das Problem verschärft sich dadurch, daß eine Aktenbeiziehung[433] und Beweisaufnahmeverwertung über die Grenze hinweg weder praktiziert wird noch zum gegenwärtigen Zeitpunkt praktikabel erscheint. Ein Rückzug auf die nationale Sichtweise, daß die eigenen nationalen Gerichte bei gespaltener internationaler Zuständigkeit allenfalls einmal mit dem Prozeß belastet würden, darf in einem zusammenwachsenden Rechts- und Wirtschaftsraum Europa keine Geltung beanspruchen.

Aus der Sicht der Ordnungsinteressen problematisch ist allerdings die durch die umfassende Kognitionsbefugnis erweiterte Möglichkeit zum *forum shopping*.[434]. So könnte es dazu kommen, daß Gerichte dreier Länder umfassende Kognitionsbefugnis über den Streitgegenstand beanspruchen können, etwa nach dem allgemeinen Gerichtsstand und dem des Erfüllungsortes und der unerlaubten Handlung. Dies ist ein durchaus unerwünschtes Ergebnis.

---

430 Geimer NJW 1988, 3090; Spellenberg ZZP 95 (1982), 27; v.Hoffmann IPRax 1982, 220; Banniza v.Bazan 142, Rohner 190.

431 Ulrike Wolf ZZPint 1997, 131; Banniza v. Bazan 143; Grunsky, FS Fenge, 33.

432 Mansel ZvglRWiss 86, 1987, 21; Gravenhorst 95, 104; Rimmelspacher JR 1987, 195.

433 Ulrike Wolf ZZPint 1997, 131.

434 Otte 527 (m.w.N. in Fn 185) sieht das als nicht weiter gravierend an. Ähnlich Geimer, IZPR, Rn 1099.

So wird vom EuGH in Fällen der Persönlichkeitsverletzung durch Massenmedien sogar innerhalb einer Gerichtsstandsnorm eine gespaltene Zuständigkeit propagiert[435], um dem *forum shopping* vorzubeugen.
Letztlich ist aber mit der Eröffnung von internationalen Wahlgerichtsständen immer die Gefahr des forum shopping gegeben. Insoweit ist es zu akzeptieren, wollte man nicht die Existenzberechtigung der besonderen Gerichtsstände in Frage stellen. Die Auswirkungen können im übrigen durch Sachrechts- und Kollisionsrechtsvereinheitlichung gemildert werden. Solange gute Gründe für besondere Gerichtsstände sprechen, ist das Problem des *forum shopping* im Zuständigkeitsrecht hinzunehmen.

Insbesondere das Interesse an einander nicht widersprechenden Entscheidungen, der Gesichtspunkt der Prozeßökonomie und die Gefahr von Rechtsschutzlücken für den Kläger sprechen für einen Gerichtsstand des Sachzusammenhanges. Dies gilt jedenfalls für die Fallgruppe der Anspruchsgrundlagenkonkurrenz[436], solange sichergestellt ist, daß der Beklagte dadurch nicht an einem für ihn unter keinem Gesichtspunkt zu rechtfertigenden Gerichtsstand für gerichtspflichtig erklärt wird.
Sowohl im Bereich des autonomen IZVR wie des EuGVÜ ist ein Gerichtsstand des Sachzusammenhanges unter den vorgenannten Voraussetzungen wünschenswert.

--- d) Mißbrauchsgefahr

Gerade im Bereich der internationalen Zuständigkeit ist die Mißbrauchsgefahr ein gewichtiger Geichtspunkt für die Frage der Annahme einer Gerichtspflichtigkeit des Beklagten.[437] Dort besteht nicht nur die Gefahr, daß der Kläger durch seinen Vortrag wider besseres Wissen einen Gerichtsstand erschleichen könnte. Ganz allgemein droht die Gefahr, daß ein Beklagter ohne einen hinreichenden, von der Zuständigkeitsordnung anerkannten Bezug zum Forum für gerichtspflichtig erklärt wird und unter verschiedensten Anspruchsgrundlagen verurteilt werden könnte. Der Vortrag einer unerlaubten Handlung muß zwar von einem Beweis des Tatortes begleitet werden. Es dürfte einem dolosen Kläger aber leichtfallen, irgendeinen Erfolg im Gerichtsbezirk zu beweisen. Die Beziehung zwischen gerade dem Beklagten und dem

---

[435]EuGH 7.3.1995 - 68/93 (Shevill/Press Alliance) Slg. 1995 I-415 darauf verweist Ulrike Wolf ZZPint 2 (1997), 133.

[436]Nicht vertieft werden soll hier die vor allem im europäischen Recht aufzuwerfende Frage, nach welcher Rechtsordnung die Anspruchsgrundlagenkonkurrenz/ der Streitgegenstandsbegriff bestimmt werden soll. Dazu Mansel IPRax 1989, 85.

[437]BGH 28.2.1996 NJW 1996, 1411, 1413.

Erfolg ist von der Beweispflicht nicht umfaßt. Entsprechend könnte auch irgendeine Handlung bewiesen werden, ohne daß in diesem Stadium die Urheberschaft der Handlung bewiesen werden müßte.[438] Ebenso verhält es sich bei § 29 ZPO, da bei einem gesetzlichen Erfüllungsort es nur auf die tatsächlichen Behauptungen des Klägers ankommt und keinerlei Beweis erhoben werden muß.
Zumindest im Bereich der örtlichen Zuständigkeit ist die Mißbrauchsgefahr nicht so gravierend[439], da nicht Rechtsfolgen wie anderes Prozeß-, Kollisions-, und Sachrecht drohen und hinsichtlich der Gerichtspflichtigkeit die Mühen zur auswärtigen Prozeßführung durchaus zumutbar erscheinen, um zumindest ein Versäumnisurteil abzuwehren. Anderes gilt jedoch für die internationale Zuständigkeit, wie der BGH in seinem Urteil zu doppelrelevanten Tatsachen im Anerkennungsstadium auch klar herausgestellt hat.[440]

Zum Schutz des Beklagten vor dieser Mißbrauchsgefahr ist vor allem an eine erhöhte Intensität bei der Zuständigkeitsprüfung zu denken.[441] In der Diskussion um den Gerichtsstand des Sachzusammenhanges wird die Behandlung doppelrelevanter Tatsachen bisweilen als feste Argumentationsstütze verwandt.[442] Folgt man nämlich der h.M. in der Zuständigkeitsprüfung, so ist die Mißbrauchsgefahr ein entscheidendes Argument gegen die umfassende Kognitionsbefugnis. Es verwundert nicht, daß gerade Vertreter, die eine besonders "flache" Zuständigkeitsprüfung befürworten[443], die umfassende Kognitionsbefugnis ablehnen. Auch die Vertreter der Schlüssigkeitstheorie[444], insbesondere die Rechtsprechung des BGH, stellen zur Stützung ihrer Ablehnung eines Gerichtsstandes des Sachzusammenhanges auf die Mißbrauchsgefahr ab.

Nach der oben angeführten strengen Definition der doppelrelevanten Tatsachen würden durch die Zulassung des Gerichtsstandes des Sachzusammenhanges alle zuständigkeitsbegründenden Tatsachen diesen Status verlieren, da ihr Nichtvorliegen nicht mehr notwendig die Klagabweisung nach sich zieht.[445] Dieser Zusammenhang wird häufig übersehen. So kann man nicht gleichzeitig

---

[438] Letzteres bedürfte allerdings schon eines gewissen Aufwandes; vgl. oben § 7 II.2.b).

[439] Ulrike Wolf ZZPInt 2 (1997), 134; BGH 28.2.1996 NJW 1996, 1411, 1413.

[440] Vgl. dazu ausführlich unten § 16.

[441] A.A. Schwab, FS Zeuner, 509 f., der die Schlüssigkeitsprüfung für ausreichend erachtet. Ähnlich Pfeiffer, Gerechtigkeit, 605, der darauf verweist, daß eine bewußt falsche Behauptung über § 263 StGB als Prozeßbetrug strafrechtlich sanktioniert wird.

[442] Rohner 158, 186.

[443] Würthwein ZZP 106 (1993), 74 ff.

[444] Spickhoff ZZP 109 (1996), 503 ff.; BGH 28.2.1996 NJW 1996, 1411, 1413.

[445] Vgl. Otte 807; Hager, FS Kissel, 337 f.

den Gerichtsstand des Sachzusammenhangs bejahen und die bisher übliche Definition der doppelrelevanten Tatsachen samt ihrer Rechtfertigung übernehmen.[446]

Befürwortet man eine umfassende Kognitionsbefugnis und betrachtet gleichsam durch einen Perspektivwechsel die Intensität der Zuständigkeitsprüfung als variable Größe, so ergeben sich hier Möglichkeiten, die Mißbrauchsgefahr einzudämmen. Dies erscheint allerdings nur möglich, wenn die besonderen Gerichtsstände ihre spezifischen Strukturen behalten und nicht allgemein aufgeweicht werden. Diese Gefahr besteht insbesondere bei dem wiederholt vorgetragenen Wunsch der (rein) autonomen Auslegung der die besonderen Zuständigkeiten prägenden Sammelbegriffe.[447] So wird von Wolf[448] zumindest für den internationalen Bereich und insbesondere im Rahmen des EuGVÜ das Interesse an einer einheitlichen Begriffsbildung als Hindernis für einen allgemeinen Gerichtsstand des Sachzusammenhangs vorgebracht. Die autonome Interpretation des Vertrags-/Deliktsbegriffs erfordere einen sehr weiten, ja unbestimmten Begriff, der zu einem sehr ausgeweiteten Gerichtsstand führe. Insoweit seien dann die besonderen Gerichtsstände schon so weit gefaßt, daß es einer wirksamen Eingrenzung der Kognitionsbefugnis bedürfe, nicht einer Ausdehnung. Wolf ist in ihrer Analyse zuzustimmen, nicht aber in ihren Folgerungen. Eine konsequent autonome Begriffsbildung im europäischen oder auch autonomen internationalen Zuständigkeitsrecht würde zu einer sehr weiten Ausdehnung der Gerichtszuständigkeiten führen. Diese dürften nicht noch durch die erweiterte Kognitionsbefugnis noch belastender für den Kläger gemacht werden. Jedoch ist schon Wolfs Ansatzpunkt abzulehnen. Will man eine Schlüssigkeitsprüfung auf Zulässigkeitsebene vornehmen, ist eine autonome Begriffsbildung nur als erste Stufe einer Qualifikation sinnvoll. Die prozessualen Begriffe sind für sich genommen nicht differenziert genug, um an ihnen einen Sachverhalt im Sinne einer Schlüssigkeitsprüfung zu messen. Richtigerweise müssen die prozessualen Begriffe mit Begriffen des materiellen Rechts aufgefüllt werden.[449] Wenn man eine weitere Überprüfung anhand der lex causae vornimmt, kommt man zu keiner ausgefaserten Zuständigkeitsordnung. Insofern trägt das Argument Wolfs in diesem Zusammenhang nicht.

---

[446]Vgl. aber Wieczorek/Schütze-Hausmann vor § 12 Rn 28 einerseits und Rn 100 andererseits.

[447]Zum EuGVÜ unten § 22 III.1.a).

[448]Ulrike Wolf ZZPint 1997, 132.

[449]§ 8 IV.1.,2.; § 22 III.1.b)aa), cc).

Gerade im Bereich der Rechtswegzuständigkeit wird seit langer Zeit in dem vergleichbaren Problemkreis der sogenannten aut-aut oder auch et-et Fälle[450] diskutiert, ob im Bereich der Zuständigkeitsprüfung nicht ein voller Beweis auch der doppelrelevanten Tatsachen gefordert werden müsse, um einer Rechtswegerschleichung vorzubeugen.[451] Seit der Neufassung des § 17 II GVG hat sich Hager[452] dafür ausgesprochen, seine Folgen hinsichtlich eines eventuellen Mißbrauchs durch eine Beweispflicht hinsichtlich doppelrelevanter Tatsachen abzumildern. Für den Bereich des Gerichtsstandes des Sachzusammenhanges im Bereich der örtlichen und internationalen Zuständigkeit hat sich namentlich Otte[453] dafür eingesetzt, zusätzlich zu einer Schlüssigkeitsprüfung eine vollständige Beweisaufnahme hinsichtlich des die Zuständigkeit vermittelnden Anspruchs durchzuführen.

Im Bereich der Anspruchsgrundlagenkonkurrenz im internationalen Zuständigkeitsrecht ist jedoch zu beachten, daß eine mit der üblichen Begründetheitsprüfung identische Zulässigkeitsprüfung in vielen Fällen einen Gerichtsstand des Sachzusammenhanges ausschließt. Gerade im Bereich des Deliktsgerichtsstandes dürfte eine vollständige Beweispflicht in der Zulässigkeitsprüfung dazu führen, daß der Gerichtsstand nur bei im Grunde begründeten deliktischen Ansprüchen eröffnet wird. Dann besteht zumeist weder Raum noch die Notwendigkeit für eine Prüfung konkurrierender Ansprüche. Die umfassende Kognitionsbefugnis ist gerade dann sinnvoll, wenn zwar im Bereich der Tatbestandsvoraussetzungen des jeweils gerichtsstandsvermittelnden Anspruchs eine Lücke besteht, die Rechtsfolge aber durch andere Anspruchsgrundlagen vermittelt werden kann, etwa der Schadensersatz sich auf einen Vertragsbruch stützen läßt. Gerade die Merkmale Vertragsschluß / Unerlaubte Handlung sind aber nicht nur diejenigen, bei deren Defekten ein Gerichtsstand des Sachzusammenhanges sinnvoll erscheint, es sind gerade auch die Merkmale, die die Zuständigkeit vermitteln. Ein voller Beweis dieses

---

[450]Man unterscheidet Fälle, in denen der geltend gemachte Anspruch entweder vor die Arbeitsgerichtbarkeit oder die allgemeinen Zivilgerichte gehört (Alternativität: aut-aut-Fälle), in denen der Sachverhalt mehrere rechtliche Qualifikationen widerspruchslos nebeneinander verträgt und somit vor beiden Gerichtsbarkeiten geltend gemacht werde könnte (Kumulation, et-et-Fälle) und in denen die Klage, wenn überhaupt nur vor einem Arbeitsgericht begründet sein könnte (Exklusivität, sic-non Fälle). Zu dieser Begrifflichkeit Bötticher, FS 100 Jahre DJT, 540 ff.; Windel ZZP 111 (1998), 10; Kluth NJW 1999, 343.

[451]Zusammenfassend Otte 799 ff.; Bötticher ZZP 72 (1959), 50 ff.; Zeuner, FS Bötticher, 405; kritisch Kluth, Diss., 56 und Reinecke ZfA 1998, 374 und Hoffmann ZZP 107 (1994), 21.

[452]FS Kissel, 337.

[453]Otte 807.

Merkmales hinsichtlich einer umfassenden Kognitionsbefugnis würde nicht weiter führen.

Andere Vorschläge, wie etwa die von Gottwald ins Spiel gebrachte Zwischenlösung des ernstlichen Verdachts des Vorliegens der Zuständigkeitsvoraussetzungen[454], könnten in diesem Fall zu sachangemessenen Ergenissen führen.

--- e) Ergebnis

Eine auf konnexe Anspruchsgrundlagen ausgedehnte Kognitionsbefugnis in den besonderen Gerichtsständen des Erfüllungsortes und der unerlaubten Handlung ist de lege lata realisierbar und prinzipiell wünschenswert. Allerdings ist bei einer Zuständigkeitsprüfung, wie sie die h.M. vornimmt, ein Mißbrauch des Gerichtsstandes des Sachzusammenhanges zu befürchten. So ist entweder die Schlüssigkeitstheorie aufzugeben oder aber die beschriebene erweiterte Kognitionsbefugnis abzulehnen. Ein Schutz vor Mißbrauch wäre in einem Bereich zu suchen, der einerseits für die Prüfung von konkurrierenden Ansprüchen Raum gibt, andererseits aber einen Mißbrauch weitgehend verhindert. Für den Bereich der Rechtsprüfung steht eine volle Schlüssigkeitsprüfung - im Deliktsgerichtsstand etwa aller Tatbestandsvoraussetzungen - einem effektiven Gerichtsstand des Sachzusammenhanges bei Anspruchsgrundlagenkonkurrenz ebenso entgegen wie eine diesbezügliche volle Beweispflicht. In Anbetracht der tatsächlich bestehenden Gefahren der Zuständigkeitserschleichung ist ein Abstellen auf die Rechtsbehauptung aber ebensowenig akzeptabel wie ein Verzicht auf jeden Beweis (ursprünglich) doppelrelevanter Tatsachen.

- III. Sach- oder Prozeßurteil

Ist eine Klage abzuweisen, so liegt es grundsätzlich im Interesse des Beklagten, ein Sach- und nicht nur ein Prozeßurteil zu erlangen.

-- 1. Rechtfertigung der Schlüssigkeitstheorie

Wie bereits oben ausgeführt[455], wird die Schlüssigkeitstheorie im wesentlichen damit gerechtfertigt, daß gerade das Beklagteninteresse diese Behandlung der Beweisfragen erfordere.[456] Wenn man nämlich eine volle Beweisführung in

---

[454] JZ 1997, 93; in IPRax 1989, 272 lautete die Formulierung "ernstliches Bestehen der Zuständigkeitsvoraussetzungen".

[455] § 7 II.

[456] RG 11.3.1892 RGZ 29, 371, 372; BGH 25.11.1993 NJW 1994, 1413, 1414; Stein/Jonas-Schumann § 1 21f; Schröder 265; Gottwald IPRax 1995, 75.

der Zuständigkeitsprüfung vornähme oder aber, wie das heute der Regelfall ist, erst in einem einheitlichen Urteil nach der Verhandlung zur Begründetheit die Beweisergebnisse für zuständigkeitsrelevant erachte, könne nur ein Prozeßurteil ergehen. Mit einem Prozeßurteil gebe man aber dem Beklagten Steine statt Brot[457]. Josef Kohler hat dies plastisch so ausdrückt:

"Einen Prozeß entscheiden, um zu wissen, ob man ihn entscheiden darf, das heißt auf dem Pferde rückwärts sitzen, um alsbald abgeworfen zu werden."[458]

Die Unterstellung der Klägerbehauptung für die Zuständigkeitsprüfung als richtig erweitere nicht die Gerichtspflichtigkeit, sondern sichere allein die Möglichkeit rechtskräftiger Klageabweisung.[459]

-- 2. Verhältnis von Zulässigkeit und Begründetheit

Nach früher ganz h.M. und heute noch weitgehend[460] vertretener Auffassung muß die Zulässigkeit einer Klage feststehen, bevor das Gericht zur Begründetheit im Urteil Stellung nehmen darf. Die Zulässigkeitsvoraussetzungen müssen also bejaht worden sein, bevor ein Urteil in der Sache ergehen darf.

-- 3. Bedeutung für die Zuständigkeitsprüfung

Wendet man generell diese These auf die vorliegende Problematik an, so würde bei sehr tiefgehender Prüfung auf rechtlicher und tatsächlicher Ebene häufiger ein Prozeßurteil ergehen, als wenn man hier geringere Anforderungen stellte. Zwar ist inzwischen allgemein anerkannt, daß auch Prozeßurteile in materielle Rechtskraft erwachsen[461] und sich die Rechtskraft*wirkung* insoweit nicht unterscheidet, als der entschiedene Abweisungsgrund bindend entschieden wird. Unterschiedlich ist jedoch der *Gegenstand* der Rechtskraft.[462] In dem einen Fall wird eine Zulässigkeitsvoraussetzung (auch nur in dieser Funktion !) rechtskräftig beurteilt, in dem anderen Fall eine Frage der Begründetheit. Anders als im französischen Recht (Art. 95 NCPC)[463]

---

[457]Baur/Grunsky Rn 132.

[458]J.Kohler, Beiträge, 119.

[459]Stein/Jonas-Schumann § 1 Rn 21; kritisch dazu Gottwald IPRax 1983, 16.

[460]Zu den Ausnahen vgl. unten § 13 III.4.c).

[461]Jauernig JZ 1955, 235; Jauernig, ZPO, § 62 II 3b; Stein/Jonas-Leipold § 322 Rn 62; Thomas/Putzo-Thomas § 322 Rn 3; BGH 6.3.1985 NJW 1985, 2535; J.Blomeyer ZZP 81 (1968), 30; Zeiss Rn 265.

[462]Jauernig, FS Schiedermair, 292 f.

[463]Vgl. nur Donzallaz III Rn 4516 m.w.N.

erwachsen bei einem Prozeßurteil nur die entschiedenen prozessualen Fragen in Rechtskraft. Es ist dem Richter nicht möglich, zusätzlich, etwa durch Aufnahme in den Tenor, Fragen der Begründetheit an der Rechtskraft teilhaben zu lassen.

Anzumerken ist an dieser Stelle, daß die h.M. das Rechtskraftargument ausschließlich bei der Frage der Beweisebene vorbringt, hingegen nicht bei der Schlüssigkeitsprüfung, obwohl sich hier ähnliche Fragen stellen.[464] Insoweit erscheint die h.M. als inkonsequent.[465]

-- 4. Gleichrangige Urteilserlaßvoraussetzungen ?

Das unter III.-2. geschilderte Vorrangsdogma ist vereinzelt generell in Frage gestellt worden und wird im allgemeinen zumindest aufgeweicht.

--- a) Der Vorstoß Rimmelspachers

Rimmelspacher hat sich kategorisch gegen die Vorrangigkeit von Zulässigkeitsvoraussetzungen ausgesprochen. Zwar müßten für eine Verurteilung alle Zulässigkeitsvoraussetzungen gegeben sein. Bei einem klageabweisenden Urteil seien Zulässigkeit- und Begründetheitsfragen aber gleichrangige Urteilserlaßvoraussetzungen. Das Urteil könne sich alternativ auf das Fehlen der einen oder der anderen Voraussetzung stützen. Dabei beruft sich Rimmelspacher insbesondere darauf, daß die historischen Gründe für die Reihenfolge - wie das Nichtigkeitsdogma des gemeinen Prozesses - inzwischen entfallen seien.[466] Auch sei in der Rechtskraftwirkung von Prozeß- und Sachurteil kein prinzipieller Unterschied zu sehen und dieses Argument der h.M. in keiner Weise geeignet, den Vorrang der einen oder anderen Urteilsart zu begründen.[467]

--- b) Die Reaktion der h.M.

Diese Fundamentalkritik ist zwar vereinzelt auf Zustimmung[468] gestoßen, aber im wesentlichen zurückgewiesen worden[469] Von einer Gleichrangigkeit könne

---

[464]Reinecke ZfA 1998, 378 f.

[465]Vgl. Würthwein ZZP 106 (1993), 57 Fn 26, 60; Gravenhorst 53.

[466]Rimmelspacher, Prüfung, 77 ff.

[467]Zu diesem Argument immer noch Thomas/Putzo-Thomas Vor § 253 Rn 8; vgl. aber Rimmelspacher, Prüfung, 92 ff., 99 ff.; auch Jauernig, ZPO, § 33 V 4 der das Argument jedoch nur für den Fall gelten läßt, wenn unklar bleibe, was der Abweisungsgrund ist.

[468]Henckel, Prozeßrecht, 227 ff.; großzügig auch E.Schneider MDR 1988, 807 mit Einschränkungen: Grunsky, Grundlagen, 323 ff.; Lindacher ZZP 90 (1977), 137; OLG Köln 27.2.1974 NJW 1974, 1515; KG 16.2.1976 NJW 1976, 2353; OLG Düsseldorf

keine Rede sein. So gebe es allgemeine Urteilserlaßvoraussetzungen, deren Vorliegen auch bei einem abweisenden Urteil vorliegen müßten. Auch sprächen die Schutzpflicht des Gerichts und der Anspruch auf rechtliches Gehör dafür, bei Prozeß- oder Parteiunfähigkeit des Klägers von einem Urteil Abstand zu nehmen, das ihm seine materiellen Rechte aberkennt.[470] Das Interesse des Rechtsverkehrs, keine widersprechenden Urteile beachten zu müssen, spreche dafür, daß die Zulässigkeitsvoraussetzungen der anderweitigen Rechtshängigkeit und der entgegenstehenden Rechtskraft auch vor Erlaß eines abweisenden Sachurteils vom Gericht beachtet werden müssen.
Diese Gegenkritik durch die h.M. ist überzeugend. Eine vollständige Gleichwertigkeit von Zulässigkeits- und Begründetheitsvoraussetzungen kann angesichts der dargestellten Probleme nicht befürwortet werden. Im Laufe der wissenschaftlichen Diskussion haben auch Rimmelspacher und andere Kritiker der h.M. wesentliche Einschränkungen des allgemeinen Gleichrangigkeitspostulats eingeräumt.[471]

--- c) Aktueller Diskussionsstand

Die Diskussion hat aber zu der Erkenntnis geführt[472], daß jede Zulässigkeitsvoraussetzung (Prozeßvoraussetzung) individuell darauf geprüft werden muß, ob sich auch bei ihr das Vorrangpostulat rechtfertigen läßt, also ob sie auch bei einem abweisenden Sachurteil vorliegen muß.[473] Die Zulässigkeitsvoraussetzungen sind immer Ausdruck bestimmter Interessen, seien es allge-

---

19.9.1995 NJW-RR 1996, 1389; Grundmann ZZP 100 (1987), 58; Gottwald NJW 1974, 2241; Schlosser, ZPO, Rn 301ff.

469 Zur Rechtsprechung vgl. aus neuerer Zeit BGH 26.9.1995 BGHZ 130, 390, 400; 21.2.1990 NJW-RR 1990, 886, 887; Baumbach/Lauterbach/Albers/Hartmann-Hartmann Vor § 253 Rn 14 m.w.N.; Thomas/Putzo-Thomas vor § 253 Rn 8; Zeiss Rn 266; Schwab JuS 1976 69 f.; Stein/Jonas[20]-Schumann Einl.326 ff.; Stein/Jonas-Leipold § 300 Rn 14; J.Blomeyer ZZP 81 (1968), 20 ff.; Jauernig, FS Schiedermair, 289 ff.; ; MünchKomm-Lüke Vor § 253 Rn 3; Zöller-Greger vor § 253 Rn 10; Jauernig, ZPO, § 33 V 4; Schilken Rn 335; Windel, Diss., 40 ff.; Berg JuS 1969, 123 ff.

470 Jauernig, FS Schiedermair, 310; Zeiss Rn 266.

471 Rimmelspacher ZZP 88 (1975), 246; Baur/Grunsky Rn 132.

472 Rimmelspacher ZZP 88 (1975), 245; Grunsky, Grundlagen, 326; Schlosser, ZPO, Rn 301 f. ; Gottwald NJW 1974, 2241; Schwab JuS 1976, 69; Lindacher ZZP 90 (1977), 132, 144; Stein/Jonas[20]-Schumann Einl Rn 333; OLG Düsseldorf 19.9.1996 NJW-RR 1996, 1389.

473 Es soll hier darauf hingewiesen werden, daß insoweit in der Diskussion terminologische Unterschiede gemacht werden. Insbesondere Jauernig , FS Schiedermair, 307 f. möchte nur solche Zulässigkeitsvoraussetungen als Prozeßvoraussetzungen bezeichnen, die auf jeden Fall bei einem Sachurteil vorliegen müssen. Den an anderer Stelle als bedingte Prozeßvoraussetzungen bezeichneten Zulässigkeitsvoraussetzungen (vgl. Stein/Jonas-Schumann Vor § 253 Rn 129 m.w.N.) spricht er die Existenzberechtigung ab. Vgl. zur Terminologie auch Rimmelspacher ZZP 88 (1975), 245; Bruns § 28.

meine Schutzinteressen der Parteien, Beklagteninteressen oder Allgemeininteressen. Eine Analyse dieser Interessen ermöglicht es zu beurteilen, ob die jeweilige Prozeßvoraussetzung für ein abweisendes Sachurteil unabdingbar ist. So wird in ständiger Rechtsprechung das Feststellungsinteresse und das Rechtsschutzinteresse nicht als notwendig für ein abweisendes Sachurteil angesehen.[474] Dabei wird nicht nur dann im Sinne der Prozeßökonomie auf eine Prüfung des Rechtsschutzinteresses verzichtet, wenn sich die Begründetheit einfacher verneinen läßt.[475] Auch bei verneintem Rechtsschutzinteresse ist ein abweisendes Sachurteil möglich.[476] Zu rechtfertigen sei dies, da die durch die Prüfung des Rechtsschutzinteresses geschützten Interessen durch ein abweisendes Sachurteil nicht tangiert würden.

--- d) Bedeutung für die Zuständigkeitsprüfung

Die Prüfung der internationalen Zuständigkeit läßt sich im allgemeinen nicht auf den Schutz eines einzelnen Interesses reduzieren. So spielen grundsätzlich Aspekte des Beklagtenschutzes, das Interesse an einem sachnahen Gericht oder auch Gesichtspunkte des Klägerschutzes eine Rolle. Bei den hier untersuchten §§ 29 und 32 ZPO zeigt aber die Möglichkeit des Beklagten, sich rügelos auf die Sache einzulassen, daß die Zuständigkeitsprüfung vorrangig seinem Interesse dient. Die Prozeßordnung stellt alle anderen Interessen zurück, wenn denn der Beklagte eine Verhandlung und ein Urteil zur Sache wünscht und sich rügelos einläßt.[477]

Folgt nun aus dieser Interessenanalyse, daß das Gericht die fehlende Zuständigkeit nach §§ 29 / 32 ZPO einfach übergehen kann, wenn es ein klageabweisendes Urteil erlassen will ?[478] Würde dies überhaupt Sinn für einen Beklagten machen, der sich gerade nicht rügelos einlassen will?

Pfeiffer hat zur Rechtfertigung der vollen Schlüssigkeitsprüfung im Rahmen der Zulässigkeitsprüfung ausgeführt, daß ein Beklagter, der trotz Rüge der internationalen Zuständigkeit ein Interesse an einem Sachurteil zeige, Phan-

---

474 BGH 26.9.1990 BGHZ 130, 390, 400; zustimmend Schilken Rn 335; MünchKomm-Lüke Vor § 253 Rn 18; Rosenberg/Schwab/Gottwald § 96 V 6; Stein/Jonas-Leipold § 300 Rn 15.

475 Ausschließlich dies billigt Jauernig, ZPO, § 35 I.

476 RG 25.8.1938 RGZ 158, 152; BGH 14.3.1978 NJW 1978, 2031, 2032; 26.9.1995 BGHZ 130, 390, 400; a.A. offenbar BGH 21.2.1990 NJW RR 1990, 886, 887; 10.7.1987 NJW 1987, 2808, 2809.

477 Dabei gilt § 40 II ZPO wie oben bei § 12 III.2. gezeigt nur eingeschränkt.

478 Dies erwägen Geimer WM 1986, 119 Fn 38 a.E., Henckel, Prozeßrecht, 228 und auch Grunsky, Grundzüge, 326, 354.

tomcharakter habe, ein solches Interesse also regelmäßig nicht bestehe.[479] Dabei überrascht, daß er sich hinsichtlich der Beweisebene für die Schlüssigkeitstheorie ausspricht, obwohl diese im allgemeinen gerade mit dem Interesse an einem Sachurteil gerechtfertigt wird.

Hierzu ist anzumerken, daß ein Sachurteil für den Beklagten grundsätzlich wertvoller als ein Prozeßurteil ist, da, wie gezeigt, der Rechtskraftgegenstand ein anderer ist und in einem anderen Land keine weitere prozessuale Inanspruchnahme zu befürchten ist.[480] Andererseits hat die Einlassung zur Sache auch Nachteile, und zwar selbst dann, wenn schon für die Zuständigkeitsprüfung doppelrelevante Tatsachen bewiesen werden müssen. Eine rügelose Einlassung ist für den Beklagten häufig nicht zumutbar. Mit einer rügelosen Einlassung begibt er sich nämlich auch aller Einwände gegen die internationale Zuständigkeit, die nicht auf doppelrelevanten Tatsachen beruhen (Rüge des fehlenden inländischen Erfüllungsortes/Tatortes). In Fällen, in denen sowohl das Delikt an sich wie auch ein etwaiger Tatort streitig sind, hat der Beklagte sicherlich ein Interesse daran, ein Sachurteil zu erlangen, wenn sich herausstellt, daß kein Delikt vorliegt. Müßte er, um dieses zu erreichen, auf die Rüge der internationalen Zuständigkeit hinsichtlich des Tatortes verzichten, so dürfte in den meisten Fällen die Aufrechterhaltung der Rüge die erste Wahl sein, auch wenn dann eher ein abweisendes Prozeß- als ein abweisendes Sachurteil zu erwarten wäre. Auch wäre dann eine abgetrennte Verhandlung nicht mehr durchzuführen, und der Beklagte wäre in jedem Fall zu einer *umfassenden* Sacheinlassung gezwungen, die die Begründetheit vollständig abdecken müßte.[481]
Hier zeigt sich, daß die Schutzfunktion der Schlüssigkeitstheorie nicht einfach mit einem Verweis auf die Möglichkeit einer rügelosen Einlassung abgetan werden kann.Die Möglichkeit, auch ohne rügelose Einlassung zu einem Sachurteil zu kommen, wäre also durchaus im wohlverstandenen Interesse des Beklagten.

Vielfach wird der Vorrang der Zuständigkeitsprüfung mit dem verfassungsrechtlichen Gebot des gesetzlichen Richters begründet.[482] Das Gebot des gesetzlichen Richters ist allerdings nur dann verletzt, wenn der von der Prozeßordnung vorgesehene Richter nicht mit der Sache befaßt wird oder die Prozeßordnung gar keinen bestimmten Richter vorgibt. Das Verfassungsrecht selbst

---

[479] Pfeiffer, Gerechtigkeit, 608 Fn 325.

[480] Solange das deutsche Urteil dort anerkannt wird.

[481] S.o. die Ausführungen zur abgetrennten Verhandlung, § 13 I.2.

[482] Stein/Jonas[20]-Schumann Einl Rn 326; Schwab JuS 1976, 70; Schilken Rn 335; Zeiss Rn 266; unentschieden Grundmann ZZP 100 (1987), 36 und 53f.

gibt keine konkrete Zuständigkeitsordnung vor. Erst auf der Grundlage der einfachgesetzlichen Ausgestaltung kann überhaupt ein Verstoß ermittelt werden. Insoweit gehen Verfassungsrecht und materielles Recht parallel.[483] Wenn die Prozeßordnung bestimmt, daß ein Gericht ein abweisendes Urteil erlassen kann, auch wenn die Zuständigkeitstatsachen gerade nicht bewiesen, sondern nur behauptet werden, und in diesem eingeschränkten Sinne "zuständig" sein soll, dann wächst zwar die Zahl der gesetzlichen Richter[484], ein Verstoß gegen das Prinzip ist aber nicht zu erkennen.

Ein wesentliches Argument spricht aber gegen die "Abkürzungsstrategie"[485], d.h. den Erlaß eines abweisenden Sachurteils ohne Prüfung der Zuständigkeit: § 39 ZPO regelt den Fall, wann bei fehlender Zuständigkeit der Beklagte durch sein Verhalten die Zuständigkeit doch noch begründen kann. Wie Jauernig[486] überzeugend dargelegt hat, stellt § 39 ZPO selbst ein Argument gegen sein Übergangenwerden dar. Ist eine ausschließliche Zuständigkeit gegeben, so greift er nicht ein. Die ausschließliche Zuständigkeit ist, da vom Gesetzgeber als nicht disponibel gewollt, auch für ein abweisendes Urteil einzuhalten[487]. In § 39 ZPO ist ausdrücklich geregelt, wann das Gericht allgemein zuständig wird, nämlich bei rügeloser Einlassung und nur dann. Dabei unterscheidet das Gesetz nicht zwischen der Zuständigkeit bei abweisenden und zusprechenden Urteilen. Auch bei abweisenden Sachurteilen muß sich der Beklagte eingelassen haben, wenn das Gericht ansonsten unzuständig wäre. Diese klare gesetzliche Anordnung darf de lege lata nicht durch eine allgemeine Interessenanalyse ersetzt werden. Der Gesetzgeber zwingt durch § 39 ZPO den Beklagten dazu, sich zu der Zuständigkeit zu äußern, bevor feststeht, ob der Prozeß zu seinen oder des Klägers Gunsten ausgeht.[488]

Folgendes Argument kommt im internationalen Rahmen hinzu: Grundsätzlich ist es Ziel der Zuständigkeitsregelung, anerkennungsfähige Urteile sicherzustellen. Wenn nicht einmal das Gericht des Erststaates selbst seine Zuständigkeit bejahen muß, um ein abweisendes Sachurteil zu erlassen, wird sich der

---

[483]Henckel, Prozeßrecht, 228, Lindacher ZZP 90 (1977), 135; Schlosser, ZPO, Rn 304.

[484]Grundmann ZZP 100 (1987), 36.

[485]Zu diesem Begriff Grundmann ZZP 100 (1987), 33.

[486]FS Schiedermair, 310 f.; vgl. auch J.Blomeyer ZZP 81 (1968), 28 und Wieser ZZP 84 (1971), 312.

[487]So spricht § 12 ZPO auch von der Zuständigkeit für die erhobene Klage (nicht nur für ein klagestattgebendes Sachurteil) und § 71 GVG bestimmt, welche Rechtsstreitigkeit vor ein bestimmtes Gericht gehört. Das Gesetz bezieht sich nicht auf die Entscheidungsmacht zu verurteilen, sondern auf die zulässige Befassung des Gerichts mit dem Streitstoff. Vgl. Jauernig, FS Schiedermair, 311; J.Blomeyer ZZP 81 (1968), 26.

[488]Blomeyer ZZP 81 (1968), 28 f.

Zweitstaat mit einer Anerkennung schwertun. Würde man das Spiegelbildprinzip konsequenterweise auch in diesem Zusammenhang anwenden, so wäre jedes Gericht der Welt für abweisende Urteile in dem § 40 ZPO gesteckten Rahmen zuständig.

--- e) Zwischenergebnis

Es ist daran festzuhalten, daß die internationale Zuständigkeit auch für ein abweisendes Sachurteil feststehen muß.[489] Für die Auffassung, die bei doppelrelevanten Tatsachen für die Zulässigkeitsprüfung vollen Beweis verlangt, bedeutet dies, daß nur dann ein abweisendes Sachurteil bei Nichterweis dieser Tatsachen möglich ist, wenn § 39 ZPO greift.

-- 5. Bedingte Rügelose Einlassung

--- a) Einführung

Will man die Rechtfertigung der Schlüssigkeitstheorie überprüfen, so ist es sinnvoll zu hinterfragen, ob nicht auf anderem Wege ihre beschriebenen Schutzziele verwirklicht werden können.
In den hier behandelten Konstellationen hat der Beklagte regelmäßig die Möglichkeit der rügelosen Einlassung gemäß § 39 ZPO.
Eine rügelose Einlassung hat aber weitergehende Konsequenzen als eine bloße Unterstellung doppelrelevanter Tatsachen für die Zuständigkeitsprüfung: Der Beklagte kann ein berücksichtigenswertes Interesse daran haben, die Rüge aufrechtzuerhalten, selbst wenn er im übrigen bei Nichterweis doppelrele-

---

[489] Diese Auffassung vertritt explizit zur Zuständigkeit auch OLG Düsseldorf 19.9.1996 NJW-RR 1996, 1389; speziell zur internationalen Zuständigkeit Stein/Jonas[20]-Schumann Einl Rn 326. Erstaunlich G.Lüke, der zwar grundsätzlich ein recht striktes Vorrangpostulat befürwortet (MünchKomm-Lüke Vor § 253 Rn 3, 18), jedoch bei doppelrelevanten Tatsachen (zumindest bei dem Merkmal Arbeitnehmer bei der Abgrenzung von ordentlicher und Arbeitsgerichtsbarkeit) ein Sachabweisung erlauben will, obwohl nach seiner Auffassung mit der Verneinung der Arbeitnehmereigenschaft die Unzuständigkeit feststeht. Dies sei deshalb gerechtfertigt, da mit der Unzulässigkeit des Rechtsweges die Unbegründetheit der Klage feststünde und der Prozeß auf eine Sachentscheidung abziele, die sodann zu ergehen habe. (G.Lüke, JuS 1997, 217); kritisch Kluth, Diss., 70 f. Diese Argumentation kann man womöglich nicht auf die hiesige Problematik übertragen, denn in den sog. "sic-non" Fällen (Zur Terminologie vgl. Kluth NJW 1999, 343) ist das einzig denkbare entscheidende Gericht das Arbeitsgericht. Eine Verweisung an ein anderes Gericht würde keinerlei Sinn machen. Anders ist es bei der internationalen Zuständigkeit bei besonderen Gerichtsständen. Ein alternatives Gericht, das die Lage anders sehen könnte und ein zusprechendes Urteil erlassen könnte, ist am allgemeinen Gerichtsstand vorhanden. Eine Abweisung als unzulässig in dem einen Land bedeutet nicht, daß im internationalen Raum die Klage zwangsläufig unbegründet ist.

vanter Tatsachen ein Interesse an einem Sachurteil hat.[490] Es ist aber zu überlegen, ob man nicht die dem Beklagten durch eine rügelose Einlassung entstehenden Nachteile mittels einer Bedingung entschärfen kann.

Bei der rügelosen Einlassung handelt es sich um eine Prozeßhandlung der beklagten Partei[491], da sie durch die Begründung der Zuständigkeit unmittelbar verfahrensgestaltende Wirkung hat.[492] Von einer anderen Blickrichtung könnte man ebenfalls formulieren, daß die Rüge der internationalen Zuständigkeit eine Prozeßhandlung darstellt[493], durch die der Einlassung zur Sache ihre ansonsten zuständigkeitsbegründende Wirkung genommen wird und sie zu einer lediglich hilfsweisen macht.

Prozeßhandlungen sind nicht in dem gleichen Maße Bedingungen zugänglich wie rechtlich relevante Akte im materiellen Recht. Nichtsdestotrotz werden Bedingungen bei Prozeßhandlungen regelmäßig für zulässig erachtet, soweit sie lediglich an ein innerprozessuales Geschehen anknüpfen.[494]

Man könnte also die Einlassung zur Sache an die aufschiebende Bedingung knüpfen, daß die Zuständigkeit nach §§ 29/32 ZPO wegen Nichtvorliegens doppelrelevanter Tatsachen (im rechtlichen oder tatsächlichen Bereich) verneint wird.[495] Somit wäre es möglich, eine intensive Rechts- und Tatsachenprüfung auf der Zuständigkeitsebene zu erreichen und in dem Fall, daß die Zuständigkeit zu verneinen ist, dennoch ein Sachurteil mit entsprechender Rechtskraft zu erlangen.[496]

---

[490] S.o. § 13 III.4.d); vgl. auch Würthwein ZZP 106 (1993), 71.

[491] So auch Stein/Jonas[19]-Pohle vor § 128 XI 1c.

[492] Zu dieser Definition MünchKomm-Lüke Einl Rn 261; Thomas/Putzo-Putzo Einl III Rn 3; Stein/Jonas-Leipold Vor § 128 Rn 159.

[493] Baumbach/Lauterbach/Albers/Hartmann-Hartmann § 39 Rn 1.

[494] Jauernig, ZPO, § 30 VI 6; MünchKomm-Lüke Einl Rn 275.

[495] In bezug auf die Rüge formuliert hieße es, daß die Rüge mit der auflösenden Bedingung erhoben wird, daß die Voraussetzungen der §§ 29/32 ZPO wegen des Nichtvorliegens doppelrelevanter Tatsachen verneint werden. Dies erwägt Geimer WM 1986, 119 Fn 38 aE.

[496] Diese Weg ist sinnvoll nur denkbar bei einem Modell, bei dem für den Beweis der Zuständigkeitstatsachen die gleichen Maßstäbe wie für die Begründetheitstatsachen angelegt wird.

--- b) Urteil des OLG Düsseldorf

Die Möglichkeit, die rügelose Einlassung bzw. die Rüge der Unzuständigkeit mit einer Bedingung zu versehen, ist bisher in der Literatur kaum diskutiert worden.[497]

Die Rechtsprechung hat sich zumindest in einem Fall mit dieser Möglichkeit befaßt. In einem Verfahren vor dem OLG Düsseldorf[498] hatte der Beklagte zwar die Rüge der internationalen Zuständigkeit erhoben, jedoch nur für den Fall, daß die Passivlegitimation des Beklagten bejaht würde. Das Oberlandesgericht entschied, daß der Beklagte die vorrangige Prüfung der Sachlegitimation selbst vorgegeben habe und mit der gewollten Verhandlung darüber schon zur Sache verhandelt habe. Die in der Prüfung nachfolgende (als rückwirkend gewollte) Rüge sei rechtlich unmöglich und damit unbeachtlich.[499] Es ist nicht anzunehmen, daß das OLG allein auf die (ungeschickte) Formulierung der Bedingung abgestellt hat. Das gleiche Ergebnis hätte das Gericht sicherlich auch dann gefunden, wenn die Rüge mit der auflösenden Bedingung der fehlenden Sachlegitimation versehen worden wäre.

Der BGH[500] ließ die Frage mangels konkreter Entscheidungserheblichkeit dahinstehen. Der Entscheidung des OLG grundsätzlich zuzustimmen[501]. Es kann nicht sein, daß durch eine Bedingung der rügelosen Einlassung das Gericht verpflichtet ist, die in der Prüfung nachrangige Frage der Sachlegitimation in die Zuständigkeitsprüfung hineinzuziehen. Denn dadurch könnte man nach seinem Gutdünken eine etwaige abgetrennte Verhandlung mit materiellen Fragen anreichern. Das Gericht muß zumindest in der Lage sein, seine Zuständigkeit zu klären, bevor der Rechtsstreit in allen Einzelheiten entschieden wird. Ansonsten könnte der Beklagte durch die auflösende Bedingung der möglicherweise begründeten Rüge eine Sachprüfung erreichen und für den Fall, daß diese zu seinen Ungunsten ausgeht, der Entscheidung den Boden entziehen.

---

[497]Zur internationalen Zuständigkeit: Geimer WM 1986, 119 Fn 38 aE; allgemein Zöller-Vollkommer § 39 Rn 5.

[498]OLG Düsseldorf 30.12.1986 (Az 6 U 280 / 85 unveröffentlicht), Bericht in BGH 21.9.1987 NJW 1988, 172.

[499]OLG Düsseldorf 30.12.1986 (Az 6U 280/85 unveröffentlicht, S. 10 des Originals)

[500]21.9.1987 NJW 1988, 172.

[501]Auch Zöller-Vollkommer § 39 Rn 5.

--- c) Sonderfall doppelrelevante Tatsachen ?

Dieser Vorwurf trifft die hier vorliegende Konstellation nicht in gleicher Weise. Bei doppelrelevanten Tatsachen verhält es sich anders, da dort die Zuständigkeitsnorm selber materiellrechtlich ausgerichtet ist. Die Rüge würde daher nur von einer vorrangigen bzw. zumindest gleichrangigen Zulässigkeitsvoraussetzung der §§ 29/32 ZPO abhängig gemacht und nicht von einer reinen Begründetheitsfrage wie der Sachlegitimation. Auch macht der Beklagte die Einlassung nicht von einer ihm drohenden negativen Entscheidung abhängig, vielmehr möchte er die zu seinen Gunsten zu fällende Entscheidung lediglich einer weiterreichenden Rechtskraft zuführen.[502]

Auch kann man der Lösung nicht den Vorwurf machen, sie verstoße gegen das Prinzip der Waffengleichheit der Parteien. Im Gegenteil hat Schumann[503] herausgearbeitet, daß man die "Gefahr" eines abweisenden Sachurteils als Gegengewicht zur Gerichtsstandswahlfreiheit des Klägers gemäß § 35 ZPO begreifen kann.

Zur Rechtfertigung der Bedingung läßt sich hingegen nicht anführen, daß ein hilfsweises Einlassen zur Sache trotz Rüge nach allgemeiner Ansicht[504] möglich ist. Denn in jenem Zusammenhang ist nicht das Verhandeln als solches Prozeßhandlung und für die Zuständigkeitsfrage relevant. Vielmehr soll dadurch lediglich den Präklusionsvorschriften der §§ 295 f. ZPO Rechnung getragen werden. Diese Möglichkeit der zuständigkeitsrechtlich irrelevanten Einlassung zur Sache erfordert der Beklagtenschutz zwingend.

Trotz der aufgezeigten Unterschiede zum Fall des OLG Düsseldorf bestehen auch bei doppelrelevanten Tatsachen durchgreifende Bedenken gegen die Zulassung einer bedingten Einlassung. Zum einen ist zumindest theoretisch auch in diesem Fall ein Vorgriff auf die Begründetheitsebene notwendig: Das Gericht muß nämlich untersuchen, ob die Tatsache doppelrelevant ist, d.h. ihr Nichtvorliegen auch zu einer Unbegründetheit führen würde. Dies muß allerdings auch schon bei der gegenwärtig herrschenden Schlüssigkeitstheorie geprüft werden.

Bedeutsamer ist jedoch eine Betrachtung zum Wesen der rügelosen Einlassung. Nach der üblichen Unterscheidung zwischen Bewirkungs- und Erwirkungs-

---

502 Insoweit einer uneigentlichen Eventualklagenhäufung ähnlich, dazu Knöringer, ZPO, 124.

503 Stein/Jonas-Schumann § 1 Rn 21 h.

504 Vgl. Stein/Jonas-Bork § 39 Rn 8.

handlungen[505] handelt es sich bei der rügelosen Einlassung um eine Bewirkungshandlung, da durch sie unmittelbar auf die Prozeßrechtslage eingewirkt wird (Verzicht auf Rüge / Eröffnung der Zuständigkeit). Bei Bewirkungshandlungen wird aber anders als bei Erwirkungshandlungen eine allgemeine Bedingungsfeindlichkeit postuliert.[506] Dies wird damit begründet, daß das Prozeßrechtsverhältnis solche Schwebezustände nicht vertrage. Ob tatsächlich eine Situation geschaffen wird, auf die sich der Prozeßgegner muß verlassen können, ist jedoch gerade die Frage und kann nicht generell mit dem Verweis auf den Charakter als Bewirkungshandlung beantwortet werden. Es muß vielmehr untersucht werden, ob im Zusammenhang mit der rügelosen Einlassung entscheidende Gründe gegen ein Offenlassen der Wirksamkeit der Prozeßhandlung während der Verhandlung besteht. Dieser Frage wird im folgenden Abschnitt nachgegangen.

--- d) Feststellung der Einlassung während der Verhandlung

Aus dem Wortlaut des § 39 ZPO geht klar hervor, daß sich die Zuständigkeit gerade aus dem Verhalten in der mündlichen Verhandlung ergeben soll. Das wäre bei einer bedingten Rüge nicht der Fall. Dies allein ist als Argument jedoch nicht ausreichend, da nicht gesagt wird, daß in der mündlichen Verhandlung feststehen muß, ob die Zuständigkeit nach § 39 ZPO gegeben ist oder nicht.

Gerade dies ergibt sich aber zwingend aus einer anderen prozessualen Norm: Gemäß § 269 I ZPO kann der Kläger seine Klage ohne Zustimmung des Beklagten bis zu dessen Verhandeln zur Hauptsache zurücknehmen. Dabei ist die Tatbestandsvoraussetzung "Verhandlung zur Hauptsache" i.S.v. § 269 I ZPO und Verhandlung zur Hauptsache i.S.v. § 39 ZPO bedeutungsidentisch.[507]
Zum Teil wird dies jedoch mit der Einschränkung versehen, daß auch die nur hilfsweise Einlassung für § 269 I ZPO ausreichend ist.[508] Folgte man dieser Auffassung, dann wäre mit der bedingten Einlassung, die notwendigerweise auch eine hilfsweise ist, eine Klagerücknahme ausgeschlossen und es entstünde

---

[505]Vgl. Goldschmidt 364 ff.; MünchKomm-Lüke Einl Rn 265; Stein/Jonas-Leipold vor § 128 Rn 172.

[506]Stein/Jonas[19]-Pohle vor § 128 XI 3f.: Verzicht auf Ausübung prozessualer Befugnisse sei bedingungsfeindlich; Stein/Jonas-Leipold vor § 128 Rn 209.

[507]Stein/Jonas-Schumann § 269 Rn 11; Thomas/Putzo-Putzo § 269 Rn 9; Baumbach/Lauterbach/Albers/Hartmann-Hartmann § 269 Rn 16 f. Ähnlich BGH 6.5.1987 BGHZ 100, 383, 389 (obiter); Rosenberg/Schwab § 131 II 2a; Nikisch § 69 II 2; vgl. Hinz JZ 1968, 11 f.; Münzberg ZZP 94 (1981), 330, 332 .

[508]Stein/Jonas-Schumann § 269 Rn 11; Blomeyer 2.A. § 63 II (anders Vorauflage); RG 25.3.1936 RGZ 151, 65, 67 f.

keine problematische Schwebelage. Diese weite Auslegung des 269 I ZPO scheint indes mit dem Wortlaut nicht vereinbar zu sein, denn zum insoweit identischen § 39 ZPO ist anerkannt, daß die hilfsweise Einlassung keinerlei Wirkung im Rahmen des § 39 ZPO hat. Die hilfsweise Einlassung ist gerade kein Einlassen zur Hauptsache im Sinne des Gesetzes sondern hat nur Bedeutung für die Präklusionsvorschriften. Im übrigen gebietet auch der Schutzzweck des § 269 I ZPO nicht, ein hilfsweises Vorbringen als Verhandeln zur Hauptsache zu bewerten. Eine hilfsweise Einlassung bedeutet nämlich, daß der Beklagte es primär auf eine Abweisung als unzulässig anlegt. Das Interesse an einem Prozeßurteil wird aber nach § 269 I ZPO nicht geschützt[509]. Es ist dann nicht nachvollziehbar, den Kläger an einer Klage festzuhalten, deren Unzulässigkeit der Beklagte selber vertritt.[510] Den Interessen des Beklagten wird ausreichend durch die Kostenregelung und Einredemöglichkeit nach § 269 III ZPO Rechnung getragen. Insofern ist es nur folgerichtig, daß die Zustimmung des Beklagten zur Klagerücknahme solange nicht erforderlich ist, als dieser mit seinem Hauptantrag nur eine Abweisung als unzulässig begehrt.[511]

Folgt man dieser Auffassung, dann führte eine bedingte (nicht nur hilfsweise!) Einlassung einen Schwebezustand: Es wäre nicht klar, ob der Kläger die Klage nur mit oder auch ohne Einwilligung des Beklagten zurücknehmen könne. § 269 I ZPO erfordert eine Klarheit schon während der mündlichen Verhandlung. Die Einlassung zur Sache ist somit insgesamt bedingungsfeindlich.

Über eine rügelose Einlassung unter der aufschiebenden Bedingung, daß doppelrelevante Tatsachen nicht erwiesen werden, kann somit keine Lösung der Rechtskraftproblematik gefunden werden, die auf prozeßrechtstechnisch anderem Wege zu gleichen Ergebnissen wie die Schlüssigkeitstheorie führt.

---

[509]Dies war die Ratio des Gesetzes bei seiner Schaffung, vgl. Hinz JZ 1968, 11; dementsprechend ist es ganz h.M., daß allein eine Verhandlung zu prozessualen Einreden einer einseitigen Klagerücknahme nicht im Wege steht. Zöller-Greger § 269 Rn 13; Stein/Jonas-Schumann § 269 Rn 11; Münzberg ZZP 94 (1981), 332; BGH 6.5.1987 BGHZ 100, 383, 389; a.A. Henckel, FS Bötticher, 180; MünchKomm-Lüke § 269 Rn 22: Der Kläger habe ein Recht auf ein Prozeßurteil.

[510]Rosenberg/Schwab[14] § 131 II 2a (S. 805) zustimmend Zeiss[8] Rn 486.

[511]Baumbach/Lauterbach/Albers/Hartmann-Hartmann § 269 Rn 16; Rosenberg/Schwab/Gottwald § 130 II 2a; Rosenberg/Schwab 14. A § 131 II 2a (S. 805); zustimmend Zeiss[8] Rn 486; Nikisch § 69 II 2; de lege lata auch Hinz JZ 1968, 11, 14, mit ausführlicher historisch fundierter Diskussion. Er befürwortet aber eine gesetzliche Änderung , um teilweise den Interessen des sich hilfsweise einlassenden Beklagten stärker entgegenzukommen.

-- 6. Die Schlüssigkeitstheorie und das Vorrangpostulat

Betrachtet man die herrschende Schlüssigkeitstheorie, die die Beweisergebnisse hinsichtlich doppelrelevanter Tatsachen allein der Begründetheitsebene zuordnet, so könnte man zu der Auffassung kommen, daß diese Meinung erst recht gegen das Vorrangpostulat der Zulässigkeitsstation verstößt, da eine an sich unzulässige Klage doch als unbegründet abgewiesen wird, was methodisch unsauber ist.[512] Dabei würde aber ein wesentlicher Aspekt verkannt. Es gibt nämlich keine Zuständigkeitsordnung a priori, die dann durch Zuordnung einzelner Fragen zur Begründetheits- statt zur Zulässigkeitsebene verletzt würde. Die Zuständigkeitsordnung ergibt sich erst durch Interpretation der Zuständigkeitsnormen. Wenn der Satz aufgestellt wird, daß ein Gericht zuständig ist, sobald der Kläger hinsichtlich der doppelrelevanten Tatsachen schlüssig Zuständigkeitstatsachen vorträgt, dann ist das Gericht eben zuständig. Das zuständigkeitsbegründende Element ist dann allein die Behauptung. Die Schlüssigkeitstheorie ist weder methodisch unsauber, noch verstößt sie gegen das Vorrangigkeitspostulat. Eine ganz andere Frage ist, ob mit dem Abstellen auf die Behauptung allen zuständigkeitsrelevanten Interessen ausreichend gedient ist. Dies ist wiederum keine Frage der Vorrangigkeit von Zulässigkeit und Begründetheit.

-- 7. Ergebnis

Der Beklagte hat grundsätzlich ein größeres Interesse an einem abweisenden Sachurteil als einem Prozeßurteil. Je höher die Anforderungen an die Zuständigkeitsprüfung im rechtlichen oder tatsächlichen Bereich im Hinblick auf doppelrelevante Tatsachen gestellt werden, desto eher erhält der Beklagte ein Prozeßurteil, obwohl das Gericht damit inzident auch die Unbegründetheit der Klage (allerdings nicht rechtskräftig) feststellt. Diese Härte wird allerdings dadurch abgemildert, daß der Beklagte die Möglichkeit zur rügelosen Einlassung hat.

Alles in allem geht das Interesse des Beklagten aber eher auf eine Zuständigkeitsprüfung von geringer Tiefe.

Die Schlüssigkeitstheorie entspricht daher auf der Beweisebene den Interessen des Beklagten an einem Sachurteil auf ideale Weise. Der Schutz dieses Interesses ist zudem auch ihre zentrale Legitimation. Auf der Ebene derRechtsprüfung führt die sehr weitgehende Schlüssigkeitstheorie zu einem vielleicht in diesem Ausmaß nicht notwendigen Widerspruch zu dem Interesse des Beklagten an einem Sachurteil, ohne daß schützenswerte Interessen des Klägers hier

---

[512] Baumbach/Lauterbach/Albers/Hartmann- Hartmann Grdz vor § 253 Rn 15; BG 21.2.1996 BGE 122 III 249, 252.

ersichtlich sind. Zwar findet bei Unschlüssigkeit der Klage eine Beweisaufnahme regelmäßig nicht statt, so daß sich der Aufwand für den Beklagten in Grenzen halten dürfte. Zudem besteht die Möglichkeit der rügelosen Einlassung. Gleichwohl kann hier ein gewisser Widerspruch innerhalb der Schlüssigkeitstheorie gesehen werden.[513]

§ 14 Normanwendungsbereich

Im Laufe der Diskussion um die Zuständigkeitsprüfung ging es nicht immer lediglich um eine Abwägung der verschiedenen involvierten Interessen. Einzelne Gesichtspunkte zur Art und Weise der Zuständigkeitsprüfung wurden auch aus dem Wortlaut bzw. aus dem allgemein anerkannten Anwendungsbereich der hier behandelten besonderen Gerichtsstände herausgearbeitet.

- I. Klagearten

-- 1. Einleitung

Nach allgemeiner Auffassung spielt es für die Frage der Zuständigkeit keine Rolle, mit welcher Klageart der Kläger das Gericht anruft. Bei § 29 ZPO sind möglich: Leistungsklagen, Feststellungsklagen, Aufhebungs-, Umgestaltungs- und andere Gestaltungsklagen.[514] Auch bei § 32 ZPO sind sowohl Leistungs-, (auch negative) Feststellungs- und nach h.M. auch vorbeugende Unterlassungsklagen möglich.[515] Bedeutung für die Frage der Zuständigkeitsprüfung könnte insbesondere die Zulässigkeit einer Feststellungsklage in diesen besonderen Gerichtsständen haben. Nicht nur die negative, sondern auch die positive Feststellungsklage hat nicht nur vereinzelt Autoren zu dem Schluß geführt, daß zumindest ein voller Beweis in der Zuständigkeitsprüfung nicht verlangt

---

[513] Reinecke ZfA 1998, 378 f.; Würthwein ZZP 106 (1993), 57 Fn 26, 60; Gravenhorst 53. Vgl. unten § 17 II.1.

[514] Zöller-Vollkommer § 29 Rn 16 ff.; MünchKomm-Patzina § 29 Rn 4; Stein/Jonas-Schumann § 29 Rn 8 ff.; Wieczorek/Schütze-Hausmann § 29 Rn 17 ff.; Schack, Erfüllungsort, Rn 313 (hinsichtlich Art. 5 Nr.1 EuGVÜ); RG 25.5.1883 RGZ 10, 350; RG 6.11.1903 RGZ 56, 138; 11.7.1913 RGZ 83, 81, 86; LG Saarbrücken 15.4.1985 WM 1985, 939, 940; LG Kassel 29.7.1988 NJW-RR 1989, 105, 106.

[515] BGH 20.3.1956 NJW 1956, 911; OLG Hamm 18.5.1988 NJW-RR 1989, 305; Zöller-Vollkommer Rn § 32 Rn 14 m.w.N.; Stein/Jonas-Schumann § 32 Rn 26 ff.; Wieczorek/Schütze-Hausmann § 32 Rn 25; MünchKomm-Patzina § 32 Rn 10, 25; Rosenberg/Schwab/Gottwald § 36 II 8.

werden kann.[516] Im folgenden werden die beiden Arten von Feststellungsklagen unterschieden.

-- 2. Positive Feststellungsklage

--- a) Schlußfolgerungen aus Wortlaut und Systematik

Schon der Wortlaut zumindest des § 29 ZPO legt nahe, daß es dem Kläger möglich sein soll, in diesem Gerichtsstand das streitige Verhältnis feststellen lassen zu können. Wenn man sich die beiden Elemente der Zuständigkeitsprüfung vergegenwärtigt, d.h. die Rechtsprüfung und die Beweisfrage, so zeigt sich schnell, inwiefern diese Klageart Einfluß auf die Prüfungsgestaltung nehmen kann. Eine Mindestanforderung an die Prüfung wird durch die Zulassung der positiven Feststellungsklage nicht gestellt. Da in dem Rechtsstreit aber gerade geklärt werden soll, ob das Delikt begangen / der Vertrag geschlossen wurde, ist eine Verlagerung dieser Prüfung in die Zulässigkeitsstation durchaus problematisch. Folglich wird auch die Zulässigkeit der positiven Feststellungsklage gerade als Argument gegen zu hohe Anforderungen in der Zuständigkeitsprüfung angeführt.[517]
Sicherlich ist es nicht möglich, aus der Zulässigkeit dieser Klageart genaue Kriterien für die Zuständigkeitsprüfung zu gewinnen. Jedoch ist zu bedenken, daß der streitige Punkt, der gerade zur positiven Feststellungsklage Anlaß gibt, sowohl im Bereich der Rechtsprüfung, wie auch in Beweisfragen liegen kann. Da zumindest bei § 29 ZPO der Wortlaut dahin geht, daß das Gericht für Streitigkeiten über das Bestehen des Vertragsverhältnisses *zuständig ist*, könnte man daraus den Schluß ziehen, daß es trotz der evtl. Unschlüssigkeit oder der Unbeweisbarkeit des Vertrages zu einer Begründetheitsprüfung kommen muß. So wurde auch oben[518] in der Diskussion über die Vorrangigkeit der Zulässigkeitsprüfung gegenüber der Begründetheitsprüfung dargelegt, daß die Zuständigkeit der Gerichte i.S.d. ZPO die Zuständigkeit sowohl für stattgebende wie für abweisende Urteile umfaßt. Bedeutet das, daß jede Art von Rechts- und Tatsachenprüfung doppelrelevanter Tatsachen auf der Zuständigkeitsebene zumindest bei der positiven Feststellungsklage überflüssig bzw. sogar fehlerhaft wäre? Dieser Schluß wird zumindest von der herrschenden Schlüssigkeitstheorie[519] und auch den meisten anderen alternativen Meinungen - ohne weiteres Eingehen auf die Problematik - nicht gezogen.

---

[516] J.Kohler, Beiträge, 92, 118; Petersen Gruchot 37 (1893), 5; Mayer ZZP 14 (1890), 241, 244; Stein Gruchot 28 (1884), 435; Mezger 9.

[517] J.Kohler, Beiträge, 119.

[518] § 13 III.4.d).

[519] Denn diese müßte dann in diesem Fall auf eine Schlüssigkeitsprüfung verzichten.

--- b) Sonderbehandlung der positiven Feststellungsklage ?

Die fehlende Diskussion um die hier aufgeworfene Problematik ließe sich zunächst damit erklären, daß der Fall der positiven Feststellungsklage nicht gerade im Zentrum der praktischen Diskussion steht. Man könnte also daran denken, für die positive Feststellungsklage andere Zuständigkeitsprüfungsmaßstäbe anzuwenden, als es bei der Leistungsklage der Fall ist. Denn anders als bei der Leistungsklage ist hier regelmäßig eine vollständige Deckung von Zuständigkeits- und Begründetheitstatsachen gegeben.

Eine unterschiedliche Behandlung von positiver Feststellungsklage und Leistungsklage läßt sich jedoch angesichts der jedenfalls für den Beklagten gleichen Interessenlage nicht rechtfertigen. Eine Feststellung der Leistungspflicht kann für den Beklagten ebenso gefährlich und belastend sein wie eine Verurteilung zu einer Leistung. So stellt das positive Feststellungsurteil in der Praxis meist nur eine Vorstufe zu einem Leistungsurteil dar. In einem anschließenden, auf Leistung gerichteten Verfahren könnte dann das Feststellungsurteil auch im Zuständigkeitsstreit verwandt werden.

--- c) Neutralität der Problematik

Die soeben aufgezeigte Notwendigkeit einer Gleichbehandlung der Zuständigkeitsprüfung bei positiver Feststellungs- und Leistungsklage bedeutet jedoch nicht, daß die Zulassung der positiven Feststellungsklage in den §§ 29, 32 ZPO tatsächlich zwingend zur Folge hat, daß im Zuständigkeitsstreit weder eine Rechts- noch eine Tatsachenprüfung vorgenommen werden darf. Es muß bereits bezweifelt werden, daß durch den Wortlaut des § 29 ZPO überhaupt eine Aussage über die Prüfungstiefe gemacht werden sollte. Das Gericht soll danach *auch* für Streitigkeiten zuständig sein, in denen um die Existenz des Vertrags gestritten wird. Damit ist nicht zwingend *jeder* Streit über die Existenz des Vertrages gemeint. Man kann die Konzeption des Gesetzes auch im Gegensatz zum französischen Recht sehen, das insoweit in der deutschen Rechtswissenschaft zum Ende des letzten Jahrhunderts wohlbekannt war.[520] Danach reicht es für Unzuständigkeitsentscheidung bereits aus, wenn der Beklagte eine "contestation sérieuse" hinsichtlich des Bestehens des Vertrages vorbringt.[521] Man kann daher wohl aus dem Wortlaut des § 29 ZPO ableiten, daß ein Prozeß auch dann geführt werden können muß, wenn der Beklagte die

---

[520] Vgl. nur die ausführlichen Ausführungen von J.Kohler, Beiträge, 124.

[521] Guinchard Art. 46 note 2 mit Nachweisen aus der Rechtsprechung; vgl. auch Gaudemet-Tallon RCDIP 1982, 574; Huet Clunet 1982, 474.

Existenz des Vertrages bestreitet. Hingegen darf der Richter seine Zuständigkeit nicht allein aufgrund einer Rechtsbehauptung des Klägers bejahen.
Auch eine volle Rechtsprüfung und Beweispflicht für die Zuständigkeitsprüfung führte dazu, daß ein abweisendes Sachurteil nicht möglich wäre, das Gericht seine Zuständigkeit also verneinen müßte, wenn sich die Vertragsbeziehung entweder aus Rechtsgründen oder Beweisnot nicht als tragfähig erweist. Der Wortlaut zwingt aber auch nicht zu der Annahme, daß auf jeden Fall ein abweisendes Sachurteil auf eine positive Feststellungsklage hin möglich sein muß. Es muß möglich sein zu streiten. Welche Voraussetzungen für die Zuständigkeit gegeben sein muß, ist aber tatsächlich völlig offengelassen. Die durch die Schlüssigkeitsprüfung bedingte teilweise Übereinstimmung von Zulässigkeits- und Begründetheitsprüfung läßt sich mit dem Wortlaut des § 29 ZPO vereinbaren. Dadurch wird zudem in keiner Weise der Rechtsschutz für den Kläger verringert. Erst wenn in der Zuständigkeitsprüfung mehr verlangt würde als in der Begründetheitsstation (wie etwa im französischen Recht die Abwesenheit von ernsthaften Zweifeln), wäre der Gerichtsstand für den Kläger eingeschränkt.[522]

Weder der Wortlaut des § 29 ZPO noch die allgemeine Zulassung der positiven Feststellungsklage geben allgemeine Anhaltspunkte für die erforderliche Prüfungstiefe in der Zuständigkeitsstation.

-- 3. Negative Feststellungsklage

--- a) Die Zuständigkeitsprüfung bei der negativen Feststellungsklage

Gerade die negative Feststellungsklage wird als Argument gegen zu hohe Prüfungsanforderungen in der Zuständigkeitsprüfung verwandt.[523] Hier soll nicht erörtert werden, was in diesem Fall die streitige Verpflichtung und der Erfüllungsort ist[524]. Vielmehr stellt sich hier lediglich die Frage nach der Art der Zuständigkeitsprüfung. Im Fall der negativen Feststellungsklage bestreitet der Kläger das Bestehen einer vertraglichen Sonderverbindung oder einer deliktischen Schadensersatzpflicht. Hier kann es sinnvollerweise also keine Schlüssigkeitsprüfung im strengen Sinne geben. Noch weniger können Beweise für das Bestehen der Verpflichtung verlangt werden. Unbestritten ist, daß die

---

[522]Zum befürchteten Zuständigkeitsvakuum unten § 15 I.4.

[523]J.Kohler, Beiträge, 92, 118; Mayer ZZP 14 (1890), 241, 244; Stein Gruchot 28 (1884), 435; Mezger 9.

[524]Dazu Wieczorek/Schütze-Hausmann § 29 Rn 25; Bülow/Böckstiegel/Geimer/Schütze-Auer Art. 5 EuGVÜ Rn 46, ausführlich C.U.Wolf IPRax 1999, 84 f.

negative Feststellungsklage sowohl bei § 29 als auch bei § 32 ZPO möglich ist.[525] Allenfalls wird bei § 32 ZPO dem Schädiger die vollständige Inanspruchnahme des Ubiquitätsprinzips verwehrt.[526]

--- b) Rückschlüsse auf die Zuständigkeitsprüfung im allgemeinen

Muß man nicht aus der eben beschriebenen Notwendigkeit einer sehr "flachen" Zuständigkeitsprüfung bei einer negativen Feststellungsklage den Rückschluß ziehen, daß es bei der Zuständigkeitsprüfung allgemein eben nicht um das tatsächliche Vorliegen der Zuständigkeitstatsachen gehen kann, weil es in diesem (Sonder-) Fall absurd wäre, Schlüssigkeit und Beweis hinsichtlich des Vorliegens der vom Kläger gerade bestrittenen Zuständigkeitstatsachen zu verlangen?[527]

Ein solcher Schluß ist weder zwingend noch überzeugend. Bei der negativen Feststellungsklage handelt es sich um einen Sonderfall, der eine andere Art der Zuständigkeitsprüfung rechtfertigt und keine Schlüsse auf die Zuständigkeitsprüfung bei anderen Klagearten erlaubt. Die Prüfungstiefe bei den Zuständigkeitstatsachen wird nämlich durch ein anderes Element ersetzt: Der Kläger muß ein Feststellungsinteresse darlegen, das er regelmäßig nur hat, wenn sich der Beklagte des streitigen Rechtsverhältnisses berühmt.[528] Auch hier besteht die Zuständigkeitsprüfung in Anbetracht der allgemeinen Möglichkeit rügeloser Einlassung[529] vor allem im Interesse des Beklagten und wird erst aufgrund seiner Rüge durchgeführt. Der Beklagte behauptet aber gerade, daß das Rechtsverhältnis besteht. Er macht sich durch eine Rüge, in der er das Nichtbestehen des Rechtsverhältnisses behaupten muß[530], ein widersprüchliches Verhalten zu eigen.[531] Eine Schutzwürdigkeit des Beklagten ist nicht anzuerkennen. Dies ergibt sich insbesondere daraus, daß in dem Urteil allenfalls das Nichtbestehen eines Rechtsverhältnisses festgestellt werden könnte.

---

[525] Soeben unter I.1.

[526] Hau 138; Mansel JZ 1994, 622; dagegen Kubis, Int. Zuständigkeit, 89; OLG Köln 7.4.1978 WRP 1978, 917; vgl. auch BG 2.8.1999 BGE 125 III 346, 351.

[527] Vgl. insbesondere Petersen Gruchot 37 (1893), 5, der einen Rückschluß von der Prüfung der Zuständigkeit bei der negativen Feststellungsklage auf die Zuständigkeitsprüfung allgemein propagiert, da der Normtext nicht zwischen den Klagen differenziere.

[528] BGH 4.10.1984 VersR 1985, 39; Stein/Jonas-Schumann § 256 Rn 65.

[529] Zu den Einschränkungen unten § 12 III.2.

[530] Es geht hier allein um doppelrelevante Tatsachen. Eine Rüge, die auf andere Gesichtspunkte gestützt wird, bereitet im vorliegenden Zusammenhang keine Probleme.

[531] So auch die Argumetation von Saville LJ in Boss v Boss [1996] 4 AllER 970, 975 (C.A.).

Eine Mißbrauchsmöglichkeit ist so gut wie nicht vorhanden: Hat sich der Beklagte des Rechtsverhältnisses berühmt, wäre eine auf dessen Nichtbestehen gestützte Rüge nach den Grundsätzen des venire contra factum proprium unbeachtlich. Ist die Feststellungsklage ohne Grund angestrengt worden, da sich der Beklagte keines Rechtsverhältnisses berühmt hatte, so ist die schlimmste Konsequenz bei einer Fehlbeurteilung dieser Sachurteilsvoraussetzung im Falle des Fernbleibens des Beklagten die Feststellung des Nichtbestehens des Rechtsverhältnisses. Da der Beklagte sich sowieso nicht dieses berühmte, geht er durch ein Fernbleiben der Verhandlung kein Risiko ein. Es entsteht auch rein faktisch keine Einlassungspflicht.
Ein weiteres Argument für den Sondercharakter der Zuständigkeitsprüfung bei negativer Feststellungsklage läßt sich finden, wenn man die negative Feststellungsklage in gewisser Weise als "rügelose Einlassung" des Klägers begreift. Wie gezeigt, wird der Fall der negativen Feststellungsklage immer nur relevant, wenn der Beklagte potentieller Kläger ist und sich dieses in beweisbaren Tatbeständen schon manifestiert hat. Der Beklagte könnte aber als potentieller Kläger die besonderen Gerichtsstände in Anspruch nehmen. Er hätte ein Wahlrecht, und der Kläger als potentiell Beklagter hätte die Möglichkeit, sich rügelos einzulassen. Das Prinzip der Waffengleichheit der Parteien gebietet es in diesen Situationen, in denen die Klage in gewisser Weise "im Raume steht", den potentiell Beklagten den Zeitpunkt der Prozeßführung mitbestimmen zu lassen und zwar auch gerade dort, wo er den Angriff vermutet, d.h. im besonderen Gerichtsstand. Eine Klage am Wohnsitz des potentiellen Klägers (d.h. des Beklagten der negativen Feststellungsklage) könnte durch eine von diesem angestrengten Leistungsklage im besonderen Gerichtsstand schnell ausgehebelt werden; denn es entfällt zumindest nach dem autonome internationalen Zivilprozeßrecht in diesen Fällen das Feststellungsinteresse.[532] Diese Gefahr besteht zwar in gewisser Weise auch durch eine Leistungsklage am Wohnsitz des potentiell Beklagten (d.h. des Klägers des negativen Feststellungsklage), doch ist dies für den Kläger in Anbetracht des "Heimvorteils" weniger gravierend.

--- c) Ergebnis

Die negative Feststellungsklage ist hinsichtlich der Zuständigkeitsprüfung ein Sonderfall, der keine Anhaltspunkte für die Zuständigkeitsprüfung im allgemeinen zuläßt. Die Zulassung der negativen Feststellungsklage in den hier behandelten besonderen Gerichtsständen hat keinen Einfluß auf die Entscheidung, welche Prüfungstiefe bei den anderen Klagearten im einzelnen erforderlich ist.

---

[532]Zöller-Greger § 256 Rn 7d.

- II. Sachliche Reichweite

-- 1. Einleitung

Auch die sachliche Reichweite der Zuständigkeitsnormen und die Intensität der Zuständigkeitsprüfung können in einem Beziehungsverhältnis zueinander stehen. Erklärt man bestimmte Umstände, wie etwa den Vertragsschluß, zu unabdingbaren Voraussetzungen einer positiven Zuständigkeitsentscheidung, so hat dies Folgen für die sachliche Reichweite der Zuständigkeitsnorm. So fielen etwa im Falle des Vertragsschlusses Ansprüche aus dem Umfeld der Vertragsverhandlungen nicht unter § 29 ZPO. Von einem anderen Blickwinkel aus gesehen würde die (a priori-)Einbeziehung bestimmter Anspruchsgruppen unter die besonderen Gerichtsstände bestimmte Arten der Zuständigkeitsprüfung ausschließen. Nachfolgend wird im einzelnen untersucht, inwieweit die Interdependenz tatsächlich besteht.

-- 2. Culpa in contrahendo

Ansprüche aus culpa in contrahendo können nach der wohl h.M. im Gerichtsstand des Erfüllungsortes selbst dann geltend gemacht werden, wenn es in der Folge nicht zu einem Vertragsschluß gekommen ist.[533] In diesen Fällen ist es dem Kläger gerade nicht möglich, ein Vertragsverhältnis schlüssig darzulegen, geschweige denn zu beweisen. Jedoch wäre es voreilig, daraus schon die Unhaltbarkeit der These des Vollbeweises in der Zuständigkeitsprüfung oder umgekehrt aus der Unmöglichkeit des Beweises des Vertragsschlusses die Unanwendbarkeit des § 29 ZPO für Ansprüche aus culpa in contrahendo herzuleiten.[534] Bei § 29 ZPO ist, wie oben[535] dargelegt wurde, gerade auf das materielle Rechtsverhältnis einzugehen. Wenn das materielle Rechtsverhältnis der culpa in contrahendo als vertraglich qualifiziert wird, ist folglich die Zuständigkeitsprüfung daran auszurichten. Folgt man der Schlüssigkeitstheorie, so ist das vertragsähnliche Näheverhältnis nur schlüssig darzulegen,

---

[533]OLG München 30.11.1979 NJW 1980, 1531 (analoge Anwendung); BayOblG 25.10.1984 VersR 1985, 741, 743; OLG Hamburg 9.7.1976 IPRspr. 1976, Nr. 125b; Stein/Jonas-Schumann § 29 Rn 2, 14a; Wieczorek/Schütze-Hausmann § 29 Rn 5; Zöller-Vollkommer § 29 Rn 6, 20; Baumbach/Lauterbach/Albers/Hartmann-Hartmann § 29 Rn 12; Jauernig, ZPO, § 9 II 2f; Küpper DRiZ 1990, 445; MünchKomm-Patzina § 29 Rn 11; Thomas/Putzo-Putzo § 29 Rn 2; Rosenberg/Schwab/Gottwald § 36 II 1; Schack, IZVR, Rn 154; ders., Erfüllungsort, Rn 154; Geimer, IZPR, Rn 1488; a.A. LG Essen 9.5.1973 NJW 1973, 1703; LG Braunschweig 4.4.1974 BB 1974, 571; LG Arnsberg 30.8.1984 NJW 1985, 1172; LG Kiel 18.8.1988 NJW 1989, 370, 371;Busche DRiZ 1989, 371.

[534]Letzteres LG Kiel 18.8.1988 NJW 1989, 370, 371.

[535]Oben § 7 I.4.

nicht hingegen der Vertragsschluß. Folgt man der Beweistheorie, so ist darüber hinaus dieses vertragsähnliche Näheverhältnis für die Zuständigkeitsprüfung auch zu beweisen.

Ein Problem, das schon im *Ersten Teil* behandelt wurde[536], wird auch in diesem Zusammenhang relevant. So wurde von Vertretern einer rein prozessualen Qualifikation der zuständigkeitsrechtlichen Sammelbegriffe (entsprechend im EuGVÜ einer rein autonomen Qualifikation[537]) die Forderung aufgestellt, daß die Zuständigkeitsprüfung ohne Blick auf das konkrete materielle Rechtsverhältnis und das anwendbare Recht erfolgen solle.[538] Nach dieser Auffassung gibt es in Anbetracht der hier dargestellten Problematik nur zwei Lösungen: entweder man findet einen für alle unter § 29 ZPO fallenden Ansprüche gemeinsamen Standard (was zwangsläufig nur der kleinste gemeinsame Nenner sein kann) oder aber man unterläßt sowohl Schlüssigkeitsprüfung als auch Tatsachenprüfung in der Zulässigkeitsstation. Die Problematik dieser Sichtweise wird an anderer Stelle dargestellt.[539] Nach der zweistufig prozessual-materiellrechtlichen Qualifikation stellt die Ausweitung des § 29 ZPO auf Ansprüche aus culpa in contrahendo kein Problem dar, da die Prüfung jeweils auf das konkrete materielle Rechtsverhältnis ausgerichtet wird. Danach ist also die Frage, ob § 29 ZPO die Ansprüche aus culpa in contrahendo umfaßt, unabhängig von der Frage der Intensität der Zuständigkeitsprüfung zu beantworten. Sowohl die Schlüssigkeitstheorie als auch die Beweistheorien können eine Ausweitung des Anwendungsbereiches des § 29 ZPO in ihr Modell integrieren.

-- 3. Bereicherungsansprüche

--- a) Eingriffskondiktion

Ansprüche aus Eingriffskondiktion sollen nach einer neueren Auffassung unter § 32 ZPO fallen.[540] Die Entscheidung darüber ist jedoch wie bei der culpa in

---

[536] § 8 IV.2.

[537] § 22 III.1.b)aa),cc).

[538] Würthwein ZZP 106 (1993), 66; Rauscher ZZPint 1 (1996), 165; Ulrike Wolf ZZPint 2 (1997), 132; Kubis, Int. Zuständigkeit, 99; vgl. auch Kohler ZEuP 1996, 466 f.; Handelsgericht Zürich 1.12.1994 SZIER 1996, 99, 101; ArbG Wiesbaden 7.10.1997 IPRspr. 1997, Nr.160, S. 317; vgl. oben § 8 IV.2.c).

[539] § 8 IV.2.; § 22 III.1.b)aa),cc); § 15 II.1.

[540] Schwarz 35 ff.; Wieczorek/Schütze-Hausmann § 32 Rn 17.; a.A. die h.M.: Stein/Jonas-Schumann § 32 Rn 24; Zöller-Vollkommer § 32 Rn 12; Baumbach/Lauterbach/Albers/Hartmann-Hartmann § 32 Rn 7; zu Art. 5 Nr.3 EuGVÜ W.Lorenz IPRax 1993, 46.

contrahendo unabhängig von der Frage der Prüfungstiefe in der Zuständigkeitsstation. Der Bezug zum materiellen Recht sorgt für eine adäquate Anpassung der Zuständigkeitsprüfung.

--- b) Leistungskondiktion

Nach der h.M. zu § 29 ZPO fällt die Leistungskondiktion nicht unter den Gerichtsstand des Erfüllungsortes, da es sich gerade nicht um ein vertragliches, sondern ein gesetzliches Schuldverhältnis handele.[541] Zum deutschen Recht hat sich eine Mindermeinung inzwischen jedoch deutlich Gehör verschafft, die die h.M. als formalistisch ablehnt.[542]

Diese Streitfrage ist nicht Thema dieser Arbeit. Es ist jedoch auch hier danach zu fragen, ob sich die verschiedenen Theorien zur Zuständigkeitsprüfung mit einem Einschluß der Leistungskondiktion unter den Gerichtsstand des Erfüllungsortes vereinbaren lassen.

Macht ein Kläger mit einer Klage eine Leistungskondiktion geltend, so behauptet er gerade das Nichtbestehen der vertraglichen Beziehung, weil sie später aufgelöst wurde oder nie zustandegekommen ist. Eine schlüssige Behauptung des Vertrages oder gar der Beweis seines Bestehens ist unter diesen Umständen nicht möglich und kann daher auch nicht verlangt werden. Aber auch hier läßt sich die Zuständigkeitsprüfung gemäß allen Theorien anpassen. Qualifiziert man die Leistungskondiktion vertraglich, dann ist folglich eine Schlüssigkeitsprüfung hinsichtlich des die Verbindung tragenden Elements, d.h. der Leistung, vorzunehmen. Wünscht man den vollen Beweis in der Zuständigkeitsprüfung, so ist hinsichtlich der Leistung Beweis anzutreten. Alternativ könnte man zumindest in den Fällen nachträglicher Nichtigkeit des Vertrages auf eine schlüssige Behauptung und gegebenenfalls Beweis des ehemals gültigen Vertrages abstellen. Wie oben ausgeführt, sind diese Anpas-

---

[541] RG 12.10.1880 RGZ 2 , 408, 410; 25.10.1901 RGZ 49, 421; BGH 20.11.1961 MDR 1962, 399, 400; BayObLG 25.9.1990 BB 1990, 2442; LG Arnsberg 30.8.1984 NJW 1985, 1172; Stein/Jonas-Schumann § 29 Rn 2a, 12; Baumbach/Lauterbach/Albers/Hartmann-Hartmann § 29 Rn 3, 11; Thomas/Putzo-Putzo § 29 Rn 3; Rosenberg/Schwab/Gottwald § 36 II 1; Stein Gruchot 28 (1884), 412; zu Art. 5 Nr.1 EuGVÜ: MünchKomm-Gottwald Art. 5 EuGVÜ Rn 5; Geimer/Schütze-Geimer I/1 578; Gaudemet-Tallon RCDIP 1982, 577; vgl. Vorlagebeschluß BGH 25.5.1993 RIW 1993, 671, die Frage wurde aber vom EuGH nicht entschieden; ausführlich das Urteil des House of Lords in Kleinwort Benson v Glasgow Council [1997] 4 All ER 641, insbesondere 649 ff. zur wortgleichen Bestimmung im Sched. IV des CJJA für inner-britische Fälle; Geimer/Schütze, EuZVR, Art. 5 Rn 32; Lipp RIW 1994, 21.

[542] Wieczorek/Schütze-Hausmann § 29 Rn 8, 21; Schack, Erfüllungsort, Rn 155; Zöller-Vollkommer § 29 Rn 14; Mankowski IPRax 1997, 177; zu Art. 5 Nr.1 EuGVÜ Wieczorek/Schütze-Hausmann Anh I § 40 Art. 5 EuGVÜ Rn; Schack, IZVR, Rn 263; ders., Erfüllungsort Rn 311; Lorenz IPRax 1993, 46; Schlosser, EuGVÜ, Rn 5; Valloni 193; Kropholler, EuZPR, Art. 5 Rn 11; Holl IPRax 1998, 122.

sungen der Zuständigkeitsprüfung nur möglich, wenn man die Verbindung zwischen materiellem Recht und Zuständigkeitsprüfung bestehen läßt, wie dies in der oben favorisierten zweistufigen Qualifikation vorausgesetzt wird. Auch in diesem Abschnitt zeigt sich, daß die Intensität der Prüfung der Zuständigkeit unabhängig von der Reichweite der Zuständigkeitsnormen bestimmt werden kann.

- III. Ergebnis

Die Untersuchung in diesem Abschnitt hat gezeigt, daß die Frage des Normanwendungsbereiches sowohl hinsichtlich der Klagearten wie auch hinsichtlich der sachlichen Reichweite keinen zwingenden Einfluß auf die Frage der Intensität der Zuständigkeitsprüfung hat. Dies gilt jedenfalls dann, wenn die Zuständigkeitsprüfung nicht losgelöst autonom vom materiellen Recht erfolgt, sondern dies gerade in den Blick genommen wird.

§ 15 Ordnungsinteressen

Neben den Partei-, Gerichts- und Staatsinteressen spielen bei der Ausgestaltung eines Zuständigkeitssystems auch allgemeine Ordnungsinteressen eine Rolle.[543] Im folgenden wird untersucht, inwieweit aus diesem Bereich Gesichtspunkte für eine sachgerechte Art der Zuständigkeitsprüfung gewonnen werden können.

- I. Kürze der Zuständigkeitsprüfung

-- 1. Das Argument

In diesem Abschnitt wird ein Argument aufgegriffen, das in der hier behandelten Problematik häufig verwandt wird, dessen Überzeugungskraft in der häufig gebrauchten Verkürzung aber nicht immer klar ist: So wird gegen die Überprüfung der doppelrelevanten Zuständigkeitstatsachen in der Zulässigkeitsstation eingewandt, daß man die Zuständigkeitsprüfung kurz halten müsse, d.h. nicht mit materiellrechtlichen Überlegungen überlasten dürfe.[544] Wieso

---

[543]Schack, IZVR, Rn 199 ff.

[544]Kropholler, EuZPR, Art. 19 Rn 5; ders. Handb. IZVR, Rn 651; Stein/Jonas[20]-Schumann § 1 Rn 22, anders jetzt Stein/Jonas-Schumann § 21a; Kubis, Int. Zuständigkeit, 99: soll nicht mit materiell-rechtlichen Fragen belastet werden, 125: Belastung mit kollisions-

soll man die Zuständigkeitsprüfung von materiellrechtlichen Überlegungen freihalten? [545] Der Wunsch nach einer kurzen Zuständigkeitsprüfung kann verschiedene Ursprünge haben:

-- 2. Rechtskraftproblematik

Zunächst verhält sich, wie oben gezeigt, die Prüfungstiefe hinsichtlich doppelrelevanter Tatsachen umgekehrt proportional zu der Möglichkeit eines Sachurteils bei fehlender Einlassung des Beklagten: Je intensiver doppelrelevante Tatsachen auf der Zuständigkeitsebene geprüft werden, desto eher kommt es zu einem Prozeßurteil mit lediglich eingeschränkter Rechtskraft. Dieser Problematik ist ein eigener Abschnitt gewidmet, auf den verwiesen wird.[546]

-- 3. Prozeßökonomie

Zum anderen könnten andere prozeßökonomische Gründe für eine kurze Zuständigkeitsprüfung sprechen. Fragen, die man in der Begründetheit sowieso klären muß, seien nicht auch noch (bzw. schon) in der Zulässigkeitsprüfung abzuhandeln. Das Argument mag im gemeinen Prozeß mit seiner strikten Trennung von der Zuständigkeitsstreits- und Hauptverhandlung Berechtigung gehabt haben. Im heutigen Zivilprozeß mit seiner einheitlichen Verhandlung verliert das Argument indes an Gewicht.[547] Es ist prozeßökonomisch gleichgültig, auf welcher Ebene die Beweisergebnisse verwandt werden.[548] Dies gilt auch für die kollisionsrechtliche Entscheidung, die an einer Stelle des Urteils auf jeden Fall gefällt werden muß. Will man in der Zulässigkeitsstation auf eine Prüfung des materiellen Rechts verzichten, geht dies sinnvoll nur bei gleichzeitiger Entformalisierung und Erweiterung der besonderen Zuständigkeiten.[549] Ist dann die Zuständigkeit (schneller) bejaht, ist die kollisionsrechtliche Frage nun vom Gericht jedenfalls in der Begründetheit

---

rechtlichen Fragen; Roth, FS Stree/Wessels, 1052; Wrangel 33: Gefahr der "Kopflastigkeit" des Verfahrens bei der Zulässigkeitsprüfung; Wieczorek/Schütze-Hausmann Vor § 12 Rn 28 und Art. 5 EuGVÜ Rn 64: Belastung der Zuständigkeitsprüfung mit schwierigen Beweiserhebungen zur Begründetheit der Klage; vgl. auch Deutsch MDR 1967, 89.

[545]Im Rahmen des EuGVÜ kann man als Argument heranziehen, daß dies einer autonomen Auslegung des Übereinkommens entgegenstünde, somit einer einheitlichen Anwendung des Übereinkommens.

[546]Oben § 13 III.

[547]Stein/Jonas-Schumann § 1 Rn 21a.

[548]Otte 806 f. Zu dem etwas anders gelagerten Fall doppelrelevanter Tatsachen hinsichtlich der Zuständigkeit der Arbeitsgerichte vgl. Rimmelspacher, Prüfung, 163; Hager, FS Kissel, 337.

[549]Unten § 15 II.2.b).

zu beantworten. Prozeßökonomisch ist darin (abgesehen von der hier ausgeblendeten Rechtskraftproblematik) kein Unterschied zu erkennen.

-- 4. Zuständigkeitsvakuum?

Ein dritter Aspekt läßt sich aus dem Justizgewährungsanspruch des Klägers ableiten. Je intensiver die Zuständigkeitsprüfung ausfällt, desto eher wird die Klage als unzulässig abgewiesen. Formal betrachtet wird der Zugang zum angegangenen Gericht verweigert. Man könnte argumentieren, daß bei einem Streit um einen Vertrag / um ein Delikt auch ein besonderer Gerichtsstand eröffnet sein muß. Der Kläger soll in diesen Fällen gerade nicht an den allgemeinen Beklagtengerichtsstand verwiesen werden. Zwar entstünde bei einer Verweigerung der besonderen Gerichtsstände kein Zuständigkeitsvakuum bzw. kein negativer Kompetenzkonflikt, da letztlich immer der allgemeine Beklagtengerichtsstand gegeben ist. Dem Kläger sollen jedoch nach der Zuständigkeitsordnung mehrere Wahlgerichtsstände zur Verfügung stehen.
Das Argument ist jedoch aus der Klägerperspektive wenig tragfähig. Richtig ist, daß sich das Gericht bei einer eventuellen Beweisverwertung hinsichtlich doppelrelevanter Tatsachen auf der Zuständigkeitsebene eher für unzuständig erklären wird als bei einer Bindung an den Tatsachenvortrag des Klägers. Jedoch wird durch dieses Ergebnis dem Kläger keinerlei Rechtsschutz vorenthalten. Er kann die Streitsache dem Gericht des besonderen Gerichtsstandes unterbreiten und dieses wird darüber verhandeln. Ist die Klage begründet, so ist auch die Zuständigkeit insoweit gegeben; ist sie unbegründet, dann ist auch schon die Zuständigkeit zu verneinen und es ergeht ein Prozeßurteil. Der Justizgewährungsanspruch wird durch die Frage der Rechtskraft des Urteils jedoch nicht mehr berührt.[550] Solange man nicht der im französischen Zivilprozeßrecht vertretenen Auffassung folgt, daß schon das ernsthafte Bestreiten des Vertrages seitens des Beklagten ausreichend ist, um den besonderen Gerichtsstand des Erfüllungsortes auszuschalten[551], ist die Gefahr einer Beschneidung des Zugangs zu den Gerichten durch eine aufgeblähte Zuständigkeitsentscheidung nicht gegeben. Rein formal gesehen entscheidet somit die Frage der Beweisbedürftigkeit doppelrelevanter Tatsachen über die Zugangsmöglichkeit zu besonderen Gerichtsständen. Aus Sicht des Klägers ist dies jedoch irrelevant, da er sein Anliegen auf jeden Fall im besonderen Gerichtsstand prüfen lassen kann. Auf welcher Ebene dies geschieht, kann ihm

---

[550] Tatsächlich ist eine (unerwünschte) Nebenfolge der Beweistheorien, daß der Kläger trotz inzident festgestellter Unbegründetheit der Klage die Sache nochmals vor ein anderes Gericht bringen kann.

[551] Vgl. Guinchard Art. 46 note 2 mit Nachweisen aus der Rechtsprechung; vgl. auch Gaudemet-Tallon RCDIP 1982, 574; Huet Clunet 1982, 474.

im Hinblick auf seinen Zugang zu den Gerichten gleichgültig sein. Ein Zuständigkeitsvakuum hat er keinesfalls zu fürchten.

-- 5. Ergebnis

Eine längere, auch mit materiellrechtlichen Fragen "belastete" Zuständigkeitsprüfung hat weder prozeßökonomische Nachteile, noch muß der Kläger fürchten, daß ihm durch die tiefere Zuständigkeitsprüfung ein Rechtsschutznachteil entsteht.

- II. Zuständigkeitsklarheit / Zuständigkeitssicherheit

-- 1. Einleitung

Das Interesse an der Vorhersehbarkeit von Zulässigkeitsentscheidungen durch Klarheit der ihr zugrundeliegenden Normen läßt sich sowohl unter die Rubrik Parteiinteressen[552] als auch unter die allgemeinen Ordnungsinteressen[553] einordnen. Abweichend von älteren Definitionsversuchen des Kriteriums der Zuständigkeitsklarheit[554] soll der Schwerpunkt im folgenden nicht auf die Einfachheit der Regeln gelegt werden, sondern der Aspekt der Vorhersehbarkeit der Entscheidung und damit der Rechtssicherheit in den Vordergrund gestellt werden. Deshalb wird im folgenden auch von "Zuständigkeitssicherheit" gesprochen. Welche Lösungsmöglichkeiten geben dem Richter ein hinreichend klares Prüfungsinstrument an die Hand und welche geben der Flexibilität und damit einem gewissen Maß an Unvorhersehbarkeit den Vorzug? In Anbetracht der unterschiedlichen Probleme erscheint es sinnvoll, auch hier zwischen der Rechtsprüfung und den Beweisfragen zu differenzieren.

-- 2. Rechtsprüfung

--- a) Möglichkeiten der Rechtsprüfung

Unter § 9 I. wurden kurz die verschiedenen in der Diskussion befindlichen Modelle der Rechtsprüfung vorgestellt. Hier muß ausführlicher auf diese Modelle eingegangen werden. Bevor die Modelle an dem Maßstab der Zuständigkeitssicherheit gemessen werden können, ist vorab der Frage nachzugehen,

---

[552]So Schack, IZVR, Rn 203.

[553]So wohl Pfeiffer, Gerchtigkeit, 190 f., 325.

[554]Geimer JZ 1984, 979, 980 (einfach und klar festzustellen); ders. FamRZ 1980, 790 (Zuständigkeitsrecht solle klares und einfach anwendbares Recht sein); Von Dessauer 605 und Pfeiffer, Gerechtigkeit, 189 "Geimers Goldene Regel" genannt.

ob sie auch tatsächlich als Rechtsprüfungsinstrument taugen. Die rechtliche Prüfung des Falles auf der Zuständigkeitsebene kann zwei Funktionen haben: Zum einen strukturiert die Rechtsprüfung den Fall und ordnet sie einem oder mehreren bestimmten Gerichtsständen zu. Die Rechtsprüfung hat somit insgesamt eine Zuweisungsfunktion. Als zweite, damit eng verbunden, kommt eine gewisse Filterfunktion hinzu.[555] Erst wenn die durch die Rechtsprüfung aufgestellten Kriterien vom klägerischen Vortrag erfüllt werden, kommt eine Gerichtspflichtigkeit des Beklagten in Betracht. Fälle, in denen eine vertragliche/deliktische Haftung schon nach dem Klägervortrag ausscheidet, werden schon auf der Rechtsprüfungsebene ausgefiltert.

---- aa) Rechtsprüfung

Nach der h.M. ist eine Schlüssigkeitsprüfung vorzunehmen, d.h. der vom Kläger behauptete Sachverhalt ist unter den Rechtsbegriff der Zuständigkeitsnorm zu subsumieren. In diesem Zusammenhang sind verschiedene Problemkreise auseinanderzuhalten, namentlich der Prüfungsmaßstab, die Herausarbeitung der zu prüfenden Einzelpunkte (Prüfungsbreite) und die Intensität der Prüfung im Sinne der richterlichen Überzeugungsbildung (Prüfungstiefe).

----- (1) Prüfungsmaßstab

Bei dem Prüfungsmaßstab ist danach zu fragen, wie der Rechtsbegriff, unter den subsumiert wird, auszulegen ist. Man kann versuchen, die Begriffe allein aus dem Prozeßrecht, allein aus dem materiellen Recht oder aber aus einer Kombination derselben zu erhellen. Letzteren Weg beschreitet die h.M. jedenfalls bei § 32 ZPO, weniger deutlich allerdings bei § 29 ZPO.[556] Dieser Weg erscheint sachgerecht, denn eine wirkliche Schlüssigkeitsprüfung ohne jeglichen Rückgriff auf das materielle Recht ist kaum möglich, da in diesem Falle ein Rechtssystem prozessualen Ursprungs geschaffen werden müßte, das ausdifferenziert genug sein müßte, um als Maßstab wirken zu können.[557] Dies ist zum einen unökonomisch, da man sich vorhandener Rechtsordnungen bedienen kann, zum anderen ist es nicht sachgerecht, da die streitgegenstandsbezogenen Gerichtsstände ihre Legitimation unter anderem aus ihrem materiellrechtlichen Bezug herleiten.
Auch ein rein materiellrechtliches Verständnis der Begriffe ist indes nicht angemessen, da die hier relevanten Sammelbegriffe im materiellen Recht nicht

---

[555] Vgl. nur Schwab, FS Zeuner, 509 f.; Pfeiffer, Gerechtigkeit, 605.

[556] S.o. § 7 I.

[557] Vgl. aber zur parallelen Problematik im EuGVÜ C.Kohler ZEuP 1996, 463; Briggs LMCLQ 1996, 28; unten § 22 III.1.b)cc).

ausreichend klar abgegrenzt sind. Oben wurde dargelegt, daß im Fall einer *strengen* Schlüssigkeitsprüfung allein eine zweistufige prozessual-materiellrechtliche Prüfungsmethode zu sachgerechten Ergebnissen führt.[558] Die Schlüssigkeitsprüfung ist also anhand einer materiellrechtlichen Rechtsnorm durchzuführen, die nach prozeßrechtlichen Grundsätzen dem Sammelbegriff der Gerichtsstandsnorm zugeordnet wird.

----- **(2) Prüfungsbreite**

Unter dem Stichwort der Prüfungsbreite soll gefragt werden, welche Merkmale im einzelnen schlüssig dargelegt werden müssen. Die Schlüssigkeitstheorie verlangt zumindest im Deliktsgerichtsstand, wie oben festgestellt wurde, den vollen materiellrechtlichen Tatbestand der unerlaubten Handlung. Hinsichtlich des "vertraglichen Anspruchs" ist die h.M. weniger klar.[559] Nach dem OLG Nürnberg muß nur der behauptete Anspruch insoweit schlüssig dargelegt werden, als dieser den Erfüllungsort festlege, eine schlüssige Darlegung der streitigen Verpflichtung oder zumindest des Vertragsschlusses wird vom OLG, wohl entgegen der h.M., nicht gefordert.[560]

Dem OLG Nürnberg ist vom Ansatz her insoweit zuzustimmen, als nicht nur Schlüssigkeitsprüfungen hinsichtlich des gesamten Anspruchs möglich sind, sondern Teile davon auch isoliert werden können. Im Gerichtsstand des Erfüllungsortes wäre ähnlich der Lösung im EuGVÜ eine Reduzierung der Zuständigkeitstatsachen durch Eingrenzung der relevanten Verpflichtung ("primäre Hauptpflicht") möglich.[561] Eine schlüssige Darlegung gerade des Vertragsschlusses erscheint jedoch kaum als verzichtbar, da ansonsten eine eigentlich unbeachtliche Rechtsbehauptung des Klägers entscheidend für die Eröffnung eines besonderen Gerichtsstandes wäre. Zudem ist es zur Rechtfertigung eines besonderen Gerichtsstandes erforderlich, daß eine Verbindung gerade des Beklagten zu dem besonderen Gerichtsstand besteht.[562] Die Verbindung des Beklagten zum Gerichtsstand des Erfüllungsortes folgt aber gerade aus dem Vertragsschluß, so daß dieser auch Gegenstand der Zuständigkeitsprüfung sein muß.[563]

---

[558] § 8 IV.2.; unten § 22 III.1.b)aa),cc).

[559] Vgl. oben § 7 I.4.

[560] OLG Nürnberg 28.11.1984 NJW 1985, 1296, 1297.

[561] Unten § 20 I.3.

[562] Vgl. oben § 13 II.1.c)ee).

[563] Bzw. bei Einschluß der Ansprüche aus culpa in contrahendo in den Anwendungsbereich des § 29 ZPO das vertragsähnliche Näheverhältnis.

Im Deliktsgerichtsstand darf zwar nicht eine unter mehreren Verpflichtungen herausgegriffen werden, um eine geringere Prüfungsbreite zu erreichen. Man könnte aber für die Zuständigkeitsprüfung aus dem Tatbestand für die Zuständigkeitsprüfung die Elemente herausgreifen, die den Deliktsgerichtsstand im Kern rechtfertigen. Zu weitgehend ist allerdings die Reduzierung auf das Merkmal Erfolg oder Handlung, wie es namentlich Würthwein[564] vorschlägt, um so gänzlich aus der materiellrechtlichen Prüfung aussteigen zu können.[565] Diese radikale Reduktion verstößt, wie Pfeiffer[566] zu Recht bemerkt, gegen den Grundsatz der Zuständigkeitsklarheit. Handlung und Erfolg sind nämlich keine Eigenheiten der deliktischen Haftung, die diese gerade von anderen Ansprüchen abgrenzt. Der Versuch, auf dieser Grundlage fallgruppenspezifisch weitere Konkretisierungen vorzunehmen, wie dies Kubis für den Bereich der Persönlichkeitsrechtsverletzungen vorgeschlagen hat[567], mag indes für die untersuchte Fallgruppe zu akzeptablen Ergebnissen führen. Diese Methode versagt aber bei der Konfrontation mit "neuen", dem Rechtssystem bis dahin unbekannten Sachverhaltskonstallationen, da sie gerade keine Kriterien zur Abgrenzung bereithält.

Verbleibt man grundsätzlich bei der Schlüssigkeitsprüfung anhand des materiellrechtlichen Tatbestandes, so sind auch hier Reduktionen möglich, ohne gegen die Zuständigkeitssicherheit zu verstoßen. Die Gerichtspflichtigkeit des Beklagten an dem vermeintlich sachnahen Gericht rechtfertigt sich durch die Beziehung gerade des Beklagten zu dem Tatort. Er ist vermeintlich Urheber einer unerlaubten Handlung. Unerlaubt ist die Handlung zwar nur beim Vorliegen eines vollständigen Tatbestandes. Zumutbar erscheint es aber, den Beklagten schon dann für gerichtspflichtig zu erklären, wenn eine hinreichende Beziehung zum Gerichtsort feststeht. Eine solche hinreichende Beziehung ließe sich bei § 32 ZPO im internen deutschen Recht schon dann bejahen, wenn der Beklagte adäquat kausal eine Rechtsgutsverletzung verursacht hat. Dann würden die Merkmale Handlung/Erfolg ergänzt durch ein Merkmal, das gerade die Abgrenzungen zu anderen Anspruchstypen herbeiführt. In Anbetracht von § 826 BGB müßte dies durch eine adäquat kausale Verursachung eines Schadens noch ergänzt werden. In einem ersten Schritt müßte dann das

---

564 Würthwein ZZP 106 (1993), 64 ff.

565 Wie schwierig allein die Tatortbestimmung ohne Rückgriff auf das materielle Recht ist, zeigt anschaulich Kubis, Int. Zuständigkeit, 130 ff., der zwar eine akzeptable Lösung für die eng umgrenzte Fallgruppe der Persönlichkeitsverletzungen bietet, von einer allgemeinen Lösung aber weit entfernt ist.

566 Pfeiffer, Gerechtigkeit, 608.

567 Kubis, Int. Zuständigkeit, 130 ff., der die Besonderheit von Persönlichkeitsrechtsverletzungen hervorhebt, da es sich hier um Rechte mit universalem Charakter handele, die unabhängig von den Wertungen des materiellen Rechts bestünden.

anwendbare Recht nach möglichen Tatbeständen befragt werden, die dem prozessualen Deliktsbegriff zuzuordnen wären. In einem zweiten Schritt wäre je nach Tatbestand eine Reduktion auf die beschriebenen Basistatbestandsmerkmale und sodann an diesen eine Schlüssigkeitsprüfung vorzunehmen. Ist ausländisches Recht anwendbar, so stößt die Reduktion der Zuständigkeitstatsachen allerdings auf Schwierigkeiten. Ausländische Rechtsordnungen sind häufig anders strukturiert als das deutsche Recht. Jedoch sind zumeist funktional äquivalente Elemente in ausländischen Rechtsordnungen zu finden. So könnte man auf dieser Ebene jedenfalls die allgemeinen Verteidigungsgründe[568] wie etwa Rechtfertigungsgründe, im französischen Recht causes étrangères, Haftungsfreizeichnungen oder auch die Verjährung unberücksichtigt lassen. Soweit das Verschulden nach dem anwendbaren Recht von dem Tatbestandsmerkmal Kausalität unabhängig zu betrachten ist, könnte man für die Zuständigkeitsprüfung auch auf dieses Merkmal verzichten.[569] Es zeigt sich aber bei der Vielzahl der möglichen anwendbaren Rechtsordnungen, daß ein Unsicherheitselement Einzug erhält, das mit dem Gesichtspunkt der Zuständigkeitssicherheit in Konflikt gerät. Anders als bei der für den Gerichtsstand des Erüllungsortes skizzierten Reduzierung auf die primäre Hauptverpflichtung könnte im Deliktsgerichtsstand lediglich konkret anhand des anwendbaren Rechts entschieden werden, welche Elemente für die Zuständigkeitsprüfung verzichtbar sind. Der dafür notwendige Aufwand läßt sich nur rechtfertigen, wenn gewichtige Gründe diese Art von Reduzierung erfordern.

----- (3) Prüfungstiefe

Neben dem Prüfungsmaßstab und der Prüfungsbreite ist unter dem Stichwort der Prüfungstiefe zu klären, wie die Zuordnung zwischen Sachverhalt und Normbegriffen zu erfolgen hat. Die h.M. wendet zumindest bei § 32 ZPO den klassischen Subsumtionsschluß an. Der Sachverhalt wird unter die verschiedenen letztlich aus dem materiellen Recht stammenden Tatbestandsmerkmale subsumiert. Um zu sehen, daß dies nicht der einzig mögliche Weg ist, muß man nicht erst ausländische Rechtsordnungen heranziehen.[570] So ist auch in der deutschen Lehre die Idee einer summarischen Rechtsprüfung gelegentlich vorgebracht worden.[571] Denkbar ist etwa eine Möglichkeitsprüfung in

---

[568] Vgl. v.Bar, Deliktsrecht II, 504 ff.

[569] Zum Zusammenspiel von Verschulden und Zurechnung vgl. v.Bar, Deliktsrecht II, 481 ff.

[570] Vgl. zum englischen Recht § 23.

[571] Gravenhorst 52 ff. Er fordert, "Zuständigkeitszweifeln" nicht mit aller Gründlichkeit nachzugehen (S. 54).

Anlehnung an die Prüfung der Klagebefugnis im Verwaltungsprozeßrecht.[572] Diese Lösung begegnet jedoch unter dem Gesichtspunkt der Zuständigkeitssicherheit erheblichen Bedenken.
Zunächst ist anzumerken, daß die Parallele zum Verwaltungsprozeß nicht trägt.[573] Die Möglichkeitsprüfung bei § 42 VwGO dient allein der Feststellung, ob in dem zu entscheidenden Fall das materielle Recht überhaupt eine subjektive Rechtsposition bereithält, auf die sich der Kläger stützen könnte. Diese Frage kann im bürgerlichen Recht kaum sinnvoll gestellt werden, da das Zivilrechtssystem primär ein System subjektiver Ansprüche darstellt. Auch unabhängig davon ist aber -bis auf wenige Ausnahmen[574]- eine summarische Rechtsprüfung dem deutschen Zivilprozeß fremd. Sie stünde im Widerspruch zum gerade im sehr technischen Zivilprozeß betonten Prinzip der Vorhersehbarkeit der Entscheidung. Rechtsfragen hat das Gericht grundsätzlich zu entscheiden. Anders als im Tatsachenbereich ist der Grad der notwendigen Rechtsüberzeugung schwerlich verobjektivierbar.[575] Insoweit genügt diese Zwischenlösung nicht dem Kriterium der Zuständigkeitssicherheit.

Einen dieser Zwischenlösung vergleichbaren Vorschlag hat Wieczorek gemacht.[576] Danach ist die Zuständigkeit dann abzulehnen, wenn der vorgetragene Sachverhalt keine unerlaubte Handlung darstellt, aber andere Klagegründe nach Auffassung des Gerichts möglich sind. Kommen keine anderen Klagegründe in Betracht, dann sei die Klage als unbegründet abzuweisen (die Zuständigkeit zu bejahen). Wieczorek scheint somit grundsätzlich der Schlüssigkeitstheorie zugeneigt, macht aber Ausnahmen davon, wenn andere Ansprüche nicht in Betracht kommen. Zunächst wird zu Recht eingewandt, daß Wieczorek die Zuständigkeit hier von der Prüfung von Normen abhängig macht, für deren Prüfung das Gericht gerade nicht zuständig ist.[577] Zum anderen ist das Kriterium des "In-Betracht-Kommens" ebenso vage wie die oben kritisierten

---

[572]Eyermann-Happ § 42 VwGO Rn 93 ff.; vgl. auch Deutsch MDR 1967, 90; Würthwein ZZP 106 (1993), 62 ff.

[573]Deutsch MDR 1967, 90; Würthwein ZZP 106 (1993), 62.

[574]91a ZPO, der ausdrücklich eine Ermessensentscheidung fordert vgl. BGH 8.11.1976 BGHZ 67, 343, 345 für volle Schlüssigkeitsprüfung dagegen MünchKomm-Lindacher § 91a Rn 50. § 114 ZPO: BGH 9.9.1997 NJW 1998, 82; BVerfG 7.5.1997 NJW 1997, 2745; Münch Komm-Wax § 114 Rn 51: schwierige Rechtsfragen könnten offenbleiben; Thomas/Putzo-Reichhold Rn 5; a.A. Zöller-Philippi § 114 Rn 23a (Schlüssigkeit der Klage). §§ 922/935 ZPO h.M. umfassende Schlüssigkeitsprüfung: MünchKomm-Heinze § 920 Rn 10, § 935 Rn 13; Thomas/Putzo-Reichold § 920 Rn 4; a.A. Zöller-Vollkommer § 922 Rn 6.

[575]Deutsch MDR 1967, 90 f.; Würthwein ZZP 106 (1993), 63; Preuß JR 1997, 203.

[576]Wieczorek § 32 B I a 1.

[577]Deutsch MDR 1967, 90; Würthwein ZZP 106 (1993), 62.

Zwischenlösungen und Wieczoreks Vorschlag daher abzulehnen. Eine tragfähige Alternative zur Schlüssigkeitstheorie ist nicht zu erkennen.

---- bb) IPR-Qualifikation als Modell der Zuständigkeitsprüfung

Oben wurde versucht, die Qualifikationsmethode der herrschenden Meinung im Rahmen der Schlüssigkeitsprüfung darzustellen.[578] Davon zu unterscheiden ist der Ersatz der Schlüssigkeitsprüfung durch ein der IPR-Qualifikation entlehntes Prüfungsmodell.

Manche Äußerung in der Literatur kann man dahingehend verstehen, daß es keiner Schlüssigkeitsprüfung bedürfe, sondern eine Qualifikation als vertraglich/deliktisch genüge.[579] Es wurde schon darauf hingewiesen, daß eine direkte Qualifikation von Sachverhalten und Prozeßnormen anspruchsbezogener Gerichtsstände mit den Postulaten einer Schlüssigkeitsprüfung nicht in Einklang zu bringen ist.[580] Dagegen wird man einwenden, daß im IPR die Qualifikation, bzw. ein erster Qualifikationsschritt auch allein anhand Sachverhalt und kollisionsrechtlichem Sammelbegriff (z.B. Delikt) sinnvoll möglich und praktikabel ist, nämlich die Zuordnung des Sachverhaltes zur Kollisionsnorm der lex fori. Es wurde viel über den Qualifikationsgegenstand gestritten, was Sonnenberger folgend[581] wohl darauf zurückzuführen ist, daß jeweils unterschiedliche Abschnitte des Qualifikationsprozesses miteinander verglichen wurden. Hinsichtlich des ersten Schrittes der Zuordnung eines Sachverhaltes zu einer Kollisionsnorm hat sich mehrheitlich die Auffassung durchgesetzt, daß hier die an den Sachverhalt gestellten Rechtsfragen qualifiziert werden.[582] Insoweit ist eine Rechtsfrage Qualifikationsgegenstand. (Etwa: Kann ich Schadensersatz aus deliktischer Haftung erhalten?)

Im materiellen Recht kann der Richter viele Fragen aufwerfen, ohne daß dies in irgendeiner Weise die Rechtspositionen der Parteien berührt. Man kann einen Sachverhalt auf deliktische Haftung überprüfen, auch wenn ein anderer Rechtsanwender diese Frage ob seines anderen Vorverständnisses für sinnlos (da offensichtlich unbegründet) hält. Eine irgendwie geartete Aussage über die Wahrscheinlichkeit z.B. einer deliktischen Haftung hat das Aufwerfen einer

---

[578] § 8 IV.2.

[579] Explizit Würthwein ZZP 106 (1993), 66; vgl. auch Wieczorek/Schütze-Hausmann § 32 Rn 62.

[580] § 8 IV.2.

[581] MünchKomm-BGB-Sonnenberger Einl. IPR Rn 444, 449; Herfarth 177.

[582] MünchKomm-BGB-Sonnenberger IPR Einl. Rn 450; Jayme, Identité, 108 f.; zusammenfassend Herfarth 177 ff.

bestimmten Frage im IPR nicht. Ob die Frage gestellt wird, hängt von dem Vorverständnis und Überblick des Rechtsanwenders ab. Die Kriterien für das "ob" der Befragung hat mit dem Vorgang der Qualifikation wiederum nichts zu tun. Die Aussage "Die Frage des Bestehens eines Bereicherungsrecht wäre bei diesem Sachverhalt nach englischem Recht zu beurteilen" sagt nichts darüber aus, ob dieser Anspruch sicher, wahrscheinlich oder überhaupt möglich ist. Die Übernahme der IPR-Qualifikation in das IZVR ist daher problematisch. Das IPR hat Zuordnungsfunktion von Fragen und Normen, jedoch keine Filterfunktion in dem Sinne, daß sie das tatsächliche Bestehen eines Anspruchs wahrscheinlich macht. Die Zuständigkeitsprüfung bei besonderen Gerichtsständen bezweckt gerade sicherzustellen, daß eine solche Wahrscheinlichkeit besteht, um den besonderen Gerichtsstand überhaupt zu rechtfertigen. Einer solchen Rechtfertigung bedarf es aufgrund des actor-sequitur-Prinzips.[583] Die Möglichkeit einer Fragestellung reicht dazu nicht aus. Als Rechtsprüfungs<u>ersatz</u> kommt somit die Qualifikation nach IPR-Grundsätzen nicht in Betracht.

--- b) Verzicht auf die Rechtsprüfung

Das Bundesarbeitsgericht hatte sich in letzter Zeit mit einem Fall zu beschäftigen[584], in dem materiell allein ein Anspruch in Betracht kam, der ausschließlich vor den Arbeitsgerichten geltend gemacht werden kann (sog. sic-non-Fälle[585]). Es ging folglich nicht um die internationale Zuständigkeit, sondern um Fragen der Zulässigkeit des Rechtsweges. In diesem speziellen Fall hat das Gericht entschieden, daß bei der Rechtswegprüfung die Rechtsbehauptung, der Kläger sei Arbeitnehmer, ausreiche, um den Rechtsweg zu den Arbeitsgerichten zu bejahen. Eine Schlüssigkeitsprüfung sei anders als in den et-et oder aut-aut-Fällen[586] nicht erforderlich. Die hier behandelten Fälle unterscheiden sich von den sic-non-Fällen. Ähnlichkeit zur hier untersuchten Problematik besteht nur insoweit, als mit der Verneinung der Zuständigkeit

---

[583]Vgl. oben § 5 II., III., IV.

[584]BAG 24.4.1996 AP § 2 ArbGG 1979 Nr.1 mit Anmerkung Hager, dazu auch Reinecke ZfA 1998, 369; Kluth NJW 1999, 343. Vgl. auch zuletzt das diesen Ansatz bestätigende Urteil des BAG v. 15.3.2000 ZIP 2000, 899, 901.

[585]Man unterscheidet Fälle, in denen der geltend gemachte Anspruch entweder vor die Arbeitsgerichtbarkeit oder die allgemeinen Zivilgerichte gehört (Alternativität: aut-aut-Fälle), in denen der Sachverhalt mehrere rechtliche Qualifikationen widerspruchslos nebeneinander verträgt und somit vor beiden Gerichtsbarkeiten geltend gemacht werde könnte (Kumulation, et-et-Fälle) und in denen die Klage, wenn überhaupt nur vor einem Arbeitsgericht begründet sein könnte (Exklusivität, sic-non Fälle). Zu dieser Begrifflichkeit Bötticher, FS 100 Jahre DJT, 540 ff.; Windel ZZP 111 (1998), 10; Kluth NJW 1999, 343.

[586]Vgl. vorangehende Fn.

immer auch die materielle Unbegründetheit feststeht (ohne daß dies in Rechtskraft erwachsen würde). Ein gewichtiger Unterschied ist aber der, daß in den sic-non Fällen überhaupt kein Gericht mehr für die Begründetheitsprüfung übrig bleiben würde, da eine begründete Klage nur vor dem Arbeitsgericht geltend gemacht werden könnte. Bei der internationalen Zuständigkeit gibt es jedoch immer noch den Beklagtengerichtsstand, in dem über die Sache geurteilt werden könnte.
Dennoch wird in der Diskussion um die internationale Zuständigkeit erwogen, auf die Rechtsprüfung zu verzichten.[587] Abgesehen davon, daß die Bindung des Gerichts an Rechtsbehauptungen der Parteien eine dem deutschen Recht weitgehend unbekannte Idee ist (iura novit curia)[588], entspricht dieses Modells aber nicht den Kriterien der Zuständigkeitsklarheit, da es zumindest für den Beklagten mit der Rechtsauffassung des Klägers ein nicht berechenbares, unvorhersehbares Element enthält. Im übrigen würde man nach diesem Modell die Parteien verpflichten, Rechtsansichten vorzutragen, was dem deutschen Zivilprozeßrecht fremd ist. Es ist daher abzulehnen.

--- c) Zwischenergebnis

Das Prinzip der Zuständigkeitssicherheit erfordert eine Rechtsprüfung anhand des materiellen Rechts. Dabei ist eine gewisse Reduktion der Tatbestandsmerkmale für die Zuständigkeitsprüfung zumindest beim Gerichtsstand des Erfüllungsortes möglich, ohne daß dies jedoch dazu führen darf, daß die Zuständigkeitsnormen ihre Abgrenzungsfunktion einbüßen.

-- 3. Tatsachenprüfung

Die bei der Tatsachenprüfung vorgeschlagenen Möglichkeiten reichen von vollständigem Verzicht auf die Tatsachenprüfung[589], vollem Beweis[590], einer

---

[587]Oben unter § 15 II.2.a)cc) wurde gezeigt, daß Kubis, Int. Zuständigkeit, 99 f. und Würthwein ZZP 106 (1993), 64 ff. die Rechtsprüfung so weit zurücknehmen, daß es bei der Zuordnung zum Deliktsgerichtsstand weitgehend auf die Rechtsbehauptung des Klägers ankommt. Diese muß zwar durch ein faktisches Element gestützt werden. Maßgeblich für die Einordnung in das Zuständigkeitssystem ist aber die Rechtsbehauptung. Die Funktion die Würthwein ZZP 106 (1993), 66 zusätzlich der Qualifikation zubilligt, wird nicht klar. Als Rechtsprüfungsersatz kommt diese, wie gezeigt, nicht in Betracht. Vgl. auch OLG Hamm 14.6.1999 TranspR-IHR 2000, 29, 30 (Rechtsbehauptung des Vertragsschlusses ausreichend).

[588]Rosenberg/Schwab/Gottwald § 78 II, § 113 II 4.

[589]J.Kohler, Beiträge, 103, 120; z.T. ähnlich Stein Gruchot 28 (1884), 443.

[590]Rimmelspacher, Prüfung, 165 f.; Hager, FS Kissel, 337; Bötticher ZZP 72 (1959), 59 (zur Zuständigkeitabgrenzung der Arbeitsgerichtsbarkeit); Otte 807; EG-Kommission zu Art. 5 Nr.1 EuGVÜ im Verfahren EuGH 4.3.1982 - 38/81 Effer /Kantner Slg 1982, 825,

Differenzierung je nach Doppelrelevanz der Tatsachen[591] bis zu einer Vielzahl von Zwischenlösungen (Möglichkeit[592], prima facie[593], Glaubhaftmachung[594], äußerer Tatbestand[595]). Hinsichtlich des Kriteriums der Vorhersehbarkeit einer Entscheidung sind die klaren Lösungen zu bevorzugen. Die Schlüssigkeitstheorie entspricht mit ihren klaren Differenzierungen zwischen einfach- und doppelrelevanten Tatsachen den Anforderungen der Zuständigkeitssicherheit. Aber anders als bei der Rechtsprüfung sind auch die Zwischenlösungen dem deutschen Prozeßrecht durchaus bekannt. Die Glaubhaftmachung spielt eine wesentliche Rolle im Verfahren um eine einstweilige Verfügung oder einen Arrest. Geimers Zwischenlösung, den Beweis des äußeren Tatbestandes der Zuständigkeitstatsache (Vertrag / Delikt) zu fordern[596], genügt jedenfalls dann dem Postulat der Zuständigkeitsklarheit, wenn man sich darauf verständigt, was im einzelnen zum "äußeren Tatbestand" gehört.

Im Rahmen der Tatsachenprüfung sind die Modelle, die auf eine vorläufige Tatsachenerkenntnis abstellen, unter dem Gesichtspunkt der Zuständigkeitssicherheit eher negativ zu beurteilen. Eine weitergehende Aussage läßt sich für die Ebene der Tatsachenprüfung aus dem Gesichtspunkt der Zuständigkeitsklarheit nicht herleiten.

§ 16 Anerkennungszuständigkeit

- I. Einleitung

Das Problem doppelrelevanter Tatsachen wird auch im Bereich der Anerkennung ausländischer Entscheidungen gemäß § 328 ZPO diskutiert. So wird bei der Anerkennung die internationale Zuständigkeit des Erstgerichts anhand der gespiegelten deutschen Zuständigkeitsvorschriften geprüft. Soweit anspruchsbezogene Gerichtsstände gespiegelt werden, tauchen Probleme auf, die

---

831; BGH (Anerkennungszuständigkeit) 25.11.1993 NJW 1994, 1413, 1414; RG 7.3.1892 RGZ 27, 310; OLG Stuttgart 14.7.1920 JW 1920, 1044; RG 25.2.1892 JW 1892, 204 (ausführlicher Sachverhalt bei Petersen Gruchot 37 (1893), 3, Fn 4).

591 H.M. vgl. oben § 7 II.

592 Gravenhorst 53.

593 So interpretiert Rauscher IPRax 1995, 293 den BGH 21.11.1994 IPRax 1995, 317.

594 Trunk IPRax 1998, 450; Schwarz 66.

595 Geimer, IZPR, Rn 1826; i.Ü. siehe oben § 9 II, § 11 III.

596 Geimer, IZPR, Rn 1826.

denen bei der direkten Zuständigkeit zumindest ähneln. Im folgenden wird untersucht, ob die Gemeinsamkeiten so stark sind, daß eine einheitliche Lösung gefunden werden sollte, oder ob zumindest argumentativ Lehren aus der Behandlung doppelrelevanter Tatsachen im Anerkennungsstadium gezogen werden können. Dabei geht es nicht um die Entwicklung eines gesonderten Lösungsmodelles für die Anerkennungszuständigkeit, sondern darum, Erkenntnisse für den Bereich der Entscheidungszuständigkeit zu gewinnen.

- II. Grundlagen

Die Anerkennung ausländischer Entscheidungen wird im autonomen Recht regelmäßig nur inzident, z.B. bei der Klage auf Vollstreckbarkeit gemäß §§ 722, 723 ZPO geprüft.[597] Die verschiedenen Anerkennungsvoraussetzungen sind in § 328 I ZPO normiert. Die Voraussetzung, daß das Erstgericht nach den deutschen Gesetzen zuständig ist, ist in § 328 I Nr.1 ZPO geregelt. (näher dazu unter 1.). Die Anerkennung ausländischer Urteile bedeutet eine Wirkungserstreckung der Urteilswirkungen des Erstgerichts auf das Gebiet des anerkennenden Gerichts.[598] Die Wirkungserstreckung hängt regelmäßig nur von den besonderen Anerkennungsvoraussetzungen (bzw. -hindernissen) des § 328 I ZPO ab. Eine Überprüfung der Gesetzmäßigkeit des ausländischen Urteils findet nicht statt (Verbot der révision au fond) (näher unter 2.).

-- 1. Spiegelbildprinzip

Die Prüfung der Anerkennungszuständigkeit erfolgt, wie der Wortlaut des § 328 I Nr.1 ZPO schon nahelegt, nach dem Spiegelbildprinzip. Danach ist die Anerkennungszuständigkeit zu bejahen, wenn das Gericht des Erststaates unter der hypothetischen Geltung deutschen Zuständigkeitsrechts für die Entscheidung international zuständig gewesen wäre.[599] Dabei handelt es sich um eine abstrakte Prüfung. Es ist völlig unerheblich, aus welchen Gründen das ausländische Gericht sich tatsächlich für zuständig erklärt hat.[600]
Das Spiegelbildprinzip schützt nicht nur die mit staatlichen Interessen verbundenen ausschließlichen Gerichtsstände, sondern wird überwiegend zumindest auch als Ausdruck des Beklagtenschutzes gewertet.[601] Das deutsche

---

[597]Anders aber Art. 7 § 1 FamRÄndG für ausländische Entscheidungen in Ehesachen.

[598]Näher Schack, IZVR, Rn 791 ff.

[599]Stein/Jonas-Roth § 328 Rn 82.

[600]Kropholler, IPR, § 60 III 2a); Stein/Jonas-Roth § 328 Rn 86.

[601]BGH 15.11.1993 NJW 1994 1413, 1414; Geimer, IZPR, 2897, 2901; ders., Prüfung, 123; ders., FS Nakamura, 173; Geimer/Schütze-Geimer I/2 1549; Martiny, Handb. IZVR,

Recht legt dadurch fest, an welchen Foren es eine Gerichtspflichtigkeit des Beklagten für gerechtfertigt hält und akzeptiert. Daß dabei auf die Normen zurückgegriffen wird, nach denen in internationalen Sachverhalten der Beklagte in Deutschland für gerichtspflichtig erklärt wird, ist plausibel: insoweit gesteht das deutsche Recht ausländischen Gerichten die gleiche Kognitionsbefugnis zu wie deutschen Gerichten.

Nicht ganz zu Unrecht wurde jedoch angemerkt, daß es auch sinnvolle, d.h. eine reale Beziehung der Parteien zueinander symbolisierende Gerichtsstände gebe, die das deutsche Recht nicht kennt.[602] Dies führt dazu, daß auch Entscheidungen eines "angemessenen" Forums in Deutschland nicht vollstreckt werden können. Insoweit ist das Spiegelbildprinzip allgemein[603] oder zumindest in seiner Ausschließlichkeit[604] kritisiert worden. Gegen diese Kritik wiederum wird vorgebracht, daß nur durch das Spiegelbildprinzip die Vorhersehbarkeit und somit Rechtssicherheit gewährleistet sei.[605] Angesichts des klaren Wortlautes und der Gesetzgebungsgeschichte[606] sprechen zumindest zur Zeit de lege lata überwiegende Gründe gegen ein Abrücken vom Spiegelbildprinzip. Ob nicht gerade in einer zusammenrückenden Welt eine Reform in Richtung auf eine größere Anerkennungsfreundlichkeit erforderlich ist, kann an dieser Stelle nicht weiter diskutiert werden.[607]

-- 2. Bindung an das Erstgericht ?

Im Bereich der Prüfung der Anerkennungszuständigkeit ist das deutsche Gericht grundsätzlich weder an rechtliche noch an tatsächliche Feststellungen des Erstgerichtes gebunden.[608]

Rn 635 ff.; Fricke 87 f.; Gottwald IPRax 1995, 76; anders Koch ZZP 108 (1995), 370: Abgrenzung der Jurisdiktionssphären; Schröder 778: internationalpädagogische Aufgabe.

602 Kropholler, IPR, § 60 III c); Martiny, Handb. IZVR, Rn 801.

603 Jayme, FS Ago, 13; ders., FS Drobnig, 296; Kropholler IPR § 60 III c); Gottwald ZZP 103 (1990), 271 ff.; Basedow IPRax 1994, 184 ff.

604 Martiny, Handb. IZVR, Rn 801.

605 Staudinger-Spellenberg § 328 Rn 317; Schack, IZVR, Rn 833, Fricke 117; kritisch zu diesem Argument Jayme, FS Ago, 143.

606 Dazu näher Fricke 63 ff.

607 Vgl. Jayme, FS Ago, 139 ff.; ders., FS Drobnig, 296; Gottwald ZZP 103 (1990), 276; Basedow IPRax 1994, 186.

608 BGH 26.3.1969 BGHZ 52, 30, 37 ff.; BayOblG 11.6.1979 BayObLGZ 79, 193, 198; Martiny, Handb. IZVR, Rn 788; Staudinger-Spellenberg § 328 Rn 265; MünchKomm-Gottwald § 723 Rn 1; Nagel/Gottwald IZPR § 11 Rn 45; Schack, IZVR, Rn 839; Stein/Jonas-Roth § 328 Rn 95; Geimer, Prüfung, 134 ff.; ders., IZPR, Rn 2906; ; ders., FS Nakamura, 181 ff.; vgl. auch schon die Materialen zur ZPO: Hahn, Materialien, 432.

Hinsichtlich des rechtlichen Prüfungsmaßstabes ist jedenfalls die Bindung an Erkenntnisse des Erstgerichtes verneint worden. Darüberhinaus ist zumindest bei anspruchsbezogenen Gerichtsständen die Frage streitig, ob nicht wenigstens das anwendbare materielle Recht aus der Perspektive des Erstgerichts herangezogen werden solle[609], oder ob sich insoweit auch das Spiegelbildprinzip in seiner ganzen Breite durchsetzt und das materielle Recht der durch das deutsche IPR berufenen Rechtsordnung Anwendung findet[610] oder direkt das deutsche Sachrecht[611].
Bei der Prüfung der Anerkennungszuständigkeit erlaubt die h.M. grundsätzlich eine Einführung neuer Tatsachen und eine Wiederholung der durchgeführten Beweisaufnahme, gleichgültig ob der Beklagte am ausländischen Verfahren teilgenommen hat und ob das ausländische Gericht für die relevanten Streitpunkte Feststellungen in seinem Urteil getroffen hat. Insoweit differenziert die h.M. allerdings zwischen den verschiedenen Anerkennungsvoraussetzungen, da sie z.B. bei der Prüfung des ordre public gemäß § 328 I Nr. 4 ZPO durchaus die Möglichkeit der Bindung und Präklusion bejaht.[612] Gegen eine solche Differenzierung und für die weitergehende Bindung an die im Ersturteil festgestellten Tatsachen hat sich namentlich Spickhoff[613] ausgesprochen, ohne allerdings Gefolgschaft in Literatur oder Rechtsprechung zu finden. Er meint, durch eine weitergehende Bindung sei ein weiterer prozeßökonomischer Vorteil zu gewinnen, außerdem sei ein weitergehender internationaler Entscheidungseinklang gewährleistet. Gerade aber das Hauptargument, d.h. der Effektivitätsgewinn, wird in Anbetracht der schwierigen Frage, was im einzelnen bindend festgestellt ist, kaum bedeutsam.[614] Im übrigen ist der Wert der Feststellungen allgemein fraglich, da die Entscheidungsgegenstände und Prü-

---

[609]Für den Gerichtsstand des Erfüllungsortes Geimer, IZPR, Rn 1496; 1531; ders., FS Nakamura, 176; Geimer/Schütze-Geimer I/2 Rn 1528; Zöller-Geimer § 328 Rn 107.

[610]Martiny, Handb. IZVR, Rn 679; MünchKomm-Gottwald § 328 ZPO Rn 60; Schack, Erfüllungsort, Rn 230; Lüderitz, FS Zweigert, 237 f.; wohl auch Baumbach/Lauterbach/Albers/Hartmann-Hartmann § 328 ZPO Rn 16; anders noch Basedow IPRax 1994, 186, der die Möglichkeiten alternativ gelten lassen will.

[611]Die kollisonsrechtliche Frage ignorierend BGH 25.11.1993 NJW 1994, 1413, 1414; kritisch dazu Koch ZZP 108 (1995), 370; wie BGH: LG Heilbronn IPRspr. 1991, Nr.201, S. 421; den BGH stützt insoweit auch Zöller-Geimer § 328 ZPO Rn 108 und ders., FS Nakamura, 177, indem er ausführt, daß der Begriff der unerlaubten Handlung nach dem deutschen materiellen Recht zu bestimmen ist. Dagegen ist einzuwenden, daß es insoweit keinen Grund gibt, die Anerkennungszuständigkeit anders als die Entscheidungszuständigkeit zu behandeln. Auch insoweit ist eine zweistufige Methode unter Einschluß des Kollisionsrecht anzuwenden. S.o. § 8 IV.

[612]RG 26.4.1941 RGZ 166, 367, 373 f.; BGH 11.4.1979 NJW 1980, 529, 531; BGH 4.6.1992 BGHZ 118, 312, 320; MünchKomm-Gottwald § 328 ZPO Rn 86; Martiny, Handb. IZVR, Rn 1158; kritisch Staudinger-Spellenberg § 328 ZPO Rn 269 f.

[613]ZZP 108 (1995), 486.

[614]Staudinger-Spellenberg § 328 ZPO Rn 266; Geimer, Prüfung, 159.

fungsmaßstäbe von Erst-und Zweitgericht nicht identisch sind.[615] Das Zweitgericht hat ja gerade nicht festzustellen, ob das Erstgericht nach seinen eigenen Vorschriften sich korrekterweise für zuständig erklärt hat, sondern ob nach deutschen Vorschriften eine Entscheidung des Erstgerichts als verbindlich akzeptiert werden kann.

-- 3. Verbot der révision au fond

Ein Pfeiler des deutschen autonomen Anerkennungsrechts ist das Verbot der révision au fond. Nach diesem Grundsatz, der in § 723 I ZPO (systemwidrig[616]) festgeschrieben ist, wird das Urteil inhaltlich nicht auf seine Richtigkeit geprüft. Fehlerhafte ausländische Urteile sind wie fehlerhafte inländische Urteile hinzunehmen.[617] Der Grund liegt im Wesen des Anerkennungsrechts.
Ausländische Urteile werden anerkannt, um den Parteiinteressen zu dienen, indem es beiden Parteien die Mühen eines zweiten Prozesses erspart.[618] Außerdem ist die Anerkennung prozeßökonomisch, da das Zweitgericht nur noch die Anerkennungsvoraussetzungen, nicht den ganzen Rechtsstreit nachprüfen muß. Zudem unterstützt die weitreichende Anerkennung von Urteilen die Schaffung eines größeren Rechtsraumes, erleichtert den internationalen Handelsverkehr[619] und beugt widersprechenden Entscheidungen vor (internationaler Entscheidungseinklang).

Diese Interessen würden torpediert und die *Anerkennung* in ein *Ersetzen* der ausländischen Entscheidung umfunktioniert[620], wenn man den Rechtsstreit in der Sache noch einmal aufrollen würde. Für grobe Verstöße gegen die Wertvorstellungen des Anerkennungsstaates bleibt noch die Möglichkeit, einen ordre-public-Verstoß darzulegen (§ 328 I Nr. 4 ZPO), der allerdings nur sehr zögerlich bejaht werden sollte und in der Praxis auch selten bejaht wird.[621]

---

[615]Martiny, Handb. IZVR, Rn 788 ; Geimer, Prüfung, 130.

[616]Stein/Jonas-Roth § 328 Rn 28; Martiny, Handb. IZVR, Rn 320; Schütze 27; Geimer/Schütze-Geimer I/2 1465.

[617]Geimer, IZPR, Rn 2910; ders., Anerkennung, 57; ders., Prüfung, 41; Martiny, Handb. IZVR, Rn 321.

[618]Schack, IZVR, Rn 787; Spickhoff ZZP 108 (1995), 484.

[619]Vgl. Schack, IZVR, Rn 790.

[620]Martiny, Handb. IZVR, Rn 321; Geimer/Schütze-Geimer I/2 1467; Kropholler, IPR, § 60 III 1.a).

[621]Geimer, IZPR, Rn 2912.

- III. Doppelrelevante Tatsachen

-- 1. Das Problem

Auch bei er Prüfung der Anerkennungszuständigkeit stellen doppelrelevante Tatsachen einen problematischen Fall dar. Auch insoweit auf dem formalen Standpunkt zu verharren, daß für die Anerkennungsvoraussetzungen eine Bindung an Erkenntnisse des Erstgerichts nicht besteht, ist durchaus problematisch. Formal wird zwar die Rechtmäßigkeit des Ersturteils nicht überprüft, durch die Doppelrelevanz wird aber zumindest ein großer Teil des Sachurteiles in die Prüfung der Anerkennungszuständigkeit gezogen. Bei doppelrelevanten Tatsachen entsteht ein Konflikt zwischen dem Verbot der révision au fond und dem mit der Überprüfung der Anerkennungszuständigkeit beabsichtigten Beklagtenschutz.[622]
Eine vollständige Überprüfung der doppelrelevanten Tatsachen kann in manchen Fällen zu einer vollständigen Neuverhandlung des eigentlich dem Verbot der révision au fond unterliegenden Ersturteiles gleichkommen und praktisch "gespiegelte" anspruchsbezogene Gerichtsstände und damit den ursprünglichen Gerichtsstand des Erstgerichts für den Kläger wertlos machen. Andererseits besteht bei einer vollständigen Bindung die Gefahr, daß der Beklagte, der an einem für ihn beziehungsarmen Forum verklagt wurde, sich auch in Deutschland einer Vollstreckung verteidigungslos ausgeliefert sieht. Diese Gefahr wird noch größer, wenn man -entsprechend der Schlüssigkeitstheorie bei der Entscheidungszuständigkeit- einen schlüssigen Vortrag etwa im Anerkennungsstadium bezüglich der Zuständigkeit ausreichen ließe.

-- 2. Die Rechtsprechung des BGH

In einer neueren Entscheidung hat sich der BGH mit dieser Problematik grundsätzlich auseinandergesetzt und sich für eine volle Überprüfung auch doppelrelevanter Tatsachen im Anerkennungsstadium ausgesprochen.[623]
Die Klägerin wollte ein auf Betrug gestütztes US-amerikanisches Schadensersatzurteil in Deutschland vollstrecken und trug Umstände vor, die die USA als Tatort erscheinen ließen. Die Beklagte rügte im Erstverfahren die internationale Zuständigkeit, beteiligte sich aber nach deren Zurückweisung nicht weiter am Verfahren. Die Vorinstanzen stützten sich auf die Schlüssigkeitstheorie auch im Anerkennungsstadium und ließen die Vollstreckung zu. Die dagegen

[622]Geimer LM § 23 Nr. 15 sub 2.; Nach MünchKomm-Gottwald § 723 Rn 1 ist die Nichtbindung eine Restform der révision au fond.

[623]BGH 25.11.1993 NJW 1994, 1413.

gerichtete Revision hatte Erfolg. Entscheidend sei laut dem BGH der wirksame Beklagtenschutz. Ohne Überprüfung sei der Beklagte mittelbar gezwungen, sich "in jedem beliebigen ausländischen Staat zu verteidigen, sogar, wenn dessen Gerichte objektiv nicht zuständig sind."[624] Eine indirekte Einschränkung des Verbots der révision au fond sei hinzunehmen, da § 723 I ZPO gegenüber § 328 I Nr.1 ZPO keinen Vorrang genieße. Bei der Überprüfung der internationalen Anerkennungszuständigkeit sei das Gericht weder an eine Feststellung des Erstgerichts gebunden noch sei neues tatsächliches Vorbringen präkludiert.[625]

Mit dieser Entscheidung vollzieht der BGH nach einer ersten Andeutung im Jahre 1968[626] eine vollständige Abkehr von der in der Literatur kritisierten[627] reichsgerichtlichen Rechtsprechung, die die Schlüssigkeitstheorie auch auf die Anerkennungszuständigkeitsprüfung übertragen hatte.[628] Die Entscheidung ist im Grundsatz überwiegend zustimmend aufgenommen worden.[629] Jedoch wurden auch Probleme darin gesehen, daß der BGH keinerlei[630] Einschränkung bei der Überprüfung doppelrelevanter Tatsachen machte[631] und im übrigen im Rahmen des Prüfungsmaßstabes etwas ungenau arbeite.[632]

-- 3. Stellungnahme

Richtig an dem Urteil ist die Betonung des Beklagtenschutzes. Es müssen wirksame Barrieren gegen eine mißbräuchliche Inanspruchnahme ausländischer Gerichte mit nachfolgender Vollstreckung in Deutschland errichtet

---

[624]BGH 25.11.1993 NJW 1994, 1413, 1414.

[625]BGH 25.11.1993 NJW 1994, 1413, 1415.

[626]BGH 26.3.1969 BGHZ 61, 69, 71.

[627]Geimer, Prüfung, 163; Wieczorek § 328 E I c; Martiny, Handb. IZVR, Rn 784; MünchKomm-Gottwald § 328 Rn 63; a.A Schröder 786.

[628]RG 30.5.1905 RGZ 61, 69, 71 f.; 19.1.1911 RGZ 75, 147, 149. Vgl. aber schon die vorsichtige Entscheidung des RG vom 27.2.1913 Warneyer 6 (1913), Nr. 302, S.359.

[629]Stein/Jonas-Roth § 328 Rn 97; Gottwald IPRax 1995, 76; Staudinger-Spellenberg § 328 ZPO Rn 265; Hohloch JuS 1995, 800; Geimer LM § 32 Nr. 15; Jacob RIW 1994, 335.

[630]Allerdings läßt er die Frage der Verwertung einer im Erstverfahren durchgeführten Beweisaufnahme offen. BGH 25.11.1993 NJW 1994, 1413, 1415 gegen eine Bindung: Stein/Jonas-Roth § 328 ZPO Rn 95; Geimer, Prüfung, 159.

[631]Kritisch insoweit z.B. Koch ZZP 108 (1995), 369 ff.; auch Geimer LM § 32 Nr. 15; vor dem Erlaß des Urteils schon Martiny, Handb. IZVR, Rn 784.

[632]So rekurriert der BGH ohne Auseinandersetzung mit der früheren höchstrichterlichen Rechtsprechung bei der Schlüssigkeitsprüfung direkt auf § 823 II BGB i.V.m. § 263 StGB, offenbar ohne sich klarzumachen, daß es sich zunächst um eine kollisionsrechtliche Frage handelt, so Koch ZZP 108 (1995), 370.

werden. Will man auch - woran de lege lata kein Weg vorbeiführt - am Spiegelbildprinzip festhalten, so kann der Beklagtenschutz auch nur durch eine neuerliche Überprüfung doppelrelevanter Tatsachen geschehen. Zweifel sind jedoch an der Notwendigkeit einer derart intensiven Nachprüfung dieser Tatsachen angebracht. Der Rechtsstreit wird entgegen dem eigentlichen Charakter des Anerkennungsstadiums in wesentlichen Teilen ein zweites Mal geführt. Andere Lösungen, die schon für den Bereich der Entscheidungszuständigkeit vorgestellt wurden, könnten dieses Problem abmildern.[633]

- IV. Rückschlüsse auf die Entscheidungszuständigkeit ?

-- 1. Ähnlichkeit der Problematik

Die Entscheidungs- und Anerkennungszuständigkeit sind in mancherlei Hinsicht miteinander verwandt. So werden durch das Spiegelbildprinzip die gleichen Normen zum Maßstab der Prüfung gemacht. Außerdem dienen beide Regelungsbereiche zumindest in einer Hinsicht dem gleichen Ziel: Es grenzt die "respektierten" Jurisdiktionsbereiche voneinander ab und umreißt somit aus deutscher Sicht die Sphären internationaler Gerichtspflichtigkeit des Beklagten.[634] Bei der direkten Zuständigkeit geht es u.a. um die Frage, unter welchen Voraussetzungen dem Beklagten die Entscheidungsbefugnis deutscher Gerichte zuzumuten ist, bei der Anerkennungszuständigkeit darum, wann aus deutscher Sicht dem Beklagten die Entscheidungsbefugnis eines ausländischen Gerichts zuzumuten ist.[635] Das Spiegelbildprinzip zeigt, daß das deutsche Recht grundsätzlich beide Bereiche gleich behandeln will.[636] Es wird den deutschen und den ausländischen Gerichten ein entsprechender Jurisdiktionsbereich zuerkannt. Aufgrund dieser Ähnlichkeiten hatte auch das Reichsgericht die Schlüssigkeitstheorie auf die Anerkennungszuständigkeit übertragen.[637]

---

[633]Vgl. oben § 9 II.; insbesondere die Vorschläge von Koch ZZP 108 (1995), 371: Plausibilitätsprüfung und Geimer, Prüfung, 165: Feststellung eines Geschehensablaufes, der möglicherweise einen Anspruch begründet. Beide beziehen sich direkt auf die Anerkennungszuständigkeit.

[634]Geimer LM § 32 Nr.15 sub 2.

[635]Gottwald ZZP 103 (1990), 274; Geimer, Prüfung, 122.

[636]Schack bewertet dies als Zuständigkeitsgleichheit zwischen den Staaten (IZVR, Rn 831); dazu auch Fricke 97.

[637]RG 30.5.1905 RGZ 61, 69, 71 f.

-- 2. Unterschiede

Dennoch sind die Unterschiede beider Konstellationen nicht zu verkennen. So wundert es nicht, daß auch der BGH sein Urteil gerade in strikter Abgrenzung zur Entscheidungszuständigkeit fällte. Der Stützpfeiler der Schlüssigkeitstheorie ist die Überprüfung doppelrelevanter Tatsachen in der Begründetheitsstation. Das deutsche Gericht prüft im Rahmen der Anerkennung aber lediglich die Zuständigkeit. Insoweit handelt es sich - betrachtet man das Anerkennungsstadium isoliert vom Ersturteil - nicht mehr um doppelrelevante Tatsachen im eigentlichen Sinn.[638] Ließe man allein den Vortrag des Klägers im Vollstreckungsverfahren (oder anderen Anerkennungsstadien) ausreichen, so ergäbe sich für den Beklagten tatsächlich der mittelbare Zwang, sich vor jedem beliebigen Gericht zu verteidigen. Aber auch was die Feststellungen des Ersturteils angeht, sieht der BGH keinen allgemeinen anerkennungsfähigen Standard bzgl. Sachverhaltsfeststellungen, die es erlauben würden, auch bei der Prüfung von Anerkennungsvoraussetzungen diese Feststellungen zu übernehmen.[639]

Weitere Rechtfertigung für die Schlüssigkeitstheorie war gerade der Beklagtenschutz, der durch das Erlangen eines Sach- statt eines Prozeßurteils erlangt werden sollte. Dieses Bedürfnis entfällt im Anerkennungsstadium ebenso wie die Probleme, die durch die Möglichkeit abgetrennter Verhandlung entstehen. Letztere stehen im Rahmen der Entscheidungszuständigkeit z.B. einer Zwischenlösung wie Glaubhaftmachung, summarische Prüfung oder Möglichkeitsprüfung entgegen, nicht hingegen im Anerkennungsstadium.

-- 3. Auswertung

Es zeigt sich, daß zwar teilweise sowohl bei der Entscheidungs- als auch bei der Anerkennungszuständigkeit gleiche Interessen involviert sind, angesichts des schon durchgeführten Erstverfahrens aber auch gewichtige Unterschiede des Anerkennungsstadiums im Hinblick auf den Streit um die Entscheidungszuständigkeit bestehen.

Die Unterschiede gerade in den zentralen Rechtfertigungselementen zeigen aber, daß es nicht erforderlich ist, für die Entscheidungs- wie für die Aner-

---

[638]Geimer LM § 32 Nr. 15 sub 2; Furtak 210 spricht von einer Umkehrung der Doppelrelevanz; Pagenstecher RabelsZ 11 (1937), 431 betont, daß es bei der Entscheidungszuständigkeit um eine Zulässigkeitsfrage, bei der Anerkennungszuständigkeit aber um eine Begründetheitsfrage der Klage ginge.

[639]BGH 25.11.1993 NJW 1994 1413, 1414; vgl. auch Hohloch JuS 1995, 800.

kennungszuständigkeit ein einheitliches kohärentes Lösungsmodell zu finden. Jedoch ist die h.M. zur Anerkennungszuständigkeit in anderer Weise für die hier behandelte Problematik aufschlußreich: So geht der BGH davon aus, daß für die Zuständigkeit grundsätzlich das tatsächliche Vorliegen der doppelrelevanten Tatsache (d.h. hier des Deliktes) gegeben sein muß und es sich bei der Schlüssigkeitstheorie tatsächlich nur um einen Kunstgriff mit Vereinfachungs- und Beklagtenschutzeffekt handelt.[640] Die Schlüssigkeitstheorie läßt sich nach dieser Rechtsprechung also auch in der Entscheidungszuständigkeit nur rechtfertigen, solange der Beklagtenschutz dieses rechtfertigt. Gleichzeitig sieht der BGH die Gefahr einer Gerichtspflichtigkeit eines Beklagten auf eine bloße ggf. unrichtige Behauptung des Klägers hin. Diese Bedenken müßten in gleicher Weise im Recht der Entscheidungszuständigkeit zu einer umfassenden Zuständigkeitsprüfung führen, soweit eine Tatsachenprüfung auf der Begründetheitsebene nicht sichergestellt ist.[641] Der Hinweis des BGH darauf, daß die anderen Staaten die Urteile deutscher Gerichte ebenfalls im Hinblick auf die Zuständigkeit untersuchen könnten[642], nimmt dem Risiko für den Beklagten in Anbetracht des weiten Vollstreckungsraumes deutscher Urteile durch das EuGVÜ und Lugano-Übereinkommen nämlich nur wenig an Schärfe.

- V. Ergebnis

Die unterschiedliche Interessenlage bei Anerkennungs- und Entscheidungszuständigkeit verbietet eine direkte Übertragung von Regelungsmodellen für die Behandlung doppelrelevanter Tatsachen von einem Bereich auf den anderen. Dennoch zeigt die Behandlung doppelrelevanter Tatsachen durch die h.M. im Anerkennungsrecht, daß
a) die Schlüssigkeitstheorie ein reines Zweckmäßigkeitskonstrukt ist und sich allein durch den Beklagtenschutz rechtfertigt,
b) die Gerichtspflichtigkeit des Beklagten nicht durch bloße Behauptungen des Klägers erweitert werden darf und
c) die Gefahr der Zuständigkeitserschleichung bei bloßem Abstellen auf die Behauptungen des Klägers durchaus real ist.

---

640 BGH 25.11.1993 NJW 1994, 1413 " Das Berufungsgericht hätte im Rahmen des § 328 I Nr.1 prüfen müssen, ob die Bekl. tatsächlich einen Betrug in den USA begangen haben." Zu dieser Bewertung vgl. auch Gottwald IPRax 1995, 75.

641 Z.B. beim Versäumnisurteil siehe oben § 13 II.1.

642 BGH 25.11.1993 NJW 1994 1413, 1414.

§ 17 Folgerungen aus dem *Zweiten Teil*

- I. Einleitung

Die Ausführungen in diesem Teil der Arbeit haben gezeigt, daß nicht alle in der Diskussion auftauchenden Argumente etwas dazu beitragen können, die richtige Methode für die Behandlung doppelrelevanter Tatsachen im Zuständigkeitsstreit zu bestimmen. Die wichtigsten Gesichtspunkte haben sich bei der Untersuchung des Beklagteninteresses ergeben. Im folgenden werden die verschiedenen Lösungsmodelle in einer vorläufigen Bilanz für das autonome deutsche internationale Zivilverfahrensrecht bewertet.

- II. Die herrschende Schlüssigkeitstheorie

Hinsichtlich der eher technischen prozessualen Rahmenbedingungen des deutschen Zuständigkeitsrechts wirft die herrschende Meinung keine Probleme auf. Bei der Untersuchung der Rechtskraft der gerichtlichen Entscheidung wurde dargelegt, daß es grundsätzlich wünschenswert ist, wenn beim Nichterweis doppelrelevanter Tatsachen ein abweisendes Sachurteil erlassen werden kann.[643] Allein die Schlüssigkeitstheorie ist in der Lage, einen systemstimmigen Weg zu diesem Ergebnis aufzuzeigen. Unter dem Aspekt der Zuständigkeitssicherheit zeigte sich, daß die Schlüssigkeitstheorie mit ihren klaren und handhabbaren Kriterien besonders geeignet ist, zu vorhersehbaren Zuständigkeitsentscheidungen zu kommen.[644] Im folgenden wird jedoch auf drei Problembereiche eingegangen, bei denen die Schlüssigkeitstheorie nicht immer zu sachgerechten Ergebnissen führt.

-- 1. Doppelrelevante Rechtsfragen

Die zentrale Zielrichtung der Behandlung doppelrelevanter Tatsachen durch die herrschende Meinung ist die Möglichkeit des Beklagten, bei erwiesener Unbegründetheit ein Sachurteil und nicht nur ein weniger Rechtssicherheit bietendes Prozeßurteil zu erlangen. Dieses Ziel wird auf der Beweisebene konsequent verfolgt, nicht jedoch auf der Rechtsprüfungsebene, wo eine entsprechende Eingrenzung fehlt.[645] In einem Rechtsstreit kann es aber gerade um

643 Vgl. oben § 13 III.

644 Oben § 15 II.

645 Würthwein ZZP 106 (1993), 60 ff., Reinecke ZfA 1998, 376; Gravenhorst 53; Kubis, Int. Zuständigkeit, 99 ff.

Rechtsfragen gehen, die somit Bestandteil der Schlüssigkeitsprüfung bereits auf der Zuständigkeitsebene sind. Hier kommt es also wesentlich darauf an, was Gegenstand der Schlüssigkeitsprüfung ist. Sowohl beim Gerichtsstand des Erfüllungsortes als auch dem der unerlaubten Handlung sind viele materiellrechtliche Fragen des Rechtsstreits schon in der Zuständigkeit zu klären. Selbst bei der Frage des Zustandekommens eines Vertrages sind schwierige, z.B. AGB- oder vertretungsrechtliche Fragen, auf der Zulässigkeitsebene zu klären. Im Deliktsgerichtsstand ist zwar die Höhe des Anspruchs nicht Gegenstand der Zuständigkeitsprüfung, jedoch der gesamte Tatbestand. Gerade im Bereich der Persönlichkeitsrechtsverletzungen durch Massenmedien ist häufig die Rechtswidrigkeit der Verletzung, d.h. eine Rechtsfrage, zentraler Streitpunkt des Verfahrens. Dagegen ist der Sachverhalt hinsichtlich Inhalt und Verbreitung der Publikation schnell aufgeklärt.[646] Nimmt man die Schlüssigkeitsprüfung ernst, so würden gerade im Bereich der Zuständigkeit wichtige, auch für die Begründetheit entscheidende Rechtsfragen geklärt, mit der Folge, daß trotz Unbegründetheit der Klage lediglich ein Prozeßurteil ergehen kann. Die Funktion der Schlüssigkeitsprüfung liegt u.a. im Bereich der Zuständigkeitssicherheit.[647] Dem Beklagtenschutz dient sie insofern, als bei einer abgetrennten Verhandlung unter Umständen eine weniger tiefe Befassung mit dem Tatsachenstoff erforderlich ist und es schneller zu einem abweisenden (Prozeß-)Urteil kommt. Im Rahmen des Versäumnisurteils hat die Schlüssigkeitsprüfung auf der Zulässigkeitsebene keine Schutzfunktion, da im deutschen Zivilprozeßrecht eine Schlüssigkeitsprüfung auch auf der Begründetheitsebene durchgeführt wird. Auf der anderen Seite ist die Möglichkeit des Beklagten zur rügelosen Einlassung zu sehen. Nach Pfeiffer hat ein Beklagter, der ein Interesse an einem Sachurteil hat und trotzdem die internationale Zuständigkeit rügt, Phantomcharakter.[648] Daß diese Aussage im allgemeinen nicht zutreffend ist, wurde oben gezeigt.[649]

Trotz ähnlicher Konstellation werden nach der Schlüssigkeitstheorie doppelrelevante Rechtsfragen und doppelrelevante Tatsachen nicht gleich behandelt, da lediglich letztere im Rahmen der Zuständigkeitsprüfung unterstellt werden. Läßt sich also aus der Beklagtenperspektive eine Ungleichbehandlung von Rechtsprüfungs- und Tatsachenprüfungsebene rechtfertigen? Wird die Zuständigkeit mangels Schlüssigkeit einer Zuständigkeitstatsache abgelehnt, dann hat

---

646 Vgl. die zutreffenden Ausführungen bei Würthwein ZZP 106 (1993), 60; ihr folgend Kubis, Int. Zuständigkeit, 99.

647 § 15 II. Dort wird auch gezeigt, wie problematisch die Alternativen zur Schlüssigkeitsprüfung sind.

648 Oben § 13 III.4.d).

649 Oben § 13 III.4.d).

im Regelfall keine Beweisaufnahme stattgefunden. Der Prozeß dürfte in den meisten Fällen zu keiner wesentlichen Belastung des Beklagten geführt haben, da das Gericht schon beim ersten Termin den Kläger auf die Unschlüssigkeit hingewiesen haben müßte. Anders stellt es sich nach erfolgter Beweisaufnahme dar. Hier ist die Investition des Beklagten in den Prozeß größer, sein Interesse an einem Sachurteil als erheblicher einzuschätzen. Solches läßt sich hinsichtlich der Rechtsprüfung nicht in gleichem Maße feststellen. Nimmt man die strukturierende Funktion der Schlüssigkeitsprüfung hinzu, die der Tatsachenprüfung nicht zukommt, so läßt sich eine Ungleichbehandlung der beiden Ebenen rechtfertigen.

-- 2. Problem des Versäumnisurteils

Es wurde gezeigt, daß beim Versäumnisurteil die Unterstellung von Zuständigkeitstatsachen der Rechtfertigungsbasis der herrschenden Meinung zuwider läuft. Zu betonen ist, daß die herrschende Meinung nur tatsächlich doppelrelevante Tatsachen unterstellt (d.h. nicht z.B. den Handlungs- /Erfolgsort oder die Erfüllungsortsvereinbarung). Dies ist aber gerade in Mißbrauchsfällen, bei denen der ganze Tatbestand bestritten wird, häufig unerheblich. So wurde gezeigt, daß es in allen Bereichen des § 29 ZPO wie des § 32 ZPO zu Situationen kommen kann, in denen die Beziehung des Beklagten zum Gerichtsstand allein durch die bloße Behauptung des Klägers gestützt wird.[650]

Es ergeben sich drei Möglichkeiten: Man kann der Auffassung sein, daß die Mißbrauchsfälle so selten sind, daß diese Ungereimtheit bestehen bleiben kann. Dagegen spricht die Entscheidung des BGH zur Anerkennungszuständigkeit, der eine erhebliche Einschränkung der Vollstreckbarkeit ausländischer Urteile mit der Mißbrauchsmöglichkeit begründet hat.[651] Dem BGH ist zuzustimmen: Ein wesentlicher Sinn der Zuständigkeitsordnung ist angesichts der Möglichkeit rügeloser Einlassung der Beklagtenschutz. Diese bewährt sich gerade in Mißbrauchssituationen. Ein wesentlicher Aspekt der Zuständigkeitsprüfung muß daher sein, die Mißbrauchsmöglichkeiten einzuschränken.
Bleiben somit noch zwei weitere Auswege: Entweder man gibt die Schlüssigkeitstheorie ganz auf und behilft sich mit den noch zu bewertenden Alternativvorschlägen oder man unterwirft den Säumnisfall einem besonderen Rechtsregime. Die zweite Möglichkeit wird nur dann weiterzuverfolgen sein, wenn

---

[650]Oben § 13 II 1.c)ee).

[651]Dazu oben § 16.

die Alternativlösungen zu akzeptabelen Ergebnissen führen.[652] Fraglich ist, ob die dritte Möglichkeit gangbar ist.
Eine Beschränkung der Schlüssigkeitstheorie auf Fälle mit streitiger Verhandlung würde bedeuten, daß die Zuständigkeit im Falle der Säumnis unter anderen Voraussetzungen bejaht wird als im Anwesenheits-/Rügefalle: Es müßte Beweis auch hinsichtlich doppelrelevanter Tatsachen erhoben werden. Hier würde es sich um einen klaren systematischen Bruch handeln, da im Gesetz nicht zwischen der Zuständigkeit im Fall der Beklagtensäumnis und im Anwesenheitsfalle unterschieden wird. Dennoch muß man überlegen, ob nicht dieser systematische Bruch hingenommen werden kann, um den betroffenen Parteiinteressen gerecht zu werden.
Es wurde bereits darauf hingewiesen, daß bei abgesonderter Verhandlung auch ein anwesender Beklagter Interesse an einer intensiven Zuständigkeitsprüfung haben kann.[653] Wägt man dieses Interesse jedoch mit dem generalisierten Interesse der Beklagtenpartei an einem Sach- statt einem Prozeßurteil ab, so wiegt letzteres schwerer. Dieses Abwägungsergebnis ist auch dann richtig, wenn man die Möglichkeit der rügelosen Einlassung seitens des Beklagten sieht, mit der er selbst sicherstellen könnte, zu einem Sachurteil zu gelangen. Berücksichtigenswerte entgegenstehende Klägerinteressen sind nicht ersichtlich. Bei streitiger Verhandlung geht der Kläger selbst das Risiko einer Sachabweisung ein, was durchaus sachgerecht, ja erforderlich ist, um die Waffengleichheit der Parteien herzustellen.[654] Wie unter § 13 II.1.c)cc)(2) gezeigt, hat der Kläger im Säumnisfall kein wesentliches, berechtigtes Interesse, das Versäumnisurteil auch ohne jegliche Beweisaufnahme hinsichtlich doppelrelevanter Tatsachen zu erlangen, ebensowenig wie hinsichtlich anderer Zulässigkeitstatsachen.

Ob man den systematischen Bruch hinnehmen kann, hängt auch davon ab, aus welchen Beweggründen die Prüfung doppelrelevanter Tatsachen in die Begründetheitsebene verlagert wurde. Oben[655] wurde dargestellt, daß die Rechtsprechung die Verlagerung der Beweisverwertung bei der Entscheidungszuständigkeitsentscheidung rein aus Praktikabilitäts- und Beklagtenschutzgesichtspunkten rechtfertigt. Sprechen somit für die Verlagerung keine zwingenden systematischen Gründe, sondern dient sie dem Beklagtenschutz, so kann dieser auch einen systematischen Bruch rechtfertigen.

---

[652]Sogleich unter III.

[653]Oben §13 I.2.

[654]Stein/Jonas-Schumann § 1 Rn 21h.

[655]Oben § 16.

Im Einzelfall kann diese Ungleichbehandlung dazu führen, daß ein Beklagter eher dem Verfahren fernbleibt, als wenn allgemein die Schlüssigkeitstheorie gelten würde, da er geneigt sein könnte, auf die Zuständigkeitsentscheidung des deutschen Gerichts zu vertrauen. Dieses Vorgehen ist sicherlich risikoreich, da häufig erst das Korrektiv des Beklagtenvortrages etwaige Mängel im klägerischen Sachvortrag aufdeckt. Die Abschätzung dieses Risikos ist jedoch vom Beklagten vorzunehmen. Die Ablehnung der Schlüssigkeitstheorie im Säumnisfall ermöglicht ihm zumindest diese Abwägung und führt erst dadurch zu einer möglichen Beschränkung der internationalen Gerichtspflichtigkeit.

-- 3. Problem der Annexzuständigkeit

Die Ermöglichung der Prüfung konkurrierender Anspruchsgrundlagen in den besonderen Gerichtsständen wurde als allgemein wünschenswert herausgearbeitet.[656] Diese Ausweitung der besonderen Gerichtsstände läßt sich aber nur dann rechtfertigen, wenn der tatsächliche Bezug des Beklagten zum Forum sichergestellt ist. Das ist bei der Schlüssigkeitstheorie nicht der Fall. Insoweit muß man entweder die Schlüssigkeitstheorie allgemein aufgeben oder aber die Schlüssigkeitstheorie mit Elementen anreichern, die diesen Beklagtenbezug sichern.

-- 4. Ergebnis

Die Schlüssigkeitstheorie führt im Regelfall zu sachgerechten Ergebnissen. Jedoch ist sie im Fall der Beklagtensäumnis nicht ohne Modifikationen zu rechtfertigen. Ebenso ist eine Ausweitung der besonderen Gerichtsstände auf konkurrierende Anspruchsgrundlagen nur bei einer Modifikation der Schlüssigkeitstheorie angemessen.

- III. Alternative Modelle

-- 1. Strikte Beweistheorie

Unter "strikter Beweistheorie" wird hier die Auffassung verstanden, nach der alle Zuständigkeitstatsachen nicht nur einer Schlüssigkeitsprüfung unterzogen werden, sondern von der beweisbelasteten Partei auch bewiesen werden müssen.[657] Diese Theorie hat den Vorteil, daß sie das Problem der Beklagtensäumnis systemstimmig in den Griff bekommt. Ein Mißbrauch ist nach dieser

---

[656]Oben § 13 II.2.

[657]So z.B. die EG-Kommission im Verfahren Effer/Kantner; vgl. unten § 22 II.2.

Theorie ausgeschlossen. Hinsichtlich einer Annexzuständigkeit führt die strikte Beweistheorie, wie unter § 13 II.2.d) dargelegt, nur zu unbefriedigenden Ergebnissen. Denn die Beweisanforderungen sind so strikt, daß eine Annexzuständigkeit nur im Einzelfall bejaht werden wird, da bei Unbegründetheit des gerichtsstandsvermittelnden Anspruchs regelmäßig auch die Zuständigkeit entfällt. Noch schwerer wiegt das Problem, daß im Regelfall in besonderen anspruchsbezogenen Gerichtsständen nur abweisende Prozeßurteile und nur selten abweisende Sachurteile erlangt werden können. Das Problem wird zwar durch die Möglichkeit der rügelosen Einlassung entschärft. Wie unter § 13 II.4.d) dargelegt, kann ein Beklagter aber ein legitimes Interesse sowohl an der Rüge der internationalen Zuständigkeit als auch gleichzeitig der Erlangung eines abweisenden Sachurteils haben. Dieses Manko wurde hinsichtlich der Rechtsprüfungsebene schon bei der Schlüssigkeitstheorie kritisiert, wiegt aber auf der Tatsachenebene weit schwerer.[658]

-- 2. "Flexible" Zwischenlösungen

Als "flexible" Zwischenlösungen werden hier die Modelle bezeichnet, die in den Bereichen Rechtsprüfung und/oder Tatsachenprüfung auf summarische, vorläufige Prüfungsarten oder auf Ermessenserwägungen des Gerichts abstellen.[659] In den Bereichen Versäumnisurteil, Anspruchsgrundlagenkonkurrenz und bei der Möglichkeit von Sach- statt Prozeßurteilen mögen diese Lösungen im Vergleich mit den beiden bisher dargestellten Lösungsmodellen Vorteile aufweisen. Gegen diese Zwischenlösungen sprechen aber zum einen die Probleme, die dort bei der die Rechtswirklichkeit beherrschenden einheitlichen Verhandlung über Zuständigkeits- und Begründetheitsfragen auftauchen.[660] Zum anderen genügen sie nicht den unter dem Stichwort der Zuständigkeitssicherheit aufgeführten Erfordernissen. Mit diesen Zwischenlösungen würde ein dem deutschen Zuständigkeitsrecht unbekanntes Unsicherheitselement eingeführt, was der einheitlichen Anwendung der Zuständigkeitsvorschriften abträglich wäre. Insofern bieten die "flexiblen" Zwischenlösungen keine brauchbare Alternative zur Schlüssigkeitstheorie.

-- 3. "Strukturierte" Zwischenlösungen

Die hier so bezeichneten "strukturierten" Zwischenlösungen versuchen die gerade aufgezeigten Probleme der flexiblen Lösungen zu vermeiden, indem

---

[658]Soeben unter II.1.

[659]Vgl. § 9; § 15 II.2.a)dd).

[660]Oben § 12 I.2.c)bb).

nicht bei der Prüfungstiefe, sondern in der Prüfungsbreite Abstriche gemacht werden. Sie werden als "strukturiert" bezeichnet, da sie sich an klar judizierbaren Kriterien orientieren und einen gewissen Schwerpunkt auf Rechtssicherheit legen.

Das Modell von Würthwein[661] geht sehr weit, indem es für den Deliktsgerichtsstand nur noch an Grundbegriffe wie Handlung und Erfolg anknüpft. Diese Entformalisierung stößt, wie unter § 15 II.2.a)cc),ee) gezeigt, auf durchgreifende Bedenken, da durch sie die Abgrenzungsfunktion der Zuständigkeitsnormen aufgehoben wird.

Bei gleichzeitiger Tatbestandsreduktion muß eine Verknüpfung des Forums mit dem Beklagten gefunden werden, die eine Gerichtspflichtigkeit für den Beklagten plausibel macht. Diese muß tatsächlich bestehen, d.h. der Nexus ist bereits auf Zuständigkeitsebene zu beweisen.
Im Bereich der Rechtsprüfung müßten dagegen möglichst viele Einzelstreitpunkte im Rahmen der Zulässigkeit offen bleiben, um bei Verfahren, die sich primär oder zumindest auch um Rechtsfragen drehen, möglichst weitgehend Sachurteile zu ermöglichen. Dies führte aber zu einem Konflikt mit dem Aspekt der Zuständigkeitssicherheit, da die Reduzierung der Zuständigkeitstatsachen im Bereich des Gerichtsstandes der unerlaubten Handlung allein anhand des konkret anwendbaren Rechts erfolgen kann.[662] Oben wurden Ansätze für eine derartige Reduktion aufgezeigt. Diese Ansätze zeigen aber auch, wie aufwendig eine den Anforderungen an die Zuständigkeitssicherheit genügende Reduktion der Tatbestände wäre. Bei der Abwägung dieser Nachteile mit den Vorteilen eines Gerichtsstandes des Sachzusammenhanges wiegen letztere jedoch schwerer, und die Bedenken hinsichtlich der Zuständigkeitssicherheit sind zurückzustellen. Man kann sich also mit der Schlüssigkeitsprüfung und dem Beweis einiger gewichtiger Gesichtspunkte, die den Beklagtenbezug zum Forum sicherstellen (bei § 32 ZPO etwa Verursachung der Rechtsgutsverletzung oder Schadenszurechnung), begnügen.
Ein entsprechendes "strukturiertes" Lösungsmodell läßt sich auch für den Gerichtsstand des Erfüllungsortes entwickeln. Es wurde dargelegt, daß die h.M. beim Gerichtsstand des Erfüllungsortes die streitige Verpflichtung einer umfassenden Schlüssigkeitsprüfung unterziehen müßte, wollte sie die zu § 32 ZPO entwickelten Grundsätze auf § 29 ZPO übertragen. Eine Reduzierung ist hier dadurch möglich, daß man lediglich auf die primäre Hauptverpflichtung abstellt, wie dies im europäischen Recht schon praktiziert wird.

---

[661]Näher oben § 15 II.2.a)cc).

[662]§ 15 II.2.a)aa)(2).

Die Beweisebene kann sich dann auf den Beweis des Vertragsschlusses zwischen den Parteien beschränken.

Als diesem "strukturierten" Modell verwandt kann man Geimers Lösungsmodell interpretieren.[663] Nach dessen wiederholt gebrauchter Formel soll es z.B. für § 32 ZPO ausreichend, aber auch notwendig sein, Tatsachen zu behaupten und zu beweisen, die möglicherweise auf ein Delikt hindeuten.[664] Eine andere Formulierung ist, daß lediglich der äußere Tatbestand eines Deliktes zu behaupten und zu beweisen sei.[665] Die erste Formulierung könnte man zwar eher den "flexiblen" Zwischenlösungen zuordnen. Die alternative Formulierung ist aber der eben dargestellten strukturierten Zwischenlösung sehr ähnlich. Man müßte lediglich definieren, was als äußerer Tatbestand zu gelten hat.

- IV. Lösungsvorschläge: Die "kleine" und die "große" Lösung

Für das autonome deutsche Zivilverfahrensrecht bieten sich zusammenfassend die zwei folgenden Lösungswege an.

Eher konservativ kann man grundsätzlich an der Schlüssigkeitstheorie festhalten und nur im problematischen Bereich der Beklagtensäumnis einen Beweis doppelrelevanter Tatsachen verlangen ("kleine Lösung"). Eine Annexzuständigkeit kraft Sachzusammenhangs an den besonderen Gerichtsständen ist mit diesem Modell nicht vereinbar.

Nach einem weitergehenden Modell wird die Zuständigkeitsbreite, d.h. die Anzahl der Zuständigkeitstatsachen reduziert. Diese Tatsachen sind aber auch schon auf der Zulässigkeitsebene -trotz Doppelrelevanz- einer Beweispflicht zu unterstellen ("große Lösung").[666] Folgt man diesem Modell, ist es gleichgültig, ob eine Tatsache doppel- oder einfachrelevant ist. Eine Mißbrauchsgefahr bei der Zulassung einer Annexkompetenz kraft Sachzusammenhangs bei besonderen Gerichtsständen bestünde bei diesem Modell nicht.

Eine Entscheidung zwischen diesen beiden Wegen hängt von der Behandlung der Anspruchsgrundlagenkonkurrenz in den besonderen Gerichtsständen ab. Will man richtigerweise bei Anspruchsgrundlagenkonkurrenz in den beson-

---

[663] Vgl. § 9; § 15 II.3.

[664] Geimer, IZPR, Rn 1526, 1826; ähnlich in LM § 29 Nr.8 sub 2.c); WM 1986, 119.

[665] Geimer, IZPR, Rn 1826; WM 1986, 119.

[666] "Strukturierte Zwischenlösung", soeben unter III.

deren Gerichtsständen eine umfassende Prüfung des Sachverhaltes zulassen, so stellt sich die Beweisfrage auch außerhalb des Säumnisfalles mit ganzer Schärfe. Die Schlüssigkeitstheorie eröffnet bei der Zulassung einer Annexkompetenz kraft Sachzusammenhangs in den besonderen Gerichtsständen untragbare Mißbrauchsmöglichkeiten.[667] Folglich ist sie bei einer auf konkurrierende Ansprüche ausgeweiteten Kognitionsbefugnis in besonderen Gerichtsständen nicht aufrechtzuerhalten.[668] Es bleibt somit bei der Alternative, entweder die Annexkompetenz an den besonderen Gerichtsständen abzulehnen oder aber die Schlüssigkeitstheorie samt ihren Vorteilen für den Beklagten zugunsten einer "strukturierten" Zwischenlösung aufzugeben. Es ist daher abzuwägen, ob bei generalisierender Betrachtungsweise die Interessen des Beklagten an einer Sachentscheidung durch die Beibehaltung der Schlüssigkeitstheorie oder die Vorzüge einer umfassenden Prüfung überwiegen. Angesichts der Möglichkeit der rügelosen Einlassung seitens des Beklagten sind die Interessen an einem Sachurteil nicht als zwingend zu bewerten. In Anbetracht der oben geschilderten Vorzüge der Erweiterung der Kognitionsbefugnis sind die negativen Folgewirkungen für den Beklagten durch die zwingend erforderliche Erhöhung der Beweispflicht hinzunehmen. Insofern erscheint es als Ergebnis dieses Teiles der Arbeit sachgerecht, den Klägerinteressen hinsichtlich der erweiterten Kognitionsbefugnis der Gerichte Vorrang einzuräumen und einen Gerichtsstand des Sachzusammenhangs bei gleichzeitiger Beweispflichtigkeit doppelrelevanter Tatsachen bereits auf Zulässigkeitsebene zu befürworten. Vorteil dieser "großen" Lösung wäre zudem, daß die systemwidrige Sonderbehandlung der Zuständigkeitsprüfung im Säumnisfall entfiele.

Eine abschließende Stellungnahme zu diesen beiden Wegen kann aber erst nach der Untersuchung des europäischen Rechts erfolgen.

---

[667] § 13 II.2.d),e).

[668] § 13 II.2.e).

Dritter Teil
Die europäische Ebene - Das Europäische Gerichtsstands- und Vollstreckungsübereinkommen

§ 18 Einleitung

Ein wesentlicher Teil des deutschen internationalen Zivilprozeßrechts gerade im Hinblick auf die Gerichtsstände des Erfüllungsortes und der unerlaubten Handlung wird nicht mehr von autonomen Regelungen, sondern von europäischem Einheitsrecht, dem EuGVÜ[669], bestimmt.

Das EuGVÜ unterliegt gerade einem Veränderungsprozeß auf zwei Ebenen. Zum einen wird seine Legitimationsgrundlage geändert, indem es nach den Vorstellungen der Unterzeichner des Amsterdamer Vertrages "vergemeinschaftet" wird. Konsequenterweise ist die Neufassung nicht mehr in der Form eines Staatsvertrages, sondern in der einer Verordnung (EuGVVO) erlassen worden.[670]
Zudem erfährt das EuGVÜ auch eine inhaltliche Revision, die jedoch die hier behandelte Problematik nur in Randbereichen berührt, etwa durch die Neubestimmung der Erfüllungsortsbegriffs in Art. 5 Nr.1 EuGVÜ.

Im folgenden Abschnitt wird zunächst anhand der Regelungen des Übereinkommens und der hierzu ergangenen Rechtsprechung des EuGH die "europäische Zuständigkeitsprüfung" skizziert. Sodann wird das deutsche Recht auf seine Vereinbarkeit mit dieser "europäischen Zuständigkeitsprüfung" untersucht, wobei auch das englische Lösungsmodell berücksichtigt wird.

---

[669]Das Lugano-Übereinkommen wirft entsprechende Probleme auf. Die hier relevanten Normen sind wortgleich mit denen des EuGVÜ. Im folgenden wird lediglich auf das EuGVÜ eingegangen.

[670]Verordnung (EG) Nr. 44/2001 v. 22.1.2000 über die gerichtliche Zuständigkeit und die Anerkennung und Vollstreckung von Entscheidungen in Zivil- und Handelssachen. Abl. EG L 12/1 v. 16.1.2001 Vgl. auch Jayme/C.Kohler IPRax 1999, 404 ff. und C.Kohler, Revision, 1 ff.

§ 19 Verhältnis zum nationalen Zivilprozeßrecht

- I. Vorrang

Das EuGVÜ in seiner bisherigen Form wird entweder als einfacher völkerrechtlicher Vertrag[671] oder aber als primäres Gemeinschaftsrecht[672] aufgefaßt. Beide Auffassungen gelangen zu dem Ergebnis, daß es Vorrang sowohl vor früherem als auch späterem nationalen Recht beanspruchen kann.[673] Soweit das EuGVÜ Anwendung beansprucht, geht es entgegenstehenden nationalen Vorschriften vor.[674] In der neuen Form als Verordnung geht es nach allgemeinen europarechtlichen Grundsätzen als sekundäres Gemeinschaftsrecht dem nationalen Recht vor.

- II. Regelungsdichte

Grundsätzlich handelt es sich beim EuGVÜ um eine umfassende Zuständigkeitsordnung.[675] Ein ergänzender Rückgriff auf nationales Recht, etwa auf autonome Gerichtsstände, scheidet aus.
Diese Zuständigkeitsordnung soll nach den Vorstellungen des EuGH so weit wie möglich aus sich selbst heraus verständlich und wirksam sein.[676] Diesem Ziel dient die autonome Auslegung der im EuGVÜ verwendeten Begriffe.[677] Einer autonomen Auslegung im Gegensatz zur Ausfüllung des Begriffsinhaltes mit der jeweiligen lex causae / lex fori sei grundsätzlich der Vorzug zu geben.[678] Sie stößt jedoch nach Auffassung des EuGH auf Grenzen, wenn

---

[671]Kropholler, EuZPR, Einl 12; Schack, IZVR, Rn 78; Wieczorek/Schütze-Hausmann § 40 Anh I EuGVÜ Einl Rn 9; Schulte-Beckhausen 16.

[672]Schlosser NJW 1975, 2132; Schlosser, EuGVÜ, Einl. 20; Stein/Jonas[20]-Schumann Einl 781 Fn 20; einschränkend Schwarz 83.

[673]Die völkerrechtsvertragliche Auffassung gelangt zu dem Ergebnis mittels völkerrechtsfreundlicher Auslegung des nationalen Rechts, Kropholler, EuZPR, Rn 13; Geimer/Schütze, EuZVR, Einl Rn 15.

[674]Vgl. 15.11.1983 - 288/82 (Duijnstee/Goderbauer) Slg 1983, 3663 Rn 14.

[675]Kropholler, EuZPR, Vor Art. 2 Rn 18.

[676]Vgl. oben § 28-3.

[677]Dazu Kropholler, EuZPR, Einl Rn 45; Geimer/Schütze, EuZVR, Einl Rn 55 ff.; Pfeiffer, JbjZivilRWiss 1991, 71 ff.; Scholz passim; Cieslik, 36 ff., 42 ff., 126 ff.;

[678]EuGH 9.1.1997 383/95 (Rutten/Cross Medical) Slg 1997, I-57 Rn 12; 28.9.1999 - 440/97 (GIE Concorde/Kapitän des Schiffes "Suhadiwarno Panjan") EWS 2000, 31 Rn 11; 13.7.1993 - 125/92 (Mulox/Geels) Slg 1993, I-4075 Rn 10. Zurückhaltender noch EuGH 6.10.1976 - 12/76 (Tessili/Dunlop) Slg 1976, 1473 Rn 11. Engagierte Plädoyers für autonome Auslegung in den Schlußanträgen der Generalanwälte Lenz Rn 10 ff in: EuGH

andere Werte des EuGVÜ, wie Rechtssicherheit und Vorhersehbarkeit der Zuständigkeitsentscheidung, gegen eine autonome Auslegung sprechen.[679]
Zu beachten ist, daß die autonome Auslegung und die Auslegung nach der lex causae nicht in einem Ausschließlichkeitsverhältnis zueinander stehen. Es gibt auch eine mehr oder weniger autonome Auslegung[680], etwa wenn man Vorfragen einer autonomen Begriffsdefinition der lex causae unterstellt.

Die Zuständigkeitsregeln und die Art und Weise der Zuständigkeitsprüfung stehen in einem besonders engen Verhältnis zueinander: Die Wirksamkeit einer Zuständigkeitsregel hängt in der praktischen Anwendung von der Art der Prüfung ab. Gleichwohl ist die Art und Weise der Zuständigkeitsprüfung im EuGVÜ nur in Randbereichen explizit geregelt. So wird in Artt. 19 und 20 EuGVÜ (jetzt Artt. 25, 26 EuGVVO) in bestimmten Bereichen eine Prüfung von Amts wegen vorgeschrieben. Diese stellen jedoch allenfalls einen Mindeststandard auf.[681] Im übrigen setzt das EuGVÜ das nationale Verfahrensrecht voraus.[682] So betonte der EuGH auch wiederholt, daß es nicht Aufgabe des EuGVÜ sei, die nationalen Verfahrensvorschriften zu vereinheitlichen.[683] Daß nationale Regelungen, die direkt einer Anordnung des EuGVÜ widersprechen[684], keine Geltung im Bereich des Abkommens beanspruchen können, ist logische Folge des Vorrangprinzips. Schwieriger ist jedoch das Verhältnis von allgemeinem Verfahrensrecht und den Normierungen der einzelnen Gerichtsstände. Wie dieses Verhältnis angemessen auszuloten ist, mußte vom EuGH in mehreren Urteilen bestimmt werden. Diese Urteile werden in § 22 II. analysiert.

6.10.1976 - 12/76 (Tessili/Dunlop) Slg 1976, 1473 Rn 11. Engagierte Plädoyers für autonome Auslegung in den Schlußanträgen der Generalanwälte Lenz Rn 10 ff in: EuGH 29.6.1994 - 288/92 (Custom Made Commercial/Stawa Metallbau) Slg 1994, I-2913; Ruiz-Jarabo Colomer Rn 44 ff., 95 ff. in: EuGH 28.9.1999 - 440/97 (GIE Concorde/Kapitän des Schiffes "Suhadiwarno Panjan") insoweit unveröffentlicht; Léger IV C 3) b in: EuGH 5.10.1999 - 420/97 (Leathertex/Bodetex) insoweit unveröffentlicht.

[679] EuGH 28.9.1999 - 440/97 (GIE Concorde/Kapitän des Schiffes "Suhadiwarno Panjan") EWS 2000, 31 Rn 11, 27 ff.

[680] Schlußantrag von Generalanwalt Lenz Rn 65 in: EuGH 29.6.1994 - 288/92 (Custom Made Commercial/Stawa Metallbau) Slg 1994, I-2913; Scholz 168 ff., 184 ff.

[681] Geimer/Schütze, EuZVR, Einl 17; Schoibl, FS Schütze, 780.

[682] Kropholler, EuZPR, Vor Art. 2 Rn 21; Wieczorek/Schütze-Hausmann § 40 Anh I Vor Art. 2 EuGVÜ Rn 22.

[683] EuGH 15.5.1990 - 365/88 (Kongress Agentur Hagen/Zeehage) Slg 1990 I-1845 Rn 17; 7.3.1995 - 68/93 (Shevill/Presse Alliance) Slg 1995, I-415 Rn 35.

[684] Vgl. zum niederländischen Rechtsmittelrecht EuGH 15.11.1983 - 288/82 (Duijnstee/Goderbauer) Slg 1983, 3663.

- III. Ausstrahlungswirkungen - Das EuGVÜ als ratio scripta

Das EuGVÜ hat nicht allein dadurch überragende Bedeutung für das deutsche internationale Verfahrensrecht, daß es durch die Ausbreitung seines räumlichen Anwendungsbereiches inzwischen einen wesentlichen Anteil an Zivilverfahren mit Auslandsberührung beherrscht. Es hat zudem als vernünftiges Recht, als "ratio scripta"[685] einen Siegeszug in Bereichen angetreten, die formal nicht vom Übereinkommen beherrscht werden.[686] So wurden in Deutschland schon die Reformen der Regeln hinsichtlich Gerichtsstandsvereinbarungen mit Rücksicht auf das EuGVÜ gefaßt.[687] Die Frage der Anspruchsgrundlagenkonkurrenz wurde vom BGH im wesentlichen im Hinblick auf die parallele Problematik im EuGVÜ entschieden.[688] Die Einschränkung des Gerichtsstandes des Vermögens in § 23 ZPO für internationale Fälle durch die Rechtsprechung[689] ist eine Folge der Brandmarkung dieses Gerichtsstandes durch Aufnahme in die Liste der verpönten exorbitanten Gerichtsstände in Art. 3 II EuGVÜ.[690] Auch in anderen Rechtsordnungen hat das EuGVÜ über seinen formalen Anwendungsbereich hinaus in Rechtsprechung[691] und Gesetzgebung Wirkungen entfaltet, etwa im Vereinigten Königreich im Hinblick auf das interlokale Zivilverfahrensrecht[692], in Italien durch eine Anpassung des autonomen Rechts an das EuGVÜ.[693] Dieses Streben nach "interner Harmonisierung"[694] ist auch bei der hier vorliegenden Problematik zu berücksichtigen. Es ist somit grundsätzlich wünschenswert, daß es bei der Zuständigkeitsprüfung nach deutschem und europäischem Recht ein einheitliches Modell zur Anwendung kommt, um Wertungsbrüche zu vermeiden.

685Jayme, FS Broggini, 211 ff.

686Allgemein zur Wechselwirkung zwischen nationalem Verfahrensrecht und dem EuGVÜ vgl. Schack ZZP 107 (1994), 279 ff.

687Jayme, Gerechtigkeitsgehalt, 38; BGH 14.11.1991 IPRax 1992, 377, 379 mit Anmerkung von Bork ZZP 105 (1992), 336.

688BGH 28.2.1996 NJW 1996, 1411, 1412, dazu Jayme, FS Broggini, 216; Gebauer 221; unten § 13 II.2.

689BGH 2.7.1991 NJW 1991, 3092.

690Zu dieser "narrativen Norm" vgl. Jayme, Gerechtigkeitsgehalt, 36; ders, Narrative Normen, 18 ff.; ders. FS Broggini, 216; ders., Identité, 143 ff.; Gebauer 216.

691Österreichischer OGH 27.10.1994 IPRax 1996, 201; dazu Pfeiffer IPRax 1996, 205; Jayme, FS Broggini, 215.

692Vgl. Part II sec. 16 i.V.m. Schedule 4 des Jurisdiction and Judgment Act 1982; dazu Niegisch 168 ff.; O'Malley/Layton Rn 41.02 ff.; Collins 127 ff.

693Gesetz Nr. 218 v. 31.5.1995 (abgedruckt mit Übersetzung in: IPRax 1996, 356 ff.); dazu Gebauer 293 ff.; Kronke, FS Broggini, 223 ff. mit weiteren Hinweisen auch zur Situation in den Niederlanden; Jayme, FS Broggini, 211 ff.

694Gebauer 201 ff.

§ 20 Der Gerichtsstand des Erfüllungsortes

Zunächst ist der Blick auf die einzelnen hier relevanten Gerichtsstände zu richten. Erst auf dieser Grundlage kann die Zuständigkeitsprüfung problematisiert werden.

- I. Vertrag / Vertragliche Ansprüche

Die Verfasser des EuGVÜ folgten bei der Normierung des Gerichtsstandes der Erfüllungsortes dem deutschen Modell.[695] Der Wortlaut stimmt mit dem des § 29 ZPO im wesentlichen überein.
Art. 5 Nr.1 1. HS EuGVÜ lautet:

Eine Person, die ihren Wohnsitz in dem Hoheitsgebiet eines Vertragsstaates hat, kann in einem anderen Vertragsstaat verklagt werden:

1. wenn ein Vertrag oder Ansprüche aus einem Vertrag den Gegenstand des Verfahrens bilden, vor dem Gericht des Ortes, an dem die Verpflichtung erfüllt worden ist oder zu erfüllen wäre; [...[696]]

-- 1. Sachlicher Anwendungsbereich

Die Frage, was ein "Vertrag oder Ansprüche aus einem Vertrag" sind, versucht der EuGH mittels autonomer Auslegung in den Griff zu bekommen, um die einheitliche Anwendung des Übereinkommens in allen Vertragsstaaten zu gewährleisten. Dabei seien in erster Linie die Systematik und die Zielsetzung des Übereinkommens zu berücksichtigen.[697] Es komme nicht darauf an, ob die lex causae den Anspruch als vertraglich qualifiziere. Nicht vertraglich sei jedenfalls ein Anspruch, bei dem es an einer gegenüber einem anderen

---

[695] Jenard-Bericht 23; Gottwald IPRax 1983, 16; Weser Rn 221; Droz Rn 63.

[696] Sonderregel für Arbeitsverhältnisse. Ein neu eingefügter Abs. 1.b) führt in der neuen EuGVVO zu einer teilweise autonomen Bestimmung des Erfüllungsortes. Er lautet: " im Sinne dieser Vorschrift - und sofern nichts anderes vereinbart worden ist - ist der Erfüllungsort der Verpflichtung - für den Verkauf beweglicher Sachen der Ort in deinem Mitgliedstaat, an dem sie nach dem Vertrag geliefert worden sind oder hätten geliefert werden müssen; - für die Erbringung von Dienstleistungen der Ort in einem Mitgliedstaat, an dem sie nach dem Vertrag erbracht worden sind oder hätten erbracht werden müssen;".

[697] EuGH in ständiger Rspr: 22.3.1983 - 34/82 (Peters/ZNAV) Slg 1983, 987 Rn 9 f.; 8.3.1988 - 9/87 (Arcado/Haviland) Slg 1988, 1539 Rn 10 f.; 17.6.1992 - 26/91 (Handte/TMCS) Slg 1992 I-3967 Rn 10; 27.2.1998 - 51/97 (Réunion Européenne/Spliethoff's) Slg 1998 I-6511 Rn 15.

freiwillig eingegangenen Verpflichtung fehle.[698] Nicht unter Art. 5 Nr.1 EuGVÜ fallen demnach Ansprüche nach der französischen action directe, mit der Produkthaftungsansprüche ohne direkte vertragliche Bindung geltend gemacht werden[699], oder Ansprüche des Warenempfängers gestützt auf ein Konnossement gegen den Verfrachter, der nicht Aussteller des Dokumentes war[700], wohl aber Ansprüche des Vereins gegen sein Mitglied, mögen diese auch auf Beschlüssen des Vereins beruhen.[701] Mit den treffenden Worten von Schlosser versteht der EuGH damit unter einem Vertrag eine "autonome Selbstbindung".[702] Was die autonome Auslegung der Zuständigkeitsregeln tatsächlich bedeutet, wird unten unter § 22 III. näher betrachtet.

Umstritten ist, ob Ansprüche aus culpa in contrahendo[703] oder Bereicherungsrecht[704] unter Art. 5 Nr.1 EuGVÜ fallen. Bisweilen werden parallele Vorschriften aus anderen Bereichen des europäischen Kollisionsrecht herangezogen[705], um die Begriffe des EuGVÜ zu erläutern.[706] Für die genannten Rechtsinstitute fehlt aber noch eine autonome Zuordnung durch den EuGH.

-- 2. Klagearten

Ähnlich der Auffassung zum autonomen deutschen Recht soll der Gerichtsstand des Art. 5 Nr.1 EuGVÜ unabhängig von der Klageart eröffnet sein.

---

698 17.6.1992 - 26/91 (Handte/TMCS) Slg 1992 I-3967 Rn 15; bestätigt in EuGH 27.2.1998 - 51/97 (Réunion Européenne/Spliethoff's) Slg 1998 I-6511 Rn 17.

699 EuGH 17.6.1992 - 26/91 (Handte/TMCS) Slg 1992 I-3967.

700 EuGH 27.2.1998 - 51/97 (Réunion Européenne/Spliethoff's) Slg 1998 I-6511.

701 EuGH 22.3.1983 - 34/82 (Peters/ZNAV) Slg 1983, 987 Rn 18.

702 Schlosser IPRax 1984, 66.

703 Dafür Schlosser, EuGVÜ, Art. 5 Rn 5; zumindest bei Verletzung vorvertraglicher Aufklärungspflichten Kropholler, EuZPR, Art. 5 Rn 8; MünchKomm-Gottwald Art. 5 EuGVÜ Rn 4; dagegen Gaudemet-Tallon RCDIP 1999, 335.

704 Dagegen: MünchKomm-Gottwald Art. 5 EuGVÜ Rn 5; Geimer/Schütze-Geimer I/1 578; Geimer/Schütze, EuZPR Art. 5 Rn 32; Lipp RIW 1994, 21; Gaudemet-Tallon RCDIP 1982, 577; vgl. Vorlagebeschluß BGH 25.5.1993 RIW 1993, 671, die Frage wurde aber vom EuGH nicht entschieden; ausführlich das Urteil des House of Lords in Kleinwort Benson v Glasgow Council [1997] 4 All ER 641, insbesondere 649 ff. zur wortgleichen Bestimmung im Sched. IV des CJJA für inner-britische Fälle. Dafür: Wieczorek/Schütze-Hausmann § 40 Anh I Art. 5 EuGVÜ Rn 6; Schack, IZVR, Rn 263; ders, Erfüllungsort, Rn 311; Lorenz IPRax 1993, 46; Schlosser, EuGVÜ, Rn 5; Valloni 193; Kropholler, EuZPR, Art. 5 Rn 11; Holl IPRax 1998, 122.

705 Etwa Art. 10 e) EVÜ um zu begründen, daß auch Bereicherungsansprüche unter Art. 5 Nr.1 EuGVÜ fallen

706 Kropholler, EuZPR, Einl Rn 35; Schlosser, EuGVÜ, Art. 5 Rn 4; Gaudemet-Tallon, Coventions, Rn 159; EuGH 8.3.1988 - 9/87 (Arcado/Haviland) Slg 1988, 1539 Rn 15.

Insbesondere die negative Feststellungsklage soll im Gerichtsstand des Erfüllungsortes geltend gemacht werden können.[707]

-- 3. Die wesentliche Verpflichtung

Die für den Gerichtsstand maßgebliche Verpflichtung (die "streitige Verpflichtung") ist die primäre Hauptpflicht.[708] Es kommt also anders als nach der h.M. zu § 29 ZPO etwa bei einer Wandelung nicht auf die sich aus der Wandelung ergebenden Ansprüche, sondern auf die schlecht erfüllte Leistungspflicht an.[709] Nebenansprüche folgen grundsätzlich der Hauptsache.[710] Um einen einheitlichen Gerichtsstand auch bei sukzessiver Einklagung zu gewährleisten, sollte die Nebenpflicht auch bei isolierter Geltendmachung an dem Erfüllungsort der Hauptpflicht geltend gemacht werden müssen. Werden allerdings gleichberechtigte Hauptpflichten eingeklagt, so sind diese an ihrem jeweiligen Erfüllungsort geltend zu machen.[711]

-- 4. Annexkompetenz

Wie oben ausführlicher dargestellt, eröffnet das EuGVÜ in Art. 5 Nr.1 nach der Rechtsprechung des EuGH keine Annexkompetenz.[712] Dies gilt auch bei Anspruchsgrundlagenkompetenz. Art. 5 Nr.1 EuGVÜ ist nicht anders zu beurteilen als Art. 5 Nr.3 EuGVÜ.[713]

---

[707]Wieczorek/Schütze-Hausmann § 40 Anh I Art. 5 EuGVÜ Rn 10; Valloni 228 ff.; Nachweise bei Manowski JZ 1998, 900 in Fn 28.

[708]EuGH 6.10.1976 - 14/76 (De Bloos/Boyer) Slg 1976, 1497 Rn 13; 15.1.1987 - 266/85 (Shenavai/Kreischer) Slg 1987, 239 Rn 19; BGH 28.3.1996 NJW 1996, 1819; Kropholler, EuZPR, Rn 16; Geimer/Schütze Art. 5 Rn 59; Schlosser, EuGVÜ, Art. 5 Rn 7; Thomas/Putzo-Hüßtege Art. 5 EuGVÜ Rn 3; Wieczorek/Schütze-Hausmann § 40 Anh I Art. 5 EuGVÜ Rn 17.

[709]Baumbach/Lauterbach/Albers/Hartmann-Albers Art. 5 Rn 7 EuGVÜ; Wieczorek/Schütze-Hausmann § 40 Anh I Art. 5 EuGVÜ Rn 18

[710]EuGH 15.1.1987 - 266/85 (Shenavai/Kreischer) Slg 1987, 239 Rn 19; 13.7.1993 - 125/92 (Mulox/Geels) Slg 1993, I-4075 Rn 22; 5.10.1999 - 420/97 (Leathertex/Bodetex) EWS 2000, 28 Rn 39; BGH 28.3.1996 NJW 1996, 1819; Baumbach/Lauterbach/Albers/Hartmann-Albers Art. 5 Rn 7; Schlosser, EuGVÜ, Art. 5 Rn 7.

[711]EuGH 5.10.1999 - 420/97 (Leathertex/Bodetex) EWS 2000, 28.

[712]Vgl. dazu und zu der möglichen Kritik oben § 13 II.2.

[713]Dies ergibt sich implizit aus der EuGH-Rechtsprechung 27.2.1998 - 51/97 (Réunion Européenne/Spliethoff's) Slg 1998 I-6511 Rn 50 f.; vgl. Rauscher, IZVR, 29; für eine Annexkompetenz im Vertragsgerichtsstand Kropholler, EuZPR, Art. 5 Rn 60; Schack, IZVR, Rn 349; und Schlosser, EuGVÜ, Vor Art. 5 Rn 2, gegen die Differenzierung C.U. Wolf IPRax 1999, 87.

- II. Erfüllungsort

-- 1. Gesetzlicher Erfüllungsort

Der Erfüllungsort bestimmt sich - von der nunmehr im zweiten Halbsatz kodifizierten Ausnahme abgesehen - nach der Rechtsprechung des EuGH nach der lex causae.[714] Darin kommt die enge Verwobenheit zwischen materiellem und prozessualem Recht zum Ausdruck. Eine autonome Begriffsbestimmung wurde vom EuGH mit der Begründung abgelehnt, daß die Regelungen in den Mitgliedstaaten zu unterschiedlich seien, um eine Vereinheitlichung zu ermöglichen.[715] Zudem kann man gerade in dem Bezug zum materiellen Recht die Rechtfertigung des Erfüllungsortsgerichtsstandes sehen.[716] In dem Entwurf einer Verordnung der EG, die das EuGVÜ ersetzen soll[717], wird für einige Fälle ein autonom gesetzter Erfüllungsortsbegriff geschaffen. Damit wurde vor allem auf die Kritik reagiert, die sich daran festmachte, daß das EuGVÜ in den Fällen der Kaufpreisklage unter UN-Kaufrecht (entgegen dem actor sequitur-Prinzip) regelmäßig einen Klägergerichtsstand bereitstellte.[718]

-- 2. Erfüllungsortsvereinbarung

Bei der Bestimmung eines Erfüllungsortes ist eine etwaige Erfüllungsortsvereinbarung zu beachten.[719] Ihre Wirksamkeit bestimmt sich nur dann nach

---

[714]Anders nach der neuen EuGVVO, die bei Kaufverträgen über bewegliche Sachn und bei Verträgen über Dienstleistungen einen Erfüllungsort autonom definiert (vgl. oben FN 696). Zum alten i.Ü weiterhin gültigen Recht: EuGH 6.10.1976 - 12/76 (Tessili/Dunlop) Slg 1976, 1473 Rn 13; ständige Rechtsprechung, zuletzt bestätigt in EuGH 28.9.1999 - 440/97 (GIE Concorde/Kapitän des Schiffes "Suhadiwarno Panjan") EWS 2000, 31 Rn 29 f.; zustimmend Baumbach/Lauterbach/Albers/Hartmann-Albers Art. 5 EuGVÜ Rn 10; Geimer/Schütze-Geimer I/1 592 ff.; Geimer/Schütze, EuZVR, Art. 5 Rn 64; MünchKomm-Gottwald Art. 5 EuGVÜ Rn 13; Thomas/Putzo-Hüßtege Art. 5 EuGVÜ Rn 3; Kropholler, EuZPR, Art. 5 Rn 18 ff.; Schlosser, EuGVÜ, Art. 5 Rn 10; kritisch insbesondere im Falle der Anwendbarkeit von UN-Kaufrecht : Jayme IPRax 95, 13; ders, Gerichtshof, 67 f.; Schack, IZVR, Rn 267; ders., ZEuP 1995, 659; Pfeiffer, Gerechtigkeit, 679; Rauscher, Erfüllungsort, 160 ff.; Valloni 252.

[715]EuGH 6.10.1976 - 12/76 (Tessili/Dunlop) Slg 1976, 1473 Rn 14.

[716]S.o. § 5 III; zuletzt auch EuGH 28.9.1999 - 440/97 (GIE Concorde/Kapitän des Schiffes "Suhadiwarno Panjan") EWS 2000, 31 Rn 29, der aber wesentlich auch auf die Rechtssicherheit abstellte (Rn 24 ff.).

[717]S.o. § 19 I.

[718]Jayme IPRax 1995, 13 f.

[719]Die Form des Art. 17 EuGVÜ ist grundsätzlich nicht zu beachten: EuGH 17.1.1980 - 56/79 (Zelger/Salinitri) Slg 1980, 89; BGH 28.3.1996 NJW 1996, 1819; Kropholler, EuZPR, Art. 5 Rn 24; Wieczorek/Schütze-Hausmann § 40 Anh I Art. 5 EuGVÜ Rn 27; Thomas/Putzo-Hüßtege Art. 5 EuGVÜ Rn 4.

dem EuGVÜ, wenn sie abstrakt ohne Bezug zum tatsächlichen Erfüllungsort geschlossen wird. Da sie dann als Ersatz für eine Gerichtsstandsklausel dient, ist sie folgerichtig nach Art. 17 EuGVÜ zu beurteilen.[720]

§ 21 Der Gerichtsstand der unerlaubten Handlung

- I. Ansprüche aus unerlaubter Handlung und dieser gleichgestellten Handlung

Auch der Gerichtsstand der unerlaubten Handlung ähnelt der deutschen Regelung in § 32 ZPO. So lautet Art. 5 Nr.3 EuGVÜ:

(Eine Person, die ihren Wohnsitz in dem Hoheitsgebiet eines Vertragsstaates hat, kann in einem anderen Vertragsstaat verklagt werden:)
wenn eine unerlaubte Handlung oder eine Handlung, die einer unerlaubten Handlung gleichgestellt ist, oder wenn Ansprüche aus einer solchen Handlung Gegenstand des Verfahrens bilden, vor dem Gericht des Ortes, an dem das schädigende Ereignis eingetreten ist.[721]

-- 1. Sachlicher Anwendungsbereich

Wie auch den Begriff des vertraglichen Anspruches versucht der EuGH den Anwendungsbereich des Art. 5 Nr.3 EuGVÜ autonom zu bestimmen. Dabei geht er den Weg einer indirekten Definition: So umfaßt Art. 5 Nr.3 EuGVÜ nach der Rechtsprechung des EuGH die Zuständigkeit für Ansprüche aus Schadenshaftung des Beklagten, die nicht an einen Vertrag im Sinne des Art. 5 Nr.1 EuGVÜ anknüpft.[722] Darunter fallen zumindest die in §§ 823 ff. BGB normierten Ansprüche (z.B. Verkehrsunfälle[723], Umweltbeeinträchtigungen[724],

[720] Sog. abstrakte Erfüllungsortsvereinbarung: EuGH 20.2.1997 - 106 (MSG/Les Gravières Rhénanes) Slg 1997, 911 Rn 13 ff.; BGH 16.6.1997 NJW-RR 1998, 755; Kubis IPRax 1999, 10; Thomas/Putzo-Hüßtege Art. 5 EuGVÜ Rn 4; Kropholler, EuZPR, Art. 5 Rn 25.

[721] Jetzt in Art. 5 Nr. 3 EuGVVO ergänzt a.E.: "... oder einzutreten droht".

[722] EuGH 27.9.1988 - 189/87 (Kalfelis/Bankhaus Schröder) Slg 1988, 5565 Rn 18; bestätigt zuletzt durch EuGH 27.2.1998 - 51/97 (Réunion Européenne/Spliethoff's) Slg 1998 I-6511 Rn 22; zustimmend Thomas/Putzo-Hüßtege Art. 5 EuGVÜ Rn 10.

[723] Jenard-Bericht 26.

[724] EuGH 30.11.1976 - 21/76 (Bier/Mines de Potasse) Slg 1976, 1735.

Ehrschutzdelikte[725]), Gefährdungshaftungstatbestände[726], Konzernhaftung[727] etc.
Nicht unter Art. 5 Nr.3 EuGVÜ fallen die Gläubigeranfechtungsklage[728] und Bereicherungsansprüche[729] und wohl auch nicht Ansprüche aus culpa in contrahendo, soweit sie die Verletzung der mit dem Vertragsschluß zusammenhängenden Aufklärungs- und Beratungspflichten betrifft.[730]

-- 2. Klagearten

Umstritten ist, ob die vorbeugende Unterlassungsklage unter Art. 5 Nr.3 EuGVÜ fällt. Der Wortlaut spricht eher dagegen[731], jedoch ist die Zuständigkeitsnorm ihrem Sinn nach auch für Klagen bereitzustellen, die einen Schaden verhindern wollen.[732] Durch die Neufassung des EuGVÜ ist dies nunmehr klargestellt worden.[733]

-- 3. Annexkompetenz

Eine Kognitionsbefugnis für konkurrierende vertragliche Ansprüche besteht nach der Rechtsprechung des EuGH gemäß Art. 5 Nr.3 EuGVÜ nicht.[734]

---

725 EuGH 7.3.1995 - 68/93 (Shevill/Presse Alliance) Slg 1995, I-415.

726 Kropholler, EuZPR, Art. 5 Rn 57.

727 Thomas/Putzo-Hüßtege Rn 10; Zimmer IPRax 1998, 190; aA OLG Düsseldorf IPRax 98, 210.

728 EuGH 26.3.1992 - 261/90 (Reichert/Dresdner Bank) Slg 1992 I-2149 Rn 12 ff. zustimmend Kropholler, EuZPR, Art. 5 Rn 58; Thomas/Putzo-Hüßtege Art. 5 EuGVÜ Rn 10.

729 Schlosser, EuGVÜ, Rn 16, Kubis, Int.Zuständigkeit, 108; Kropholler, EuZPR Art. 5 Rn 58; Thomas/Putzo-Hüßtege Art. 5 EuGVÜ Rn 10.

730 Kropholler, EuZPR, Art. 5 Rn 58 anders jedoch für die Verletzung von Obhutspflichten.

731 Nachweise für diese Auffassung in der ausländischen Rechtsprechung bei Kubis, Int. Zuständigkeit, 112.

732 Dafür Kubis, Int.Zuständigkeit, 113; Kaye, Jurisdiction, 570; Schack, IZVR, Rn 292; Kropholler, EuZPR, Art. 5 Rn 59; Geimer/Schütze, EuZVR, Art. 5 Rn 169; Geimer/Schütze-Geimer I/1 622; MünchKomm-Gottwald Art. 5 EuGVÜ Rn 31; Wieczorek/Schütze-Hausmann § 40 Anh I Art. 5 EuGVÜ Rn 54; Schlosser-Bericht Rn 134; vgl. aber Thomas/Putzo-Hüßtege Art. 5 EuGVÜ Rn 10 (zweifelhaft); dagegen: LG Bremen 28.3.1991 RIW 1991, 416; OLG Bremen 17.10.1991 RIW 1992, 231, 232.

733 Nr. 3 lautet nach der EuGVVO: "-wenn eine unerlaubte Handlung oder eine Handlung, die einer unerlaubten Handlung gleichgestellt ist, oder wenn Ansprüche aus einer solchen Handlung den Gegenstand des Verfahrens bilden, vor dem Gericht des Ortes, an dem das schädigende Ereignis eingetreten ist oder einzutreten droht;"; vgl. C.Kohler, Revision, 21.

734 S.o. § 13 II.2.b)bb).

- II. Tatort

Der Begriff des Ortes, an dem das schädigende Ereignis eingetreten ist, wird vom EuGH autonom bestimmt. Dies ist auch folgerichtig, da anders als bei der Bestimmung des Erfüllungsortes das anwendbare materielle Recht keinen Begriff des Tatortes bereitstellt. Allenfalls wäre ein Rückgriff auf das Verständnis des anwendbaren Kollisionsrechts oder des Prozeßrechts der lex fori möglich gewesen. Dies lehnt der EuGH aber richtigerweise ab, da gerade die Lokalisierung eines Rechtsstreites im EuGVÜ-Raum möglichst einheitlich erfolgen soll. Inhaltlich stimmt der europäische Tatortbegriff im wesentlichen mit dem des autonomen deutschen Rechts überein.[735] Nach dem berühmten Fall Mines de Potasse[736], bei dem der Handlungsort und der Erfolgsort auseinanderfielen, wurden beide Orte für zuständigkeitsrelevant erklärt. So ist sowohl der Ort des ursächlichen Geschehens, wie der, an dem der Schaden eingetreten ist, zuständigkeitsbegründend. Der Kläger kann wie im autonomen deutschen Recht wählen und kann dort mit Ausnahme der Pressedelikte[737] den gesamten Schaden geltend machen.
Schwierig ist die Sachlage bei reinen Vermögensdelikten. Eine gerichtliche Klärung dahin, ob in diesen Fällen zumindest am Ort des primären Vermögensschadens geklagt werden kann[738] oder ob es bei diesen Delikten allein auf den Handlungsort ankommt[739], steht noch aus. Ein weiterer Vermögensschaden ist zuständigkeitsrechtlich jedenfalls irrelevant.[740]

Daß der Tatortbegriff autonom gebildet werden soll, bedeutet jedoch nicht, daß nicht auch hier materiellrechtliche Vorfragen eine Rolle spielen. Der EuGH unterstellt z.B. die Frage, ob ein Ereignis schädigend sei, dem

---

[735]Kubis, Int.Zuständigkeit, 121 "praktisch deckungsgleich".

[736]EuGH 30.11.1976 - 21/76 (Bier/ Mines de Potasse) Slg 1976, 1735 zustimmend MünchKomm-Gottwald Art. 5 EuGVÜ Rn 33; Kropholler, EuZPR, Art. 5 Rn 62 f.; Geimer/Schütze-Geimer I/1 632 f.; Huber ZEuP 1996, 301.

[737]EuGH 7.3.1995 - 68/93 (Shevill/Presse Alliance) Slg 1995, I-415 dazu Kreuzer/Klötgen IPRax 1997, 90; Huber ZEuP 1996, 300 ff.; Kropholler, EuZPR, Art. 5 Rn 65 f.

[738]BGH 24.9.1986 NJW 1987, 592, 592 ; 16.10.1984 NJW 1985, 561; Kiethe NJW 1994, 226; Schlosser, EuGVÜ, Art. Rn 19 mit verschiedenen Fallkonstellationen; Wieczorek/ Schütze-Hausmann § 40 Anh I Art. 5 EuGVÜ Rn 61; Ahrens IPRax 1990, 132; Hohloch IPRax 1997, 314.

[739] Schwarz 159 ff.; Schack, IZVR, Rn 305.

[740]EuGH 19.9.1995 - 364/63 (Marinari/Lloyds Bank) Slg 1995 I-2719 Rn 14 ff.; BGH 24.9.1986 NJW 1987, 592, 594; Schlosser, EuGVÜ, Art. 5 Rn 19; Hohloch IPRax 1997, 312.

anwendbaren Recht.[741] Ähnlich wie im deutschen Recht können in komplizierten Fällen weder die Bestimmung des ursächlichen Ereignisses[742] noch die des Erfolgsortes[743] völlig losgelöst vom anwendbaren Recht beantwortet werden.
Die Rechtsprechung des EuGH schwankt zwischen brüsker Ablehnung jeglichen Rückgriffs auf die lex causae[744] und ausdrücklicher Berufung auf das nationale Recht.[745]

§ 22 Die Zuständigkeitsprüfung im EuGVÜ

Das EuGVÜ enthält in seinen Vorschriften kein in sich geschlossenes Modell für die Zuständigkeitsprüfung. Im folgenden werden erst die ausdrücklichen Regelungen zur Zuständigkeitsprüfung analysiert, sodann wird untersucht, inwieweit die Regelungen der Zuständigkeit selbst Maßstäbe für die Zuständigkeitsprüfung enthalten. Schließlich ist die Rechtsprechung des EuGH Gegenstand der Darstellung.

---

741 EuGH 7.3.1995 - 68/93 (Shevill/Presse Alliance) Slg 1995, I-415 Rn 39; nach deutschem Rechtsverständnis bezog der EuGH diese Aussage auf ein Merkmal, das eher der Frage zuzuordnen ist, ob es sich um einen deliktischen Anspruch handelt. Es ging nämlich nicht darum, ob ein als deliktisch feststehendes Ereignis an einem bestimmten Tatort lokalisiert werden konnte, sondern darum, ob der Sachverhalt überhaupt ein schädigendes Ereignis beinhaltete.Vgl. unten § 22 II.5.

742 Die Schwierigkeit ergibt sich daraus, daß der Begriff des ursächlichen Ereignisses drei Elemente enthält (Handlung, Kausalität, Schädigung). Schon die Kausalität läßt sich kaum ohne Rückgriff auf den konkret in Betracht kommenden deliktischen Tatbestand bestimmen. Dies wäre vielleicht möglich, wenn man wie Donzallaz III Rn 5105 eine rein natürliche Kausalität ausreichen ließe. Damit stiege die Zahl der in Betracht kommenden Handlungen aber ins Uferlose. Übernimmt man stattdessen die deutsche Definition des Handlungsortes (Verwirklichung eines wesentlichen Teils des materiell-rechtlichen Tatbestandes) ist der Rückgriff auf das anwendbare Recht ebenfalls unvermeidlich. Ähnlich Schack, IZVR, Rn 299; a.A. Hertz, 296; vgl. oben § 7 I.3.b), § 8 IV 3.b).

743 Selbst wenn man autonom bestimmen würde, daß nur ein Rechtsgutseingriff zuständigkeitsbegründend wirken soll, muß immer noch nach der lex causae bestimt werden, welche Güter deliktsrechtlichem Schutz unterstehen. Geimer, IZPR, Rn 1512; Schack ZZP 100 (1987), 451; Ahrens IPRax 1990, 132; Jayme/C.Kohler IPRax 1995, 348; Briggs YEL 15 (1995), 513; ähnlich BGH 24.9.1986 NJW 1987, 592, 594. Anders Kubis, Int. Zuständigkeit, 130 zumindest bei Persönlichkeitsrechten: Ob ihres universellen Charakters sei Rückgriff auf lex causae nicht erforderlich. Vgl. auch unten zum deutschen Recht § 7 I.3.b).

744 EuGH 19.9.1995 - 364/63 (Marinari/Lloyds Bank) Slg 1995 I-2719 Rn 18 f. Dazu kritisch Briggs YEL 15 (1995), 513.

745 EuGH 7.3.1995 - 68/93 (Shevill/Presse Alliance) Slg 1995, I-415 Rn 38. Zu dieser Inkonsistenz Jayme/C.Kohler IPRax 1995, 348; C.Kohler ZEuP 1996, 465. Vgl. § 22 II.5.

- I. Relevante Vorschriften des EuGVÜ

-- 1. Artt. 19 und 20 EuGVÜ

Die Artt. 19 und 20 EuGVÜ (jetzt Artt. 25, 26 EuGVVO) regeln Teilbereiche der Zuständigkeitsprüfung.
Nach Art. 19 EuGVÜ müssen die Gerichte von Amts wegen (in jeder Lage des Verfahrens[746]) prüfen, ob eine ausschließliche Zuständigkeit in einem anderen Mitgliedstaat besteht.[747] Eine Mißachtung führt zu einem Anerkennungshindernis nach Art. 28 I EuGVÜ. Nicht geregelt ist, wie die Prüfung von Amts wegen bei Art. 19 EuGVÜ (Art. 25 EuGVVO) vor sich zu gehen hat. Nach dem Schlosser-Bericht[748] ist dies Sache der lex fori. So sei die Integration des Amtsprüfungserfordernisses in den Beibringungsgrundsatz, wie im deutschen Recht, ebenso akzeptabel wie die Untersuchungsmaxime.[749] Art. 19 EuGVÜ (Art. 25 EuGVVO) ist für die Untersuchung der Zuständigkeitsprüfung bei Art. 5 Nrr. 1 und 3 EuGVÜ nur von untergeordneter Bedeutung, auch wenn es z.B. zwischen Art. 5 Nr.1 und Art. 16 Nr. 1b EuGVÜ Überschneidungen gibt und Art. 16 EuGVÜ insoweit Art. 5 EuGVÜ verdrängt.[750] Immer dann, wenn Anhaltspunkte für eine ausschließliche Zuständigkeit nach Art. 16 EuGVÜ besteht, muß der Richter am vermeintlichen Erfüllungsort selbst verständlich Art. 19 EuGVÜ (Art. 25 EuGVVO) beachten. Zur Prüfung der Gerichtsstände des Art. 5 EuGVÜ selbst sagt Art. 19 EuGVÜ (Art. 25 EuGVVO) jedoch nichts.
Wesentlich wichtiger ist insoweit Art. 20 EuGVÜ (Art. 26 EuGVVO), der die Zuständigkeitsprüfung im Falle der Säumnis des Beklagten regelt. Art. 20 I EuGVÜ lautet wie folgt:

Läßt sich der Beklagte, der seinen Wohnsitz in dem Hoheitsgebiet eines Vertragsstaates hat und der vor den Gerichten eines anderen Vertragsstaats verklagt wird, auf das Verfahren nicht ein, so hat sich das Gericht von Amts wegen für unzuständig zu erklären, wenn seine Zuständigkeit nicht auf Grund der Bestimmungen dieses Übereinkommens begründet ist.

---

[746]D.h. auch in der Rechtsmittelinstanz EuGH 15.11.1983 - 288/82 (Duijnstee/Goderbauer) Slg 1983, 3663 Rn 15.

[747]Davon zu unterscheiden ist, daß das EuGVÜ als solches von Amts wegen von den nationalen Gerichten beachtet werden muß. Vgl. Jenard-Bericht 8; Schoibl, FS Schütze, 777.

[748]Schlosser-Bericht 82 Rn 22; zustimmend Schoibl, FS Schütze, 787; Geimer, IZPR, Rn 1823; Wieczorek/Schütze-Hausmann § 40 Anh I Art. 19 EuGVÜ Rn 7.

[749]Schlosser-Bericht 82 Rn 22.

[750]Ausführlich zu Art. 19 EuGVÜ; Schoibl, FS Schütze, 782.

Auch hier ist der Begriff der Prüfung von Amts wegen nicht näher definiert. Die Vorschrift überläßt es wie bei Art. 19 EuGVÜ (Art. 25 EuGVVO) dem nationalen Verfahrensrecht, ob etwa weiterhin der Beibringungsgrundsatz oder die Amtsermittlungsmaxime eingreift.[751]
Art. 20 EuGVÜ (Art. 26 EuGVVO) beinhaltet aber mehr als nur einen Verweis auf das nationale Recht. Er muß im Kontext des Ziels des Übereinkommens verstanden werden, eine europäische Zuständigkeitsordnung zu begründen, die dem Beklagtenschutz einen hohen Stellenwert einräumt.
In dieser Hinsicht ist es richtig, Art. 20 EuGVÜ (Art. 26 EuGVVO) einen für den Beklagtenschutz hohen Stellenwert beizumessen, ja ihn zu den wichtigsten Vorschriften des Übereinkommens zu zählen.[752]
Der Kläger soll auch im Säumnisfall die Zuständigkeit beweisen müssen:[753] Im Jenard Bericht heißt es hierzu:

"Es genügt nicht, daß der Richter die Behauptungen des Klägers über die Zuständigkeit als richtig unterstellt; er muß von dem Kläger den Beweis dafür verlangen, daß die internationale Zuständigkeit begründet ist."[754]

Der Schlosser-Bericht nimmt zu diesem Punkt ebenfalls Stellung:

"Entscheidend ist nur, daß unwidersprochene Parteibehauptungen den Richter nicht binden"[755]

Insofern wird § 331 ZPO in der von der h.M. vorgenommenen Auslegung[756] von Art. 20 EuGVÜ (Art. 26 EuGVVO) verdrängt.[757] Eine Geständnisfiktion

---

751 Schlosser-Bericht 82 Rn 22; Schlosser, EuGVÜ, Art. 20 Rn 1; Geimer/Schütze-Geimer I/1, 329; Schoibl, FS Schütze, 793; ähnlich zum Lugano-Übereinkommen Jenard/Möller-Bericht 78 Rn 63 "besonders wichtig".

752 Jenard-Bericht 39.

753 Jenard-Bericht 29; Schlosser-Bericht 81 Rn 22 (Zur Maßgeblichkeit der Berichte bei der Auslegung des Übereinkommens durch den EuGH vgl. Kropholler, EuZPR, Einl Rn 36, demnach der EuGH fast nie von den Berichten abweicht).

754 Jenard-Bericht 39 mit Verweis auf Bülow, RabelsZ 1965, 473 ff.

755 Schlosser-Bericht 82 Rn 22.

756 S.o. § 13 II.1.c)bb),cc).

757 Schlosser, EuGVÜ, Art. 20 Rn 1; MünchKomm-Gottwald Art. 20 EuGVÜ Rn 3; Kropholler Handb. IZVR Rn 651; Geimer/Schütze, EuZVR, Art. 20 Rn 9; Geimer/Schütze-Geimer I/1 330; Kubis, Int.Zuständigkeit, 106; Baumbach/Lauterbach/Albers/Hartmann-Albers Art. 20 EuGVÜ Rn 1; Wieczorek/Schütze-Hausmann § 40 Anh I Art. 20 EuGVÜ Rn 5; Bülow RabelsZ 1965, 499 f.; v.Hoffmann AWD 1973, 63; ähnlich Schoibl, FS Schütze, 795. Die Gegenauffassung (MünchKomm-Prütting § 331 Rn 13; Stein/Jonas -Grunsky § 331 Rn 8) findet im EuGVÜ keine Stütze.

ist allgemein ausgeschlossen. Art. 20 EuGVÜ (Art. 26 EuGVVO) sagt nichts darüber aus, welche Art von Beweis für die Zuständigkeitsprüfung beigebracht werden muß. Nach dem Bericht von Schlosser muß das Gericht von den Tatsachen überzeugt sein, die seine Zuständigkeit begründen.[758] Da es sich bei dieser Frage um die Ausgestaltung nationalen Verfahrensrechts handelt, dürfte zumindest ein gewisser Spielraum gegeben sein. Der volle zivilprozessuale Beweis, wie er für die Hauptsache gilt, ist damit jedenfalls nicht zwangsläufig gemeint.[759]
Ziel der Vorschrift ist, daß der Beklagte nicht erscheinen muß, um die Unzuständigkeit zu rügen.[760]

Der durch Art. 20 I EuGVÜ (Art. 26 EuGVVO) vermittelte Schutz ist nicht nur in seiner Bedeutung für die Gerichtspraxis wichtig, sondern gerade in seiner präventiven Funktion, etwaigen Mißbrauchsabsichten doloser Kläger einen Riegel vorzuschieben.
Dieser Beklagtenschutz wird allerdings durch die Möglichkeit eines Fehlers des Gerichts eingeschränkt.[761] Ein unter Mißachtung von Art. 20 EuGVÜ (Art. 26 EuGVVO) zustandegekommenes Urteil ist anders als bei Mißachtung von Art. 19 EuGVÜ (Art. 25 EuGVVO) in allen Mitgliedstaaten vollstreckbar.[762] Die Mißachtung ist vom Vollstreckungsgericht nicht zu prüfen. Die Etablierung des EuGVÜ als zentrale Regelungsmaterie des nationalen IZVR dürfte nach langjähriger Praxis aber entsprechende Fehler der Gerichte selten werden lassen.

Art. 20 EuGVÜ (Art. 26 EuGVVO) regelt, wie bereits ausgeführt, den Ausnahmefall der Beklagtensäumnis. Es ist fraglich, ob Art. 20 EuGVÜ (Art. 26 EuGVVO) auch darüber hinaus Bedeutung für die Zuständigkeitsprüfung haben kann, da mit den Worten von Layton "a defendant who gives notice of intention to defend and applies to have the writ set aside cannot be in a worse position than a defendant who gives no notice of intention to defend."[763]

---

[758]Schlosser-Bericht 82 Rn 22.

[759]Verheul NILR 30 (1983), 245 spricht sich für prima facie Beweis aus.

[760]Droz Rn 250; Geimer/Schütze-Geimer I/1 960; Geimer WM 1986, 118; MünchKomm-Gottwald Art. 20 EuGVÜ Rn 3; Schlosser, EuGVÜ, Art. 20 Rn 1; a.A. Jayme, FS Ago, 146.

[761]Schoibl, FS Schütze, 804; Geimer/Schütze-Geimer I/1 328, 334; Geimer/Schütze, EuZVR, Art. 20 Rn 13; Kropholler, EuZPR, Art. 20 Rn 2; Schlosser, EuGVÜ, Art. 19, 20 Rn 3; Thomas/Putzo-Hüßtege Art. 20 EuGVÜ Rn 6; MünchKomm-Gottwald Art. 20 EuGVÜ Rn 4.

[762]Schlosser, EuGVÜ, Art. 20 Rn 3; Geimer/Schütze-Geimer I/1 328; Bülow/Böckstiegel/Geimer/Schütze-Safferling Art. 20 Rn 6; Schoibl, FS Schütze, 804; Jayme, FS Ago, 146.

[763]Als Parteivertreter in Tesam v Schuh Mode Team [1990] ILPr 149, 159 (C.A.).

Auch der EuGH scheint zumindest implizit davon auszugehen, daß die für Art. 20 EuGVÜ (Art. 26 EuGVVO) geltenden Grundsätze auch in der Zuständigkeitsprüfung bei Erscheinen des Beklagten beachtet werden müssen[764], da er im Verfahren Effer/Kantner, in dem gerade kein Säumnisfall vorlag, ebenfalls von einer Amtsprüfung des Art. 5 Nr.1 EuGVÜ sprach. Gegen eine direkte Übernahme der zu Art. 20 EuGVÜ (Art. 26 EuGVVO) entwickelten Vorgehensweise spricht jedoch die Möglichkeit der rügelosen Einlassung gemäß Art. 18 EuGVÜ.[765]

Zwingend ist die Übernahme der gleichen Grundsätze auf die Zuständigkeitsprüfung in allen anderen Fällen nicht. Vielmehr ist davon auszugehen, daß das EuGVÜ insoweit die Zuständigkeitsprüfung bewußt fragmentarisch geregelt hat. Auch sind hinsichtlich der Zuständigkeitsprüfung je nach Erscheinen oder Fernbleiben des Beklagten unterschiedliche Interessen zu beachten, wie die Untersuchung des autonomen internationalen Zivilverfahrensrecht gezeigt hat.[766] Somit ist eine unterschiedliche Zuständigkeitsprüfung je nach Erscheinen des Beklagten nicht gleichbedeutend mit einer Schlechter- oder Besserstellung des Beklagten.

Aus Art. 20 EuGVÜ (Art. 26 EuGVVO) kann somit direkt kein Programm für die allgemeine Zuständigkeitsprüfung abgeleitet werden.[767] Vielmehr ist sie, soweit diese aus allgemeinen Grundsätzen und Zielvorstellungen des Übereinkommens folgt, von der Rechtsprechung des EuGH zu entwickeln. Im übrigen verbleibt es bei den nationalen Regeln.

-- 2. Die Regelungen der besonderen Gerichtsstände

Möglicherweise lassen sich aus dem Normtext des Art. 5 Nrr. 1 und 3 EuGVÜ Hinweise auf die Zuständigkeitsprüfung finden. Auch läßt sich gegebenenfalls der eine oder andere Rückschluß auf die sachliche Weite der Norm (*Fällt die Leistungskondiktion unter Art. 5 Nr.1 EuGVÜ?*) oder auf die Klagearten (*Kann man eine negative Feststellungsklage geltend machen*?) aus dem Wortlaut des Gesetzes herleiten.

Nimmt man als Beispiel den Gerichtsstand des Erfüllungsortes, so wird hier verschiedentlich argumentiert, daß auch Ansprüche wegen eines nicht zustan-

---

[764] So interpretiert C.Kohler, EuGH, 46 die Entscheidung des EuGH in: EuGH 4.3.1982 - 38/81 (Effer/Kantner) Slg 1982, 825; ebenso die Kommission und Genralanwalt Reischel in: EuGH 4.3.1982 - 38/81 (Effer/Kantner) Slg 1982, 825, 831; Verheul NILR 30 (1983), 245 kritisiert den Hinweis auf die Amtsprüfung.

[765] Verheul NILR 30 (1983), 245.

[766] Oben § 17 II.2.

[767] Wieczorek/Schütze-Hausmann § 40 Anh I Art. 20 EuGVÜ Rn 3; Kropholler, EuZPR, Art. 19 Rn 2; Geimer/Schütze-Geimer I/1 329; Verheul NILR 30 (1983), 245; Schwander, 106.

degekommenen Vertrags "matters relating to a contract"[768] oder "matière contractuelle" seien. Ob dies auch bei der deutschen Fassung "Vertrag oder Ansprüche aus einem Vertrag" so schnell bejaht werden könnte, ist schon zweifelhafter. Bei der Auslegung im Hinblick auf den sachlichen Anwendungsbereich des Art. 5 Nr.1 EuGVÜ kommt somit erschwerend hinzu, daß die sprachlichen Fassungen des Artikels nicht vollständig kongruent gefaßt sind.[769] Mit einer Aussage über die sachliche Weite einer Norm ist jedoch noch keine Aussage über die Zuständigkeitsprüfung gemacht. Selbst wenn man die weite Auslegung bejahen wollte, so hieße das nicht, daß etwa eine besonders oberflächliche Zuständigkeitsprüfung zu erfolgen habe. In gleicher Weise vorstellbar wäre etwa - wie hier zum deutschen Recht vertreten[770]- eine Modifizierung des Prüfungsgegenstandes, wenn Ansprüche aus dem Randbereich des Vertragsrechts geltend gemacht werden könnten.

Auch die Nachbildung mancher europäischer Gerichtsstände nach dem Vorbild der Gerichtsstände nationaler Rechtsordnungen gibt wenig Hinweise darauf, wie die Zuständigkeit geprüft werden muß. So kann nicht etwa aus der Tatsache, daß Art. 5 Nr.1 EuGVÜ § 29 ZPO nachgebildet ist[771], geschlossen werden, das EuGVÜ folge der Schlüssigkeitstheorie.[772] Die Regelung der Prüfung der Zuständigkeit ist auch im deutschen Recht gerade nicht im jeweiligen Gerichtsstand integriert, sondern wird aus dem systematischen Zu sammenhang, einer Zusammenschau der prozessualen Regelungen und Maximen und einer Interessenanalyse gefolgert.

Auch die allgemeinen Auslegungsmaximen, wie etwa, daß Art. 5 EuGVÜ aufgrund seines Ausnahmecharakters eng auszulegen sei[773], beinhalten zu wenig konkrete Substanz, als daß man daraus ein konkretes Prüfungs programm herleiten könnte. Mithin läßt die Normierung der besonderen Gerichtsstände der Rechtsprechung des EuGH weite Spielräume.

---

[768]Anders Kaye, Jurisdiction, 495, der gerade aus dem englischen Wortlaut ("matters relating to a contract") folgert, daß nur Ansprüche aus einem wirksamen Vertrag unter Art. 5 Nr.1 fallen. Dagegen Briggs BYIL 1997, 333.

[769]EuGH 4.3.1982 - 38/81 (Effer/Kantner) Slg 1982, 825 Rn 5 Valloni 172; vgl. aber Schack, Erfüllungsort, 312.

[770]S.o. § 14 II.

[771]Jenard-Bericht 70 ; Dauses-Kreuzer/Wagner Q Rn 153; Droz Rn 63.

[772]Dies erwägt Gottwald IPRax 1983, 16.

[773]EuGH 15.2.1989 - 32/88 (Six Constructions/Humbert) Slg 1989, 341 Rn 18; 27.9.1988 - 189/87 (Kalfelis/Bankhaus Schröder) Slg 1988, 5565 Rn 19; 17.6.1992 - 26/91 (Handte/TMCS) Slg 1992 I-3967 Rn 14;f.; Valloni 185; Thomas/Putzo-Hüßtege Art. 5 EuGVÜ Rn 2; kritisch Gottwald IPRax 1983, 15; Geimer/Schütze, EuZVR, Art. 5 Rn 1; Schlosser, EuGVÜ, Art. 5 Rn 3; Kropholler, EuZPR, Vor Art. 5 Rn 2 "als Richtschnur fragwürdig".

-- 3. Kein Anspruch auf eine abgesonderte Verhandlung über die Zuständigkeit

Nach Art. 18 EuGVÜ (jetzt Art. 24 EuGVVO) gilt eine Einlassung dann nicht als rügelose Einlassung, wenn sich der Beklagte nur einläßt, um den Mangel der internationalen Zuständigkeit geltend zu machen.
Nach dem Wortlaut ("nur") wäre eine Interpretation dahin denkbar, daß eine hilfsweise Einlassung, wie sie im deutschen Prozeßrecht möglich ist, als Einlassung im Sinne von Art. 18 EuGVÜ zu betrachten wäre. Um dann die Zuständigkeitsordnung des EuGVÜ aufrechtzuerhalten, wäre ein Anspruch auf eine abgesonderte Verhandlung wohl zwingende Folge dieser Interpretation, wollte man den Beklagten nicht rechtlos stellen. Allerdings wäre diese Argumentation sehr formalistisch und wird sowohl vom EuGH als auch von der ganz überwiegenden Meinung in der Literatur abgelehnt.[774] Ist aber eine hilfsweise Einlassung möglich, ist ein Anspruch auf eine abgesonderte Verhandlung nicht zwingend, auch wenn weiterhin gute Gründe dafür sprechen.[775] So wird ein europarechtlicher Anspruch auf eine abgesonderte Verhandlung abgelehnt[776], die Frage ist vielmehr nach nationalem Verfahrensrecht zu entscheiden.[777]

- II. Die Prüfung der Gerichtsstände in der Praxis des EuGH

Die vorangehende Untersuchung hat gezeigt, daß die Regelungen des EuGVÜ im Hinblick auf die Zuständigkeitsprüfung lückenhaft sind. Eine eigenständige "europäische Zuständigkeitsprüfung" kann sich somit allenfalls aus der Rechtsprechung des EuGH ergeben, die im folgenden dargestellt und analysiert wird.[778]

---

[774] EuGH 24.6.1981 - 150/80 (Elefanten Schuh/Jacqmain) Slg 1981, 1671 Rn 14; 22.10.1981 - 27/81 (Rohr/Ossberger) Slg 1981, 2431 Rn 8; Schulte-Beckhausen 229 f.; Schlosser, EuGVÜ, Art. 18 Rn 2; MünchKomm-Gottwald Art. 18 EuGVÜ Rn 9; Zöller-Geimer Art. 18 EuGVÜ Rn 1a.

[775] Vgl. oben § 13 I.2.

[776] Kommission in: EuGH 4.3.1982 - 38/81 (Effer/Kantner) Slg 1982, 825, 831

[777] Schulte Beckhausen 230; Leipold IPRax 1982, 222, 223. Zum deutschen Recht oben § 12 I.2.; zum englischen Recht oben § 23. Nachweise zum italienischen, französischen, niederländischem und luxemburgischen Recht bei Schulte-Beckhausen 230 Fn 300, 303; zum österreichischen Recht Schoibl, FS Schütze, 777 ff.

[778] Vgl. auch die Zusammenfassungen bei Hertz 286 ff. und Pålsson SvJT 1999, 315.

-- 1. Rechtssache Sanders / van der Putte

In dem Verfahren Sanders / van der Putte[779] ging es um einen Streit aus einem Untermietvertrag über ein Ladengeschäft. Der Beklagte war der Auffassung, daß kein Vertrag bestünde. Er rügte die Zuständigkeit des angerufenen Gerichts, da die ausschließliche internationale Zuständigkeit eines anderen Gerichts nach Art. 16 Nr.1 EuGVÜ eingreife. Der Kläger war hingegen der Auffassung, daß Art. 16 EuGVÜ jedenfalls dann nicht greife, wenn der Vertrag vom Beklagten bestritten werde. Der EuGH äußerte sich eher beiläufig zu der Frage, welchen Einfluß die Unwirksamkeit des Vertrages auf das Bestehen der Zuständigkeit habe.[780] Der Wortlaut ergebe, daß Differenzen über das Bestehen des Vertrages nicht zur Unanwendbarkeit der Vorschrift führten.[781]
Da durch die Belegenheit des Streitobjektes ein objektiver Bezugspunkt des Streites zum Gerichtsstand gegeben ist, erscheint die Lösung des EuGH auch dann plausibel, wenn der EuGH beim Urteil die Sachentscheidungskompetenz und nicht nur wie in dem Verfahren in der Rechtssache Effer/Kantner (s.u.) die Vorfragen-Kompetenz[782] im Blick gehabt haben sollte. Jedoch ist vor einer direkten Übertragung auf den allgemeinen Vertragsgerichtsstand, bei dem dieser objektive Bezug allein durch den tatsächlichen Vertragsschluß geschaffen wird, zu warnen.

-- 2. Rechtssache Effer / Kantner

In dem Verfahren Effer / Kantner[783] stritten die Parteien um die Zahlung eines Anwaltshonorars. Es war streitig, ob die Beklagte bei der Auftragserteilung wirksam vertreten worden ist. Die auf Zahlung verklagte Fa. Effer rügte die Zuständigkeit nach Art. 5 Nr.1 EuGVÜ, da kein Vertragsverhältnis zwischen ihr und dem Kläger zustandegekommen sei. Der BGH legte die Frage dem EuGH vor. Das Vereinigte Königreich forderte in seiner Stellungnahme zum Verfahren, daß zwar die Verpflichtung prima facie vertraglicher Natur sein müsse, ein voller Beweis angesichts der fehlenden Rechtskraft eines Urteils über die Zuständigkeit jedoch vermieden werden sollte.[784] Demgegenüber war die Kommission der Auffassung, daß zwar ein Bestreiten seitens des Beklagten nicht ausreichen sollte, die Zuständigkeitstatsachen jedoch - gleich-

---

[779]EuGH 14.12.1977 - 73/77 (Sanders/van der Putte) Slg 1977, 2383.

[780]EuGH 14.12.1977 - 73/77 (Sanders/van der Putte) Slg 1977, 2383 Rn 21/22.

[781]Bestätigt durch das Folgeurteil EuGH 6.7.1988 158/87 (Scherrens/Maenhout) Slg 1988, 3791 Rn 15.

[782]Zu dieser Unterscheidung sogleich unter 2.

[783]EuGH 4.3.1982 - 38/81 (Effer/Kantner) Slg 1982, 825.

[784]Zuammengefaßt in: EuGH 4.3.1982 - 38/81 (Effer/Kantner) Slg 1982, 825, 830.

gültig ob doppelrelevant oder nicht - voll bewiesen werden müßten.[785] Die Ausführungen von Generalanwalt Reischel erscheinen widersprüchlich. So könne man einerseits vom Kläger nicht mehr als einen schlüssigen Vortrag verlangen, andererseits fordert er den vollen Beweis von Zuständigkeitstatsachen.[786] Eine Sonderbehandlung von doppelrelevanten Tatsachen lehnte er ab.[787]

Der Gerichtshof urteilte[788], daß

"die Zuständigkeit des nationalen Gerichts zur Entscheidung über die mit einem Vertrag zusammenhängenden Fragen die Zuständigkeit einschließt, das Vorliegen der den Vertrag selbst begründenden Umstände zu beurteilen, was erforderlich ist, damit das angerufene nationale Gericht seine Zuständigkeit aufgrund des Übereinkommens feststellen kann."[789]

Es bestünde die Gefahr, daß Art. 5 EuGVÜ seiner Bedeutung beraubt würde, reichte seitens des Beklagten die Behauptung des Nichtbestehens des Vertrages, damit die Zuständigkeit entfiele. Vielmehr könne

"das Gericht, das über den Rechtsstreit aus einem Vertrag zu befinden hat, die wesentlichen Voraussetzungen seiner Zuständigkeit - auch von Amts wegen - anhand von schlüssigen und erheblichen Umständen nachprüfen (...), die eine Partei vorträgt und aus denen sich das Bestehen oder Nichtbestehen des Vertrages ergibt."[790]

Das Urteil gibt einige Rätsel auf. Allein das erste Zitat erscheint entweder als banal oder als in sich widersprüchlich, da es eine Zuständigkeit bejaht, über die Zuständigkeit zu befinden. Dieser Passage kann man einen Sinn dahingehend geben, daß man zwei Arten von Zuständigkeiten unterscheidet. So ist die erste die von Mankowski[791] in anderem Zusammenhang so bezeichnete Vorfragen-Kompetenz[792], die zweite die Sachentscheidungskompetenz. Daß die erste nicht selbstverständlich (umfassend) gegeben ist, zeigt ein Blick auf das

---

[785]Zusammengefaßt in: EuGH 4.3.1982 - 38/81 (Effer/Kantner) Slg 1982, 825, 831 f.

[786]Abgedruckt in:EuGH 4.3.1982 - 38/81 (Effer/Kantner) Slg 1982, 825, 839.

[787]Ebenda 839.

[788]EuGH 4.3.1982 - 38/81 (Effer/Kantner) Slg 1982, 825 Rn 7.

[789]EuGH 4.3.1982 - 38/81 (Effer/Kantner) Slg 1982, 825 Rn 7.

[790]EuGH 4.3.1982 - 38/81 (Effer/Kantner) Slg 1982, 825 Rn 7.

[791]Zu Art. 17 EuGVÜ, JZ 1998, 899 f.

[792]Verheul NILR 30 (1983), 244 nennt dies "a kind of provisional jurisdiction".

französische Recht, nach dem der Gerichtsstand des Erfüllungsortes dann entfällt, wenn der Vertrag ernsthaft bestritten ist.[793] Sie erhält außerdem eigenständige Bedeutung bei der ausschließlichen Zuständigkeit.[794] Daß der EuGH bei der Entscheidung über den Vertrag noch nicht die Sachentscheidungskompetenz im Blick hatte, ergibt sich aus der Wendung "(...) seine Zuständigkeit feststellen kann". Auch das zweite Zitat dreht sich um die Nachprüfung der "Voraussetzungen (der) Zuständigkeit (des Gerichts)". Diese *könne* anhand von schlüssigen und erheblichen Umständen nachgeprüft werden. Implizit kann das nur heißen, daß, wenn das Gericht nach diesen Grundsätzen seine Zuständigkeit prüft, die Sachentscheidungskompetenz mit der Feststellung des Nichtbestehens des Vertrages entfällt.

Somit ist einem Mißverständnis vorzubeugen: Der EuGH hat nicht entschieden, daß das Gericht sachentscheidungskompetent *ist*[795], wenn der Vertrag bestritten wird, allenfalls, daß es trotzdem sachentscheidungskompetent *sein kann.* Es geht primär um die Regel, daß jedes Gericht über seine eigene Zuständigkeit zu entscheiden hat.[796]

Das zweite Zitat kann in zwei Richtungen gelesen werden. Zunächst (und weniger überzeugend) kann man es als Verstärkung des ersteren auffassen ("es kann tatsächlich *nachprüfen*"), mit der Folge, daß bei Feststellung der Nichtigkeit / des Nichtbestehens des Vertrages die Sachentscheidungskompetenz auf jeden Fall entfällt.[797] Eine andere Lesart betont den fakultativen Charakter der Nachprüfung des Bestehens des Vertrages ("*kann* überprüfen"), mit der Folge, daß die Frage der Prüfungsintensität der Zuständigkeitsebene unentschieden bzw. dem nationalen Recht überlassen bliebe. Beiden Lesarten ist aber gemein, daß dem Bestehen des Vertrages *nach dem materiell-anwendbaren Recht* vom EuGH Relevanz für die Zuständigkeitsprüfung zugesprochen wird.[798]

---

[793]Guinchard Art. 46 note 2 mit Nachweisen aus der Rechtsprechung; vgl. auch Gaudemet-Tallon RCDIP 1982, 574; dies., Conventions, Rn 159; Huet Clunet 1982, 474.

[794]Vgl. Mankowski JZ 1998, 899.

[795]Dies legt zwar der Tenor nahe, demnach Art. 5 Nr.1 dem Beklagten *auch zur Verfügung stehe*, wenn das Zustandekommen des Vertrages streitig ist. (So etwa MünchKomm-Gottwald Art. 5 EuGVÜ Rn 4; Wieczorek/Schütze-Hausmann § 40 Anh I Art. 5 EuGVÜ Rn 10; Schack Erfüllungsort, Rn 312); Die Begründung zeigt aber, daß *zur Verfügung stehen* nicht gleichbedeutend mit sachentscheidungsbefugt ist. Kritisch zum Tenor auch Huet, Clunet 1982, 477.

[796]So auch die Schlußanträge von Generalanwalt Darmon Rn 109 in: EuGH 7.3.1995 - 68/93 (Shevill/Presse Alliance) Slg 1995, I-415.

[797]So etwa Gaudemet-Tallon RCDIP 1982, 577; Huet Clunet 1982, 475 f.; Gothot/Holleaux Nr. 62. Auch Verheul NILR 30 (1983), 245, der das Urteil deshalb aber kritisiert. Unentschieden C.Kohler, EuGH, 46.

[798]Vgl. Huet, Clunet 1982, 478, der den kollisionsrechtlichen Aspekt betont.

Recht vage bleibt der EuGH auch, soweit es um die Beurteilungsgrundlage für die mögliche Zuständigkeitsprüfung der Gerichte geht. Was unter den "von *einer Partei* [frz. *partie intéressée*] vorgetragenen schlüssigen und erheblichen Umständen"[799] zu verstehen ist, bleibt im Dunkeln. Ein einseitiges Abstellen auf den Klägervortrag bedeutet es aber wohl nicht.[800] An welche Behauptung der EuGH dachte und vor allem, welche Beweise gefordert werden, bleibt offen.

Die unklaren Formulierungen[801] des Urteils hatten zur Folge, daß viele unterschiedliche Aussagen in das Urteil hineingelesen wurden. So sehen manche darin das Erfordernis, daß der Vertrag für die Zuständigkeitsebene voll zu beweisen ist[802], oder daß zumindest alternativ dazu ein prima-facie-Beweis ausreichend sei[803] oder sogar eine Bestätigung der deutschen Schlüssigkeitstheorie.[804] Dabei ist manchesmal nicht ganz klar festzumachen, ob die Autoren das Urteil selbst dahingehend interpretieren, oder ob es die nationalen Lösungen jeweils zuläßt, somit eher als ein Verweis auf nationales Recht zu verstehen ist.[805]
Angesichts der dargestellten Argumentation des EuGH ist der letzten Auffassung zu folgen. Zwar hat der EuGH das französische Modell ausgeschlossen. Im übrigen hat er aber die entscheidenden Fragen der notwendigen Intensität der Prüfung offengelassen.

---

[799]Hervorhebung durch Verf.

[800]So aber O'Malley/Layton 393 und die Vertreter der deutschen Schlüssigkeitstheorie, etwa Gottwald IPRax 1983, 16; Stoll IPRax 1983, 53 und die Interpretation von Generalanwalt Darmon Rn 110 in: EuGH 7.3.1995 - 68/93 (Shevill/Presse Alliance) Slg 1995, I-415; ähnlich die Urteilsbegründungen von Stocker LJ in: Tesam v Schuh Mode Team [1990] ILPr 149, 164 f. (C.A.).

[801]Hertz 288 "so contradictng as to be of little help"; Huet Clunet 1982, 476 "motifs ambigus"; ähnlich Pålsson SvJT 1999, 321; ders., FS Lando, 265 f.; Kaye, Jurisdiction, 497 ("rather unclear nature of the judgement").

[802]Gaudemet-Tallon RCDIP 1982, 577; Huet Clunet 1982, 475 f.; Gothot/Holleaux Nr. 62; Stone AnglAm.L.Rev. 12 (1983), 57; wohl auch Kaye, Jurisdiction, 500.

[803]Collins 53 f.; Stocker LJ in: Tesam v Schuh Mode Team [1990] ILPr 149, 166 (C.A.); ähnlich Blok, FS Lando, 59 "certain probability that there is a contract" Übers. bei Hertz 289 Fn 15; vgl. auch Lasok/Stone 220.

[804]Dietze/Schnichels EuZW 1998, 489; Wrangel 15 f.; indirekt auch Gottwald IPRax 1983, 16; Stoll 1983, 53; BAG RIW 1987, 464, 465; BGH. So könnte man auch Generalanwalt Darmon Rn 110 in: EuGH 7.3.1995 - 68/93 (Shevill/Presse Alliance) Slg 1995, I-415, 438 verstehen.

[805]Urteilsbegründung von Nicholls LJ in: Tesam v Schuh Mode Team [1990] ILPr 149, 158 (C.A.); Briggs, Jurisdiction, 209 Rn 2.139; wohl. A.A. Kaye, Jurisdiction, 501: Schlüssigkeitstheorie ausgeschlossen; für Huet Clunet 1982, 477 wäre die Beibehaltung der Schlüssigkeitstheorie "une interpretation choquante".

-- 3. Rechtssache Kalfelis / Bankhaus Schröder

Die oben[806] näher ausgeführte Rechtsprechung des EuGH in dem Verfahren Kalfelis / Bankhaus Schröder ist nicht nur im Hinblick auf die direkte Entscheidungszuständigkeit, d.h. den Ausschluß der Sachentscheidungskompetenz im besonderen Gerichtsstand für konkurrierende Anspruchsgrundlagen interessant. Wichtig ist im vorliegenden Zusammenhang, daß der EuGH die europäische Zuständigkeitsordnung im Hinblick auf konkurrierende nationale Anspruchsgrundlagen ausgerichtet hat und nicht auf typische Sachverhaltskonstellationen.[807]

-- 4. Rechtssache Custom Made Commercial / Stawa Metallbau

In dem Verfahren Custom Made Commercial / Stawa Metallbau[808] ging es um die Bestimmung des Erfüllungsortes bei Geltung von Einheitskaufrecht.[809] Der EuGH hielt in seinem Urteil an der strengen Anknüpfung an das materielle Recht fest, um Rechtssicherheit zu gewährleisten. Insbesondere das Alternativkriterium, sich nach einer engen Verbindung zwischen Sachverhalt und einem bestimmten Gericht zu richten, hielt er für unbrauchbar, da

"das angerufene Gericht zu prüfen hätte, ob diese Verbindung besteht und dabei (...) das Vorbring*en des Beklagten berücksichtigen müßte; dadurch würde Artikel 5 seines Inhalts entleert.*"[810]

Diese Ausführungen sprächen dafür, bei der Prüfung eines Gerichtsstandes allgemein nur vom Vortrag des Klägers auszugehen. Es ist jedoch zweifelhaft, ob der Gerichtshof, der diese Passage nur als Argumentationsstütze benutzte, tatsächlich eine so weitreichende Aussage machen wollte.

-- 5. Rechtssache Shevill / Presse Alliance

In der Rechtssache Shevill / Presse Alliance[811] ging es um die Schadensersatzklage einer durch einen Zeitungsartikel einer französischen Zeitung in

---

806 S.o. § 13 II. 2.b)bb).

807 Dies betont auch Schlosser, EuGVÜ, Art. 5 Rn 3.

808 EuGH Urteil 29.6.1994 - 288/92 (Custom Made Commercial/Stawa Metallbau) Slg 1994, I-2913.

809 Vgl. näher hierzu Jayme IPRax 1995, 13 f.; oben § 20 II.1.

810 EuGH Urteil 29.6.1994 - 288/92 (Custom Made Commercial/Stawa Metallbau) Slg 1994, I-2913 Rn 19 (Hervorhebung durch Verfasser); vgl. auch Valloni 210.

811 EuGH 7.3.1995 - 68/93 (Shevill/Presse Alliance) Slg 1995, I-415.

ihrem Ruf geschädigten Klägerin. Gestritten wurde um die Zuständigkeit englischer Gerichte, die sich aus Art. 5 Nr.3 EuGVÜ ergeben hätte. Wesentliche Bedeutung kommt dem Urteil hinsichtlich der Bestimmung des Tatortes bei Pressedelikten zu. Interessant, wenn auch wenig befriedigend, sind die Ausführungen des Gerichtshofes zur Frage der erforderlichen Prüfungstiefe bei Zuständigkeitsnormen des EuGVÜ. Insbesondere ging es bei der vom House of Lords vorgelegten Frage Nr.7 speziell um die Prüfungstiefe bei einfach- und doppelrelevanten Zuständigkeitstatsachen.

Generalanwalt Darmon bezog sich vor allem auf das Urteil in der Rechtssache Effer/Kantner. So genüge das Bestreiten der Zuständigkeitstatsache nicht, um die besonderen Gerichtsstände auszuhebeln.[812] Das Gericht habe, *um seine Zuständigkeit zu klären*, anhand des Vortrages des Klägers zu prüfen, "ob der Beklagte eine Handlung begangen hat, die seine Haftung auslösen kann und die in seinem Zuständigkeitsbereich einen Schaden verursacht hat." Bei der Frage, ob ein Schaden vorliege, habe sich das Gericht an das anwendbare materielle Recht und sein eigenes Verfahrensrecht zu halten.[813] Der Verweis auf ein Zitat von Kaye[814] zeigt, daß Darmon davon ausging, daß nicht direkt ein konkreter Sachverhalt unter die Zuständigkeitsnorm subsumiert wird, sondern als Zwischenschritt das anwendbare Recht eingeschaltet werden soll.

Die Kommission forderte zwingenden Beweis für die klägerische Behauptung der Zuständigkeitstatsache. Demnach müsse nach dem normalen zivilprozessualen Beweismaß erwiesen sein, daß der Kläger eine Handlung begangen habe, die zu deliktischer Haftung führen könne und daß die Schädigung (damage) aus dieser Handlung herrühren könne. Zudem müsse je nach Tatort feststehen, daß die Handlung bzw. die Schädigung (damage) am behaupteten Tatort stattgefunden habe.[815]

---

[812] Rn 108, abgedruckt in: EuGH 7.3.1995 - 68/93 (Shevill/Presse Alliance) Slg 1995, I-415, 438.

[813] Rn 93 ff., EuGH 7.3.1995 - 68/93 (Shevill/Presse Alliance) Slg 1995, I-415, 435

[814] Rn 64 der Schlußanträge in: EuGH 7.3.1995 - 68/93 (Shevill/Presse Alliance) Slg 1995, I-415; wörtlich Kaye, Jurisdiction, 564 :"no effort should be made, as part of the attempt to develop a uniform Convention concept, to define whether particular *facts* are to be held to give rise to tortious liability or not since it is not the function of the European Court, in drawing up such a definition, to stipulate whether a tortious or any other form of liability ought to exist in a particular fact situation and reference must always be made to the appicable national law in order to determine the characteristics of the liability, if any, which is the subject of the national court proceeding ..."

[815] Zusammenfassung durch den Berichterstatter Schockweiler abgedruckt in: Shevill v Presse Alliance (1995) 2 AC 31 f.

Der EuGH strich die recht differenziert gestellten Fragen des House of Lords "forsch" zusammen.[816]
Zum einen betonte er die Grenzen des EuGVÜ und den weitgehenden Geltungsbereich des nationalen Verfahrensrechts.[817] Die Frage, unter welchen Umständen ein ursächliches Ereignis gegenüber dem Betroffenen als schädigend[818] angesehen werden kann und welcher Beweis für das Vorliegen und Umfang des Schadens zu fordern ist, sei nach nationalem Recht zu beurteilen.[819] Das Gericht müsse das durch sein IPR berufene materielle Recht befragen, soweit dadurch nicht die praktische Wirksamkeit des Übereinkommens beeinträchtigt werde.[820] Jedenfalls sei die Schadensvermutung des englischen Rechts bezüglich eines Pressedeliktes übereinkommenskonform.[821]

Auch dieses Urteil ist nicht zu Unrecht wegen seiner Unklarheit gescholten worden.[822] Insbesondere die Begriffsverwirrung um "Schaden", "schädigendes Ereignis" bzw. deren Äquivalente in der englischen Verfahrens- und französischen Beratungssprache ("harm", "damage", "dommage", ...) erschwert das Verständnis.[823] So wäre ein Beweis des Umfanges des Schadens nach bisherigem Verständnis von Art. 5 Nr.3 EuGVÜ überhaupt nicht Gegenstand der Zuständigkeitsprüfung. Warum wird dann für diese Frage auf das nationale Recht verwiesen? Nach deutschem Rechtsverständnis hätte die Übersetzung besser das Wort Schädigung, noch besser Rechtsgutsverletzung verwandt, um der Unterscheidung zwischen zuständigkeitsrelevanter Schädigung und Schaden im Sinne eines weiteren Vermögensschadens gerecht zu werden. Liest man das Urteil zusammen mit den Ausführungen des Generalanwaltes, so kommt man zu folgenden Schlußfolgerungen:

Der Gerichtshof ist der Auffassung, daß der Begriff der Schädigung nach der lex causae beurteilt werden muß.[824] Dabei entnimmt er das Erfordernis einer

---

816 Rauscher ZZPint 1 (1996), 165.

817 EuGH 7.3.1995 - 68/93 (Shevill/Presse Alliance) Slg 1995, I-415 Rn 35 mit Verweis auf 15.5.1990 - 365/88 (Kongress Agentur Hagen/Zeehage) Slg 1990 I-1845 Rn 17.

818 In der englischen Verfahrenssprache "harmful".

819 EuGH 7.3.1995 - 68/93 (Shevill/Presse Alliance) Slg 1995, I-415 Rn 38, 40.

820 EuGH 7.3.1995 - 68/93 (Shevill/Presse Alliance) Slg 1995, I-415 Rn 39.

821 EuGH 7.3.1995 - 68/93 (Shevill/Presse Alliance) Slg 1995, I-415 Rn 40.

822 Hertz 294; Rauscher ZZPint 1 (1996), 166; ; Huber ZEuP 1996, 313.

823 So auch Rauscher ZZPint 1 (1996), 160 f.; vgl. zu dem Problem der Differenzierung zwischen "dommage", "lésion" und "préjudice" im EuGVÜ Donzallaz III Rn 5128 ff.

824 Nach Kreuzer/Klötgen IPRax 1997, 91 habe sich der EuGH bei der Frage des schädigenden Ereignisses für die lex fori und gegen die autonome Auslegung entschieden. Etwas verwirrend ist, daß der EuGH sechs Monate später eine Bestimmung des Begriffs Schaden

Schädigung dem Tatbestandsmerkmal "Ort des schädigenden Ereignisses". Die Frage, ob eine Handlung als schädigend angesehen werden kann, ist nach deutschem Rechtsverständnis nicht bei der Frage des Tatortes, sondern bei der Frage des deliktischen Charakters des Anspruchs angesiedelt[825], da sich durch das schädigende Ereignis die unerlaubte Handlung verwirklicht.[826] Ob der Klägervortrag die Annahme eines deliktischen Anspruchs rechtfertigt, beurteilt sich somit nach der lex causae.[827] Die Frage des Tatortes ist dann nur noch eine Frage der Bestimmung der maßgeblichen Handlung bzw. des Erfolges und deren Lokalisierung. Soll sodann das schädigende Ereignis nach der lex causae bestimmt werden, so bedeutet dies eine Einschränkung der autonomen Auslegung des Deliktsbegriffs. Dieser wird dann um eine materiellrechtliche Komponente angereichert.[828]

Zudem kann man dem Urteil des EuGH entnehmen, daß grundsätzlich über die Frage der Prüfungstiefe nicht das EuGVÜ, sondern das anwendbare Recht zu entscheiden habe.[829] Ausgesprochen hat er diesbezüglich lediglich, daß der Beweis des Vorliegens und des Umfanges des Schadens nach der lex causae beurteilt wird. Die Frage, ob Beweisfragen nach der lex fori oder der lex causae zu entscheiden sind, ist im deutschen Recht umstritten.[830] Daß der EuGH zu dem Problem Stellung beziehen wollte, kann angesichts fehlender Vorarbeiten des Generalanwaltes, der Kürze der Ausführungen und der be-

---

nach der lex causae abgelehnt hat (EuGH 19.9.1995 364/93 (Marinari/ Lloyds Bank) Slg 1995 I-2719 Rn 14 ff. Dabei ging es jedoch um eine Lokalisierung einer als schädigend feststehenden Handlung. Dazu C.Kohler ZEuP 1996, 467; Jayme/C.Kohler 1995, 348 vgl. Fn 73.Kubis, Int. Zuständigkeit, 128 (Unterscheidung der Regelungsbereiche der beiden Urteile wie hier).

825Kubis, Int. Zuständigkeit, 128; C.Kohler ZEuP 1996, 467 " Erst der Tatbestand der Deliktsnorm kann ergeben, ob bestimmte tatsächliche Umstände einen normrelevanten Schaden darstellen können", ähnlich Rauscher ZZPint 1 (1996), 164 (auch 162), der aber von einer ähnlichen Analyse aus den Begriff des schädigenden Ereignisses autonom zu "begrenzen" sucht, da ein europäisch einheitlicher Deliktsbegriff fehle.

826Rauscher ZZPint 1 (1996), 164.

827Huber ZEuP 1996, 312; auch Kubis, Int.Zuständigkeit, 127 f., der das Urteil aber aus gerade diesen Gründen kritisiert ("Das anwendbare Recht soll (nach dem EuGH) entscheiden, ob überhaupt eine zuständigkeitsrelevante Handlung vorliegt, das Übereinkommen entscheidet, ob sie im Inland stattgefunden hat.").

828Genau entgegengesetzt Rauscher ZZPint 1 (1996), 164: "Interpretiert man ... den Begriff 'unerlaubte Handlung' vertragsautonom, so läßt sich das 'schädigende Ereignis' hiervon nicht lösen, jedenfalls insoweit nicht, als es um das durch die Handlung bewirkte Ereignis geht. Selbstverständlich ist auch der Begriff des 'schädigenden Ereignisses' insoweit vertragsautonom auszulegen".

829Huber ZEuP 1996, 312; Kubis, Int.Zuständigkeit, 127; Briggs BYIL 1995, 491 f.; Dicey & Morris I Rn 11-225.

830Huber ZEuP 1996, 312; allgemein dazu Schack Rn 655 ff. und oben § 8 IX.

tonten Zurückhaltung des EuGH gegenüber dem nationalen Verfahrensrecht[831] kaum angenommen werden.[832] Vielmehr bleibt diese Qualifikationsfrage der lex fori vorbehalten.[833] Das Urteil in der Rechtssache Shevill ist insfoern als ein Verweis auf nationales Recht zu verstehen[834], soweit dieses nicht der praktischen Wirksamkeit des Übereinkommens entgegensteht.[835]

Nicht zugestimmt werden kann der Urteilsinterpretation Rauschers, daß der EuGH die Zuständigkeit von Art. 5 Nr.3 EuGVÜ ohne Blick auf das *Ergebnis* der lex causae bestimmen möchte und die lex causae aus der Zuständigkeitsprüfung so weit wie möglich fernzuhalten sei.[836] Dies stellt die Antwort des EuGH auf die Fragen des House of Lords geradezu auf den Kopf. Der EuGH stellt in der Zuständigkeitsprüfung auf die lex causae ab, soweit das schädigende Ereignis zu prüfen ist.[837] Daß der EuGH - wie Rauscher unterstellt[838] - dahingehend zu verstehen sei, daß in der Begründetheitsprüfung die lex causae[839] die Schadensbeurteilung und Schadenshöhe bestimmt, kann man nur schwerlich annehmen. Zum einen ist das eine Selbstverständlichkeit, zum anderen hält sich der EuGH mit Aussagen über Rechtsbereiche, die aus dem EuGVÜ herausfallen, üblicherweise zurück. Auch im Abschlußverfahren vor dem House of Lords wurde von einer Entscheidung gerade bezüglich der Zuständigkeitsprüfung ausgegangen.[840]

---

[831]EuGH 7.3.1995 - 68/93 (Shevill/Presse Alliance) Slg 1995, I-415 Rn 35 f.

[832]Huber ZEuP 1996, 312; anders wohl Jayme/C.Kohler IPRax 1996, 385, die die Endentscheidung des House of Lords kritisieren, da dieses entgegen dem Spruch des EuGH nicht die lex causae, sondern die lex fori angewandt habe.

[833]Huber ZEuP 1996, 312; dies ist um so mehr anzunehmen, als es sich hier um das Sonderproblem der Beweisfragen im Zuständigkeitsstreit handelt. Hier dürfte noch eher eine lex fori-Qualifikation angebracht sein, da diese Prüfung, etwa im deutschen Recht, zur Durchsetzung bestimmter Interessen dient, die der lex fori wichtig erscheinen. Auch Briggs BYIL 1995, 491 versteht das Urteil insoweit als Verweis auf nationales Prozeßrecht. Vgl. oben § 8 IX.

[834]Briggs BYIL 1995, 491, 492 "All the Convention does is to define the jurisdictional rules to which this procedure [the interlocutory procedural law of the court seised] has to be applied"; Dicey & Morris I Rn 11-225.

[835]EuGH 7.3.1995 - 68/93 (Shevill/Presse Alliance) Slg 1995, I-415 Rn Rn 39; Lagarde RCDIP 1996, 502 "un peu mistérieuse"; Rauscher ZZPint 1 (1996), 165 "sibyllinisch". Näher unter § 24 III.

[836]Rauscher ZZPint 1(1996), 166.

[837]EuGH 7.3.1995 - 68/93 (Shevill/Presse Alliance) Slg 1995, I-415 Rn 38.

[838]Rauscher ZZPint 1(1996), 164.

[839]Das wäre in England ob der *double actionabilty rule* in *defamation cases* (dazu Kubis, Int.Zuständigkeit, 55f.) sowohl englisches wie Tatortrecht.

[840]House of Lords 24.7.1996 Shevill v Presse Alliance (1996) AC 959. Dort nennt Lord Jauncey of Tullichettle das Ergebnis des EuGH Urteils "abundantly clear", 983. Kritisch zu dieser Entscheidung Jayme/C.Kohler IPRax 1996, 385. Auch in dem dem EuGH-

-- 6. Rechtssache Benincassa / Dentalkit

Auf die hier relevanten Gesichtspunkte reduziert ging es in dem Verfahren Benincassa / Dentalkit[841] um eine negative Feststellungsklage, die vor einem an sich zuständigen deutschen Gericht erhoben wurde. Der Vertrag, dessen Unwirksamkeit geltend gemacht wurde, enthielt eine den formalen Erfordernissen des Art. 17 EuGVÜ entsprechende Gerichtsstandsklausel zu Gunsten eines italienischen Gerichts. Die Frage war nun, ob die nach Art. 17 EuGVÜ ausschließliche Zuständigkeit der italienischen Gerichte auch bei Infragestellung des die Klausel enthaltenden Gesamtvertrages besteht. Der EuGH bejahte dies[842] ebenso wie zuvor der Generalanwalt Ruiz-Jarabo Colomer[843].

Von deutschen Kommentatoren wurde die Entscheidung als Einschränkung der Schlüssigkeitstheorie gewertet.[844]

Bevor man ein Urteil über diese Bewertung fällen kann, muß man sich die Frage stellen, ob es im vorliegenden Fall überhaupt um doppelrelevante Tatsachen ging. Doppelrelevant wäre z.B. das Bestehen der vertraglichen Verbindung, wenn aus deren Nichtbestehen das Nichtbestehen der Gerichtsstandsklausel geschlossen werden kann (materieller Vertrag als doppelrelevante Vorfrage). Nun betont der EuGH gerade die Unabhängigkeit von Vertrag und Gerichtsstandsklausel.[845] Ist aber die Wirksamkeit des Vertrages nicht Wirksamkeitsvoraussetzung der Gerichtsstandsklausel, so ist das Bestehen des Vertrages nicht einmal eine doppelrelevante Vorfrage. Zumindest im vorliegenden Verfahren scheint der EuGH dieser Ansicht gewesen zu sein. Der EuGH ist nach dieser Interpretation einen Schritt weiter in Richtung der Einbeziehung der Wirksamkeitsvoraussetzungen der Gerichtsstandsklauseln in ein autonomes Prüfungssystem gegangen. Die zuletzt ergangenen Urteile, die

---

Verfahren vorangehenden Verfahren vor dem Court of Appeal ging es allein um die Frage der Zuständigkeitsvoraussetzung, d.h. ob dann, wenn eine falsche Behauptung verbreitet wird, ein schädigendes Ereignis am Ort der Bekanntgabe vermutet wird. Vgl. die Verhandlungszusammenfassung durch Purchas LJ, abgedruckt in: House of Lords 24.7.1996 Shevill v Presse Alliance (1996) AC 959, 975. Zum Vorverfahren auch Carter BYIL 1992, 519 ff.

[841]EuGH 3.7.1997 - 269/95 (Benincassa/Dentalkit) Slg 1997 I-3767.

[842]EuGH 3.7.1997 - 269/95 (Benincassa/Dentalkit) Slg 1997 I-3767 Rn 21 ff.

[843]Schlußanträge Rn 65 ff., in:EuGH 3.7.1997 - 269/95 (Benincassa/Dentalkit) Slg 1997 I-3767, 3783 ff.

[844]Dietze/Schnichels EuZW 1998, 488 f.; anders Baumbach/Lauterbach/Albers/Hartmann-Albers vor Art. 2 EuGVÜ Rn 2, der in dem Urteil gerade eine Bestätigung sieht.

[845]EuGH 3.7.1997 - 269/95 (Benincassa/Dentalkit) Slg 1997 I-3767 Rn 24 f. diesen Aspekt betont auch Koch ZZPint 3 (1998), 233; vgl. auch EuGH 20.2.1997 - 106/95 (MSG /Les Gravières Rhénanes) Slg 1997 I-911.

trotz Erfüllung der Form auf eine (widerleglich)[846] vermutete Einigung der Parteien bestanden[847], ändern daran nichts, da auch Grundsätze für diese Einigung in wichtigen Bereichen dem EuGVÜ entnommen werden können.[848]

Es gibt aber auch Fragen, die sinnvoller Weise nicht autonom geklärt werden können[849], wie z.B. Vertretungsfragen[850], Rechtsnachfolge[851], Vertragsverlängerungen[852], Geschäftsfähigkeit[853] oder auch die Täuschung und Drohung.[854] Bei der Wahl zwischen lex fori und lex causae[855] spricht aufgrund des engen Zusammenhanges dieser Fragen mit dem Hauptvertrag mehr für die lex causae.[856] Folgt man dieser Auffassung, daß zumindest Restbereiche für die lex causae reserviert bleiben, so ist das Auftreten doppelrelevanter Tatsachen möglich. Geht etwa der Streit um die Rechtsnachfolge in den Vertrag, so sind die gleichen Fragen für das Bestehen der Gerichtsstandsklausel wie für die Begründetheit der Klage zu klären. Aus diesem Blickwinkel erscheint das Urteil in einem anderen Licht:

---

[846]Sonst machte die Betonung des EuGH keinen Sinn, daß es neben der Form noch einer Einigung bedürfe; Kubis IPRax 1999, 12 meint, der EuGH lasse diese Frage offen.

[847]EuGH 20.2.1997 - 106 (MSG/Les Gravières Rhénanes) Slg 1997, I-911 Rn 17; 16.3.1999 - 159/97 (Trasporti Castelletti/Hugo Trumpy) Slg 1999 I-1597 Rn 19.

[848]Etwa tatsächliche Willenseinigung (vgl. EuGH 14.12.1976 24/76 (Salotti/RÜWA) Slg 1976, 1831 Rn 7; vgl. auch Jayme/C.Kohler IPRax 1997, 395, die bemängeln, daß das Urteil wichtige Fragen unbeantwortet lasse; Kropholler, EuZPR, Art. 17 Rn 21 ff.; einschränkend schon EuGH 10.3.1992 214/89 (Powell Duffryn/Petereit) Slg 1992, 1745 Rn 21; dazu Jayme/ C.Kohler IPRax 1992, 351.

[849]A.A. wohl Gaudemet-Tallon, EuGH, 126.

[850]Handelsgericht Zürich 1.12.1994 SZIER 1996, 99, 101 zu Art. 17 Lugano-Übk.

[851]Nach den Schlußanträgen von Generalanwalt Léger in: EuGH 16.3.1999 - 159/97 (Trasporti Castelletti/Hugo Trumpy) Slg 1999 I-1597 (Antrag Nr.2 Rn 160) und den Schlußanträgen Nr.3 und 4 Rn 75 von Generalanwalt Alber im Verfahren 387/98 (Coreck Maritime/Handelsveem u.a.) (unveröffentlicht) richtet sich die Rechtsnachfolge in die Pflichten der Gerichtsstandsklausel nach der lex causae.

[852]EuGH 11.11.1986 318/85 (Iveco Fiat/Van Hool) Slg 1986, 3355 kritisch zu diesem Urteil Jayme IPRax 1989, 361 f.

[853]Bischof Clunet 1998, 586; a.A. C.Kohler IPRax 1983, 268.

[854]Differenzierend auch Kropholler, EuZPR, Art. 17 Rn 17, 26; C.Kohler IPRax 1983, 268; sehr weitgehend Jayme, Narrative Normen, 27; ders., Gerechtigkeitsgehalt, 35 f.

[855]C.Kohler IPRax 1983, 268 plädiert hier für das Recht des prorogierten Forums.

[856]Kubis IPRax 1999, 12; Gottwald, FS Henckel, 303; Baumbach/Lauterbach/Albers/ Hartmann-Albers Art. 17 EuGVÜ Rn 16; Briggs YEL 17 (1997), 533 meint, der EuGH habe die lex contractus ausgeschlossen. Jedoch erwartet er von den beiden anderen Möglichkeiten (autonom/lex fori) keine sinnvollen Ergebnisse. Jayme/C.Kohler IPRax 1997, 395 halten die Frage weiterhin für offen. Allgemein Schlosser, EuGVÜ, Art. 17 Rn 3; MünchKomm-Gottwald Art. 17 EuGVÜ Rn 14; Gottwald, FS Henckel, 300 ff.; Kropholler, EuZPR, Art. 17 Rn 17, 21 ff.

Nach der insoweit eindeutigen Aussage des EuGH reicht für die Zuständigkeitsbegründung nicht die bloße klägerische Behauptung des Nichtbestehens[857] des Vertrages. Die Sachlage ist anders als im Fall Effer/Kantner[858], als es dort um die Behauptung des Beklagten ging, und auch anders als bei der negativen Feststellungsklage im Gerichtsstand des Erfüllungsortes, da es dort gerade dem Kläger darauf ankommt, daß seine Behauptung der Nichtigkeit des Vertrages nicht für die Zuständigkeit unterstellt wird.[859]
Daß das Nichtbestehen des Vertrages für die Zuständigkeitsprüfung des Gerichtes nicht unterstellt werden darf[860], wird bei der Bezugnahme auf tatsächlich doppelrelevante Tatsachen bedeutsamer, da dann die Nichtigkeit des Vertrages Wirksamkeitshindernis der Gerichtsstandsklausel sein kann.
Als möglichen Sinn hinter dem genannten Ausspruch des EuGH könnte man vermuten, ihm ginge es um die Etablierung einer ausschließlichen Kompetenz-Kompetenz des in der Klausel bezeichneten Gerichts.[861] Bei Unterstellung der Nichtigkeit im Falle der Erhebung einer negativen Feststellungsklage könnte die Kompetenz-Kompetenz des bezeichneten Gerichts umgangen werden. Jedoch ist wohl davon auszugehen, daß der EuGH eine ausschließliche Kompetenz-Kompetenz nicht schaffen wollte.[862] Dagegen sprechen auch frühere Hinweise des EuGH im Urteil in der Rechtssache Marc Rich / Impianti, da er dort davon ausging, daß eine allgemeine Vorfragenkompetenz zuständigkeitsrechtlich irrelevant sei.[863] Zudem wird das Urteil in der Rechtssache Benincassa auch im Verfahren in der Rechtssache Castelletti von Generalanwalt

---

[857]Rn 29 "wenn einer Vertragspartei die Möglichkeit eingeräumt würde, das Eingreifen dieser Vorschrift des Übereinkommens allein durch die Behauptung zu vereiteln, daß der gesamte Vertrag aus Gründen des anwendbaren materiellen Rechts unwirksam sei."

[858]S.o. § 22 II.2.

[859]Zur besonderen Rechtfertigung dieser Situation siehe oben § 14 I.3.

[860]Anders im autonomen Recht das OLG Köln 9.9.1996 IPRax 1998, 472, 473 mit Anmerkung Trunk, 448 insbes. 450.

[861]Der Wortlaut des Urteils in Rn 27, 29 i.V.m. Rn 30 deutet in diese Richtung.

[862]Mankowski JZ 98, 900 li. Sp. oben; bleibe offen: Bischof Clunet 1998, 586; Briggs YEL 17 (1997), 534.

[863]EuGH 25.11.1991 - 190/89 (Marc Rich/Impianti) Slg 1991 I-3855 Rn 26. In dem Verfahren ging es um die Frage, ob bei einem Verfahren um die Einsetzung eines Schiedsrichters dann das EuGVÜ eingreift, wenn die Wirksamkeit der Schiedsklausel bestritten ist. Dies wurde vom EuGH verneint, da Gegenstand des Verfahrens gerade eine Frage des Schiedsverfahrens war (Rn 26). Daß Vorfragen Probleme des EuGVÜ betreffen, sei unerheblich. Nicht entschieden wurde die Frage, ob eine Klage unter Mißachtung einer bestrittenen Schiedsklausel vom angegangenen Gericht voll geprüft werden kann oder ob es die Kompetenz-Kompetenz des Schiedsgerichtes beachten muß. Zur Frage der Kompetenz-Kompetenz vgl. die Schlußanträge von Generalanwalt Darmon, abgedruckt in: EuGH 25.11.1991 - 190/89 (Marc Rich/Impianti) Slg 1991 I-3855, 3875, der die allgemeine Vorfragenkompetenz die lex fori entscheiden lassen will. Vgl dazu auch Jayme/C.Kohler IPRax 1991, 365.

Léger dahingehend interpretiert, daß eine ausschließliche Kompetenz-Kompetenz nicht geschaffen werde.[864] Die Verfahrensverzögerung, die durch die Schaffung einer Kompetenz-Kompetenz einträte[865], wäre nicht im Interesse einer auf Prozeßökonomie bauenden Zuständigkeitsordnung und entspräche auch nicht dem dem EuGVÜ zugrundeliegenden Gedanken des gegenseitigen Vertrauens der Mitgliedstaaten in die Gerichtsbarkeit der anderen Mitgliedstaaten.[866]

Vielmehr ist anzunehmen, daß sich der EuGH allein auf die unabhängig vom Hauptvertrag zu beurteilenden Wirksamkeitsvoraussetzungen bezog und nicht zu der Frage Stellung bezog, was passiere, wenn die Gerichtsstandsklausel tatsächlich unwirksam sei. Die Frage der Doppelrelevanz hat der EuGH dabei wahrscheinlich nicht gesehen.

Eine relevante Frage wäre gewesen, ob das in der Klausel bezeichnete Gericht auch dann sachentscheidungkompetent ist, wenn sich die Klausel vor diesem Gericht als unwirksam herausstellt.[867] Der EuGH verweist auf die Entscheidungen in den Rechtssachen Effer/Kantner und Sanders/van der Putte[868]. Damit kann der EuGH sinnvollerweise nicht gemeint haben, daß das in einer (aus materiellrechtlichen Gründen, z.B. Drohung) unwirksamen Klausel bezeichnete Gericht auf jeden Fall sachentscheidungskompetent ist. Der Verweis auf das Urteil in der Rechtssache Effer/Kantner löst das Verhältnis von Vorfragen- zur Sachentscheidungskompetenz nicht.[869] Auch bei diesem Urteil muß man sich der Gefahr bewußt sein "of reading too much in a terse single page of judgment".[870]
Eine verallgemeinernde Aussage, daß "die Doktrin der doppelrelevanten Tatsachen nur für das positive Behaupten einer zuständigkeitsbegründenden Tatsache, nicht jedoch für das Bestreiten derselben" gelte[871], läßt sich aus dem Urteil in der Rechtssache Benincassa/Dentalkit jedenfalls nicht herleiten.

---

[864]Schlußnträge des Generalanwaltes Léger in: EuGH 16.3.1999 - 159/97 (Trasporti Castelletti/Hugo Trumpy) Slg 1999 I-1597 Rn 41, 49, 52, 54.

[865]Mankowki JZ 1998, 901.

[866]Vgl. Schoibl, FS Schütze, 779.

[867]Dagegen wohl Mankowski JZ 1998, 900 li Sp oben.

[868]EuGH 3.7.1997 - 269/95 (Benincassa/Dentalkit) Slg 1997 I-3767 Rn 30.

[869]Kritisch auch Briggs YEL 17 (1997), 534; Bischof Clunet 1998, 586.

[870]Briggs YEL 17 (1997), 534.

[871]Dietze /Schnichels EuZW 1998, 489.

- III. Schlußfolgerungen

-- 1. Die Prüfung der rechtlichen Ebene

In der obigen Darstellung des Anwendungsbereiches von Art. 5 Nrr. 1 und 3 EuGVÜ wurde der äußere Rahmen der eigentlichen Prüfung nur recht oberflächlich abgesteckt. Wie die eigentliche Zuordnung von Gerichtsstandsnormen und Sachverhalt zu erfolgen hat, wird im folgenden erörtert.

--- a) Anspruch der autonomen Auslegung

Die Begriffe des EuGVÜ sind, wie der EuGH zuletzt mehrfach betont hat, möglichst autonom auszulegen.[872] Dies gilt insbesondere für die Sammelbegriffe vertraglicher / deliktischer Anspruch.[873] Die autonome Auslegung soll dazu führen, daß die betroffenen Parteien möglichst gleiche Rechte und Pflichten aus dem Übereinkommen herleiten können[874], egal wo der Rechtsstreit im EuGVÜ-Raum angesiedelt ist.
Zum autonomen deutschen Recht wurde ausgeführt, daß zwar ein prozessualer Begriff des Vertrages/Deliktes benötigt werde, dieser aber für die Zwecke der Zuständigkeitsprüfung mit den darunter gefaßten materiellrechtlichen Begriffen aufgefüllt wird.[875] Soweit der EuGH allgemein zu der Frage der Zuständigkeitsprüfung Stellung bezieht, scheint ihm jedoch eine andere Art der autonomen Auslegung vorzuschweben. So hat er bei vielen Gelegenheiten betont, daß das Gericht seine Zuständigkeit entscheiden können müsse, ohne in eine Sachprüfung eintreten zu müssen.[876] Diese Aussage scheint jeglichen Rückgriff auf das anwendbare materielle Recht zu Zwecken der Zuständigkeitsprüfung zu verbieten. Auf der anderen Seite verwendet der EuGH diese Formel auch gerade bei der Bestimmung des Erfüllungsortes anhand der lex causae im Gegensatz zu einem Kriterium der "engsten Verbindung"[877], was dafür spricht, daß er nur die Sachverhandlung meinen könnte. Diese Unterscheidung setzt sich fort in der Bestimmung des Tatortes nach Art. 5 Nr.3

---

[872] S.o. § 19 II.

[873] S.o. § 20 I.1.; § 21 I.1.

[874] Zu dieser Formel unten § 24 III.1.

[875] S.o. § 8 IV.2.

[876] EuGH 22.3.1983 - 34/82 (Peters/ZNAV) Slg 1983, 987 Rn 17; 29.6.1994 - 288/92 (Custom Made Commercial/Stawa Metallbau) Slg 1994, I-2913 Rn 20; 3.7.1997 - 269/95 (Benincassa/Dentalkit) Slg 1997 I-3767 Rn 27; 16.3.1999 - 159/97 (Trasporti Castelletti/ Hugo Trumpy) Slg 1999 I-1597 Rn 48.

[877] EuGH 9.6.1994 - 288/92 (Custom Made Commercial/Stawa Metallbau) Slg 1994, I-2913 Rn 20.

EuGVÜ. So wird in dem Urteil in der Rechtssache Marinari/Lloyds Bank jeglicher Rückgriff auf das anwendbare Recht bei der Bestimmung des Tatortes vehement zurückgewiesen.[878] Sechs Monate zuvor hatte der EuGH aber explizit eine Vorfrage zur Bestimmung des Tatortes der lex causae unterstellt.[879]
Insofern kann dem Verdikt des EuGH gegen eine Zuständigkeitsprüfung unter Einbeziehung des anwendbaren Rechts keine letztentscheidende Bedeutung beigemessen werden. Vielmehr ist zu untersuchen, wie der EuGH seine autonome Auslegung in den einzelnen Fällen versteht.

--- b) Verwirklichung des Konzepts der autonomen Auslegung in der Praxis

Autonome Auslegung bedeutet zunächst, daß den Begriffen ein eigenständiger, konventionsimmanenter Inhalt zugewiesen wird.
Betrachtet man die Sammelbegriffe der beiden hier untersuchten Gerichtsstände (deliktische/ vertragliche Ansprüche), so bedeutet das, daß konventionsautonom eine Zuordnung erfolgt. Die Frage, die auch schon zum deutschen Recht gestellt wurde, lautet aber: Was wird zugeordnet ? Was ist Qualifikationsgegenstand im europäischen Zuständigkeitsrecht ?
Denkbarer Qualifikationsgegenstand wäre eine typisierte Sachverhaltskonstellation oder aber ein materiellrechtlicher Anspruch, der, soweit es sich nicht etwa schon um Gemeinschaftsprivatrecht[880] handelt, dem jeweils berufenen nationalen Rechtssystem entstammt.

---- aa) Vertragliche Ansprüche

Der EuGH bestimmt den Begriff des Vertrages autonom als freiwillig eingegangene Verpflichtung.[881] So versucht er auch Situationen zu erfassen, die im Grenzbereich des Vertragsrechts liegen, aber nicht als Vertrag im klassischen Sinn aufgefaßt werden, wie z.B. die Vereinsmitgliedschaft.[882]

Der EuGH versucht auf der anderen Seite mit diesem Begriff Ansprüche auszuscheiden, die nicht zum Kernbereich des Vertragsrechts gehören, aber in

---

[878]EuGH 19.9.1995 - 364/63 (Marinari/Lloyds Bank) Slg 1995 I-2719 Rn 18 f.

[879]EuGH 7.3.1995 - 68/93 (Shevill/Presse Alliance) Slg 1995, I-415 Rn 39. Zu einem Erklärungsversuch dieser Unterscheidung oben § 22 II.5.

[880]Zu diesem Begriff Müller-Graff NJW 1993, 13 m.w.N.

[881]EuGH 17.6.1992 - 26/91 (Handte/TMCS) Slg 1992 I-3967 Rn 17; 27.2.1998 - 51/97 (Réunion Européenne/Spliethoff's) Slg 1998 I-6511 Rn 17.

[882]EuGH 22.3.1983 - 34/82 (Peters/ZNAV) Slg 1983, 987.

manchen Rechtsordnungen unter Umständen aufgrund der Schwäche des Deliktsrechts dem Vertragsrecht zugeordnet werden. (Haftung des tatsächlichen Verfrachters unter Bezugnahme auf ein Konnossement[883], action directe im französischen Produkthaftungsrecht[884], in Zukunft vielleicht die Ansprüche aus culpa in contrahendo oder der Vertrag mit Schutzwirkung für Dritte). Der EuGH hat bisher nicht versucht, eine allgemeine Situation als vertraglich zu qualifizieren, in der es nach dem anwendbaren Recht keine Sonderverbindung zwischen den Parteien gibt (wie z.B. bei der Patientenbehandlung durch den englischen National Health Service). Dies scheint sich schon aus der Definition des EuGH zwingend zu ergeben, denn die Frage, ob eine Sonderverbindung, d.h. eine freiwillig übernommene Verpflichtung, besteht, wird immer erst im rechtlichen Kontext faßbar. Der Begriff der Verpflichtung ist nicht sinnvoll loslösbar vom das streitige Verhältnis prägenden Recht.

Der EuGH befaßt sich vielmehr mit der Einordnung der ihm jeweils zur Beurteilung vorliegenden nationalrechtlichen Anspruchssituationen:
In der Rechtssache Handte/TMCS[885] ging der EuGH im einzelnen auf die Rechtsbeziehungen ein, die das materielle Recht vermittelte, bewertete sie aber autonom anders als das anwendbare Recht. In Reichert/Dresdner Bank I[886] ging der EuGH auf ein spezielles Rechtsinstitut des französischen Rechts ein (action dite paulienne), untersuchte die Rechtsbeziehungen und möglichen Rechtsfolgen und kam dann zu einer autonomen Einordnung dieses Rechtsinstituts in das EuGVÜ. Im Folgeurteil Reichert II untersuchte der EuGH nochmals die einzelnen Wirkungsbeziehungen, die von dem nationalen Rechtsinstitut ausgehen.[887] In der Rechtssache Réunion Européenne/Spliethoff's[888] ging es um die Einordnung einer im allgemeinen Handelsbrauch üblichen Konstellation, nämlich die Haftung aus einem Konnossement. Hier betonte der EuGH, daß es nicht auf die Qualifizierung des dem nationalen Gericht unterbreiteten Rechtsverhältnisses nach dem anwendbaren Recht ankomme. Das bedeutet aber nicht, daß die Einordnung des Rechtsverhältnisses losgelöst von den es prägenden Normen zu erfolgen hat.

---

[883] EuGH 27.2.1998 - 51/97 (Réunion Européenne/Spliethoff's) Slg 1998 I-6511.

[884] EuGH 17.6.1992 - 26/91 (Handte/TMCS) Slg 1992 I-3967.

[885] EuGH 17.6.1992 - 26/91 (Handte/TMCS) Slg 1992 I-3967 Rn 16 f.

[886] EuGH 10.1.1990 - 115/ 88 (Reichert/Dresdner Bank) Slg 1990 I-27 Rn 12; vgl. auch die Interpretation Schlossers in IPRax 1991, 30.

[887] EuGH 26.3.1992 - 261/90 (Reichert/Dresdner Bank) Slg 1992 I-2149 Rn 20: "Eine Klage wie die Gläubigeranfechtungsklage des französischen Rechts (...) fällt nicht in den Anwendungsbereich (von Art. 5 Nr. 3 EuGVÜ)."

[888] EuGH 27.2.1998 - 51/97 (Réunion Européenne/Spliethoff's) Slg 1998 I-6511.

Ein weiteres Argument für die Einbeziehung des materiellen Rechts in die Zuständigkeitsprüfung läßt sich aus dem oben behandelten Urteil in der Rechtssache Effer/Kantner ableiten.
Der EuGH entschied, daß das Gericht anhand des relevanten Tatsachenmaterials prüfen könne, ob der Vertrag zustandegekommen sei.[889] Dies ist nach dem EuGH ein Teil der Zuständigkeitsprüfung. Bedenkt man die Fragen, die üblicherweise hinsichtlich des Zustandekommens des Vertrages eine Rolle spielen (Vertretungsmacht, Konsens, Zugang, Willensmängel, Weite der vertraglichen Haftung etwa bei persönlich haftenden Gesellschaftern oder des GmbH-Geschäftsführers[890]), dann wird man kaum behaupten können, daß sich diese Fragen durch direkte Subsumtion des Sachverhaltes unter einen europäischen Vertragsbegriff klären ließen. Nichteinmal ein Rückgriff auf die zu Art. 17 EuGVÜ entwickelten Grundsätze könnte bei diesen Fragen weiterhelfen.[891] Aus Normenmangel muß daher eine materielle Rechtsordnung, sinnvollerweise die lex causae, zu dieser Prüfung herangezogen werden.
Ebenso kann man aus der Behandlung der Anspruchsgrundlagenkonkurrenz Rückschlüsse auf das Qualifikationsverständnis des EuGH ziehen.[892] Der EuGH hat in der Rechtssache Kalfelis/Bankhaus Schröder[893] entschieden, daß im Gerichtsstand der unerlaubten Handlung das unterbreitete Rechtsverhältnis nur unter dem Gesichtspunkt der unerlaubten Handlung untersucht werden darf. Vertragliche Aspekte müßten unberücksichtigt bleiben. Damit hat der EuGH, der auf Vorlagefragen des BGH antwortete, die zum deutschen Zuständigkeitssystem herrschende Auffassung auf das EuGVÜ übertragen, wonach in dem besonderen Gerichtsstand ein Streitgegenstand auch bei Anspruchsgrundlagenkonkurrenz nur nach den spezifischen Anspruchsgrundlagen untersucht werden darf.[894] Diese Aussage ist nicht nur eine Ablehnung des Gerichtsstandes der Konnexität bei Anspruchsgrundlagenkonkurrenz, sondern zeigt gleichzeitig, daß nach Ansicht des EuGH nicht soziale Konfliktlagen insgesamt den besonderen Gerichtsständen zugeordnet werden. Bei dem Fall, der der Vorlagefrage zugrunde lag, handelte es sich um die Haftung bei Bankauskunft. Der EuGH hat nicht diese Situation der Informationshaftung als deliktisch oder vertraglich qualifiziert, sondern differenziert nach jeweils gesondert zu qualifizierenden Anspruchsgrundlagen. Diese können sinnvollerweise nur aus der

---

[889]EuGH 4.3.1982 - 38/81 (Effer/Kantner) Slg 1982, 825 Rn 7.

[890]Zur Durchgriffshaftung § 31 GmbHG OLG Jena 5.8.1998 ZIP 1998, 1496; §§ 32a, b GmbHG: OLG Bremen 25.9.1997 RIW 1998, 63; Thomas/Putzo-Hüßtege Art. 5 EuGVÜ Rn 2 findet das zweifelhaft.

[891]Vgl oben § 22 II.6.

[892]Vgl auch Schlosser, EuGVÜ, Art. 5 Rn 3.

[893]EuGH 27.9.1988 - 189/87 (Kalfelis/Bankhaus Schröder) Slg 1988, 5565

[894]S.o. § 13 II.2.

lex causae stammen. Ob Anspruchskonkurrenz vorliegt, kann nur das anwendbare Recht entscheiden.[895] Denn es kann nicht sinnvoll Aufgabe des EuGVÜ sein, autonom zu entscheiden, in welchen Fällen für Zwecke der Zuständigkeitsbestimmung Anspruchskonkurrenz besteht.[896]

---- bb) Erfüllungsort

Wie schon oben beschrieben, wird vom EuGH bei der Bestimmung des Erfüllungsortes von einer autonomen Auslegung abgesehen. In der Neufassung des EuGVÜ wird im Rahmen der EuGVVO teilweise eine autonome Bestimmung eingeführt.[897]

---- cc) Deliktische Ansprüche

Unabhängig von dem Ergebnis zum Gerichtsstand des Erfüllungsortes, ist auch bei Art. 5 Nr.3 EuGVÜ zu überlegen, ob man hier beim Zuordnungsvorgang nicht ohne Rückgriff auf das materielle Recht auskommt. Demnach müßte es möglich sein, anhand der Definition des EuGH "Schadenshaftung, die nicht an einen Vertrag iSv Art. 5 I EuGVÜ anknüpft" den Sachverhalt einzuordnen.
Schon beim Merkmal der nichtvertraglichen Art kommen Zweifel auf, ob sich diese Zuordnung ohne Rückgriff auf das materielle Recht durchführen läßt, da die Einordnung als vertraglich, wie gezeigt, dieses Rückgriffes bedarf.
Auch der Begriff der Schadenshaftung wirft Probleme auf.
Läßt sich ein Sachverhalt sinnvoll danach befragen, ob er Grundlage für eine Schadenshaftung ist, ohne die einzelnen rechtlichen Beziehungen materiellrechtlich zu erfassen? Dies hängt wesentlich davon ab, mit welcher Tiefe man die Prüfung vornehmen will. Begnügt man sich mit der klägerischen Behauptung: "Ich habe einen Schaden und der Beklagte ist dafür verantwortlich.", so ist das der Fall. Nimmt man jedoch in Anbetracht der Mißbrauchsgefahr eine Prüfungspflicht des Gerichts ernst, so muß entsprechend der Nachprüfung des Zustandekommens des Vertrages bei Art. 5 Nr.1 EuGVÜ auch der Sachverhalt z.B. hinsichtlich der Verantwortlichkeit überprüfbar sein.
Der Begriff der Schadenshaftung allein taugt somit nicht als Prüfungsmaßstab. Möchte man den Begriff weiter auffüllen, so ist zu fragen, nach welchen Maßstäben dies geschehen soll. Im deutschen Recht wird der Begriff der Schadenshaftung nur selten als Bezeichnung für eine bestimmte Gruppe von

---

[895] Spellenberg ZZP 91 (1978), 49; Lohse 19.

[896] Schlosser, EuGVÜ, Art. 5 Rn 3.

[897] S.o. § 5 III.2. a.E.; § 18.

Ansprüchen verwendet.[898] Weiter hilft der französische Begriff der responsabilité civile, der den Urteilsberatungen angesichts der französischen Arbeitssprache des EuGH zugrundegelegen haben dürfte. Eine responsabilité civile erfordert einen Schaden, eine Handlung und ein diese verknüpfendes Kausalitätsband.[899]

Die Problematik des Schadens / der Schädigung wurde bei der Besprechung des Urteils in der Rechtssache Shevill / Presse Alliance näher untersucht. Danach ist die Frage, ob etwas schädigend ist, von der lex causae zu entscheiden. Wie gezeigt, ist diese Frage sinnvollerweise bei der Prüfung zu beantworten, ob ein Anspruch als deliktisch zu gelten hat, und nicht bei der Frage des Tatortes.[900]

Überträgt man die Entscheidung in der Rechtssache Effer/Kantner auf den Deliktsgerichtsstand, so müßte auch hier das Gericht auf irgendeine Weise prüfen können, ob das den Gerichtsstand rechtfertigende Merkmal, d.h. die schädigende Handlung, auch dem Beklagten zuzurechnen ist. Dies mag bei einfach gelagerten Verkehrsunfällen rein faktisch möglich sein. Bei komplizierten Fragen, wie etwa bei Umweltdelikten oder Zurechnungsfragen im Konzernrecht, ist ein materiellrechtliches Rechtssystem dazu erforderlich.

Ein gemeineuropäisches Deliktsrecht ist zwar in seinen Ansätzen zu erkennen. Es bildet jedoch kein so ausreichend geschlossenes System, daß der EuGH darauf zurückgreifen könnte.[901]

---- dd) Tatort

Wie oben[902] gezeigt, nimmt der EuGH bei der Bestimmung des Ortes, an dem das schädigende Ereignis eingetreten ist, eine autonome Auslegung vor. In schwierigen Fällen greift er aber bei Vorfragen auf das anwendbare Recht zurück.

---

[898]Der Begriff des Haftungsrechts wird z.B. von manchen als Synonym zum Begriff "deutsches Deliktsrecht" verwandt. vgl. Kötz Rn 119.

[899]Ghestin/Viney Rn 246.

[900]S.o. § 22 II.5.

[901]Kaye, Jurisdiction, 564; Reed/Kennedy LMCLQ 1996, 120; a.A. C.Kohler ZEuP 1996, 465, der die Formulierung vertragsautonomer Deliktstatbestände als zukünftige Aufgabe des EuGH sieht. Briggs LMCLQ 1996, 28 meint in der Rechtsprechung des EuGH eine Tendenz zu erkennen, ein autonomes Deliktsrecht zu erschaffen und sieht "years of uncertainty" voraus. In YEL 15 (1995), 488 f, 512 f. schildert er anschaulich die Probleme, die mit einer Neuschaffung eines eigenen zuständigkeitsrechtlichen Deliktsrechts verbunden sind. Vgl. nur die Parallele im deutschen Recht § 8 IV.2.

[902]§ 21 II.; § 22 II.5.

--- c) Zweistufige autonome/lex-causae-Qualifikation?

---- aa) Schlossers Analyse der Rechtsprechung

Die Art und Weise der Sachverhaltszuordnung zu einer Gerichtsstandsnorm scheint sich auch nach dem Vorgehen des EuGH auf ganz ähnliche Weise zu vollziehen wie im autonomen deutschen Recht.
Entsprechend dem oben dargelegten Qualifikationsmodell[903] könnte man hier -Schlosser folgend- an eine zweistufige autonome/lex causae-Qualifikation denken.[904] Bedenkt man, daß die Zuständigkeitsprüfung im wesentlichen Sache des nationalen Verfahrensrechts ist, so würde dies im deutschen Recht zu einer Sachverhaltssubsumtion unter die nach autonomer Begrifflichkeit zu qualifizierende Anspruchsgrundlage des anwendbaren Recht führen (zweistufiges Modell).

---- bb) Einwände

Gegen dieses Modell sind Vorbehalte angemeldet worden.
Rauscher[905] hat vorgeschlagen, den Sachverhalt direkt am EuGVÜ zu messen. Für die bei Art. 5 Nr.3 EuGVÜ relevante Frage des deliktischen Anspruchs würde dies bedeuten, daß zu prüfen wäre, ob nach autonomem Deliktsverständnis eine unerlaubte Handlung (nicht ein schlüssiger deliktischer Tatbestand) mit Handlungs- oder Erfolgsort vorliegt. Das anwendbare Recht entschiede im Rahmen der Begründetheit dann, ob es eine deliktischeAnspruchsgrundlage zur Verfügung stellt. Entsprechende Voraussetzungen ließen sich für Art. 5 Nr.1 EuGVÜ formulieren.
In gewisser Weise ähnelt auch dieses Modell dem gemischten autonomen/lex causae-Ansatz, wenn man davon ausgeht, daß auch Rauscher an der einheitlichen Zuordnung von nationalen Rechtsinstituten (wie z.B. der culpa in contrahendo) ins Zuständigkeitssystem des EuGVÜ gelegen ist. Dann verschiebt

---

[903] § 8 IV.2.

[904] Grundlegend Schlosser RIW 1988, 988 f.; ders., EuGVÜ Art. 5 Rn 16; ders. IPRax 1991, 29; IPRax 1993, 17; vgl. schon ders. IPRax 1984, 65 ff.; ihm folgend Schwarz 134 f. und Wyss 38 ff., der diese Methode etwas verwirrend "konkret autonome Methode" nennt. Ähnlich Kaye, Jurisdiction, 564 f. Lohse 224 spricht von einer europäischen Oberqualifikation, vgl. auch Otte 513 Fn 103. Scholz 168 ff., 184 ff. zeigt überzeugend, daß die Frage der autonomen Auslegung nicht pauschal in die eine oder andere Richtung beantwortet werden muß. Häufig - wie auch im vorliegenden Fall - gehe es um eine mehr oder weniger autonome Auslegung.

[905] ZZPint 1 (1996), 165 f.; vgl. auch Kohler ZEuP 1996, 466 f.; ArbG Wiebaden IPRspr. 1997, Nr. 160, S. 317; Handelsgericht Zürich 11.7.1994 SZIER 1996, 74, 75 f.; Ulrike Wolf ZZPint 2 (1997), 132 f.

sich dieser Schritt der Qualifikation nationalrechtlicher Anspruchsgrundlagen von der Zulässigkeit in die Begründetheitsstation der Klage.
Sinnvoll realisierbar wäre dieses Modell nur bei einer sehr weiten Auslegung der Gerichtsstandsnormen. Denn durch eine enge Interpretation würde ein besonderer Gerichtsstand für in manchen Mitgliedstaaten deliktisch/vertraglich ausgestalteter Ansprüche sonst ganz wegfallen. Diese weite Auslegung entspricht jedoch nicht der restriktiven Handhabung des Art. 5 EuGVÜ durch den EuGH. Zudem ist ein solches Modell mit den dargelegten Interpretationen der Urteile in den Rechtssachen Effer/Kantner und Shevill/Presse Alliance in Einklang zu bringen. Im übrigen wäre auf der Begründetheitsebene doch wieder eine Qualifikation von Anspruchsgrundlagen durchzuführen, so daß kaum Vorteile dieser Auffassung ersichtlich sind.

Ein tatsächlich "einstufiges" Modell einer autonomen Qualifikation wäre die Qualifikation von bestimmten typischen sozialen Konfliktlagen wie z.B. Arzthaftung, Auskunfthaftung von Kreditinstituten, Produkthaftung etc. Nach diesem Modell müßten diese Konfliktlagen einem Gerichtsstand nach autonomen Maßstäben ohne Rückgriff auf das anwendbare Recht zugeordnet werden. In der Begründetheit würde dann das Gericht die Normen heranziehen, die das IPR der lex fori für die Lösung der jeweiligen Konfliktlage bereithält.
Dieses Modell begegnet aber zwei Schwierigkeiten. Zunächst läßt es sich weder mit der Rechtsprechung zur Anspruchsgrundlagenkonkurrenz noch mit der Rechtsprechung zur Überprüfung der Zuständigkeitstatsachen vereinbaren. Im übrigen wäre dieses Modell auf eine langwierige Fallgruppenbildung angewiesen, was zumindest noch für die kommenden Jahre große Rechtsunsicherheit bedeuten würde.
Die von Schlosser vorgenommene Analyse der Rechtsprechung (zweistufige autonome/lex causae-Qualifikation) scheint am ehesten den verschiedenen nicht vollständig in Übereinstimmung zu bringenden Postulaten der EuGH-Rechtsprechung gerecht zu werden.
Dabei geht es nicht, wie zum Teil etwas irreführend ausgeführt wird, um eine Qualifikation der Anspruchsgrundlage erst nach der lex causae und dann um eine Umqualifikation durch den EuGVÜ-Begriff.[906] Qualifikationsgegenstand ist die materiellrechtliche Anspruchsgrundlage. Erst im Anschluß daran wird der Sachverhalt unter die nationale Norm subsumiert. Unerheblich ist, wie das nationale Recht die Anspruchsgrundlage etwa im IPR, Prozeßrecht oder im materiellen Recht einordnet. Diese Lösung soll hier an zwei Beispielen illustriert werden:

---

[906] Wyss 39.

---- cc) Beispiel Arzthaftung

Zunächst müßte der Richter das anwendbare Recht prüfen und dort die in Betracht kommenden Anspruchsgrundlagen heraussuchen. Im Fall der Arzthaftung[907] wäre dies nach englischem Recht zumindest im gesetzlichen Gesundheitssystem des NHS mangels vertraglicher Beziehungen zwischen Arzt und Patient lediglich das *tort of negligence*, in Deutschland pVV und § 823 I BGB. Nach autonomer Qualifikation ist die Grundlage der Haftung des § 823 I BGB nicht in der freiwilligen Selbstverpflichtung zu sehen, ebensowenig beim *tort of negligence*. Der Anspruch nach pVV ist hingegen vertraglich zu qualifizieren. Ist englisches Recht anwendbar, so hat ein Gericht im Gerichtsstand des Erfüllungsortes sich für unzuständig zu erklären, da keine vertragliche Anspruchsgrundlage in Betracht käme. Ist deutsches Recht anwendbar, so hat das Gericht weiter zu prüfen, ob der Sachverhalt tatsächlich der deliktisch qualifizierten Anspruchsgrundlage zuzuordnen ist. Erst an diesem Punkt stellt sich dann die Frage, mit welcher Intensität die Sachverhaltssubsumtion zu erfolgen hat (Schlüssigkeit, Rechtsbehauptung, Möglichkeit, *good arguable case*, Beweis, etc...).[908]

---- dd) Beispiel Baugutachterhaftung

Das deutsche Recht geht in dem Fall eines Baugutachters von einem Vertrag mit Schutzwirkung für den potentiellen Käufer aus.[909] Zudem kommt eine Haftung nach den bei § 826 BGB verorteten Grundsätzen der Informationshaftung in Betracht. Nach englischem Recht kommen nach der *privity-doctrine* allenfalls Ansprüche aus *tort* in Betracht. Ist deutsches Recht anwendbar, so ist nach autonomen Grundsätzen der Anspruch aus Vertrag mit Schutzwirkung für Dritte in der Fallgruppe "Informationshaftung" zu qualifizieren. Da es an einer dem Käufer gegenüber freiwilligen Selbstverpflichtung fehlt, wäre der Anspruch nach den Grundsätzen des Vertrages mit Schutzwirkung für Dritte jedenfalls in dieser Fallgruppe als deliktisch zu qualifizieren. Das Gericht könnte daher am Gerichtsstand des Art. 5 Nr.3 EuGVÜ sowohl die Anspruchsgrundlage nach den Grundsätzen des Vertrages mit Schutzwirkung für Dritte als auch nach § 826 BGB prüfen. Der Sachverhalt wäre sodann diesen Anspruchsgrundlagen zuzuordnen.

---

[907]Vgl. Lohse 213 ff.

[908]Dazu unten § 15 II.

[909]BGH 10.11.1994 JZ 1995 mit Anm. Medicus; dazu auch Canaris JZ 1995, 441.

Diese Qualifikationsmethode strapaziert die europäisch autonome Begriffsbildung nicht zu sehr, läßt sich praktisch einfach handhaben und ist mit dem Gebot der beschränkten Kognitionsbefugnis am besonderen Gerichtsstand des Art. 5 EuGVÜ zu vereinbaren.[910] Die zweite Stufe, d.h. die Sachverhaltssubsumtion unter die bereits autonom qualifizierte Anspruchsgrundlage, wird vom nationalen Verfahrensrecht beherrscht. Daher ist später zu untersuchen, ob die Schlüssigkeitstheorie insoweit übereinkommenskonform ist.[911]

-- 2. Die Prüfung der tatsächlichen Ebene

--- a) Vorgaben im Säumnisfall

Wie oben dargelegt wurde, erfordert Art. 20 EuGVÜ (Art. 26 EuGVVO) für den Fall, daß der Beklagte sich nicht auf das Verfahren einläßt, eine Prüfung der Wahrheit der vom Kläger behaupteten Zuständigkeitstatsachen. Wie intensiv diese Prüfung zu erfolgen hat, überläßt das Übereinkommen im Grundsatz den nationalen Verfahrensrechten. Eine Unterstellung des Klägervorbringens ist ausgeschlossen.

--- b) Verweis auf das nationale Recht

In allen anderen Fällen überläßt das Übereinkommen (mit Ausnahme des hier nicht weiter behandelten Art. 19 EuGVÜ (Art. 25 EuGVVO)) die Art der Zuständigkeitsprüfung dem nationalen Verfahrensrecht. Dieser Verweis auf das nationale Verfahrensrecht ist jedoch mit dem Vorbehalt versehen, daß die praktische Wirksamkeit des Übereinkommens nicht beeinträchtigt werden darf.

---

[910]Folgt man dieser Analyse, dann stimmt auch die Ansicht nicht ohne weiteres, der BGH 24.9.1986 NJW 1987, 592, 594 qualifiziere nach lex causae (Geimer/Schütze, EuZVR, Art. 5 Rn 146). Der BGH hat lediglich den ersten Qualifikationsschritt nicht explizit vollzogen, was bei § 823 I BGB auch kaum nötig erscheint, und nur die zweite Ebene der Qualifikation im weiteren Sinne, d.h. die Subsumtion unter eine als deliktisch auzufassende materielle Sachnorm vorgenommen.

[911]Vgl. § 24.

§ 23 Zur Perspektive eines einheitlichen Prüfungsmodelles: Die Zuständigkeitsprüfung nach englischem Recht

- I. Problemaufriß

Auf lange Sicht könnte das EuGVÜ zu einem gemeineuropäischen Zivilprozeßrecht ausgebildet werden.[912] Der EuGH betont jedoch, daß es - wenigstens zur Zeit - nicht Aufgabe des EuGVÜ sei, die Verfahrensvorschriften in den Mitgliedstaaten zu vereinheitlichen.[913] Solange aber lediglich Zuständigkeitsvorschriften, nicht aber das allgemeine Verfahrensrecht vereinheitlicht sind, ist die Gefahr unterschiedlicher Handhabung der Zuständigkeitsnormen besonders groß. Es ist daher bereits im Sinne einer Vereinheitlichung der Zuständigkeitssysteme sinnvoll auszuloten, in welchem Maß ein einheitliches europäisches Prüfungsmodell schon im jetzigen Integrationsstadium realisierbar erscheint.

Ein allein auf das Richterrecht des EuGH gestütztes Prüfungsmodell erscheint lediglich dann als realistische Perspektive, wenn die Zuständigkeitsprüfung in den Mitgliedstaaten schon im wesentlichen auf einheitlichen Vorstellungen und Strukturen aufbaut. Ohne diese gemeinsamen Vorstellungen und Strukturen liefe das EuGVÜ Gefahr, als Fremdkörper im nationalen Rechtssystem an Akzeptanz zu verlieren.
Um die Tragfähigkeit einer einheitlichen Lösung zu erkunden, wird im folgenden ein weiteres nationales Prüfungsmodell skizziert. Gegenstand der folgenden Untersuchung ist die Zuständigkeitsprüfung nach englischem[914] Recht. Das englische Rechtssystem bietet sich als Untersuchungssystem aus zwei Gründen an: Zunächst bestehen gerade im Prozeßrecht historisch bedingte Differenzen zwischen den Systemen des "Common Law" und des "Civil Law". Ein gemeineuropäisches Prozeßrecht hat den Anspruch, in beiden Systemen akzeptiert zu werden. Ein zweiter Grund für die Heranziehung gerade des englischen Rechts

---

[912]Vgl. zu Ansätzen Roth ZZP 109 (1996), 271 ff.; Lemken ZZP 109 (1996), 315 ff.

[913]S.o.§ 19 II.

[914]Das englische Recht ist neben dem schottischen, walisischen (welches mit dem englischen im wesentlichen identisch ist) und nordirischen nur eine Teilrechtsordnung innerhalb des Vereinigten Königreiches. Lediglich letzteres ist Mitgliedstaat des EuGVÜ. Soweit im folgenden von der Behandlung des EuGVÜ durch das englische Recht die Rede ist, beschreibt dies verkürzt, daß es sich dabei um die Behandlung des EuGVÜ im Vereinigten Königreich in Ausprägung der englischen Teilrechtsordnung handelt.

ist dessen Leitbildfunktion für die anderen, zumindest im Prozeßrecht dem Common Law zuzurechnenden Systeme wie dem schottischen, irischen und nordirischen Zivilprozeßrecht. Mit dem deutschen und dem englischen Recht werden somit zwei Antipoden im Bereich des Prozeßrechts untersucht, die beide ihre Zukunft in einem gemeinsamen europäischen Zivilprozeßrecht haben.

- II. Die Prüfung der internationalen Zuständigkeit im autonomen englischen Recht

-- 1. Einleitung

Das englische Zivilprozeßrecht ist nach langjährigen vorbereitenden Diskussionen[915] in den letzten Jahren einer umfassenden Reform unterzogen worden. 1997 ist der Civil Procedure Act erlassen worden[916], der das Civil Procedure Rule Committee ermächtigte, ein neues Zivilprozeßrecht zu erlassen. Am 26.4.1999 ist ein Hauptstück der Civil Procedure Rules (CPR) erlassen worden, die im wesentlichen die bisher geltenden Rules of the Supreme Court (RSC) und die County Court Rules (CCR) ersetzen.[917] Reformziel des Gesetzgebungswerkes ist eine stärker betonte Bürgernähe und eine Effizienzsteigerung des Verfahrens. Dem ersten Reformziel dienen vor allem eine Vereinfachung der bislang sehr antiquierten Sprache des Gesetzes[918]. Für den Rechtsanwender dürfte sich vor allem eine Beschränkung der bislang fast uneingeschränkten Parteiherrschaft über das Verfahren (*adversary procedure*) auswirken. Nach den neuen CPR wird das Gericht mit *case management powers* ausgestattet, kann Fristen setzen, die Art der Beweisführung kontrollieren und insgesamt auf einen zügigen Verhandlungsgang einwirken.[919] Damit sollen auch die in England als Zugangshindernis zum Gerichtssystem begriffenen z.T. exorbitanten Kosten der Gerichtsverfahren im Rahmen des Verhältnismäßigen gehalten werden.[920]

---

[915]Vgl. zu dem im Zentrum der Diskussion stehenden Kommissionsberichte von Lord Woolf, Access to justice: Zuckermann ZZPint 2 (1997), 31 ff.

[916]Civil Procedure Act 1997 (c.12) v. 27.2.1997.

[917]Vgl. zu Einzelregelungen Sobich JZ 1999, 775 ff.

[918]Aus "writ" wird nun eine "claim form", aus dem "plaintiff" der "claimant", aus der "Mareva injunction" eine "freezing injunction" um nur einige Beispiele zu nennen. Vgl. Michel/Sefton LMCLQ 1999, 322.

[919]Vgl. Rule 3 CPR; Michel/Sefton LMCLQ 1999, 323; Sobich JZ 1999, 776 f.; Grainger/Fealy 8 ff.

[920]Beispiele bei Sobich JZ 1999, 775 Fn 6.

Die Regelung der internationalen Zuständigkeit ist inhaltlich nur am Rande von der Reform betroffen. Insofern kann und wird im folgenden auf die Rechtsprechung und Literatur zu den alten Regelungen zurückgegriffen. Zu beachten ist aber, daß außer dem zentralen Order 11 RSC, der gemäß Rule 50 (2) CPR als Anhang zur CPR fast unverändert fortgilt, der prozessuale Rahmen (Zuständigkeitsstreit, Versäumnisurteil, Beweis etc...) nicht mehr in den RSC, sondern in den CPR geregelt ist.

Für die Rechtsprechung der Obergerichte zur internationalen Zuständigkeit sind die Verfahren *in personam*, die vor der Queen's Bench Division des High Court in London begonnen werden, von überragender Bedeutung.[921] Im folgenden soll für die hier behandelte Problematik allein von einem solchen Verfahren ausgegangen werden.[922]

-- 2. Die Bedeutung der Zustellung

In den Rechtsordnungen des Civil Law wird die Zuständigkeitsordnung abstrakt festgelegt. Sie wird als der konkreten Klage vorangehend begriffen.[923] Dagegen wird theoretisch die Zuständigkeit der englischen Gerichte jeweils erst durch die Klagezustellung an den Beklagten festgelegt. Die Frage der Zuständigkeit wird mit dem Vorgang der Zustellung verknüpft.[924] Wenn ordnungsgemäß zugestellt wurde, ist das englische Gericht zuständig. Diese Betonung des Zustellungsvorgangs ist Ausfluß der historischen Wurzeln des Zuständigkeitsrechts. "The foundation of jurisdiction is physical power" faßte Olliver Wendell Holmes das historische Verständnis des Zuständigkeitsrechts zusammen.[925] Die Möglichkeit der Zustellung symbolisiert nunmehr die Gerichtsunterworfenheit des Beklagten unter die Gerichtsgewalt des Staates. Fragen, die in kontinentalen Rechtsordnungen üblicherweise der isolierten Frage der internationalen Zuständigkeit zugeordnet werden, sind im englischen Recht in die Frage der rechtmäßigen Zustellung integriert. Dies erklärt die dem deutschen Juristen bisweilen ungewöhnlich anmutenden Formulierungen der Klageanträge, der Urteilssprüche und der Gesetzesfassungen bezüglich der internationalen Zuständigkeit, die z.T. an die Zustellung anknüpfen.

---

[921]Zur Frage der sachlichen Zuständigkeitsabgrenzung zwischen County Courts und High Court vgl. Sobich JZ 1999, 777 f.

[922]Auch nicht Gegenstand der Untersuchung sind die Regelungen für den Rechtsverkehr zwischen den verschiedenen Rechtssystemen innerhalb des Vereinigten Königreiches; dazu Cheshire & North 334 ff.

[923]Nußbaum, 193.

[924]Vgl. ausführlich Nygh 21 ff.

[925] Holmes J in Henry D. McDonald v F.A. Mabee 243 US 90, 91 (1917).

-- 3. Zuständigkeitsprüfung: *Service within / out of the jurisdiction*

--- a) *Jurisdiction*

Was im deutschen Recht unter dem Begriff der internationalen Zuständigkeit diskutiert wird, stellt im englischen Recht einen Teilbereich des schillernden Begriffs der *jurisdiction* dar.[926] Die internationale Zuständigkeit läßt sich anders als im deutschen Recht nicht mittels eines Rückgriffs auf die Regelungen zur örtlichen Zuständigkeit ableiten, da der High Court in London eine einheitliche Eingangsinstanz für ganz England und Wales ist. Somit stellt sich das Problem der örtlichen Zuständigkeit nicht. Das autonome internationale Zuständigkeitsrecht Englands ist speziell für internationale Fälle im wesentlichen in Order 11 RSC geregelt. Diese Regelungen der internationalen Zuständigkeit werden in der englischen Literatur üblicherweise als *traditional rules* bezeichnet.[927]

--- b) Unterscheidung Service within / out of the Jurisdiction

Die internationale Zuständigkeit knüpft an die Zustellung an. Dabei ist nicht wie in Deutschland vor allem zwischen allgemeinem Gerichtsstand und besonderen Gerichtsständen zu unterscheiden, sondern zwischen der Zustellung innerhalb des Hoheitsgebietes und der Auslandszustellung.
Für die erste Zustellungsgruppe, auch *service as of right* genannt, ist es nur erforderlich, daß sich der Beklagte im Hoheitsgebiet aufhält.[928]
Unter die zweite Zustellungsgruppe fällt der *service out of the jurisdiction.* Damit auch außerhalb des Hoheitsgebietes ordnungsgemäß zugestellt werden kann, bedarf es einer Erlaubnis des Gerichts. Diese Erlaubnis wird an Voraussetzungen geknüpft (normiert im Order 11 Rule 1 (1) RSC), die den deutschen Zuständigkeitsvorschriften funktional verwandt sind.[929]

---

[926]Cheshire & North 179 ff.

[927]Cheshire & North 179.

[928]Cheshire & North 183 f.

[929]Näher unten § 23 II.3.c)aa)

--- c) Prüfungszeitpunkt

---- aa) Zuständigkeitsprüfung

Eine Zustellung *within the jurisdiction* ist eine *as of right*, d.h. es bedarf regelmäßig keiner Zuständigkeitsprüfung.[930] Üblicherweise wird die Klageschrift *(claim form)* im Inland durch das Gericht zugestellt[931], aber auch eine Parteizustellung ist möglich.[932]

Zu einer der deutschen Zuständigkeitsprüfung verwandten Prüfung kommt es jedoch regelmäßig bei einer Auslandszustellung, die nur mit gerichtlicher Erlaubnis wirksam ist. Bei der Zustellung *out of the jurisdiction* sind zwei Situationen zu unterscheiden, in denen die internationale Zuständigkeit geprüft wird. So wird zunächst bei dem einseitigen sog. *ex-parte*-Antrag aufgrund des einseitigen Vortrags und der vom Kläger beigebrachten Beweismittel gemäß Order 11 Rule 4 RSC über die Erlaubnis zur Auslandszustellung entschieden.[933] Will der Beklagte nach vollzogener Zustellung die internationale Zuständigkeit der englischen Gerichte nicht akzeptieren, so kann er gemäß Rule 11 CPR beantragen, die Unzuständigkeit des Gerichts feststellen zu lassen (Zuständigkeitsstreit[934]). Die im vorausgehenden einseitigen Verfahren gegebene Erlaubnis hat somit lediglich vorläufigen Charakter und präjudiziert nicht den nach Rule 11 CPR eingeleiteten Zuständigkeitsstreit. Bei diesem handelt es sich um ein Vorverfahren *(interlocutory proceedings)*, das vom Hauptverfahren (*trial*) zu unterscheiden ist. Es wird von einem besonderen Verfahrensrichter geleitet (dem *Master*, im Commercial Court dem *Judge*[935]).

---

[930] Zu denken ist allenfalls an den Fall, daß die Zuständigkeit innerhalb Englands formal fehlerhaft ist. Dann kann der Beklagte einen Zuständigkeitsstreit nach Rule 11 CPR beantragen.

[931] Rule 6.3 CPR. Dies ist eine wesentliche Änderung zu den alten Regeln, vgl. Loughlin Stud.L.Rev. 26 (Spring 1999), 7.

[932] Rule 6.4 CPR.

[933] Briggs, Jurisdiction, 219. Formal von diesem Erlaubnisverfahren ist noch die Erlaubnis zur Siegelung (*issue*) der Klageschrift gemäß Rule 7.2 CPR zu trennen, welche bei Inlandszustellung ebenfalls entfällt. Beides wird aber in einem Vorgang zusammengefaßt.(Sime 124); allgemein zum *issue*: Goulding 14 f.; Briggs, Jurisdiction, 256; O'Malley/Layton Rn 3.23 ff.

[934] Allg. zu dem früher in Order 12 Rule 8 RSC geregelten Verfahren Briggs, Jurisdiction, 255.

[935] Rule 2.4 (a) CPR i.V.m. Practice Direction zu Part 2 CPR; zum Commercial Court: Practice Direction Commercial Court 2.2 zu Part 49 CPR. Allgemein zur Funktion des *Master* vgl. Kraft 175 ff.; Bunge 48 ff.

Die Auslandszustellung bedarf einer besonderen Rechtfertigung. Die verschiedenen zugelassenen Rechtfertigungsgründe sind in Order 11 RSC Rule 1 (1) aufgeführt. Darunter ist zum Beispiel in Rule 1 (1) (a) der gewöhnliche Aufenthalt im Hoheitsgebiet genannt. Auch für Vertrags- und Deliktsklagen sind hier besondere Rechtfertigungen aufgeführt:

Order 11 Rule 1 (e) und (f) lauten auszugsweise:

[a claim form may be served out of the jurisdiction with the permission of the court if (...)]

e) the claim is brought in respect of a breach committed within the jurisdiction of a contract (...)[936]

f) the claim is founded on a tort and the damage was sustained, or resulted from an act committed, or resulted from an act committed, within the jurisdiction.

Aus dem Wortlaut ergibt sich , daß diese Rechtfertigungen nicht nur objektiv vorliegen müssen, sondern daß zusätzlich vom zuständigen Verfahrensrichter eine Erlaubnis zur Auslandszustellung erteilt werden muß, damit die jeweilige Zustellung ordnungsgemäß ist. Dabei prüft der Verfahrensrichter das Vorliegen der Rechtfertigungsgründe. Bei den anspruchsbezogenen Tatbestandsmerkmalen (wie z.B. *tort*) ist eine Prüfung anhand des anwendbaren Rechts durchzuführen.[937] Zusätzlich wird in eingeschränkter Weise auch die Erfolgsaussicht der Klage beurteilt: Order 11 Rule 4 (2) RSC lautet:

No such permission shall be granted unless it shall be made sufficiently to appear to the court that the case is a proper one for service out of the jurisdiction under this order.

Diese eher unscharf formulierte Generalklausel beinhaltet nach der Rechtsprechung eine dreifache Prüfung: Neben den erwähnten Rechtfertigungen (*bases of jurisdiction*[938]) und der Prüfung der Erfolgsaussichten der Klage muß zusätzlich das englische Gericht nach der Doktrin des *forum non con-*

---

[936]Weitere Rechtfertigungsgründe für Vertragsklagen sind in Order 11 Rule 1 (1) (d) RSC aufgeführt.

[937]Briggs, Jurisdiction, 221 f.

[938]Clarkson/Hill 100.

veniens[939] als das *appropriate forum* erscheinen.[940] Alle drei Punkte müssen unabhängig voneinander geprüft werden. Eine schwache Position des Klägers in einem der drei Punkte kann nicht durch eine Stärke in einem anderen Punkt ausgeglichen werden.[941]

---- **bb) Aussetzung *(stay)***

Ein relativ junges, aber schon sehr charakteristisches Merkmal des englischen Zivilprozeßrechts ist die Doktrin des *forum non conveniens*. Im Rahmen einer Ermessensentscheidung kann das Gericht einerseits die Auslandszustellung verweigern oder aber trotz Zuständigkeit das Verfahren aussetzen *(stay of proceedings)*, wenn es ein anderes Gericht für geeigneter hält. Diese Aussetzung ist nicht mit einer Unzuständigkeitserklärung des Gerichts gleichzusetzen, denn ein *stay* kann jederzeit rückgängig gemacht werden[942], auch wenn in der Praxis ein *stay* für die Parteien einer Unzuständigkeitsentscheidung gleichkommen kann und zumeist auch gleichkommt. Wie bei der Frage der Rechtfertigungsgründe des Order 11 Rule 1 (1) RSC kann die Doktrin des *forum non conveniens* in zwei verschiedenen Stadien Bedeutung erlangen. Wenn grundsätzlich die Zustellungsvoraussetzungen vorliegen, prüft das Gericht bei der Erlaubnis der Auslandszustellung, ob es auch das geeignete Forum ist, um den Rechtsstreit zu entscheiden. Wurde zugestellt, gleichgültig ob im Inland oder nach Erlaubnis im Ausland, kann statt oder gleichzeitig mit dem Antrag auf Unzuständigkeitsfeststellung nach Rule 11 (1) (b) CPR ebenfalls ein *stay of proceedings* beantragt werden.

Im Rahmen der *forum non conveniens*-Prüfung sind zwei Situationen auseinanderzuhalten: Bei einem *service as of right* ist das englische Forum zunächst als *convenient* anzusehen. Der Beklagte kann allenfalls beantragen, daß ein *stay* ausgesprochen wird. Sodann trägt dieser die Darlegungs- und Beweislast für die *non-convenience* des englischen Gerichts.[943] In den Fällen des *service out of the jurisdiction* muß das Gericht dagegen vom Kläger überzeugt werden, daß es *convenient* ist, den Rechtsstreit in England auszutragen.[944] Diese Last besteht unabhängig davon, in welchem Verfahrensstadium die Prüfung stattfindet, d.h. sowohl bei der *ex-parte application* auf Zustellungserlaubnis nach

---

[939] Ausführlich Huber, FNC, passim; Cheshire & North 220 ff.

[940] Clarkson/Hill 98; Hill 193.

[941] Seaconsar Far East Ltd. v Bank Markazi Jomhouri Islami Iran [1994] 1 AC 438, 456 (H.L.).

[942] Amtliches "*Glossary*" zu den CPR, Stichwort "*stay*"; Briggs, Jurisdiction, 188, 260.

[943] Clarkson/Hill 116.

[944] Clarkson/Hill 116.

Order 11 RSC, als auch bei der späteren Überprüfung dieser Erlaubnis nach Rule 11 CPR.[945]

Im Laufe der Zeit haben sich die Gesichtspunkte dafür, wann das englische Gericht das *convenient forum* ist, herauskristallisiert. Insbesondere seit der Entscheidung *The Spiliada* des House of Lords[946] hat sich eine Strukturierung dieser Prüfung ergeben, so daß auch in diesem Bereich, der dem kontinentalen Juristen als Paradebeispiel für das an Einzelfallgerechtigkeit orientierten englischen Zuständigkeitssystem erscheint, ein gewisses Maß an Rechtssicherheit gegeben ist.[947]
Der sogenannte *Spiliada*-Test[948] hat zwei Stufen: Auf der ersten Stufe wird geprüft, wo das *natural forum* des Rechtsstreit liegt. Gewichtige Aspekte, die dabei zu beachten sind[949], stellen etwa der Sitz der beiden Parteien, die Lokalisierung der Beweismittel, die anderweitige Rechtshängigkeit oder auch das anwendbare Recht dar. Auf der zweiten Stufe des Tests ist zu fragen, ob nicht die Gerechtigkeit die Zuständigkeit eines anderen Gerichts als des *natural forums* erfordert. Dabei ist z.B. zu berücksichtigen: insbesondere die Verjährung[950], die Bereitstellung eines angemessenen Rechtsschutzmittels durch die Verfahrensordnung[951], die Erkenntnis, daß der Kläger im natural forum nur verlieren kann ("bound to lose")[952] oder, daß das Verfahrensrecht des *natural forum* durch Anwendung seines IPR zu einem anderen materiellen Recht und zudem zu ungerechten Ergebnissen führt als nach englischem IPR.[953]
Die verschiedenen Aspekte werden vom Richter bewertet. Aufgrund dieser Bewertung erläßt das Gericht dann eine Entscheidung, wobei es sich um eine Ermessensentscheidung handelt.[954]

---

[945]Artlev AG v Joint Stock Company Almazy Rossii-Sakha (C.A.)(8.3.1995; Lexis-Dokument); Briggs, Jurisdiction, 219.

[946]Spiliada Maritime Corpn v Cansulex Ltd (The Spiliada) [1987] AC 460 (H.L.).

[947]Fentiman Cornell Int'l L.J. 26 (1993), 74.

[948]Ausführlich Cheshire & North 220 ff.; Clarkson/Hill 116 ff.; Huber, FNC, 87 ff.

[949]The Spiliada [1987] AC 460 (H.L.).

[950]The Spiliada [1987] AC 460, 483 (H.L.).

[951]De Dampierre v De Dampierre [1988] AC 92, 110 (H.L.).

[952]Banco Atlantico v British Bank of the Middle East [1990] 2 Lloyd's Rep 504, 508 (C.A.).

[953]Irish Shipping Ltd v Commercial Union Assurance Co plc [1991] 2 QB 206, 229 (C.A.).

[954]Näher Huber, FNC, 88 f. m.w.N.

-- 4. Beweismittel und Entscheidungsmaßstab

--- a) Stellung des Richters: *Iura novit curia* ?

Vor der Neufassung des Zivilverfahrensrechts waren für den Fortgang und die Gestaltung des Verfahrens vor allem die Parteien verantwortlich (*adversary system*).[955] Der Richter beschränkte sich im wesentlichen auf eine Art Schiedsrichterrolle.[956] Mit seiner durch die Prozeßrechtsreform 1999 eingeführten *management power* kann der Richter nunmehr den Verfahrensablauf mitbestimmen[957]. Es ist jedoch zu bezweifeln, ob sich damit in der Praxis ein wirklich gewandeltes Verständnis der Rolle der Richter durchsetzen wird.

Auch wenn der Richter im neuen Recht stärker in die Verfahrensgestaltung eingebunden ist, so bedeutet das nicht, daß damit althergebrachte Grundsätze des englischen Zivilprozesses vollständig aufgegeben werden.[958] So hat auch weiterhin der Grundsatz *iura novit curia* keine Geltung.[959] Grundsätzlich wird wie bisher die rechtliche Argumentation von den Barristern[960] dem Gericht vorgetragen. Dabei haben diese ein möglichst objektives Bild der Rechtslage darzustellen.[961] Der strenge berufsständische Ehrenkodex sichert die Einhaltung dieser Objektivitätspflichten.[962]

Auch mit der Einführung der CPR wurde der Amtsprüfungsgrundsatz nicht als prozeßrechtliche Maxime in den englischen Zivilprozeß integriert. Er wird als Fremdkörper im englischen Verfahrensrecht betrachtet, soweit er etwa, wie durch das EuGVÜ mittels völkerrechtlicher Verträge, in das englische Recht eingeführt wurde.[963]

---

955 Andrews, Adversarial Principle, 171 ff.; Jolowicz, Procedure, 175 ff.

956 Jacobs, Fabric, 9; Remmertz 37; H.Ost 227; Fentiman LQR 108 (1992), 144.

957 Insbesondere durch Fristsetzungen, Beweisinitiativen etc. vgl. CPR Part 3; Grainger/Fealy 8 ff.

958 Jolowicz, Procedure, ix.

959 Jolowicz, Procedure, 194 und 256. Vor der Reform einschränkend Lord Denning in Goldsmith v Sperrings Ltd [1977] 1 WLR 479, 486 (C.A.). Dagegen die herrschende Rechtsprechung zuletzt Hoecheong Products Ltd v Cargill Ltd [1995] 1 WLR 404, 409 (P.C.). Allgemein Andrews [1988] CivJQ 124 ff.; ders., Principles, 47 ff.; Kötz JA 1991, 259; Zander 345.

960 Seit geraumer Zeit dürfen unter bestimmten Voraussetzungen auch Solicitors vor Gericht auftreten. Vgl. Remmertz 56 ff.

961 Remmertz 37 m.w.N.; H.Ost 226 f.

962 Remmertz 37.

963 Cheshire & North 325; Hill 88.

--- b) Beweismittel

Das Erlaubnisverfahren, der Zuständigkeitsstreit und das Aussetzungsverfahren sind sogenannte *interlocutory proceedings*, in denen nur beschränkt Beweismittel zugelassen sind.
Dem Ersuchen um eine Erlaubnis nach Order 11 Rule 1 (1) RSC ist neben der *claim form*[964] und den *particulars of claim*[965] schriftlicher Beweis beizufügen. Order 11 Rule 4 (1) RSC bestimmt:

An application for the grant of permission under Rule 1 (1) must be supported by a written evidence stating
(a) the grounds on which the application is made
(b) that in the witness' belief the claimant has a good cause of action.
(...)"

Der schriftliche Beweis wird neuerdings regelmäßig in Form eines *witness statements* angetreten.[966] Im Erlaubnisverfahren sind diese *witness statements* in der Regel sehr kurz gehalten und wenig aussagekräftig. Da es sich zudem um ein einseitiges Verfahren handelt, ist nicht zu Unrecht behauptet worden[967], daß tatsächlich nicht das Gericht, sondern der Kläger über die Auslandszustellung entscheidet, vorausgesetzt, er formuliert sein Anliegen richtig.

Auch wenn formal gesehen die gleichen Beweismittel im Zuständigkeitsstreit zugelassen werden, findet hier doch ein tatsächlicher Streit mit Beweis und Gegenbeweis statt. *Wittness statements* werden gegeneinander abgewogen und die Glaubwürdigkeit der Zeugen beurteilt. Das Gericht ist im übrigen nicht daran gebunden, nur *witness statements* oder *affidavits* zuzulassen. So können z.B. auch Sachverständige gehört oder kann der Urkundsbeweis zugelassen werden.[968]

964Rule 16.2. CPR.

965Rule 16.4. CPR.

966Rule 32.6 CPR. Dss *witness statement* muß gemäß Rule 22.1 CPR von einem *statement of truth* begleitet werden. Möglich ist an Stelle eines *witness statement* das früher gebräuchlichere *affidavit* (eidesstattliche Versicherung); vgl. Practice Direction 1.2 zu Part 32 CPR.

967Briggs, Jurisdiction, 219, 256.

968Leggatt LJ in New England Reinsurance Corporation v Messoghios Insurance CO SA [1992] 2 Lloyd's Rep 251, 255 (C.A.) "[affidavits] seem to me however to lack cogency. The parties are best judged by their contemporary telexes."

c) Entscheidungsmaßstab

Bei der Prüfung der Erlaubnis einer Auslandszustellung sind nach dem bisher Gesagten drei Stufen zu unterscheiden:[969]
1. Die Klage muß unter einen der in Order 11 Rule 1 (1) RSC aufgeführten Rechtfertigungsgründe fallen.
2. Die Klage ist insgesamt auf ihre Begründetheit hin zu betrachten.
3. Das englische Gericht muß das *convenient forum* sein.

Jeder dieser drei Punkte ist eigenständig und unabhängig von den anderen zu beurteilen.[970] Auch gelten für die drei Stufen unterschiedliche Entscheidungsmaßstäbe. Nach deutschem Rechtsverständnis wäre zudem jeweils noch zwischen der rechtlichen und der tatsächlichen Ebene zu unterscheiden. In der englischen Rechtsprechung werden diese beiden Ebenen jedoch nicht so deutlich auseinandergehalten[971], zumal sowohl Tatsachen- als auch Rechtsvortrag im wesentlichen Sache der Parteien bzw. ihrer Vertreter ist.[972]

aa) Mögliche Entscheidungsmaßstäbe

Der im normalen Zivilprozeßrecht bei der Entscheidungsfindung zur Sache angewandte Maßstab ist im tatsächlichen Bereich die *balance of probabilities*[973] Am anderen Ende der Skala steht die einfache Behauptung. Zwischen diesen beiden Polen besteht ein weiter "grauer" Bereich der Überzeugungsbildung des Gerichts. Die Umschreibungen der verschiedenen Überzeugungsgrade entziehen sich einer genauen Definition. Eher kann man versuchen, die verschiedenen von Richtern im Zusammenhang mit der Zuständigkeitsentscheidung verwendeten Ausdrücke zueinander in Beziehung zu setzen, um die Abstufungen der Überzeugung deutlich zu machen.
Der Standard des *good arguable case* taucht in vielen Bereichen des englischen Zivilprozeßrechts auf. Nicht nur im Bereich der Zuständigkeitsvorschriften, sondern bei verschiedenen *interlocutory injunctions*, wie der *Mareva injunction* (jetzt *freezing injunction*), wird dieser Begriff sowohl für die Beurteilung der rechtlichen als auch der tatsächlichen Ebene verwandt.[974] Gleich-

---

[969] Clarkson/Hill 98 f.; Hill 194; Briggs, Jurisdiction, 238.

[970] Seaconsar Far East Ltd. v Bank Markazi Jomhouri Islami Iran [1994] 1 AC 438, 456 (H.L.); kritisch dazu Perkins CLJ 1994, 246.

[971] Insbesondere in den *interlocutory proceedings* vgl. Courtney 192.

[972] Oben § 24 4.a).

[973] Andrews, Principles, 466.

[974] Vgl. Derby & Co Ltd v Waldon (No 1) [1989] 1 All ER 469, 475 (C.A.); ausführlich zum englischen und irischen Recht: Courtney 173.

bedeutend ist "a strong argument"[975] und ein "fair prospect of success"[976]. Der *good arguable case* erfordert weniger als "the plaintiff is probably right"[977], "strong probability"[978], "more probable than not that he will win"[979], "the plaintiffs version of the facts is probably correct"[980] oder "the nettle must be grasped"[981]. Der Standard des "prima facie case", der von der britischen Regierung während des Verfahrens vor dem EuGH in der Sache Effer/Kantner vorgeschlagen wurde[982] und vom irischen Supreme Court im Zuständigkeitsrecht angewandt wird[983], scheint höher zu sein als ein *good arguable case*[984]. Seit der viele Begrifflichkeiten erläuternden Entscheidung des House of Lords in *Seaconsar Far East v Bank Markazi*[985] ist klar, daß *good arguable* mehr erfordert als ein "serious issue to be tried"[986], "a case which appears to merit consideration at the trial"[987] oder "(the case) looks as if it deserves hearing"[988].

---

[975]Vgl. Lord Goff in Seaconsar Far East Ltd. v Bank Markazi Jomhouri Islami Iran [1994] 1 AC 438, 453 (H.L.) bezugnehmend auf Lord Tucker in Vitkovice Horni a Hutni Tezirstvo v Korner [1951] AC 869, 890 (H.L.).

[976]Henry LJ in Agrarfax Public Relations Ltd v United Scottish Society Inc [1995] CLC 862, 869 (C.A.); Hill, 207.

[977]Staughton LJ in Attock Cement Co Ltd v Romanian Bank for Foreign Trade [1989] 1 Lloyd's Rep 572, 578 (C.A.); auch Savill J in Rank Film Distributors Limited v Lanterna Editrice Srl and Banca Nazionale Del Lavoro [1992] ILPr 58, 68 (Com.Ct.).

[978] Slade LJ in Metall & Rohstoffe AG v Donaldson Lufkin & Jenrette Inc [1990] 1 QB 391, 434 (C.A.).

[979] Henry LJ in Agrarfax Public Relations Ltd v United Scottish Society Inc [1995] CLC 862, 869 (C.A.).

[980]Briggs, Jurisdiction, 110, 237.

[981]Staughton LJ in Attock Cement Co Ltd v Romanian Bank for Foreign Trade [1989] 1 Lloyd's Rep 572, 578 (C.A.); Woolf LJ in Mölnlyke AB v Procter & Gamble Ltd [1992] 4 All ER 47, 57 (C.A.); Mustill LJ in Unilever Plc v Gilette (UK) RPC [1989] 583, 602 (C.A.).

[982] EuGH 4.3.1982 - 38/81 (Effer/Kantner) Slg 1982, 825, 830; ebenso Collins 53 f.

[983]Gannon v British and Irish Steamshippacket Co Ltd [1993] IR 359, 375.

[984]Lord Siomonds in Vitkovice Horni a Hutni Tezirstvo v Korner [1951] AC 869, 879 (H.L.); Lord Goff in Seaconsar Far East Ltd. v Bank Markazi Jomhouri Islami Iran [1994] 1 AC 438, 452 f. (H.L.).

[985]Seaconsar Far East Ltd. v Bank Markazi Jomhouri Islami Iran [1994] 1 AC 438 (H.L.).

[986]Seaconsar Far East Ltd. v Bank Markazi Jomhouri Islami Iran [1994] 1 AC 438, 455 ff. (H.L.); Canada Trust Co v Stolzenberg (No 2) [1998] 1 All ER 318, 327 (C.A.).

[987]Seaconsar Far East Ltd. v Bank Markazi Jomhouri Islami Iran [1994] 1 AC 438, 455 (H.L.).

[988]Briggs, Jurisdiction, 244.

Nach dieser Aufzählung kann man nicht davon sprechen, daß es klare Antworten zu der "vexed question of what constitutes a good arguable case"[989] geben kann, allenfalls Annäherungen. Typisch im englischen Urteilsstil faßt Waller LJ zusammen: "That what the court is endeavouring to do is to find a concept not capable of very precise definition which reflects that the plaintiff must properly satisfy the court that it is right for the court to take jurisdiction."[990]

---- bb) Fällt die Klage unter Order 11 Rule 1 (1)?

Bei der Frage, ob einer der gerichtsstandsähnlichen Rechtfertigungsgründe des Order 11 Rule 1 (1) RSC gegeben ist, muß das Gericht davon überzeugt sein, daß insoweit ein *good arguable case* vorliegt.[991] Dabei handelt es sich nicht um eine Ermessensentscheidung.[992] Im englischen Zuständigkeitsrecht wird nicht klar zwischen tatsächlicher und rechtlicher Ebene getrennt. Soweit es um die rechtliche Auslegung des Order 11 RSC selbst geht, muß das Gericht normal entscheiden. Ein *good arguable case* genügt nicht.[993] Soweit es in der Tatbestandsausfüllung um tatsächliche oder auch rechtliche Fragen geht, reicht ein *good arguable case* hingegen aus.[994]

---- cc) Hat die Klage ausreichende Erfolgsaussichten? - *The case on the merits*

Vor dem Urteil *Seaconsar Far East v Bank Markazi*[995] war die Stellung dieser Stufe in der Prüfung häufig unklar, so wurde z.T. auch hier der *good arguable case* -Test angewandt. Nunmehr darf als gesicherte Rechtsprechung gelten, daß es hier lediglich einer *serious question to be tried* bedarf, was sich sowohl auf die rechtliche wie die tatsächliche Ebene bezieht.[996] Dabei ist das anwendbare Recht schon in diesem Stadium mit einzubeziehen.[997]

---

[989] Woolf LJ in Mölnlyke AB v Procter & Gamble Ltd [1992] 4 All ER 47, 59 (C.A.).

[990] Canada Trust Co v Stolzenberg (No 2) [1998] 1 All ER 318, 325 (C.A.).

[991] Briggs, Jurisdiction, 237 f.; Canada Trust Co v Stolzenberg (No 2) [1998] 1 All ER 318, 323 (C.A.).

[992] Attock Cement Co Ltd v Romanian Bank for Foreign Trade [1989] 1 Lloyd's Rep 572, 579 (C.A.).

[993] EF Hutton v Mofarij [1989] 1 WLR 488, 496; Dicey & Morris I Rn 11-127; Hill 207.

[994] Briggs, Jurisdiction, 237; Dicey & Morris I Rn 11.127; Hill 207.

[995] Seaconsar Far East Ltd. v Bank Markazi Jomhouri Islami Iran [1994] 1 AC 438 (H.L.).

[996] Lord Goff in Seaconsar Far East Ltd. v Bank Markazi Jomhouri Islami Iran [1994] 1 AC 438, 452 (H.L.) mit Bezug auf Lord Davey in Chemische Fabrik vormals Sandoz v BASF [1904] 90 LT 733, 735 (H.L.) "If at the end of the day there remains a substantial question

---- dd) *Forum Non Conveniens*

Die Entscheidung zum *forum non conveniens* wird, wie gezeigt, durch ein ganzes Bündel von Gesichtspunkten bestimmt. Im Fall des *service as of right* ist es Aufgabe des Beklagten, das Gericht von der *inappropriateness* des Forums zu überzeugen. Im Falle eines *service out of the jurisdiction* muß der Kläger den Beweis führen, daß das ausländische Gericht *forum conveniens* ist. Die Entscheidung über die Angemessenheit des englischen Forums ist eine Ermessensentscheidung. Diese wird aufgrund von Tatsachen gefällt. Dabei muß zur Feststellung des *natural forums* gezeigt werden, wie Lord Goff in *The Spiliada* ausführte, daß es ein *clearly appropriate forum prima facie*[998] sei. Die Einzeltatsachen, z.B. Belegenheit der Beweismittel, Inhalt des im alternativen Forum vermeintlich ungerechten anwendbaren Rechts[999] etc. sind, soweit sie überhaupt bestritten sind, grundsätzlich nach dem normalen zivilprozessualen Beweismaß, d.h. der *balance of probabilities* zu bestimmen.[1000] Dabei sind grundsätzlich nur die in den *interlocutory proceedings* vorgesehenen Beweismittel zu nutzen, in der Praxis wird aber gerade bei schwierigen Fragen des ausländischen Rechts auch *expert evidence* zugelassen.[1001] Soweit die Feststellung jedoch schwierig ist, behelfen sich die englischen Richter auch mit Notlösungen. So wurde schon die *Gefahr* der Anwendbarkeit eines ungerechten Rechts im ausländischen Forum als Gesichtspunkt erwogen.[1002] Das flexible Instrument des *stay* erlaubt bei Beweisschwierigkeiten hinsichtlich eines bestimmten Gesichtspunkts auch andere kreative Ansätze. So wurde das Verfahren *The Polessk* von Clark J unter der Voraussetzung ausgesetzt (*stay*), daß das ausländische Gericht ein bestimmtes Recht anwende.[1003]

---

of fact or law or both arising on the facts disclosed by the affidavits, which the plaintiff bona fide desires to try, the court should, as a rule, allow the service of the writ." Kritisch Briggs, Jurisdiction, 245; ders. LMCLQ 1994, 1; vgl. allgemein Kraft 219 ff. m.w.N.

997 Kritisch Perkins CLJ 1994, 245.

998 The Spiliada [1987] AC 460, 478 (H.L.).

999 Dabei handelt es sich nach der englischen *fact doctrine* um eine Tatsachen- und nicht um eine Rechtsfrage. Vgl. ausführlich H. Ost 41 ff. und Fentiman, Foreign Law, passim.

1000 The Adhiguna Meranti [1988] 1 Lloyd's Rep 384, 391 (H.K.Ct.); zur Feststellung des ausländischen Rechts: BMG Trading Limited v A.S. McKay and AZOV Shipping Company [1998] ILPr 691, 697 (C.A.).

1001 Vgl. kritisch Mance J in Grupo Torras S.A. v Al-Sabah [1995] 1 Lloyd's Rep 374, 379 (Com.Ct.).

1002 The Polessk [1996] 2 Lloyd's Rep 40, 43; Hunter JA in The Adhiguna Meranti [1988] 1 Lloyd's Rep 384, 391 (H.K.Ct.); see Fentiman, Foreign Law, 207, 209.

1003 Clark J in The Polessk [1996] 2 Lloyd's Rep 40, 44 f.

--- d) Sonderfall doppelrelevante Tatsachen ?

Die Überschneidung von Zulässigkeits- und Begründetheitsfragen wurde auch von den englischen Gerichten als Problem wahrgenommen. In *Attock Cement v Romanian Bank* unterschied Staughton LJ zwischen Fragen zur Zuständigkeit, die auch bei der Entscheidung zur Begründetheit eine Rolle spielen und anderen rein zuständigkeitsrelevanten Fragen.[1004] Lord Goff verwarf diese Unterscheidung implizit in dem Grundsatzurteil *Seaconsar v Bank Markazi*. Er unterschied nicht zwischen einfach- und doppelrelevanten Tatsachen, sondern paßte den Maßstab an den Wortlaut von Order 11 Rule 4 (2) RSC an.[1005] Kennzeichnend für den Umgang mit diesen Fragen ist jedoch ein Ausspruch von Waller LJ in dem jüngsten Urteil *Canada Trust v Stolzenberg*. Zwar bestätigte er formal die Stellungnahme von Lord Goff, eröffnete aber doch Umgehungsmöglichkeiten:

"The civil standard of proof has itself a flexibility depending on the issue being considered and the concept of good arguable case has a similar flexibility and may depend on the question whether it will arise at the trial."[1006]

Eine unterschiedliche Behandlung doppel- und einfachrelevanter Tatsachen ist in der Praxis somit möglich, jedoch gibt es keine dem deutschen Recht vergleichbare strenge Unterscheidung. In beiden Rechtsordnungen ist der Wunsch auszumachen, bei doppelrelevanten Tatsachen eine endgültige Sachentscheidung im Rahmen der Zuständigkeitsentscheidung zu vermeiden. Das deutsche Recht wählt den Weg der Unterstellung dieser Tatsachen als gegeben, das englische Recht den der summarischen Prüfung und Ermessensentscheidung.[1007]

1004 Attock Cement Co Ltd v Romanian Bank for Foreign Trade [1989] 1 Lloyd's Rep 572, 576 (C.A.).

1005 Seaconsar Far East Ltd. v Bank Markazi Jomhouri Islami Iran [1994] 1 AC 438, 453 ff. (H.L.); vgl. die Interpretation dieser Passage durch Waller LJ in Canada Trust Co v Stolzenberg (No 2)[1998] 1 All ER 318, 325 (C.A.).

1006 Canada Trust Co v Stolzenberg (No 2) [1998] 1 All ER 318, 326 (C.A.)

1007 Kraft 249 f.

- III. Die Prüfung der Gerichtsstände des EuGVÜ nach englischem Recht

-- 1. Einleitung

--- a) Einbettung in das englische Zuständigkeitssystem

Soweit das EuGVÜ die Zuständigkeit englischer Gerichte bestimmt, ist nach Order 11 Rule 1 (2) RSC die Zustellung *as of right.*[1008] Der Kläger muß daher das Gericht nicht um Erlaubnis zur Auslandszustellung nachsuchen; eine Prüfung durch das Gericht findet nicht statt[1009]. Erst wenn der Beklagte die Zuständigkeit rügt, wird sie gemäß Rule 11 CPR wie bei einem nach Order 11 Rule 1 (1) RSC zugestellten *service* in einem Vorverfahren geprüft.[1010] Das Verfahren ist in seiner Art mit dem im autonomen Zivilverfahrensrecht identisch.

--- b) Entscheidungsmaßstab

Die Frage des Entscheidungsmaßstabes im Rahmen des EuGVÜ hat die englischen Gerichte anfangs in vielen Urteilen beschäftigt.[1011] Erst in letzter Zeit hat sich ein gewisser Konsens herausgebildet:
In dem Urteil *Canada Trust v Stolzenberg*[1012] hat der Court of Appeal den gleichen Maßstab hinsichtlich der Zuständigkeitsvorschriften des EuGVÜ angewandt, den das House of Lords in *Seaconsar v Bank Markazi* hinsichtlich der Rechtfertigungsgründe aus Order 11 Rule 1 (1) RSC herausgestellt hatte, d.h. den *good arguable case*[1013]. Die Rechtsprechung vor der Entscheidung

---

[1008] Andrews, Principles, 96.

[1009] Der Klageschrift ist gemäß Practice Direction 3.5 zu Part 7a CPR und Practice Direction 1.4 zu Order 11 RSC lediglich ein "statement" bzw. "certificate" beizufügen, in dem vom Kläger(vertreter) bestätigt wird, daß die englischen Gerichte zuständig sind und kein anderes Verfahren in einem EuGVÜ-Mitgliedstaat oder einem anderen Teil des Vereinigten Königreiches anhängig ist. Eine Prüfung seitens des Gerichts findet nicht statt. Jacobs, Litigation, 175; ders., Forms, 70 f.; O'Malley/Layton Rn 3.25; a.A. Ahrens IPRax 1990, 129.

[1010] Vgl. zum alten Order 12 Rule 8 O'Malley/Layton Rn 5.03.

[1011] Vgl. die Diskussion in Waller LJ in Canada Trust Co v Stolzenberg (No 2) [1998] 1 All ER 318, 327 (C.A.).

[1012] Canada Trust v Stolzenberg (No 2) [1998] 1 All ER 318 (C.A.). Neuerdings ergänzt im Falle des Art. 17 EuGVÜ durch die dort konkret genannten Erfordernisse; vgl. Lafarge Plasterbord Ltd v Fritz Peters & Co KG (Mai 2000) Rn 36 ff. (veröffentlicht unter http://www.courtservice.gov.uk/judgments/judg_home.htm).

[1013] So zuvor schon Hill 84.

Seaconsar v Bank Markazi muß insoweit hinsichtlich der Terminologie mit Zurückhaltung betrachtet werden, als dort auch andere Maßstäbe angewandt werden. So lautete der Test in der ersten größeren, hier relevanten Entscheidung des Court of Appeal, *Tesam v Schuh Moden*, wo der Beklagte das Bestehen des nach Art. 5 Nr.1 EuGVÜ zuständigkeitsbegründenden Vertrages bestritten hatte, noch *serious issue to be tried*[1014]. Diese Rechtsprechung ist durch *Canada Trust v Stolzenberg* überholt. Will der Kläger die Zuständigkeit nach Art. 5 Nr.1/Nr.3 EuGVÜ begründen, so muß er hinsichtlich des Bestehen des Vertrages bzw. der Begehug des Deliktes einen *good arguble case* darlegen können.

In der Rechtsprechung waren u.a. folgende Rechts- und Tatsachenfragen Gegenstand der Prüfung nach den hier dargestellten Kriterien[1015]:
Bestehen eines Vertrages[1016] gemäß Art. 5 Nr.1 EuGVÜ; das behauptete Bestehen der streitigen Verpflichtung[1017]; der bestrittene Erfüllungsort oder der Tatort[1018]; die Bestimmung des anwendbaren Rechts zur Festlegung des Erfüllungsortes[1019], die Frage, ob ein Fall unter die im EuGH-Urteil *Ivenel* statuierte Ausnahme von den Grundsätzen in *De Bloos / Boyer* fiel[1020] oder die Zuständigkeit nach Art 6 Nr.1 EuGVÜ.[1021]
Anders als bei dem *service out of the jurisdiction* nach den *traditional rules* dürfte die Frage der Begründetheit der Klage insgesamt im Zuständigkeitsstreit weniger bedeutsam sein, da den Gerichten kein dem Order 11 Rule 4 (2) RSC entsprechendes Ermessen eingeräumt wird (vielleicht mit einer Einschränkung bei offensichtlichem Mißbrauch).[1022] Die Rechtsprechung hat sich dazu, soweit ersichtlich, noch nicht geäußert. Es muß im Hinblick auf die Begründetheit der Klage kein *serious issue to be tried* gegeben sein. Die Begründetheitsfragen werden lediglich bei doppelrelevanten Tatsachen im Zuständigkeitsstreit behandelt. Dort unterliegen sie wie die einfachrelevanten Tatsachen dem Test des *good arguable case*.

1014 Tesam Distribution Ltd v Schuh Mode Team GmbH and Commerzbank AG [1990] ILPr 149 (C.A.)

1015 Weitere Fälle bei Kaye, Cases, 81 ff.

1016 Tesam Distribution Ltd v Schuh Mode Team GmbH and Commerzbank AG [1990] ILPr 149, 156 ff., 162 ff. (C.A.).

1017 Rank Film Distributors Limited v Lanterna Editrice Srl and Banca Nazionale Del Lavoro [1992] ILPr 58, 67 ff. (Com.Ct.).

1018 Twin Books [UK] Ltd v Cronion S.A, (9.7.1993; LEXIS-Dokument)

1019 Mercury Publicity Ltd v Wolfgang Loerke GmbH [1993] ILPr 142, 156, 171 (C.A.).

1020 Mercury Publicity Ltd v Wolfgang Loerke GmbH [1993] ILPr 142, 171 f. (C.A.).

1021 Canada Trust Co v Stolzenberg (No 2) [1998] 1 All ER 318 (C.A.).

1022 Kohler ICLQ 1984, 570 f.; Hill 84.

Soweit man die Doktrin des *forum non conveniens* im Rahmen des EuGVÜ ganz oder teilweise für anwendbar erklärt[1023], gelten die gleichen Maßstäbe wie bei den *traditional rules.*[1024]

-- 2. Zuständigkeitsentscheidung

--- a) Zuständigkeitsstreit

Die Entscheidung über die internationale Zuständigkeit bildet den Abschluß der *interlocutory proceedings* nach Rule 11 CPR. Ebenso findet die Entscheidung über das *forum conveniens* im Vorverfahren statt. Diese Entscheidungen werden üblicherweise vom Master gefällt und sind separat angreifbar.[1025]
Eine Bindung in der Hauptsache im Sinne von *res iudicata* besteht nicht, da der Master nur einen vorläufigen und oberflächlichen Blick auf den Streitstand wirft. Diese Vorläufigkeit wird auch betont, so etwa bei Henry LJ:"It is perfectly possible that one or the other of them is 'the villain' in their dispute (...) Only a trial can determine where the truth lies."[1026]

--- b) Beklagtensäumnis

Im deutschen Recht wirft der Fall der Beklagtensäumnis besondere Probleme für die herrschende Schlüssigkeitstheorie auf. Auch im englischen Recht unterliegt das Versäumnisurteil einer besonderen Regelung. Ein Zuständigkeitsstreit bei Verfahren, die unter das EuGVÜ fallen, wird nämlich nur geführt, wenn der Beklagte dieses nach Rule 11 CPR beantragt. Im Fall der Beklagtensäumnis beantragt er solches aber regelmäßig gerade nicht. Die Gefahr eines Säumnisurteils ist im englischen Recht noch wesentlich akuter als im deutschen Recht, da in vielen Fällen[1027] nicht einmal eine Schlüssigkeitsprüfung auf der Begründetheitsebene entsprechend § 331 ZPO stattfindet. Das Nichterscheinen gilt dann nicht lediglich als Geständnis bezüglich der behaupteten Tatsachen, sondern als Anerkenntnis der Forderung selbst. Um den Anforderungen des Art. 20 EuGVÜ (Art. 26 EuGVVO) gerecht zu werden, wurde in Rules 12.10 (b)(i), 12.11 (4)(a) CPR bestimmt, daß vor Erlaß eines Säumnisurteils[1028] eine

---

[1023] Vgl. die ausführliche Diskussion bei Huber, FNC, 156 ff. und v.Rönn 83 ff.

[1024] Vgl. oben § 23 II. 3.c)bb); 4.c)dd).

[1025] Order 58 Rule 1 RSC.

[1026] Agrarfax Public Relations Ltd v United Scottish Society Inc [1995] CLC, 862, 865 (C.A.).

[1027] Rule 12.4 CPR, insbesondere, wenn ein bestimmter Geldbetrag Klagegegenstand ist. Rule 12.4 (1)(a) CPR.

[1028] Die sog. *default judgments obtained by application.*

einseitige Zuständigkeitsprüfung stattzufinden hat. Hier hat der Kläger zu beweisen (wie bei einer Erlaubnis der Auslandszustellung nach Order 11 Rule 1 (1) RSC), daß die Zuständigkeit nach dem EuGVÜ gegeben ist.

- IV. Ergebnis

Im Vergleich zum deutschen Recht sind auf zwei Ebenen gewichtige Unterschiede zu erkennen. Das englische Zivilprozeßrecht unterscheidet sich zum einen auf einer strukturellen Ebene vom deutschen Recht. So ist für die vorliegende Problematik vor allem bedeutsam, daß Zuständigkeitsfragen grundsätzlich vor einer Hauptverhandlung geklärt werden. Ist die internationale Zuständigkeit bestritten, so ist zwingend ein eigenen Verfahrensvorschriften unterliegendes Vorverfahren durchzuführen.[1029] Durch die Geltung anderer Beweisvorschriften und die Befassung eines eigenen Vorverfahrensrichters ist ein "Durchentscheiden", wie es im deutschen Recht bei doppelrelevanten Tatsachen möglich ist, nicht denkbar.
Ein weiterer Unterschied ist in der völlig anderen historischen Tradition des englischen Zivilprozeßrechts zu erkennen. Die herausragende Stellung des Richters, der eher einem Schiedsrichter als einem Verhandlungsleiter gleicht, erlaubt es einerseits, die im deutschen Recht vor dem Hintergrund des verfassungsrechtlichen Grundsatzes des gesetzlichen Richters mit Skepsis betrachteten summarischen Beurteilungen und Ermessenserwägungen in den Zuständigkeitsstreit einzuführen, andererseits ist es dem Richter aufgrund dieser Stellung und des *adversary principle* gar nicht möglich, eine dem deutschen Recht vergleichbare Schlüssigkeitsprüfung eigenständig durchzuführen. Insbesondere diese historisch bedingte Verschiedenheit ist Ausdruck verschiedener Rechtskulturen.

Eine Einigung auf ein einheitliches Prüfungsmodell, das beiden Systemen in ihrer Verschiedenheit gerecht wird, erscheint zur Zeit nicht möglich. Beide Systeme sind bestrebt, auch bei Geltung des EuGVÜ ihr Prüfungssystem soweit wie möglich zu erhalten. Eine Einheitslösung drohte die gewachsenen unterschiedlichen Rechtskulturen wenigstens zur Zeit zu überfordern. Treten aber schon bei der Untersuchung der Zuständigkeitsprüfung in zwei Mitgliedstaaten derart fundamentale Unterschiede auf, kann erst recht nicht erwartet werden, daß ein Einheitsmodell für alle 15 Mitgliedstaaten des EuGVÜ derzeit konsensfähig ist. Insofern ist die Zurückhaltung des EuGH in diesem Bereich richtig.

[1029] Vgl. zur Wirkung der unterschiedlichen "Typen" eines Richters auf die Behandlung der Zuständigkeitsentscheidug Kraft 222 ff.

§ 24 Die Vereinbarkeit der deutschen Lösung mit dem EuGVÜ

- I. Anwendbarkeit der Schlüssigkeitstheorie nach der h.M.

Nach dem hier vertretenen Modell der zweistufigen autonomen/lex causae-Qualifikation, die weitgehend der Qualifikation im autonomen Recht entspricht, ist aus rein technischer Sicht die Schlüssigkeitstheorie ebenso durchführbar wie im autonomen Recht. Vertreter einer Qualifikation, die ohne jeden Rückgriff auf das anwendbare Recht auskommt, haben hingegen Probleme bei der Bestimmung der Doppelrelevanz[1030], da diese sich laut Definition gerade auf das anwendbare Recht des Rechtsstreites bezieht (Ist die Klage notwendigerweise unbegründet?). Es scheint so, als müßte dann allein zur Bestimmung der Doppelrelevanz das anwendbare Recht doch untersucht werden. Soweit dieser Zusammenhang überhaupt erkannt wird, wird die autonome Begriffsbestimmung jedoch nicht als Hindernis für die Geltung der Schlüssigkeitstheorie angesehen.[1031] Schlechterdings nicht möglich wäre bei einer rein einstufigen Qualifikation eine umfassende Schlüssigkeitsprüfung, wie sie im deutschen Recht vertreten wird.[1032]

Im allgemeinen gehen die Vertreter der Schlüssigkeitstheorie davon aus, daß diese zum nationalen Verfahrensrecht entwickelte Theorie auch auf das EuGVÜ übertragen werden kann.[1033] Dabei wird der Säumnisfall explizit mit

1030 Vgl. § 8 IV.2.; Weller IPRax 2000, 203.

1031 Windel ZZP 112 (1999), 515.

1032 Vgl. § 8 IV.2.c).

1033 Bülow/Böckstiegel/Geimer/Schütze-Auer Art. 5 EuGVÜ Rn 20, 117; Spellenberg IPRax 1981, 77; Piltz NJW 1981, 1876; Baumbach/Lauterbach/Albers/Hartmann-Albers Vor Art. 2 Rn 2; Art. 5 Rn 3; Kropholler, EuZPR, Art. 5 Rn 72; ders., Handb. IZVR, Rn 375, 651; Schlosser, EuGVÜ, Art. 20 Rn 1; Dauses-Kreuzer/Wagner Q Rn 154; Rauscher, IZVR 77 f.; MünchKomm-Gottwald Art. 19 EuGVÜ Rn 3; Wieczorek/Schütze-Hausmann § 40 Anh I Art. 20 EuGVÜ Rn 5; Huber ZEuP 1996, 312 (er mißversteht Schlüssigkeitstheorie dahingehend, daß doppelrelevante Tatsachen in der Zulässigkeit überhaupt nicht geprüft würden, dagegen Weller IPRax 2000, 205); Walter/Dalsgaard, Transnational Tort Litigation, 55; BGH 24.9.1986 NJW 1987, 592, 594; BGH 11.2.1988 IPRax 1989, 99; OLG Bamberg 5.11.1976 NJW 1977, 505; OLG Karlsruhe 10.11.1997 IPRspr. 1997, Nr. 161, S. 330. Kubis, Int.Zuständigkeit, 127: insgesamt ablehnend, hält aber die Schlüssigkeitstheorie mit EuGH 7.3.1995 - 68/93 (Shevill/Presse Alliance) Slg 1995, I 415 für vereinbar; a.A.: Donzallaz III Rn 5137 "La théorie des faits à double pertinence ... mérite... la plus grande des circonspections" ; kritisch auch Windel ZZP 112 (1999), 514 ff.

einbezogen.[1034] Hinsichtlich der Vereinbarkeit der Schlüssigkeitstheorie mit Art. 20 EuGVÜ (Art. 26 EuGVVO) sind innerhalb der h.M. nur vereinzelt Zweifel laut geworden.[1035] Am Fall der Beklagtensäumnis entzündet sich eher die Kritik an der Schlüssigkeitstheorie insgesamt.[1036]
Für die Vereinbarkeit der Schlüssigkeitstheorie mit dem EuGVÜ spricht das oben herausgearbeitete Ergebnis, daß die Zuständigkeitsprüfung im wesentlichen Sache der nationalen Verfahrensrechte ist. Jedoch wurden zwei Einschränkungen gemacht. Zunächst ist der Sonderfall der Beklagtensäumnis zu untersuchen, für den gerade eine Regelung im EuGVÜ besteht. Zum anderen ist der allgemeine europarechtliche Vorbehalt, den der EuGH grundsätzlich in bezug auf die Zuständigkeitsprüfung nach nationalem Verfahrensrecht macht, näher zu betrachten.

- II. Sonderfall Beklagtensäumnis

Schon zum autonomen deutschen Recht wurde zwischen der allgemeinen Geständnisfiktion im Fall der Beklagtensäumnis und den allgemeinen Auswirkungen der Schlüssigkeitstheorie unterschieden. Dabei wurde gezeigt, daß die Geständnisfiktion des § 331 I ZPO hinsichtlich der Zuständigkeitsprüfung nicht mit Art. 20 EuGVÜ (Art. 26 EuGVVO) vereinbar ist. Gerade von Vertretern dieser Auffassung wurde im Fall der Beklagtensäumnis die Schlüssigkeitstheorie propagiert.
Aus zwei Gründen ist eine Geltung der Schlüssigkeitstheorie im Fall der Beklagtensäumnis im Geltungsbereich des EuGVÜ aber abzulehnen.

-- 1. Interessenwidrigkeit der Theorie

Soweit man in der Schlüssigkeitstheorie primär ein Instrument des nationalen Verfahrensrechts sieht, ist sie aus den gleichen Gründen wie im autonomen Recht unhaltbar. Die Rechtfertigung der Schlüssigkeitstheorie liegt im Beklagtenschutz. Durch die Verschiebung der Verwertung der Beweisergebnisse in die Begründetheitsprüfung soll ein Sachurteil möglich werden. Im Fall der Beklagtensäumnis wird jedoch kein Beweis erhoben und die Theorie würde sich entgegen ihrer eigentlichen Zielrichtung gegen den Beklagten richten.

[1034] Verheul NILR 30 (1983), 245 Linke Rn 211; zum EuGVÜ Kropholler, EuZPR, Art. 19 Rn 5; Bülow/Böckstiegel/Geimer/Schütze-Safferling Art. 20 EuGVÜ Rn 4.

[1035] Schack, IZVR, Rn 387.

[1036] Vor allem Geimer: Geimer/Schütze, EuZVR, Art. 5 Rn 198, Art. 19 Rn 7; Geimer WM 1986, 119; ders IZPR, 1826 f.; ders., BerGesVöR 241; Geimer/Schütze-Geimer I/1 469, 583 (Geimer WM 1976, 1291, lediglich zweifelnd).

-- 2. Verstoß gegen Art. 20 EuGVÜ

Auch die europarechtlichen Vorgaben sprechen gegen eine Geltung der Schlüssigkeitstheorie unter Art. 20 EuGVÜ (Art. 26 EuGVVO). So ist nämlich gerade nicht sichergestellt, daß der Beklagte nicht erscheinen muß, allein um die Zuständigkeit zu rügen. Gerade dies war aber ein Hauptanliegen bei der Schaffung des Art. 20 EuGVÜ (Art. 26 EuGVVO).[1037] Die Schlüssigkeitstheorie hat für die Zuständigkeitsprüfung im Fall der Beklagtensäumnis eine der Geständnisfiktion des § 331 ZPO ähnliche Wirkung. Durch einen schlüssigen Vortrag könnte der Kläger die Zuständigkeit begründen, auch wenn die vorgetragenen Tatsachen nicht zu beweisen sind.
Dieses Problem kann nicht durch die Behauptungen entschärft werden, daß die zum deutschen Recht als doppelrelevant herausgestellten Tatsachen - wie Vertragsschluß / Deliktsbegehung - hier nicht doppelrelevant, da für die europarechtliche Zuständigkeitsprüfung angeblich unerheblich seien.[1038] Der EuGH hat im Urteil in der Rechtssache Effer/Kantner und auch im Urteil in der Rechtssache Shevill/Presse Alliance herausgestellt, daß diese Tatsachen sehr wohl Gegenstand der Zuständigkeitsprüfung sein können und somit Zuständigkeitstatsachen sind.
Wie wichtig dies ist, zeigt ein Blick auf das englische Recht. Dort sind Versäumnisurteile ohne jegliche Begründetheitsprüfung in wichtigen Fallkonstellationen möglich, vorausgesetzt, ein Gericht ist zuständig.[1039] Wollte man das Bestehen des Vertrages / Vorliegen des Deliktes schon a priori aus den Zuständigkeitserwägungen streichen, so würde in England und in ähnlichen Rechtsordnungen dem Mißbrauch Tür und Tor geöffnet.
Zusätzlich zu den zum autonomen Zivilverfahrensrecht ausgeführten Gründen steht daher auch das EuGVÜ einer umfassenden Anwendung der Schlüssigkeitstheorie im Fall der Beklagtensäumnis entgegen.

-- 3. Zwischenergebnis

Die Schlüssigkeitstheorie ist unter der Geltung des EuGVÜ im Fall der Beklagtensäumnis nicht anwendbar. Die europarechtlichen Vorgaben schreiben jedoch kein konkretes Prüfungsprogramm im Säumnisfall vor. So ist weder auf der Ebene der Rechtsprüfung eine volle Schlüssigkeitsprüfung, noch auf der Beweisebene ein voller Beweis zwingend. Fixpunkt ist lediglich, daß die bloße Behauptung der Zuständigkeitstatsachen nicht ausreichend ist und der

---

[1037] S.o. § 22 I.1.

[1038] Vgl. Verheul NILR 30 (1983), 245.

[1039] S.o. § 24 III.2.b)

Richter zu einem gewissen Grad vom Vorliegen dieser Zuständigkeitstatsachen überzeugt sein muß. Art. 20 EuGVÜ (Art. 26 EuGVVO) ist als Mindeststandard zu verstehen. Darüberhinausgehende Erwägungen sind dem nationalen Verfahrensrecht zu entnehmen, so daß auf die zum autonomen Recht angestellten Überlegungen zurückgegriffen werden kann.

- III. Zuständigkeitsprüfung im streitigen Verfahren

Im Rahmen der Untersuchung der Vorschriften des EuGVÜ und der Rechtsprechung des EuGH wurde herausgearbeitet, daß die einfache Zuständigkeitsprüfung im wesentlichen Sache des nationalen Verfahrensrechts ist.
Der Verweis auf das nationale Recht wurde jedoch nur unter dem Vorbehalt ausgesprochen, daß dieses nicht die praktische Wirksamkeit (*effet utile*)[1040] des Übereinkommens beeinträchtigt.

-- 1. Bedeutung des *effet-utile*-Vorbehaltes

Wie dieser Vorbehalt des EuGVÜ zu verstehen ist, geht aus der Rechtsprechung des EuGH nicht klar hervor. So wurden die diesbezüglichen Ausführungen des EuGH zu Recht als mysteriös[1041] bzw. sibyllinisch[1042] bezeichnet. Im Rahmen des EuGVÜ wurde dieser Vorbehalt - soweit ersichtlich - außer in der Rechtssache Shevill/Presse Alliance[1043] nur in den Urteilen in den Rechtssachen Kongress Agentur Hagen/Zeehage[1044] und Hoffman/Krieg[1045] ausgesprochen, jedoch auch dort wenig präzisiert. Im Urteil Hoffman/Krieg verwies der EuGH auf das Urteil in der Rechtssache Deutsche Genossenschaftsbank/Brasserie du Pecheur[1046]. Dort ging es darum, daß Art. 36 EuGVÜ in seiner durch den EuGH gefundenen Auslegung nicht durch das nationale Zwangsvollstreckungsrecht, dessen Geltung vom EuGVÜ vorausgesetzt wird, unterlaufen werden darf. Dies sei etwa der Fall, wenn nach Sinn und Zweck des Art. 36 EuGVÜ lediglich der Schuldner einen Rechtsbehelf gegen die Zulassung der Zwangsvollstreckung aus dem Titel einlegen könne,

---

[1040]Kropholler, EuZPR, Vor Art. 2 Rn 18.

[1041]Lagarde RCDIP 1996, 502.

[1042]Rauscher ZZPint 1 (1996), 165.

[1043]EuGH 7.3.1995 - 68/93 (Shevill/Presse Alliance) Slg 1995, I-415 Rn 39 und Tenor 2.

[1044]EuGH 15.5.1990 - 365/88 (Kongress Agentur Hagen/Zeehage) Slg 1990 I-1845 Rn 20.

[1045]EuGH 4.2.1988 - 145/86 (Hoffmann/Krieg) Slg 1988, 645 Rn 29.

[1046]EuGH 2.7.1985 148/84 (Deutsche Genossnschaftsbank/Brasserie du Pêcheur) Slg 1985, 1981.

das nationale Verfahrensrecht aber auch eine Beschwerde des Drittschuldners zulasse.
In der Rechtssache Kongress Agentur Hagen[1047] ging es um die Zuständigkeit für eine Interventionsklage nach Art. 6 Nr. 2 EuGVÜ. Der EuGH differenzierte zwischen allgemeinen Zulässigkeitsfragen und der Zuständigkeit. Art. 6 Nr. 2 EuGVÜ würde seiner praktischen Wirksamkeit beraubt, wenn das nationale Recht umfassendere Zuständigkeitsanforderungen stelle, als in Art. 6 Nr. 2 EuGVÜ selbst statuiert. Andere mögliche nationale Verfahrensregeln, die der praktischen Wirksamkeit des Art. 6 Nr. 2 EuGVÜ entgegenstehen könnten, nennt der EuGH nicht. Als weiteren Anwendungsfall des *effet-utile*-Vorbehaltes lassen sich eventuell die Ausführungen des EuGH im Urteil in der Rechtssache Duijnstee/Goderbauer[1048] werten. Hier wurde nationales Verfahrensrecht für unvereinbar mit dem EuGVÜ gebrandmarkt, da es zur Folge hatte, daß eine Vorschrift des EuGVÜ vollständig leerlief. Nach niederländischem Recht war für eine Überprüfung der internationalen Zuständigkeit in der Rechtsmittelinstanz eine Rüge erforderlich. Dies verstieß im konkreten Fall gegen die Pflicht zur Amtsprüfung bei ausschließlicher Zuständigkeit nach Art. 19 EuGVÜ (Art. 25 EuGVVO).[1049]
Die hier angeführten Urteile tragen wenig zur Erhellung des *effet-utile*-Vorbehaltes bei. Sie scheinen wenig mehr auszusagen, als daß die Regeln des EuGVÜ nicht leerlaufen dürften.[1050] Bezieht man dies auf die Zuständigkeitsprüfung, so hieße das, daß die Zuständigkeitsregeln durch die Art der Zuständigkeitsprüfung nicht sinnentleert werden dürften. Von manchen Beobachtern wird der in dem in der Rechtssache Shevill/Presse Alliance ergangenen Urteil ausgesprochene Vorbehalt auch lediglich als gedankenloses Kopieren aus früheren Urteilen interpretiert.[1051] Lagarde bringt als hypothetisches Beispiel ein Verfahrensrecht, das bei Persönlichkeitsverletzungen ausschließlich Beweis über im Inland erlittenen Schaden zuläßt, das Gericht aber nach dem EuGVÜ für den gesamten Bereich des EuGVÜ zuständig ist. In diesem Fall sei ein Verstoß gegen den *effet-utile* zu bejahen.[1052] Dem ist

---

[1047]EuGH 15.5.1990 - 365/88 (Kongress Agentur Hagen/Zeehage) Slg 1990 I-1845.

[1048]EuGH 15.11.1983 - 288/82 (Duijnstee/Goderbauer) Slg 1983, 3663 ; vgl. oben § 19 II.

[1049]EuGH 15.11.1983 - 288/82 (Duijnstee/Goderbauer) Slg 1983, 3663 Rn 8 ff.

[1050]Der Begriff des *effet utile* wird auch im allgemeinen Europarecht vom EuGH verwendet. Die Problematik des Verhältnisses von allgemeinen Verfahrensfragen zu Zuständigkeitsregelungen ist aber so speziell, daß die Verwendung des Begriffs im Rahmen z.B. der Direktwirkung von Richtlinien (dazu Streinz Rn 498) oder etwa der allgemeinen kompetenzerweiternden, teleologischen Auslegungsmethode des EuGH (vgl. BVerfG 12.10.1993 BVerfGE 89, 155, 210) in diesem Zusammenhang wenig erhellend ist.

[1051]Vlas NILR 42 (1995), 420.

[1052]Lagarde RCDIP 1996, 502.

zuzustimmen, da die Zuständigkeitsnorm weitgehend ausgehölt würde, wenn es nur zu einer eingeschränkten Prüfung kommen würde.
Auch ein Zuständigkeitssystem, in dem es allein auf die Rechtsbehauptungen des Klägers ankommt, die Zuständigkeit somit allein in der Willkür des Klägers läge, wäre mit dem EuGVÜ nicht zu vereinbaren, da die Zuständigkeitsordnung dann praktisch leerliefe. Das deutsche und englische Recht sind davon weit entfernt.

Es ist schwierig, aus den allgemeinen Prinzipien des EuGH bei der Auslegung des EuGVÜ Konkretisierungsmaßstäbe für den *effet-utile*-Vorbehalt abzuleiten. Man könnte versucht sein, etwa die häufig wiederholte Formel heranzuziehen, daß eines der wesentlichen Ziele des EuGVÜ die Verstärkung des Rechtsschutzes der im EuGVÜ-Raum ansässigen Personen sei[1053] und daß das EuGVÜ gleiche Rechte und Pflichten für die Vertragsstaaten und die betroffenen Personen gewährleiste.[1054]
Es erscheint nach einer Analyse der Urteile, in denen dieses Prinzip ausgesprochen wurde, jedoch wenig sachgerecht, auch die vorliegende Problematik an diesem Prinzip zu messen. So wurde die Gleichheit der Rechte der Bürger immer dann betont, wenn der EuGH eine autonome Auslegung befürwortete. Der *effet-utile*-Vorbehalt soll aber gerade Bereiche begrenzen, in denen keine autonome Auslegung möglich oder wünschenswert ist.

Sieht man die autonome Auslegung gegenüber dem Verweis auf die lex fori als eine Frage des Mehr oder Weniger an, so könnte man aus dem *effet-utile*-Vorbehalt schließen, daß jedenfalls die Anwendung der verschiedenen Verfahrensrechte nicht zu einer allzu unterschiedlichen Handhabung des Zuständigkeitssystems führen darf.[1055] Eine entsprechende Bewertung der nationalen Verfahrensrechte wäre dann abwägungsabhängig. Als Fixpunkt gilt jedenfalls, daß die Zuständigkeitsordnung durch das nationale Verfahrensrecht in ihren praktischen Auswirkungen nicht völlig wirkungslos gemacht werden darf. Im folgenden soll deutlich gemacht werden, daß das deutsche Recht nicht einmal

---

1053 EuGH 4.3.1982 - 38/81 (Effer/Kantner) Slg 1982, 825 Rn 6.

1054 GA Lenz in: EuGH 29.6.1994 - 288/92 (Custom Made Commercial/Stawa Metallbau) Slg 1994, I-2913 Rn 45, EuGH 14.10.1976 - 29/76 (LTU/Eurocontrol) Slg 1976, 1541 Rn 3; 22.3.1983 - 34/82 (Peters/ZNAV) Slg 1983, 987 Rn 9; 8.3.1988 - 9/87 (Arcado/Haviland) Slg 1988, 1539 Rn 10; 27.9.1988 - 189/87 (Kalfelis/Bankhaus Schröder) Slg 1988, 5565 Rn 15; 13.7.1993 - 125/92 (Mulox/Geels) Slg 1993, I-4075 Rn 10; 15.11.1983 - 288/82 (Duijnstee/Goderbauer) Slg 1983, 3663 Rn 13; EuGH 10.3.1992 - 214/89 (Powell Duffryn/Petereit) Slg 1992, 1745 Rn 13; Kropholler, EuZPR, Einl. Rn 45.

1055 Stellungnahme des Vereinigten Königreiches im Verfahren EuGH 7.3.1995 - 68/93 (Shevill/Presse Alliance) [1995] AC 30: "...national rules of procedure must not prejudice the effectiveness of the convention, or the 'effet utile', of the convention by adopting too strict or too lenient a standard of proof."

im Vergleich zu dem ganz entgegengesetzten Prüfungssystem des englischen Rechts zu so unterschiedlichen Resultaten kommt, daß man hier von einem Verstoß gegen den *effet utile* sprechen könnte.

-- 2. Die Unterschiede in der praktischen Anwendung: Vergleich des englischen mit dem deutschen Recht

--- a) Unterschiede

In der kurzen Betrachtung zum englischen Recht wurden schon einige Strukturunterschiede zwischen der deutschen und der englischen Zuständigkeitsprüfung herausgestellt. Hier sei nur nochmals auf die Nichtgeltung des Grundsatzes *iura novit curia*, auf die auf das besondere Ansehen des Richters zurückzuführende Selbstverständlichkeit von Ermessensentscheidungen und überschlägigen Prüfungen sowie auf die zwingende Zweiteilung des Verfahrens hingewiesen.

--- b) Praktische Auswirkungen

Durch die unterschiedlichen zugelassenen Beweismittel und die andersartige Rechtsprüfung kann es in schwierigen Randfällen durchaus zu unterschiedlichen Ergebnissen kommen. Wenn nur ein sehr schwacher Beweis für das Bestehen des Vertrages angeboten wird, könnte ein englisches Gericht die Sache als unzulässig abweisen, da hinsichtlich dieser Tatsache kein *good arguable case* vorliege. Ein deutsches Gericht würde für die Zuständigkeit die Tatsache unterstellen und die Klage als unbegründet abweisen. Andererseits könnte bei einem unschlüssigen Vortrag eines Deliktes ein englisches Gericht den Fall immer noch als *good arguable* werten, ein deutsches Gericht hätte die Klage hingegen als unzulässig abzuweisen. In den meisten Fällen dürften allerdings beide Systeme zu gleichgerichteten Ergebnissen kommen. So dürfte ein schon unschlüssiger Vortrag hinsichtlich der Zuständigkeitstatsachen relativ selten vorkommen, auch ist hinsichtlich der Beweismittel eher von einer zurückhaltenden englischen Rechtsprechung auszugehen, so daß bei schwachem Beweis die Zuständigkeit wohl nur in Ausnahmefällen abgelehnt werden dürfte. Erheblich sind die Abweichungen im Fall der Beklagtensäumnis, da das englische Recht hier auf jeden Fall Beweis verlangt. Da die Schlüssigkeitstheorie - wie gezeigt wurde - mit dem EuGVÜ unvereinbar ist, sind diese Abweichungen im Säumnisfall jedoch ohne Gewicht.

Insgesamt sind somit Unterschiede festzustellen, wenn auch nicht in großem Umfang. Wenn man jedoch die Rechtsprechung des EuGH in der Rechtssache Effer/Kantner genauer betrachtet, dann geht es dem EuGH vor allem darum, daß das Gericht mit der Sache überhaupt befaßt wird. Unklar bleibt, wie oben dargestellt, zu welchen Schlußfolgerungen etwa der Beweis des Nichtbestehens des Vertrages zwingt. Wenn man demnach die Frage des "Ob" der Prüfung und nicht die des "Wann", d.h. auf Zulässigkeits- oder Begründetheitsebene, in den Mittelpunkt stellt, dann werden die Unterschiede noch geringer.[1056] So dürfte es kaum vorkommen, daß eine letztlich begründete Klage in einem der beiden Systeme nicht am besonderen Gerichtsstand zum Erfolg gebracht werden kann. Lediglich bei abweisenden Entscheidungen sind Unterschiede der Rechtskraft zu erwarten. So könnte bei paralleler Situation ein englisches Gericht ein abweisendes Sachurteil, ein deutsches Gericht aber ein abweisendes Prozeßurteil aussprechen und umgekehrt. Die Frage der Rechtskraft ist aber nicht vom Regelungsbereich des EuGVÜ umfaßt. Die Rechtskraftwirkungen der nationalen Rechte werden vom EuGVÜ vorausgesetzt[1057] und in allen Mitgliedstaaten zur Wirksamkeit gebracht. Unter diesem Aspekt ist auch die französische Regelung, die einen Zwischenweg zwischen der deutschen und der englischen Regelung geht, übereinkommenskonform. Nach Art. 95 des französischen NCPC nehmen Sachfragen, die in der Zuständigkeitsentscheidung mitentschieden werden mußten, auch bei einem abweisenden Prozeßurteil an der materiellen Rechtskraft teil.[1058]

Als Resultat ergibt sich auch aus dem Vergleich der in den Randbereichen durchaus unterschiedlichen Ergebnisse der beiden untersuchten Rechtsordnungen keine Beeinträchtigung des *effet utile* des Zuständigkeitssystems des EuGVÜ. Eine tatsächlich einheitliche Anwendung des Übereinkommens läßt sich erst erreichen, wenn das EuGVÜ zu einem vollständigen gemeineuropäischen Zivilprozeßrecht fortentwickelt wird.

[1056]In Deutschland hätte die unterschiedliche Einordnung in Zulässigkeits/Begründetheitsfrage angesichts der Möglichkeit der hilfsweisen Einlassung und der strengen Präklusionsvorschriften nicht einmal Einfluß auf diesen Verlauf des zivilprozessualen Verfahrensganges. Es wäre allein eine Frage der Rechtskraft.

[1057]Vgl. Otte 515.

[1058]Vgl. auch Huet, EuGH, 59.

Schluß

Auswertung und Zusammenfassung

§ 30 Auswertung der Ergebnisse

In der vorläufigen Auswertung des *Zweiten Teils*[1059] wurden zwei Reformansätze erwogen. Als "kleine Lösung" wurde eine Differenzierung der Zuständigkeitsprüfung im Fall der Beklagtensäumnis einerseits und in streitigen Verfahren andererseits diskutiert. Für den Fall der Beklagtensäumnis wurde der Schlüssigkeitstheorie ihre Legitimation abgesprochen. Im Bereich des streitigen Verfahrens überwiegen ihre Vorteile.
Die "kleine" Lösung läßt sich auch im Bereich des EuGVÜ Lösung sinnvoll durchführen. Die Schlüssigkeitstheorie ist mit Ausnahme des Falles der Beklagtensäumnis EuGVÜ-konform. Die Legitimationslücke im Fall der Beklagtensäumnis wird durch Art. 20 EuGVÜ (Art. 26 EuGVVO) noch verstärkt.

Als "große Lösung" wurde eine beschränkte Einbeziehung doppelrelevanter Tatsachen in die Beweispflichtigkeit schon für die Zulässigkeitsebene diskutiert.[1060] Dies ist dann erforderlich, wenn man den Gerichten richtigerweise auch in den besonderen Gerichtsständen des Erfüllungsortes und der unerlaubten Handlung eine umfassende (Konnexitäts-)Kognitionsbefugnis einräumen möchte. In diesem Falle ist angesichts des drohenden Mißbrauchs durch den Kläger eine Prüfung doppelrelevanter Tatsachen erforderlich. Auch wäre eine strenge Beurteilung der Doppelrelevanz einer Tatsache nach der gängigen Definition gar nicht mehr möglich. Diese "große Lösung" ist jedoch nur sinnvoll, wenn man zumindest bei der Prüfung der Tatsachen gleichzeitig die Prüfungsbreite einschränkt, da sonst faktisch doch kein Konnexitätsgerichtsstand eröffnet würde.[1061] Die Problematik, daß angesichts der tieferen Zulässigkeitsprüfung mehr Prozeßurteile statt Sachurteile ergehen würden, ist vom Beklagten hinzunehmen und angesichts der Möglichkeit der rügelosen Einlassung auch zu rechtfertigen. Positiver Nebeneffekt der "großen Lösung" wäre, daß man die dogmatisch unbefriedigende Differenzierung im Rahmen der Zuständigkeitsprüfung nach Säumnis und Anwesenheit des Beklagten nicht bedürfte.

[1059] § 17.

[1060] S.o. § 17.

[1061] § 13 II.2.d) a.E.

Für die Entscheidung zwischen "großer" oder "kleiner" Lösung ist die Behandlung der Annexkompetenz kraft Sachzusammenhangs an den hier untersuchten besonderen Gerichtsständen des Erfüllungsortes und der unerlaubten Handlung maßgeblich. In einer vorläufigen Abwägung zum autonomen deutschen Recht wurden die Vorteile der großen Lösung herausgearbeitet. Bezieht man jedoch die europäischen Bezüge des untersuchten Gegenstandes mit ein, so ergibt sich ein modifiziertes Bild. Es ist in absehbarer Zukunft nicht damit zu rechen, daß der EuGH an den Gerichtsständen des Erfüllungsortes und der unerlaubten Handlung eine Annexkompetenz kraft Sachzusammenhangs zulassen wird.[1062] Daher ist es folgerichtig, daß insoweit auch die deutsche Rechtsprechung von einem Gerichtsstand des Sachzusammenhangs Abstand nimmt, um interne Wertungsbrüche zu vermeiden.[1063] Unter diesen Vorzeichen ist die "kleine Lösung", d.h. eine bloße Modifizierung der Schlüssigkeitstheorie für den Fall der Beklagtensäumnis vorzuziehen.
Auf lange Sicht könnte sich jedoch bei entsprechend geänderten Rahmenbedingungen, d.h. einer Zulassung einer umfassenden Kognitionsbefugnis an den Gerichtsständen des Erfüllungsortes und der unerlaubten Handlung durch den EuGH, die "große Lösung" als sachgerechter erweisen.

§ 31 Zusammenfassung

- I. Einleitung

Gegenstand der Arbeit ist die Prüfung der internationalen Zuständigkeit in den Gerichtsständen des Erfüllungsortes und der unerlaubten Handlung. Bei diesen anspruchsbezogenen Gerichtsständen spielen Tatsachen eine Rolle, die sowohl für die Zuständigkeit wie für die Begründetheit einer erfolgreichen Klage gegeben sein müssen (doppelrelevante Tatsachen). Untersucht wird die besondere Behandlung der doppelrelevanten Tatsachen durch die h.M. bei der Zuständigkeitsprüfung. Dabei wird die h.M. zunächst dargestellt. Sodann werden die in der langjährigen Debatte für und wider die h.M. diskutierten Argumente auf ihre Tragfähigkeit hin diskutiert. Mögliche alternative Lösungsmodelle werden angesprochen. Neben der Untersuchung des deutschen autonomen internationalen Zivilverfahrensrechts wird auch die Vereinbarkeit der h.M. mit dem EuGVÜ geprüft. Dabei werden auch Erkenntnisse aus einem

---

[1062] Oben § 13 II.2.b)bb).

[1063] Vgl. § 19 III.

rechtsvergleichenden Überblick zum Modell der Zuständigkeitsprüfung nach englischem Recht verarbeitet.

- II. Die herrschende Schlüssigkeitstheorie

Nach der herrschenden Meinung in Rechtsprechung und Lehre erfolgt die Prüfung der besonderen Gerichtsstände des Erfüllungsortes und der unerlaubten Handlung in zwei Schritten.
Als erster Schritt müssen die "Zuständigkeitstatsachen" wie etwa die unerlaubte Handlung und der Tatort einer Schlüssigkeitsprüfung unterzogen werden. Der Kläger muß Tatsachen vortragen, die - ihre Richtigkeit unterstellt - das Vorliegen der Zuständigkeitstatsachen ergeben. Für die prozessualen Sammelbegriffe vertraglicher / deliktischer Anspruch bedeutet das, daß schon auf der Zuständigkeitsebene nach dem anwendbaren Recht gefragt werden muß, da die Schlüssigkeitsprüfung anhand Anspruchsgrundlagen des materiellen Rechts durchgeführt wird, die dem besonderen Gerichtsstand im Wege einer prozessualen Qualifikation zugewiesenen wird.
Als zweiter Schritt müssen die Zuständigkeitstatsachen vom Kläger bewiesen werden. Von diesem Beweis ausgenommen werden doppelrelevante Tatsachen: Für die Zuständigkeitsprüfung begnügt sich die herrschende Meinung mit einem schlüssigen Vortrag, wenn bei Nichterweis der Tatsache die Klage zwingend unbegründet ist. Begründet wird die Schlüssigkeitstheorie vor allem mit dem Ziel des Beklagtenschutzes. Mit einem Sachurteil sei dem Beklagten mehr gedient als mit einem Prozeßurteil. Mittels der Definition der doppelrelevanten Tatsachen als Tatsachen, die notwendigerweise sowohl für die Bejahung der Zuständigkeit wie für die Begründetheit gegeben sein müssen, sei überdies ein Verurteilung des Beklagten durch ein an sich unzuständiges Gericht ausgeschlossen.
Für die hier untersuchten Gerichtsstände des Erfüllungsortes und der unerlaubten Handlung bedeutet dies folgendes: Die Zuständigkeit ist dann gegeben, wenn der Kläger schlüssig die streitige Verpflichtung vorträgt und sich ein Erfüllungsort im Inland ergibt bzw. schlüssig den Tatbestand einer unerlaubten Handlung vorträgt und sich ein Tatort im Inland ergibt. Zusätzlich sind grundsätzlich Tatsachen zu beweisen, aus denen sich der Erfüllungsort / Tatort ergibt. In Ausnahmefällen kann aber auch der Erfüllungsort doppelrelevant sein. Weiterhin ist es möglich, daß bei der Prüfung von Erfüllungsort / Tatort im Vorfeld doppelrelevante Tatsachen auftauchen; diese müssen für die Zuständigkeitsprüfung nicht bewiesen werden.

- III. Doppelrelevante Tatsachen im rechtlichen Kontext

In der Arbeit wird untersucht, ob die Schlüssigkeitstheorie systemstimmig ist und zu sachgerechten Ergebnissen führt. Dabei werden die in der Diskussion verwandten Argumente gebündelt und in Beziehung zur Schlüssigkeitstheorie und zu diskutierten alternativen Modellen gesetzt.

-- 1. Neutrale Argumente

Einige in der Debatte um doppelrelevante Tatsachen verwandte Argumente verhalten sich in Wahrheit neutral zur Problematik der richtigen Behandlung doppelrelevanter Tatsachen. Weder Kritiker noch Befürworter der herrschenden Meinung können gewichtige Argumente aus einer historischen Argumentation herleiten.[1064] Die Auffassung der Rechtsprechung, daß für Zuständigkeitstatsachen grundsätzlich das Freibeweisverfahren gilt, führt sowohl bei der herrschenden Schlüssigkeitstheorie als auch bei den Auffassungen, die einen Beweis doppelrelevanter Tatsachen für die Zuständigkeitsprüfung fordern, zu dogmatischen Schwierigkeiten.[1065] Entscheidende Argumente kann aus diesem Problemfeld demnach keine Seite herleiten. Der Grundsatz, daß die internationale Zuständigkeit von Amts wegen geprüft werden muß, sagt für sich genommen nichts über die Behandlung doppelrelevanter Tatsachen aus.[1066] Auch der Anwendungsbereich der hier untersuchten Gerichtsstände kann in der Diskussion keine gewichtige Rolle spielen. Weder die Einbeziehung von Randbereichen in den jeweiligen sachlichen Anwendungsbereich wie etwa der c.i.c[1067] oder der Leistungskondiktion[1068]bei § 29 ZPO oder der Eingriffskondiktion bei § 32 ZPO[1069] noch die Zulassung der positiven[1070] oder negativen[1071] Feststellungsklage hat Einfluß auf die Entscheidung, ob eher der herrschenden Schlüssigkeitstheorie oder alternativen Lösungsmodellen zu folgen ist. Das Argument der Schlüssigkeitstheorie, die Zuständigkeitsprüfung sei von Fragen der Begründetheit zu entlasten, hat sich als nicht tragfähig erwiesen, soweit es etwas anderes als die unten zusammenfassend dargestellte

[1064]§ 11.

[1065]§ 12 II.

[1066]§ 12 III.

[1067]§ 14 II.2.

[1068]§ 14 II.3.b).

[1069]§ 14 II.3.a).

[1070]§ 14 I.2.

[1071]§ 14 I.3.

Rechtskraftproblematik betreffen sollte.[1072] Auch hat die Art der Zuständigkeitsprüfung keinen Einfluß auf die Erfüllung des Justizgewährungsanspruchs des Klägers, soweit die hier untersuchten Gerichtsstände betroffen sind. Abgesehen von der unterschiedlichen Rechtskraft der Entscheidung ist es für den Kläger bedeutungslos, ob die Prüfung der doppelrelevanten Tatsachen intensiver auf der Zuständigkeits- oder auf der Begründetheitsebene stattfindet. Ein Zuständigkeitsvakuum ist nicht zu befürchten.[1073]

-- 2. Anerkennungszuständigkeit

Im Rahmen der Anerkennungszuständigkeit vertritt die herrschende Meinung die Auffassung, daß im Anerkennungsstadium doppelrelevante Tatsachen voll bewiesen werden müssen. Die Untersuchung der Anerkennungszuständigkeit hat gezeigt, daß der h.M. insoweit keine widersprüchliche Argumentation vorgeworfen werden kann, da die Entscheidungszuständigkeit und die Anerkennungszuständigkeit in ihren Funktionen zu unterschiedlich sind, als daß notwendigerweise eine einheitliche Behandlung doppelrelevanter Tatsachen erfolgen müßte.[1074] Die vom BGH geforderte Beweispflicht doppelrelevanter Tatsachen im Anerkennungsstadium betont aber die Mißbrauchsgefahr, die sich bei einer zu weitgehenden internationalen Gerichtspflichtigkeit des Beklagten ergibt.

-- 3. Abgesonderte Verhandlung

Die Möglichkeit einer abgesonderten Verhandlung nach Ermessen des Richters ergibt für die Schlüssigkeitstheorie keine Probleme. Zwischenlösungen, die auf eine summarische oder vorläufige Erkenntnis auf der Rechts- oder Tatsachenprüfungsebene abstellen, stoßen angesichts des Erfordernisses, unabhängig von der Verfahrensart zu gleichen Ergebnissen zu kommen, auf Probleme.[1075] Die in der Praxis wenig verbreitete abgesonderte Verhandlung böte dem Beklagten die seinen Interessen entgegenkommende Möglichkeit, seine Einlassungslast auf ein Minimum zu beschränken, wenn die abgesonderte Verhandlung in ihrer tatsächlichen Bedeutung aufgewertet würde. Dies ist jedoch nur möglich, wenn man auch hinsichtlich doppelrelevanter Tatsachen einen Beweis schon für die Zuständigkeit fordert.[1076]

[1072] § 15 I.

[1073] § 15 I.4.

[1074] § 16 IV.3.

[1075] § 12 I.2.

[1076] § 13 I.2.

-- 4. Versäumnisurteil

Im Fall der Beklagtensäumnis[1077] führt die Schlüssigkeitstheorie zu keinen sachgerechten Ergebnissen. Die Schlüssigkeitstheorie propagiert die Verwertung der Beweisergebnisse allein für die Begründetheit, um für den Beklagten ein Sachurteil zu ermöglichen. Da im Säumnisfall für die Begründetheitsebene keine Beweisaufnahme stattfindet, wendet sich die Schlüssigkeitstheorie damit entgegen ihrer Intention gegen den Beklagten: Ein Sachurteil gegen den Beklagten durch ein "an sich" unzuständiges Gericht wird möglich. Jedenfalls für den Säumnisfall ist die Schlüssigkeitstheorie daher nicht haltbar.

-- 5. Annexkompetenz

Die Problematik einer Annexkompetenz an den Gerichtsständen des Erfüllungsortes und der unerlaubten Handlung bei Anspruchsgrundlagenkonkurrenz ist mit dem Problem der doppelrelevanten Tatsachen eng verwoben.[1078] Befürwortet man eine Annexkompetenz und folgt zugleich der Schlüssigkeitstheorie, so ergeben sich zum einen Probleme bei der Feststellung, welche Tatsachen noch als doppelrelevant einzustufen sind, zum anderen ergibt sich eine manifeste Gefahr der Gerichtsstandserschleichung. Die wünschenswerte umfassende Kognitionsbefugnis an den besonderen Gerichtsständen kann nur bei einer gleichzeitigen Einschränkung der Schlüssigkeitstheorie gerechtfertigt werden.

-- 6. Rechtskraftproblematik

Das stärkste Argument der Schlüssigkeitstheorie ist, daß ein für den Beklagten im Fall der Klageabweisung tatsächlich wünschenswertes Sachurteil nur durch eine Unterstellung doppelrelevanter Tatsachen für die Zuständigkeitsebene möglich ist, wenn diese Tatsachen nicht bewiesen werden können.[1079] Grundsätzlich kann der Beklagte ein Sachurteil durch rügelose Einlassung erreichen. Es wurde aber gezeigt, daß trotz der Möglichkeit einer rügelosen Einlassung seitens des Beklagten der Beklagtenschutz durch die Schlüssigkeitstheorie noch verstärkt wird. Andere Wege, um einen entsprechenden Beklagtenschutz zu erreichen, sind nicht gangbar.

[1077] § 13 II.1.

[1078] § 13 II.2.

[1079] § 13 III.

-- 7. Zuständigkeitssicherheit

Die Schlüssigkeitstheorie prüft auf der Ebene der Rechtsprüfung die Schlüssigkeit der Zuständigkeitstatsachen anhand des anwendbaren Rechts. Dies läßt sich aus dem Gesichtspunkt der Zuständigkeitssicherheit rechtfertigen.[1080] Alternative Lösungsmodelle können nur dann überzeugen, wenn auch sie grundsätzlich vom materiellen Recht ausgehen. Modelle, die lediglich von einer summarischen oder auch vorläufigen Rechts- oder Tatsachenerkenntnis ausgehen, entsprechen dem Erfordernis der Rechtssicherheit im Zuständigkeitsrecht nur unvollkommen.
Möglich ist es allerdings, die Prüfungsbreite zu beschränken. So erscheint es nicht auf jeden Fall erforderlich, tatsächlich den gesamten Tatbestand etwa eines Deliktes als Zuständigkeitstatsache für § 32 ZPO festzulegen. Fragen etwa des Verschuldens oder der Rechtswidrigkeit könnten zumindest auf Beweisebene ausgespart bleiben.

- IV. Das EuGVÜ

Das Zuständigkeitssystem des EuGVÜ ist dem deutschen autonomen internationalen Zuständigkeitsrecht sehr ähnlich. Sammelbegriffe der hier untersuchten besonderen Gerichtsstände (Erfüllungsort/Delikt) werden nach der Rechtsprechung des EuGH autonom ausgelegt. Es wurde herausgearbeitet, daß es der EuGH dem nationalen Verfahrensrecht freistellt, auf einer weiteren Ebene diese autonom ausgelegten Begriffe im Rückgriff auf das anwendbare Recht auszufüllen (zweistufige autonome / lex causae Qualifikation)[1081]. Auch die Ebene der Tatsachenprüfung ist im wesentlichen Sache des nationalen Rechts. Insoweit ist die Schlüssigkeitstheorie auch im Rahmen des EuGVÜ anwendbar. Die Einschränkung des EuGH, daß der Rückgriff auf das nationale Recht nicht die praktische Wirksamkeit des Übereinkommens beeinträchtigen dürfe, steht der Schlüssigkeitstheorie nicht entgegen.[1082] Allein die Unterschiedlichkeit nationaler Entscheidungen hinsichtlich der Rechtskraft trotz vergleichbarem Sachverhalt, wie sie etwa bei einem Vergleich des deutschen und des englischen Verfahrensrechts zu beobachten ist, beeinträchtigt noch nicht den *effet utile* der Zuständigkeitsordnung des EuGVÜ. Nicht vereinbaren läßt sich die Schlüssigkeitstheorie mit dem EuGVÜ aber, soweit sie auch im Fall der Beklagtensäumnis Geltung beansprucht.[1083] Hinzu kommen die schon

---

[1080] § 15 II.
[1081] § 22 III.
[1082] § 24 III.
[1083] § 24 II.

zum autonomen internationalen Zivilverfahrensrecht geäußerten Bedenken der Interessenwidrigkeit der Schlüssigkeitstheorie in diesem Falle.
Ein einheitliches Modell der Zuständigkeitsprüfung in allen Mitgliedstaaten des EuGVÜ erscheint zur Zeit nicht realisierbar. Ein Vergleich des englischen mit dem deutschen Recht zeigt, daß in diesem Bereich systematische und rechtskulturelle Unterschiede bestehen, die der Entwicklung eines Einheitsmodelles allein durch die Rechtsprechung des EuGH entgegenstehen.[1084]

- V. Lösungen

Die Schlüssigkeitstheorie fügt sich unproblematisch in das gegenwärtige zivilprozessuale System ein und ist in weiten Teilen auch interessengerecht. Sie ist grundsätzlich mit den Anforderungen, die das EuGVÜ an das nationale Verfahrensrecht stellt, zu vereinbaren. Eine Einschränkung ist jedoch im Fall der Beklagtensäumnis zu machen. Hier kommt die Schlüssigkeitstheorie zu nicht sachgerechten Ergebnissen und entfernt sich von ihren eigenen Prämissen. Im übrigen ist im Anwendungsbereich des EuGVÜ die Schlüssigkeitstheorie im Fall der Beklagtensäumnis nicht übereinkommenskonform. Im Fall der Beklagtensäumis ist die Schlüssigkeitstheorie somit nicht anzuwenden.

Ein gewichtiger Gesichtspunkt bei der Ausgestaltung der Zuständigkeitsprüfung ist die Zulassung einer Annexkompetenz kraft Sachzusammenhangs in besonderen Gerichtsständen. Solange diese abgelehnt wird, kann die Schlüssigkeitstheorie mit der oben gemachten Einschränkung aufrechterhalten werden. Sollte sich jedoch die Rechtsprechung demnächst für eine derartige Annexkompetenz aussprechen, würden sich weitere Schwächen der Schlüssigkeitstheorie ergeben. Es wäre eine intensivere Prüfung im tatsächlichen Bereich erforderlich, um die sich ergebenden Mißbrauchsgefahren einzuschränken.

[1084] § 23 IV.

Literaturverzeichnis

Ahrens, Hans-Jürgen: Die internationale Deliktszuständigkeit im englischen Recht - ein englischer Denkanstoß zu offenen Fragen des deutschen Rechts, IPRax 1990, 128

Alberts, Martin: Die Feststellung doppelrelevanter Tatsachen in der Revisionsinstanz, Berlin 1990

Albicker, Steffen: Der Gerichtsstand der Streitgenossenschaft, Konstanz 1996

Alternativkommentar: Kommentar zur Zivilprozeßordnung, Neuwied 1987 (zit.: AK-Bearbeiter)

Anders, Monika / Gehle, Burkhart: Das Assesorexamen im Zivilrecht, 6. Aufl. Düsseldorf 1999

Andrews, Neil: - The Pasive Court and Legal Argument, CivJQ 1988, 125
- The Adversarial Principle: Fairness and Efficiancy: Reflections on the Recommendations of the Woolf Report, in: Zuckermann, A. A. S. u. a. (Hrsg.), Reform of Civil Procedure, Essays on Access to Justice, Oxford 1995 (zit.: Adversarial Principle)
- Principles of Civil Procedure, London 1994 (zit.: Principles)

Auer, Astrid Christiane: Die internationale Zuständigkeit des Sachzusammenhangs im erweiterten EuGVÜ-System nach Artikel 6 EuGVÜ, Diss. Regensburg 1999

Balzer, Christian: Die Darlegung der Prozeßführungsbefugnis und anderer anspruchsbezogener Sachurteilsvoraussetzungen im Zivilprozeß, NJW 1992, 2721

Banniza von Bazan, Ulrike: Der Gerichtsstand des Sachzusammenhangs im EuGVÜ, dem Lugano-Abkommen und im deutschen Recht, Frankfurt 1995

v.Bar, Christian: Internationales Privatrecht Bd. I., Allgemeine Lehren, München 1987 (zit.: IPR I)
Gemeineuropäisches Deliktsrecht Bd. II, München 1999 (zit.: Deliktsrecht II)

Basedow, Jürgen: - Qualifikation, Vorfrage und Anpassung im internationalen Zivilverfahrensrecht, in: Schlosser, Peter (Hrsg.), Materielles Recht und Prozeßrecht und die Auswirkungen der Unterscheidung im Recht der internationalen Zwangsvollstreckung, Bielefeld 1992, 131 (zit.: Qualifikation)
- Variationen über die spiegelbildliche Anwendung deutschen Zuständigkeitsrechts, IPRax 1994, 183

Bassenge, Peter / Herbst, Gerhard: Gesetz über die Angelegenheiten der freiwilligen Gerichtsbarkeit / Rechtspflegergesetz, Kommentar, 8. Aufl. Heidelberg 1999

Baumbach, Adolf / Lauterbach, Wolfgang / Albers, Jan / Hartmann, Peter: Zivilprozeßordnung mit Gerichtsverfassungsgesetz und Nebengesetzen, Kommentar, 58. Aufl. München 2000 (zit.: Baumbach / Lauterbach / Albers / Hartmann-Bearbeiter)

Baumgärtel, Gottfried / Laumen, Hans-Willi: Klage nach vorangegangenem rechtskräftigem Urteil, JA 1981, 209

Baur, Fritz / Grunsky, Wolfgang: Zivilprozeßrecht, 9. Aufl. Neuwied 1997

Berg, Hans: Zulässigkeitsvoraussetzungen im Zivilprozeß, JuS 1968, 123

Bischof, J. -M.: Anmerkung, Clunet 1998, 581

Blok, Peter: Domskonventionens opfyldelsesværneting - en kritisk vurdering, in: Andersen, Lennart (Red.), Festskrift til Ole Lando, Kopenhagen 1997, 41

Blomeyer, Arwed: Zivilprozeßrecht, 1. Aufl. Berlin 1963, 2. Aufl. Berlin 1985

Blomeyer, Jürgen: Die Unterscheidung von Zulässigkeit und Begründetheit bei der Klage und beim Antrag auf Anordnung eines Arrestes oder einer einstweiligen Verfügung, ZZP 81 (1968), 20

Bork, Reinhard: - Anmerkung, ZZP 105 (1992), 336
- Die als vermögenslos gelöschte GmbH im Prozeß, JZ 1991, 841

Bötticher, Eduard: - Zur arbeitsgerichtlichen Zuständigkeit und deren Prüfung im Prozeß, ZZP 72 (1959), 44
Die Bindung der Gerichte an Entscheidungen anderer Gerichte, in: v. Caemmerer, Ernst u. a. (Hrsg.), Hundert Jahre Deutsches Rechtsleben. FS zum Hundertjährigen Bestehen des Deutschen Juristentages 1860-1960, Bd. I, Karlsruhe 1960 (zit.: FS 100 Jahre DJT)

Briggs, Adrian: - Service out of the Jurisdiction Gets Easier: Defendant, Beware !, LMCLQ 1994, 1
- The Brussels Convention, YEL 15 (1995), 486
- The uncertainty of special jurisdiction - Marinari v Lloyds Bank, LMCLQ 1996, 27
Civil Jurisdiction and Judgments, Rees, Peter (Hrsg.), 2. Aufl. London 1997 (zit.: Jurisdiction)
- The Brussels Convention, YEL 17 (1997), 515
- Decisons of British Courts during 1997, B. Private International Law, BYIL 1997, 331

Broggini, Gerardo: Zuständigkeit am Ort der Vertragserfüllung, in: Schwander, Ivo (Hrsg.), Das Lugano-Übereinkommen, St. Gallen 1990, 111

Bruns, Rudolf: Zivilprozeßrecht, 2. Aufl. München 1979

Buchner, Benedikt: Kläger- und Beklagtenschutz im Recht der internationalen Zuständigkeit, Tübingen 1998

Bülow, Arthur / Böckstiegel, Karl-Heinz / Geimer, Reinhold / Schütze, Rolf A.: Der internationale Rechtsverkehr in Zivil- und Handelssachen, Losebl. , 4. Aufl. 1999 München, (zit.: Bülow / Böckstiegel / Geimer / Schütze-Bearbeiter)

Bülow, Arthur: Vereinheitlichtes internationales Zivilprozeßrecht in der Europäischen Wirtschaftsgemeinschaft, RabelsZ 29 (1965), 473

Bunge, Jürgen: Zivilprozeß und Zwangsvollstreckung in England, 2. Aufl. Berlin 1995

Busche, Jan: Der Gerichtsstand der Klage aus culpa in contrahendo, DRiZ 1989, 370

Canaris, Claus-Wilhelm: Schutzwirkung zugunsten Dritter bei "Gegenläufigkeit der Interessen", JZ 1995, 441

Carter, P. A.: - Decisions of British Courts during 1992 BYIL 1993, 519
- Decisions of British Courts during 1993 BYIL 1994, 464

Cheshire & North's Private International Law: North, P. M. / Fawcett, J. J. (Verf.), 12. Aufl. London 1992

Cieselik, Hans-Werner: Die Methodik des Gerichtshofes der Europäischen Gemeinschaften bei der Auslegung des Europäischen Gerichtsstands- und Vollstreckungsübereinkommens, Diss. Bayreuth 1992

Clarkson, C. M. V. / Hill, J.: Jaffey on the Conflict of Laws, London 1997

Coester-Waltjen, Dagmar: - Internationales Beweisrecht, Ebelsbach 1983 (zit.: Beweisrecht)
- Die Bedeutung des Art. 6 Nr. 2 EuGVÜ, IPRax 1992, 290

Collins, Lawrence: The Civil Jurisdiction and Judgments Act 1982, London 1983

Courtney, Thomas B.: Mareva Injunctions and Related Interlocutory Orders, Dublin 1998

Dauses, Manfred A. (Hrsg.): Handbuch des EU-Wirtschaftsrecht, Loseblatt, Stand 1999, München (zit.: Dauses-Bearbeiter)

Dessauer, Johannes: Internationales Privatrecht, Ethik und Politik, Frankfurt 1986

Deutsch, Volker: Gedanken zum Gerichtsstand der unerlaubten Handlung (insbesondere bei Persönlichkeits- und Wettbewerbssachen), MDR 1967, 88

Dicey & Morris on the Conflict of Laws: Collins, Lawrence u. a. (Hrsg.), Bd. 1, 13. Aufl. London 2000

Diederichsen, Uwe: Die neuen Grenzen für Gerichtsstandsvereinbarungen, BB 1974, 377

Dietze, Mathias: Die doppelrelevanten Tatsachen im Strafverfahren, Aachen 1999

Ditze, Jan / Schnichels, Dominik: Die aktuelle Rechtsprechung des EuGH zum EuGVÜ, EuZW 1998, 485

Donzallaz, Yves: La Convention de Lugano, Bd. III, Bern 1998

Droz, Georges A. L.: Compétence judiciaire et effets des jugements dans le Marché Commun, Paris 1972

Erman: BGB, Westermann, Harm-Peter (Hrsg.), 8. Aufl. Münster 1989 (zit.: Erman-Bearbeiter)

Eyermann, Erich / Fröhler, Ludwig: Verwaltungsgerichtsordnung, neubearbeitet von Geiger, Harald u. a. , 10. Aufl. München 1998 (zit.: Eyermann-Bearbeiter)

Fentiman, Richard G.: - Jurisdiction, Discretion and the Brussels Convention, Cornell Int'l L. J. 59 (1993), 59
- Foreign Law in English Courts, LQR 108 (1992), 142
- Foreign Law in English Courts, Oxford 1998 (zit.: Foreign Law)

Fleischer, Nicole: Der Gerichtsstand des gemeinsamen Erfüllungsortes im deutschen Recht, Diss. Bonn 1997

Flessner, Axel / Schulz, Martin: Zusammenhänge zwischen Konkurs, Arrest und internationaler Zuständigkeit, IPRax 1991, 162

Fricke, Martin: Anerkennungszuständigkeit zwischen Spiegelbildgrundsatz und Generalklausel, Bielefeld 1990

Furtak, Oliver: Die Parteifähigkeit in Zivilverfahren mit Auslandsberührung, Heidelberg 1995

Gaudemet-Tallon, Hélène: - Anmerkung, RCDIP 1982, 573
- Gerichtsstandsvereinbarungen im Brüsseler Übereinkommen, in: EuGH (Hrsg.), Internationale Zuständigkeit und Urteilsanerkennung in Europa,

Köln 1993 (zit.: EuGH)
- Les Conventions de Bruxelles et de Lugano, 2. Aufl. Paris 1996 (zit.: Conventions)
- Anmerkung, RCDIP 1999, 333

Gebauer, Martin: Grundfragen der Europäisierung des Privatrechts, Heidelberg 1998

Geimer, Reinhold: - Zur Prüfung der Gerichtsbarkeit und der internationalen Zuständigkeit bei der Anerkennung ausländischer Urteile, Bielefeld 1966 (zit.: Prüfung)
- Anmerkung, NJW 1973, 1151
- Anmerkung, NJW 1974, 1045
- Anmerkung, FamRZ 1980, 789
- Zur Rechtfertigung des Vermögensgerichtsstandes, JZ 1984, 979
- Die Gerichtspflichtigkeit des Beklagten nach Art. 5 Nr. 1 und Nr. 3 EuGVÜ bei Anspruchskonkurrenz, IPRax 1986, 80
- Buchbesprechung v. Schack, Erfüllungsort, NJW 1986, 643
- Die Prüfung der internationalen Zuständigkeit, WM 1986, 117
- Internationalrechtliches zum Justizgewährleistungsanspruch. Eine Skizze, in: Habscheid, Walther J. u. a. (Hrsg.), Beiträge zum internationalen Recht und zur Schiedsgerichtsbarkeit, FS Heinrich Nagel, Münster 1987, 36 (zit.: FS Nagel)
- Kurzkommentar, EWiR § 175 ZPO 1 / 87, 94
- Kurzkommentar, EWiR Art. 5 Nr. 3 GVÜ 1 / 87, 793
- Anmerkung, NJW 1988, 3089
- Anmerkung, EuZW 1992, 518
- Verfassungsrechtliche Vorgaben bei der Normierung der internationalen Zuständigkeit, in: Matscher, Franz u. a. (Hrsg.), Europa im Aufbruch, FS Fritz Schwind, Wien 1993, 17 (zit.: FS Schwind)
- Menschenrechte im internationalen Zivilverfahrensrecht, BerDtGesVöR 33 (1994), 213
- Anmerkung, LM § 32 Nr. 15 (5 / 94)
- Anmerkung, LM § 29 Nr. 8 ((7 / 96)
- "Internationalpädagogik" oder wirksamer Beklagtenschutz? Einige Bemerkungen zur internationalen Anerkennungszuständigkeit, in: Heldrich, Andreas u. a. (Hrsg.), FS Hideo Nakamura, Tokio 1996, 169 (zit.: FS Nakamura)
- Internationales Zivilprozeßrecht, 3. Aufl. Köln 1997 (zit.: IZPR)

Geimer, Reinhold / Schütze, Rolf A.: - Internationale Urteilsanerkennung, Bd. I, 1. Halbband, München 1983 (zit.: Geimer / Schütze-Bearbeiter I / 1); Bd. I, 2. Halbband München 1984 (zit.: Geimer / Schütze-Bearbeiter I / 2)
- Europäisches Zivilverfahrensrecht, Müchen 1997 (zit.: EuZVR)

Ghestin, Jacques (Hrsg.): Traité de Droit Civil: Viney, Geneviève / Jourdan, Patrice, Les Conditions de la Responsabilité, 2. Aufl. Paris 1998 (zit.: Ghestin / Viney)

Goldschmidt, James: Der Prozeß als Rechtslage, Berlin 1925

Gothot, Pierre / Holleaux, Dominique: La Convention de Bruxlles du 27 septembre 1968, Paris 1985

Gottwald, Peter: - Anmerkung, NJW 1974, 2241
- Anmerkung, ZZP 87 (1974), 462

- Die Revisionsinstanz als Tatsacheninstanz, Berlin 1975 (zit.: Revisionsinstanz)
- Streitiger Vertragsschluß und Gerichtstand des Erfüllungsortes (Art. 5 Nr. 1 EuGVÜ), IPRax 1983, 13
- Europäische Gerichtspflichtigkeit kraft Sachzusammenhang, IPRax 1989, 272
- Grundfragen der Anerkennung und Vollstreckung ausländischer Entscheidungen in Zivilsachen, ZZP 103 (1990), 257
- Anerkennungszuständigkeit und doppelrelevante Tatsachen, IPRax 1995, 75
- Internationale Gerichtsstandsvereinbarungen - Verträge zwischen Prozeßrecht und materiellem Recht, in: Gerhardt, Walter u. a. (Hrsg.), FS Henckel, Berlin 1995, 295 (zit.: FS Henckel)
- Anmerkung, JZ 1997, 92

Goulding, Simon: Odgers on Civil Court Actions, 24. Aufl. London 1996

Grainger, Ian / Fealy, Michael: An Introduction to the New Civil Procedure Rules, London 1999

Gravenhorst, Wulf: Die Aufspaltung der Gerichtszuständigkeit nach Anspruchsgrundlagen, Berlin 1972

Grundmann, Stefan: - Qualifikation gegen die Sachnorm, Müchen 1985
- Juristische Prüf- und Beweisabkürzungsstrategien, ZZP 100 (1987), 33

Grunsky, Wolfgang: - Rechtsfolgen des Fehlens der internationalen Zuständigkeit nach dem EuGVÜ, in: Yessiou-Faltsi, Pelayia u. a. (Hrsg.), Recht in Europa, FS Hilmar Fenge, Hamburg 1996 (zit.: FS Fenge)
- Grundlagen des Verfahrensrechts, 2. Aufl. Bielefeld 1974 (zit.: Grundlagen)

Guinchard, Serge: Megacode, Noveau Code de Procedure Civile, Paris 1999

Habscheid, Walther J.: - Der Streitgegenstand im Zivilprozeß und im Verfahren der freiwilligen Gerichtsbarkeit, Bielefeld 1956 (zit.: Streitgegenstand)
- Parteivereinbarungen über die internationale Zuständigkeit nach deutschem und schweizerischem Recht, Fasching, Hans W. (Hrsg.), FS Hans Schima, Wien 1969 (zit.: FS Schima)

Hager, Johannes: - Die Rechtsbehelfsbefugnis des Prozeßunfähigen, ZZP 97 (1987), 174
- Die Manipulation des Rechtsweges. Bemerkungen zur Reform der § 17 ff GVG, in: Heinze, Manfred u. a. (Hrsg.), Arbeitsrecht in der Bewährung, FS Otto Rudolf Kissel, München 1994, 327 (zit.: FS Kissel)
- Anmerkung, AP § 2 ArbGG 1979 Nr. 1

Hahn, Carl / Stegemann, Eduard: Die gesammten Materialen zu den Reichs-Justizgesetzen, Bd. 2: Materialien zur Civilprozeßordnung, Abt I: S. 1-906; Abt II: S. 900 bis Schluß, 2. Aufl. Berlin 1881, Neudruck Aalen 1983 (zit.: Hahn, Materialien)

Hau, Wolgang Jakob: Positive Kompetenzkonflikte im Internationalen Zivilprozeßrecht, Frankfurt 1996

Haubold, Jens: Internationale Zuständigkeit nach CMR und EuGVÜ / LugÜ, IPRax 2000, 91

Hausmann, Rainer: Einheitliche Anknüpfung internationaler Gerichtsstandsvereinbarungen?, in: Pfister, Berhard (Hrsg.), FS Werner Lorenz, Tübingen 1991, 358

Heeder, Oliver: Fraus Legis, Frankfurt 1998

Heinrichs, Jürgen: Die Bestimmung der gerichtlichen Zuständigkeit nach dem Begehungsort im nationalen und internationalen Zivilprozeßrecht, Diss. Freiburg 1984

Heinsheimer: Anmerkung, JW 1920, 1044

Heldrich, Andreas: Die Interessen bei der Regelung der internationalen Zuständigkeit, in: Ferid, Murad (Hrsg.), FS Hans G. Ficker, Frankfurt 1967, 205 (zit.: FS Ficker)

Henckel, Wolfram: - Die Klagerücknahme als gestaltende Verfahrenshandlung, in: Bettermann, Karl August u. a. (Hrsg.), FS Eduard Bötticher, 173 (zit.: FS Bötticher)
- Prozeßrecht und materielles Recht, Göttingen 1970 (zit.: Prozeßrecht)

Herfarth, Christoph: Die Scheidung nach jüdischem Recht im internationalen Zivilverfahrensrecht, Heidelberg 2000

Hertz, Ketilbjørn: Jurisdiction in Contract and Tort under the Brussels Convention, Kopenhagen 1998

Hill, Jonathan: The Law Relating to International Commercial Disputes, 2. Aufl. London 1998

Hinz, Manfred: Zeitliche Grenzen der Klagerücknahme, JZ 1968, 11

v.Hoffmann, Bernd: - Das EWG-Übereinkommen über die gerichtliche Zuständigkeit und die Vollstreckung gerichtlicher Entscheidungen in Zivil- und Handelssachen, AWD 1973, 57
- Gegenwartsprobleme internationaler Zuständigkeit IPRax 1982, 217

Hoffmann, Uwe: § 17 Abs. 2 Satz 1 GVG und der allgemeine Gerichtsstand des Sachzusammenhangs, ZZP 107 (1994), 3

Hohloch, Gerhard: - Anerkennungsfähigkeit eines US-amerikanischen Zahlungsurteils, JuS 1994, 800
- Erfolgsort und Schadensort - Abgrenzungen bei Ansprüchen auf Ersatz von (primären und sonstigen) Vermögensschäden, IPRax 1997, 312

Holl, Volker H.: Der Gerichtsstand des Erfüllungsortes nach Art 5 Nr. 1 EuGVÜ bei einem "claim for restitution based on unjust enrichment", IPRax 1998, 120

Huber, Peter: - Die englische forum-non-conveniens-Doktrin und ihre Anwendbarkeit im Rahmen des Europäischen Gerichtsstands- und Vollstreckungsübereinkommens, Berlin 1994 (zit.: FNC)
- Anmerkung, ZZPint 1 (1996), 171
- Persönlichkeitsschutz gegenüber Massenmedien im Rahmen des Europäischen Zivilprozeßrechts, ZEuP 1996, 300
- Anmerkung, ZZPint 2 (1997), 168

Huet, André: - Anmerkung, RCDIP 1982, 387
- Anmerkung, Clunet 109 (1982), 473
- Die Stellung des Artikels 5 im Gefüge des Übereinkommens. Die Zuständigkeit in Vertragssachen, in: EuGH, (Hrsg.), Internationale Zuständigkeit und Urteilsanerkennung in Europa, Köln 1993, 55 (zit.: EuGH)

Jacob, Jack: - Chitty and Jacob's Queen's Bench Forms, 21. Aufl. London 1986 (zit.: Forms)
- The Fabric of English Civil Justice (Hamlyn Lectures 8), London 1987 (zit.: Fabric)
- Private International Litigation, London 1988 (zit.: Litigation)

Jacob, Rainer: Anmerkung, RIW 1994, 334

Jaeckel, Fritz: Die Reichweite der lex fori im internationalen Zivilprozeßrecht, Berlin 1995

Jauernig, Othmar: - Warum keine Verbindung von Prozeß- und Sachabweisung, JZ 1955, 235
- Zum Prüfungs- und Entscheidungsvorrang von Prozeßvoraussetzungen, in: Lüke, Gerhard u. a. (Hrsg.), FS Gerhard Schiedermair, München 1976, 289 (zit.: FS Schiedermair)
- Zivilprozeßrecht, 25. Aufl. München 1998 (zit.: ZPO)

Jayme, Erik: - Recognition of Foreign Judgments: International Jurisdiction of Foreign Courts, in: Le droit international à l'heure de sa codification, FS Roberto Ago, Bd. 4, Mailand 1987, 139 (zit.: FS Ago)
- Gerichtsstand und abgelaufener Hauptvertrag, IPRax 1989, 361
- Die Stellung des Artikels 5 im Gefüge des Übereinkommens. Die Zuständigkeit in Vertragssachen, in: EuGH, (Hrsg.), Internationale Zuständigkeit und Urteilsanerkennung in Europa, Köln 1993, 63 (zit.: EuGH)
- Der Gerechtigkeitsgehalt des Europäischen Gerichtsstands- und Vollstreckungsübereinkommens (EuGVÜ), in: Reichelt, Gerte (Hrsg.), Europäisches Kollisionsrecht, Frankfurt 1993, 33 (zit.: Gerechtigkeitsgehalt)
- Narrative Normen im Internationalen Privat- und Verfahrensrecht, Tübingen 1993 (zit.: Narrative Normen)
- Ein Klägergerichtsstand für den Verkäufer - Der EuGH verfehlt den Sinn des EuGVÜ, IPRax 1995, 13
- Identité culturelle et intégration : Le droit international privé postmoderne, Cours Général de droit international privé, Receuil des cours 251 (1995), 9 (zit.: Identité)
- Staatsverträge als *ratio scripta* im internationalen Privatrecht, in: Collisio Legum, FS Gerardo Broggini, Mailand 1997, 211 (zit.: FS Broggini)
- Machado Villela (1871-1956) und das Internationale Privatrecht, in: Basedow, Jürgen u. a. (Hrsg.), FS Drobnig, Tübingen 1998, 289 (zit.: FS Drobnig)

Jayme, Erik / Kohler, Christian: - Das Internationale Privat- unnd Verfahrensrecht der EG nach Maastricht, IPRax 1992, 346
- Europäisches Kollisionsrecht 1994: Quellenpluralismus und offene Kontraste, IPRax 1994, 405
- Europäisches Kollisionsrecht 1995 - Der Dialog der Quellen, IPRax 1995, 343
- Europäisches Kollisionsrecht 1996 - Anpassung und Transformation der nationalen Rechte, IPRax 1996, 377
- Europäisches Kollisionsrecht 1997 - Vergemeinschaftung durch "Säulenwechsel"?, IPRax 1997, 385
- Europäisches Kollisionsrecht 1999 - Die Abendstunde der Staatsverträge, IPRax 1999, 401

Jenard, Paul / Möller, Gustaf: Bericht zum Übereinkommen über die gerichtliche Zuständigkeit und die Vollstreckung gerichtlicher Entscheidungen in Zivil- und Handelssachen, geschlossen in Lugano am 16. September 1988, Abl. EG 1990, C 189, 57 (zit.: Jenard / Möller-Bericht)

Jenard, Paul: Bericht zu dem Übereinkommen vom 27. September 1968 über die gerichtliche Zuständigkeit und die Vollstreckung gerichtlicher Entscheidungen in Zivil- und Handelssachen, Abl. EG 1979 C 59, 1 (zit.: Jenard-Bericht)

Jolowicz, John Anthony: On Civil Procedure, Cambridge 2000

Kaye, Peter: - Civil Jurisdiction and Enforcement of Foreign Judgments, Abingdon 1987 (zit.: Jurisdiction)
- Recent Developments in the English Private International Law of Tort, IPRax 1995, 406
- (Hrsg.), European Case Law on the Judgments Convention, London 1998 (zit.: Cases)

Kegel, Gerhard / Schurig, Klaus: Internationales Privatercht, 8. Aufl. München 2000

Keidel, Theodor / Kuntze, Joachim / Winkler, Karl u. a.: Freiwillige Gerichtsbarkeit, Kommentar, 14. Aufl. München 1999 (zit.: Keidel / Kuntze / Winkler-Bearbeiter)

Kiethe, Kurt: Internationale Tatortzuständigkeit bei unerlaubter Handlung - die Problematik des Vermögensschadens, NJW 1994, 222

Kluth, Thomas: - Die umfassende Sachentscheidungskompetenz des Zivilgerichts in analoger Anwendung des § 17 II 1 GVG auf die sachliche Zuständigkeiten, Diss. Bonn 1997
- Die "sic-non"-Rechtsprechung des BAG- Der Anfang vom Ende der Beweiserheblichkeitstheorie, NJW 1999, 342

Knoepfler, François: Réflexions sur la théorie des faits doublement pertinents, AJP 1998, 787

Knöringer, Dieter: - Die Assessorklausur im Zivilprozeß, 6. Aufl. München 1996 (zit.: ZPO)
- Freiwillige Gerichtsbarkeit: Examenskurs, 3. Aufl. München 1999 (zit.: FGG)

Koch, Harald: - Anmerkung, ZZP 108 (1995), 367
- Anmerkung, ZZPint 3 (1998), 230

Kohler, Christian: - Internationale Gerichtsstandsvereinbarungen: Liberalität und Rigorismus im EuGVÜ, IPRax 1983, 265
- Practical Experiences of the Brussels Jurisdiction and Judgments Convention in the Six Original Contracting States, ICLQ 24 (1985), 563
- Die Stellung des Artikels 5 im Gefüge des Übereinkommens. Die Zuständigkeit in Vertragssachen, in: EuGH, (Hrsg.), Internationale Zuständigkeit und Urteilsanerkennung in Europa, Köln 1993, 41
- Gemeinschaftsrecht und Privatrecht, Zur Rechtsprechung des EuGH im Jahre 1995, ZEuP 1996, 452
- Die Revision des Brüsseler und des Luganer Übereinkommens über die gerichtliche Zuständigkeit und die Vollstreckung gerichtlicher Entscheidungen in Zivil- und Handelssachen. Generalia und Gerichtsstandsproblematik, in: Gottwald, Peter (Hrsg.), Revision des EuGVÜ, Neues Schiedverfahrensrecht, Bielefeld 2000 (zit.: Revision)

Kohler, Josef: Klagebehauptung, Kompetenz und forum contractus, in: Gesammelte Beiträge zum Civilprozeß, Berlin 1894, 80; Über den Gerichtsstand des Erfüllungsortes, ebenda, 115 (zit.: Beiträge)

Kötz, Hein: - Justiz in Deutschland und England: Ein Stilvergleich, JA 1991, 257
- Deliktsrecht, 8. Aufl. Neuwied 1998 (zit.: Deliktsrecht)

Krafft, Bernd: Grenzüberschreitende Streitverkündung und Third Party Notice, Berlin 1997

Kreuzer, Karl / Klötgen, Paul: Die Shevill-Entscheidung des EuGH: Abschaffung des Deliktsortsgerichtsstands des Art. 5 Nr. 3 EuGVÜ für ehrverletzende Streudelikte, IPRax 1997, 90

Kronke, Herbert: Reform des internationalen Zivilprozeßrechts in Europa: Grundfragen der Regelung internationaler Zuständigkeit, in: Collisio Legum, FS Gerardo Broggini, Mailand 1997, 223

Kropholler, Jan: Internationale Zuständigkeit, in: Handbuch des Internationalen Zivilverfahrensrechts, Bd. 1, Tübingen 1982, Kap. III (zit.: Handb. IZVR)
- Internationales Privatrecht, 3. Aufl. Tübingen 1997 (zit.: IPR)
- Europäisches Zivilprozeßrecht, Kommentar zum EuGVÜ, 6. Aufl. Heidelberg 1998 (zit.: EuZPR)

Kubis, Sebatian: - Internationale Zuständigkeit bei Persönlichkeits- und Immaterialgüterrechtsverletzungen, Bielefeld 1999, (zit.: Int. Zuständigkeit)
- Gerichtspflicht durch Schweigen? - Prorogation, Erfüllungsortsvereinbarung und internationale Handelsbräuche, IRax 1999, 10

Küpper, Wolfgang: Der Gerichtsstand bei Klagen aus culpa in contrahendo, DRiZ 1990, 445

Lagarde, Paul: Anmerkung, RCDIP 1996, 495

Lasok D. / Stone P. A.: Conflict of Laws in the European Community, Abingdon 1987

Leipold, Dieter: Die Zuständigkeitsvereinbarung und rügelose Einlassung nach dem Europäischen Gerichtsstands- und Vollstreckungsübereinkommen, IPRax 1982, 222

Lemken, Elmar: Diskussionsbericht zum europäischen Zivilprozeßrecht, ZZP 109 (1996), 337

Lindacher, Walter: Die Reihenfolge der Prüfung von Zulässigkeit und Begründetheit einer Klage im Zivilprozeß, ZZP 90 (1977), 131

Linke, Hartmut: - Anmerkung, RIW 1977, 358
- Internationales Zivilprozeßrecht, 2. Aufl. Köln 1995 (zit.: IZPR)

Lipp, Volker: Die Durchsetzung des Eigentumsvorbehaltes in England, RIW 1994, 18

Lohse, Martin: Das Verhältnis von Vertrag und Delikt, München 1990

Lorenz, Egon: Zur internationalen Zuständigkeit und zur Formwirksamkeit der Derogation deutscher Arbeitsgerichte nach dem autonomen deutschen Kollisionsrecht, IPRax 1985, 256

Lorenz, Werner: Internationale Zuständigkeit für die Rückforderungsklage einer italienischen Bank nach fehlerhafter Ausführung einer Giroüberweisung nach Deutschland, IPRax 1993, 44

Loughlin, Paula: From 'Commencing' to 'Starting' - How to Bring an Action Under the New Civil Procedure Rules, Student L. Rev. 26 (Spring 1999), 5

Lüderitz, Alexander: Fremdbestimmte internationale Zuständigkeit? Versuch einer Neubestimmung von § 29 ZPO, Art. 5 Nr. 1 EuGVÜ, in: Bernstein, Herbert u. a. (Hrsg.), FS Konrad Zweigert, Tübingen 1981, 233 (zit.: FS Zweigert)

Lüke, Gerhard: - Die Abgrenzung der Klagebefugnis im Verwaltungsprozeß, AöR 84 (1959), 185
- Der Verwaltungsrechtsweg, JuS 1980, 644
- Zweifelsfragen zu typischen Rechtswegproblemen, in: Baltzer, Johannes u.a., GS Rudolf Bruns, München 1980, 129 (zit.: GS Bruns)
- Grundlagen der Rechtswegprüfung - BAG, NJW 1996, 2948, JuS 1997, 215

Lüke, Wolfgang: Ziviprozeßrecht, 7. Auflage München 1999

Mankowski, Peter: - Verlöbnisbruch, konkurrierende Deliktsansprüche und Rückforderung von Geschenken im Internationalen Privat- und Zivilprozeßrecht, IPRax 1997, 173
- Anmerkung, JZ 1998, 898

Mansel, Heinz-Peter: - Kollisionsrechtliche Bemerkungen zum Arzthaftungsprozeß, in: Einheit in der Vielfalt, Prof. Weitnauer zum 75. Geburtstag, Heidelberg 1985, 33 (zit.: FS Weitnauer)
- Kollisions- und zuständigkeitsrechtlicher Gleichlauf der vertraglichen und deliktischen Haftung, ZvglRWiss 86 (1987), 1
- Gerichtliche Prüfungsbefugnis im forum delicti, IPRax 1989, 84
- Japanisches und deutsches internationales Verfahrensrecht im Rechtsverkehr mit den USA, JZ 1994, 618
- Streitverkündung und Interventionsklage im Europäischen internationalen Zivilprozeßrecht (EuGVÜ / Lugano-Übereinkommen), in: Jayme, Erik u. a. (Hrsg.): Europäischer Binnenmarkt: Internationales Privatrecht und Rechtsangleichung, Heidelberg 1995, 161 (zit.: Streitverkündung)
- Gerichtspflichtigkeit von Dritten: Streitverkündung und Interventionsklage, in: Bajons, Ena-Marlis u. a. (Hrsg.), Die Übereinkommen von Brüssel und Lugano, Wien 1997, 177 (zit.: Gerichtspflichtigkeit)

Martiny, Dieter: Anerkennung ausländischer Entscheidungen nach autonomem Recht, in: Handbuch des Internationalen Zivilverfahrensrechts, Bd. III / 1, Tübingen 1984 (zit.: Handb. IZVR)

Mathies, Heinrich: Die deutsche internationale Zuständigkeit, Franfurt 1955

Mayer, Paul: Zur Lehre vom Gerichtsstande des Erfüllungsortes, ZZP 14 (1890), 241

Medicus, Dieter: Anmerkung, JZ 1995, 308

Mezger, Edmund: Prozessual-materielle Doppelrelevanz einer Tatsache im zivilprozessualischen Erkenntnisverfahren, Diss. Tübingen 1908

Michel, Keith / Sefton, Ottilie: New Procedure for the English Courts, LMCLQ 1999, 321

Mistelis, Loukas A.: Charakterisierungen und Qualifikation im internationalen Privatrecht, Tübingen 1999

Müller-Graff, Peter-Christian: Europäisches Gemeinschaftsrecht und Privatrecht NJW 1993, 13

Münchener Kommentar zum Bürgerlichen Gesetzbuch: Rebmann, Kurt (Hrsg.), Bd. 3: Schuldrecht Besonderer Teil, Teil I, 3. Aufl München 1995, Bd. 10: Art. 1-38 EGBGB, 3. Aufl. München 1998 (zit.: MünchKomm-BGB-Bearbeiter)

Münchener Kommentar zur Zivilprozeßordnung: Lüke, Gerhard (Hrsg.), 3 Bde München 1992 (zit.: MünchKomm-Bearbeiter)

Münzberg, Wolfgang: Anmerkung, ZZP 94 (1981), 330

Musielak, Hans-Joachim (Hrsg.): Zivilprozeßordnung, Kommentar, Müchen 1999 (zit.: Musielak-Bearbeiter)

Nagel, Heinrich / Gottwald, Peter: Internationales Zivilprozeßrecht, 4. Aufl. Münster 1997

Neumann-Duesberg: Der Gerichtsstand der unerlaubten Handlung, NJW 1955, 696

Niegisch, Martin: Mehrspurigkeit des internationalen Zivilverfahrensrechts in den Mitgliedstaaten der europäischen Gemeinschaft am Beispiel des vereinigten Königreiches. Die Doktrin des *forum non conveniens* und das EuGVÜ, Diss. Heidelberg 1993.

Nikisch, Arthur: Zivilprozeßrecht, 2. Aufl. Tübingen 1952

Nußbaum, Arthur: Principles of Private International Law, Oxford 1943

Nygh, Peter: The Common Law Approach in: McLachlan, Campbell u.a. (Hrsg.), Transnational Tort Litigation: Jurisdictional Principles, Oxford 1996, 21

O'Malley, Stephen / Layton, Alexander: European Civil Pactice, London 1989

Olroth, Charles: Zur neueren Kritik der Lehre von den Prozeßvoraussetzungen, JurA 1970, 708

Ost, Hatmut: EVÜ und fact doctrine: Konflikte zwischen europäischer IPR-Vereinheitlichung und der Stellung ausländischen Rechts im angelsächsischen Zivilprozeß, Frankfurt 1996

Otte, Karsten: Umfassende Streitentscheidung durch Beachtung von Sachzusammenhängen, Tübingen 1998

Pabst, Haroldo: Das internationale Zivilprozeßrecht des Mercosul, IPRax 1999, 76

Pagenstecher, Max: Gerichtsbarkeit und die internationale Zuständigkeit als selbständige Prozeßvoraussetzungen, RabelsZ 11 (1937), 337

Pålsson, Lennart: - The unruly horse of the Brussels and Lugano Coventions. The Forum solutionis, in: Andersen, Lennart (Red.), Festskrift til Ole Lando, Kopenhagen, 1997, 259 (zit.: FS Lando)
- Dubbelrelevanta rättsfakta vid prövning ad domstols behörighet SvJT 1999, 315

Perkins, Joanna: A Good Arguable Case About What, CLJ 1994, 224

Peters, Egbert: Der sogenannte Freibeweis im Zivilprozeß, Köln 1962 (zit.: Freibeweis)
- Anmerkung, ZZP 101 (1988), 296

Petersen: Über den Beweis der Thatsachen, welche die Zuständigkeit des Gerichts begründen - Ein Beitrag zur Auslegung der §§ 29-32 der Civilprozeßordnung, Gruchot 37 (1893), 1

Pfeiffer, Thomas: - Grundlagen und Grenzen der autonomen Auslegung des EuGVÜ, JbjZivilRWiss (1991), 71 (zit.: Auslegung)
- Internationale Zuständigkeit und prozessuale Gerechtigkeit, Frankfurt 1995 (zit.: Gerechtigkeit)
- Falscher vorauseilender Gehorsam in die richtige Richtung - Zur "Lugano-freundlichen" Auslegung des autonomen österreichischen

Zuständigkeitsrechts, IPRax 1996, 205
- Rechtsberühmung oder Schlüssigkeit als Zulässigkeitsvoraussetzung der Hauptintervention, ZZP 111 (1998), 131

Piltz, Burghard: Der Gerichtsstand des Erfüllungsortes nach dem EuGVÜ, NJW 1981, 1876

Preuß, Nicola: Anmerkung, JR 1997, 202

Raape, Leo / Sturm, Fritz: Internationales Privatrecht, Bd. 1, 6. Aufl. München 1977

Raape, Leo: Internationales Privatrecht, 4. Aufl. Berlin 1955

Rabel, Ernst: Das Problem der Qualifikation, RabelsZ 5 (1931), 241

Rauscher, Thomas: - Verpflichtung und Erfüllungsort in Art. 5 Nr. 1 EuGVÜ unter besonderer Berücksichtigung des Vertragshändlervertrages, München 1984 (zit.: Erfüllungsort)
- Prozessualer Verbraucherschutz im EuGVÜ, IPRax 1995, 289
- Anmerkung, ZZPint 1 (1996), 151
- Internationales und Europäisches Zivilverfahrensrecht, Heidelberg 1999 (zit.: IZVR)

Reed, Alan / Kennedy, T. P.: International torts and Shevill: the ghost of forum shopping yet to come, LMCLQ 1996, 108

Reinecke, Gerhard: Die Entscheidungsgrundlage für die Prüfung der Rechtswegzuständigkeit, insbesondere der arbeitsgerichtlichen Zuständigkeit, ZfA 1998, 359

Reinelt, Ekkehart: Darlegung und Nachweisung bei der Prorogation im Säumnisverfahren nach § 331 Absatz 1 Satz 2 ZPO, NJW 1974, 2310

Remmertz, Frank Rene: Anwaltschaft zwischen Tradition und Wettbewerb: Das Berufs- und Standesrecht der Rechtsanwälte in England und Deutschland, Bonn 1996

Riezler, Erwin: Internationales Zivilprozeßrecht und prozessuales Fremdenrecht, Berlin 1949

Rimmelspacher, Bruno: - Zur Prüfung von Amts wegen im Zivilprozeß, Göttingen 1966 (zit.: Prüfung)
- Prozeßvoraussetzungen in der Revisionsinstanz, ZZP 88 (1975), 245
- Anmerkung, JR 1987, 194

Ritter, Falko: Anmerkung, NJW 1971, 1217

v.Rönn, Kirsten: Die Anwendung des Europäischen Gerichtsstands- und Vollstreckungsübereinkommens im Vereinigten Königreich, Frankfurt 1996

Rohner, Markus: Die örtliche und internationale Zuständigkeit kraft Sachzusammenhangs, Diss. Bonn 1991

Rosenberg, Leo / Schwab, Karl-Heinz / Gottwald, Peter: Zivilprozeßrecht, 15. Aufl. München 1993

Rosenberg, Leo / Schwab, Karl-Heinz: Zivilprozeßrecht: 14. Aufl. München 1986

Roth, Herbert: Die Reichweite der lex-fori-Regel im internationalen Zivilprozeßrecht, in: Küper, Wilfried u. a. (Hrsg.), Beiträge zur Rechtswissenschaft, FS Stree / Wessels, Heidelberg 1993, 1045 (zit.: FS Stree / Wessels)
- Die Vorschläge der Kommission für ein europäisches Zivilprozeßgesetzbuch - das Erkenntnisverfahren ZZP 109 (1996), 271

Savigny, Friedrich Karl von: System des heutigen römischen Rechts, Bd. 8, Berlin 1849 ; Nachdruck Aalen 1974

Schack, Haimo: - Der Erfüllungsort im deutschen, ausländischen und internationalen Privat- und Prozeßrecht, Frankfurt 1985, (zit.: Erfüllungsort)
- Deutsche internationale Zuständigkeit made in Hong Kong und der Volksrepublik China, in: Musielak, Hans-Joachim (Hrsg.), FS Kegel, Stuttgart 1987, 505 (zit.: FS Kegel)
- Anmerkung, ZZP 100 (1987), 442
- Wechselwirkungen zwischen europäischem und nationalem Zivilprozeßrecht ZZP 107 (1994), 279
- Anmerkung, ZEuP 1995, 658
- Internationales Zivilverfahrensrecht, 2. Aufl. München 1996 (zit.: IZVR)

Schäfer, Ulrike: Die Einrede der Kompetenz-Kompetenz des Schiedsgerichts, in: Gerhardt, Walter u. a. (Hrsg.), FS Henckel, Berlin 1995, 723 (zit.: FS Henckel)

Schellhammer, Kurt: Zivilprozeß. Gesetz, Praxis, Fälle, 8. Aufl. Heidelberg 1999

Schilken, Eberhard: Zivilprozeßrecht, 2. Aufl. Köln 1995

Schlechtriem, Peter: Schuldrecht, Besonderer Teil, 5. Aufl. Tübingen 1998

Schlosser, Peter: - Neues Primärrecht des Eurpäischen Gemeinschaften, NJW 1975, 2132
- Bericht zu dem Übereinkommen vom 9. 10. 1978 des Königreiches Dänemarks, Irlands und des Vereinigten Königreiches von Großbritannien und Nordirland zum Übereinkommen vom 27. September 1968 über die gerichtliche Zuständigkeit und die Vollstreckung gerichtlicher Entscheidungen in Zivil- und Handelssachen sowie zum Protokoll betreffend die Auslegung dieses Übereinkommens durch den Gerichtshof, Abl. EG 1979 C 59, 71 (zit.: Schlosser-Bericht)
- Die Sachurteilsvoraussetzungen, JURA 1981, 648
- Europäisch-autonome Interpretation des Begriffs "Vertrag oder Ansprüche aus einem Vertrag" i. S. v. Art. 5 Nr. 1 EuGVÜ ?, IPRax 1984, 65
- Vertragsautonome Auslegung, nationales Recht, Rechtsvergleichung und das EuGVÜ, in: Baltzer, Johannes, GS Rudolf Bruns, München 1980, 45 (zit.: GS Bruns)
- Anmerkung, RIW 1988, 987
- Zivilprozeßrecht I, Erkenntnisverfahren, 2. Aufl. München 1991 (zit.: ZPO)
- Gläubigeranfechtungsklage nach französischem Recht und Art. 16 EuGVÜ, IPRax 1991, 29
- Das anfechtbar verschenkte Ferienhaus in der Provence und die internationale Zuständigkeit der Gerichte, IPRax 1993, 17
- EuGVÜ, München 1996 (zit.: EuGVÜ)

Schmidt, Richard: Lehrbuch des deutschen Zivilprozeßrechts, 2. Aufl. Leipzig 1906

Schneider, Egon: - Hinweise für die Prozeßpraxis, JurBüro 1965, 105
- Buchbesprechung v. Stein / Jonas, 20. Aufl. , MDR 1988, 807

Schoibl, Norbert A.: Die Prüfung der internationalen Zuständigkeit und der Zulässigkeit des Verfahrens nach dem Brüsseler und dem Luganer Übereinkommen, in: Geimer, Reinhold (Hrsg.), Wege zur Globalisierung des Rechts, FS Rolf A. Schütze, München 1999, 777 (zit.: FS Schütze)

Scholz, Ingo: Das Problem der autonomen Auslegung des EuGVÜ, Tübingen 1998

Schröder, Jochen: Internationale Zuständigkeit, Opladen 1971

Schulte-Beckhausen, Sabine: Internationale Zuständigkeit durch rügelose Einlassung im Europäischen Zivilprozeßrecht, Bielefeld 1994

Schumann, Ekkehard: - Internationale Zuständigkeit: Beonderheiten, Wahlfeststellung, doppelrelevante Tatsachen, in: Habscheid, Walther J. u. a. (Hrsg.), Beiträge zum internationalen Recht und zur Schiedsgerichtsbarkeit, FS Heinrich Nagel, Münster 1987, 402 (zit.: FS Nagel)
- Examensprobleme der örtlichen Zuständigkeit im Zivilprozeßrecht, JuS 1985, 202

Schütze, Rolf A.: Deutsches Internationales Zivilprozeßrecht, Berlin 1985

Schwab, Karl-Heinz: - Gegenwartsprobleme der deutschen Zivilprozeßrechtswissenschaft, JuS 1976, 69
- Zum Sachzusammenhang bei Rechtsweg- und Entscheidungszuständigkeit, in: Bettermann, Karl August (Hrsg.), FS Albrecht Zeuner, Tübingen 1994, 499 (zit.: FS Zeuner)

Schwander, Ivo: Gerichtszuständigkeiten im Lugano-Übereinkommen, in: ders. (Hrsg.), Das Lugano-Übereinkommen, St. Gallen 1990, 61

Schwarz, Mathias: Der Gerichtsstand der unerlaubten Handlung nach deutschem und europäischem Zivilprozeßrecht, Frankfurt 1991

Schwenzer, Ingeborg: Internationaler Gerichtsstand für die Kaufpreisklage, IPRax 1989, 274

Sime, Stuart: A Practical Approach to Civil Procedure, 3. Aufl. London 1997

Sobich, Philip: Die Civil Procedure Rules 1999 - Zivilprozeßrecht in England, JZ 1999, 775

Spellenberg, Ulrich: - Der Gerichtsstand des Erfüllungsortes im europäischen Gerichtsstands- und Vollstreckungsübereinkommen, ZZP 91 (1978), 38
Örtliche Zuständigkeit kraft Sachzusammenhangs ZvglRWiss 79 (1980), 89
- Die Vereinbarung des Erfüllungsortes und Art 5 Nr. 1 des Europäischen Gerichtsstands- und Vollstreckungsübereinkommens, IPRax 1981, 75
- Zuständigkeit bei Anspruchskonkurrenz und kraft Sachzusammenhangs, ZZP 95 (1982), 17

Spickhoff, Andreas: - Möglichkeiten und Grenzen neuer Tatsachenfeststellungen bei der Anerkennung ausländischer Entscheidungen, ZZP 108 (1995), 475
- Gerichtsstand des Sachzusammenhangs und Qualifikation von Anspruchsgrundlagen, ZZP 109 (1996), 493

Staudinger, Julius von, Kommentar zum Bürgerlichen Gesetzbuch, Bd. "IPR / Internationales Verfahrensrecht in Ehesachen", Berlin 1997; Band "IPR / Art. 38 EGBGB", Berlin 1998 (zit.: Staudinger-Bearbeiter)

Stein, Friedrich: Zur Lehre vom forum contractus, Gruchot 28 (1884), 406

Stein / Jonas: Kommmentar zur Zivilprozeßordnung, 21. Aufl.: Bd. 1 § 1-90, Tübingen 1993; Bd. 2: §§ 91-252, Tübingen 1994; Band 3: §§ 253-299a, Tübingen 1997; Bd. 4 / 1 §§ 300-347, Tübingen 1998 (zit.: Stein-Jonas-Bearbeiter); 20. Aufl. Bd. 1 §§ 1-252 ZPO, Tübingen 1984 (zit.: Stein-Jonas[20]-Bearbeiter); 19. Aufl. Bd. 1, Tübingen 1972 (zit.: Stein-Jonas[19]-Bearbeiter)

Stoll, Hans: Gerichtsstand des Erfüllungsortes nach Art. 5 Nr. 1 EuGVÜ bei strittigem Vertragsschluß, IPRax 1983, 52

Stone, P. A.: Problems with the Forum Loci Solutionis, AnglAm. L. Rev. 12 (1983), 52

Streinz, Rudolf: Europarecht, 4. Aufl. Heidelberg 1999

Thomas, Heinz / Putzo, Hans / Reichold, Klaus / Hüßtege, Rainer: Zivilprozeßordnung, 22. Aufl. München 1999 (zit.: Thomas / Putzo-Bearbeiter)

Trunk, Alexander: Derogationswirkung von Gerichtsstandsvereinbarungen im deutsch-polnischen Rechtsverkehr. Doppelrelevante Tatsachen und sittenwidrige Schädigung, IPRax 1998, 448

Valloni, Lucien William: Der Gerichtsstand des Erfüllungsortes nach Lugano- und Brüsseler Übereinkommen, Zürich 1998

Verheul, Hans: Anmerkung, NILR 30 (1983), 245

Vlas, P.: Anmerkung, NILR 42 (1995), 417

Vogel, Oscar: Grundriss des Zivilprozessrechts und des internationalen Zivilprozeßrechts der Schweiz, 6. Aufl. Bern 1999

Vollkommer, Max: Die Gerichtsstandsbegründung durch den Parteiwillen nach der Zivilprozeßnovelle 1974, RPfleger 1974, 129

Wacke, A.: Actor sequitur forum rei, JA 1980, 654

Walchshöfer, Alfred: Die deutsche internationale Zuständigkeit in der streitigen Gerichtsbarkeit ZZP 80 (1967), 165

Walter, Gerhard / Dalsgaard, Rikke: The Civil law approach, in: McLachlan, Campell u.a. , Transnational Tort Litigation, Oxford 1996, 41

Weber, Helmut: Die Theorie der Qualifikation, Tübingen 1986

Weiß, Josef: Die Konkretisierung der Gerichtsstände des EuGVÜ durch den EuGH, Frankfurt 1997

Weller, Matthias: Zur Handlungsortsbestimmung im internationalen Kapitalanlegerprozeß bei arbeitsteiliger Deliktsverwirklichung, IPRax 2000, 202

Welter, Reinhard: Anmerkung, WuB VII B 1. Art 5 EuGVÜ 1. 89

Wengler, Wilhelm: Internationales Privatrecht (Reichsgerichtsrätekommentar zum BGB), Bd. 1, Berlin 1981

Weser, Martha: Convention Communautaire sur la compétence judiciaire et l'exécution des décision, Brüssel 1975

Wetzell, Georg Wilhelm: System des ordentlichen Zivilprozesses, 3. Aufl. Leipzig 1878

Wieczorek, Bernhard: Kommentar zur ZPO, Zivilprozeßordnung und Nebengesetze aufgrund der Rechtsprechung kommentiert, Bd. 1, 2. Aufl. Berlin 1976 (zit.: Wieczorek)

Wieczorek, Bernhard / Schütze, Rolf A.: Zivilprozeßordnung und Nebengesetze, Großkommentar, 3. Aufl. Bd. I / 1 Berlin 1994; Bd. I / 2 Berlin 1994 (zit.: Wieczorek / Schütze-Bearbeiter)

Wieser, Eberhard: Zulässigkeit und Begründetheit der Klage, ZZP 84 (1971), 304

Windel, Peter A.: - Der Interventionsgrund des § 66 Abs 1 ZPO als Prozeßführungsbefugnis, Heidelberg 1992 (zit.: Diss.)
- Die Bedeutung der §§ 17 Abs. 2, 17a GVG für den Umfang der richterlichen Kognition und die Rechtswegzuständigkeit, ZZP 111 (1998), 3
- Buchbesprechung v. Kropholler, EuZPR, ZZP 112 (1999), 512

Wolf, Christian Ulrich: Feststellungsklage und Anspruchsgrundlagenkonkurrenz im Rahmen von Art 5 Nr. 1 und Nr. 3 LugÜ, IPRax 1999, 82

Wolf, Ulrike: Anmerkung, ZZPint 2 (1997), 125

Wrangel, Philip Graf: Der Gerichtsstand des Erfüllungsortes im deutschen, italienischen und europäischen Recht, München 1988

Würthwein, Susanne: Zur Problematik der örtlichen und internationalen Zuständigkeit aufgrund unerlaubter Handlung, ZZP 106 (1993), 51

Wyss, Ralph: Der Gerichtsstand der unerlaubten Handlung im schweizerischen und internationalen Zivilprozeßrecht, Lachen (CH) 1997

Zander, Michael: The Law Making Process, London 4. Aufl. 1994

Zeiss, Walter: Zivilprozeßrecht, 8. Aufl. Tübingen 1993; 9. Aufl. Tübingen 1997

Zeuner, Albrecht: Fragen der prozessualen Erfassung materiellrechtlicher Rechtslagen im Hinblick auf die Stellung des Beklagten, in: Bettermann, Karl August (Hrsg.), FS Eduard Bötticher, Berlin 1969, 405 (zit.: FS Bötticher)

Zimmer, Daniel: Ende der Konzernhaftung in 'internationalen' Fällen?, IPRax 1998, 187

Zimmermann, Walter: ZPO-Fallrepetitorium, 3. Aufl. Heidelberg 1999

Zöller, Richard: Zivilprozeßordnung mit Gerichtsverfassungsgesetz und den Einführungsgesetzen, 21. Aufl. Köln 1999 (zit.: Zöller-Bearbeiter)

Zuckermann, Adrian A.: The Woolf-Report on Access to Justice - An Overview, ZZPint 2 (1997), 31

Abkürzungen

Abl.EG	Amtsblatt der Europäischen Gemeinschaften
AC	The Law Reports, Appeal Cases (engl.)
AJP	Aktuelle Juristische Praxis (schweiz.)
AK	Kommentar zur Zivilprozeßordnung, Reihe Alternativkommentare
All ER	The All England Law Reports (engl.)
AnglAm. L.Rev.	Anglo-American Law Review (engl.)
AöR	Archiv für öffentliches Recht
AP	Arbeitsgerichtliche Praxis
AWD	Außenwirtschaftsdienst des Betriebs-Bereaters / Recht der internationalen Wirtschaft
BayObLGZ	Entscheidungen des BayObLG in Zivilsachen
BB	Der Betriebs-Berater
BerDtGesVöR	Berichte der deutschen Gesellschaft für Völkerrecht
BG	Bundesgericht (schweiz.)
BGE	Entschediungen des Bundesgerichts, amtliche Sammlung
BGHZ	Entscheidungen des Bundesgerichtshofes in Zivilsachen
Bolze	Die Praxis des Reichsgerichts in Zivilsachen, bearb. v. A.Bolze
BT-Drs.	Bundestags-Drucksache
BVerfGE	Entscheidungen des Bundesverfassungsgerichts
BYIL	The British Yearbook of International Law
C.A.	Court of Appeal
CCR	County Court Rules (engl.)
CivJQ	Civil Justice Quarterly (engl.)
CJJA	Civil Jurisdiction and Judgments Act (engl.)
CLC	Commercial Law Cases (engl.)
CLJ	Cambridge Law Journal (engl.)
Clunet	Journal de Droit International
Com.Ct.	Commercial Court
Cornell Int'l L.J.	Cornell International Law Journal (USA)
CPR	Civil Procedure Rules (engl.)
DB	Der Betrieb
DRiZ	Deutsche Richterzeitung
EuGVVO	Verordnung (EG) 44/2001 über die gerichtliche Zuständigkeit und die Anerkennung und Vollstreckung von Entscheidungen in Zivil- und Handelssachen
EuR	Europarecht
EWiR	Entscheidungen zum Wirtschaftsrecht
EWS	Europäisches Wirtschafts- und Steuerrecht
FS	Festschrift
Gruchot	Beiträge zur Erläuterung des deutschen Rechts; begr. v. Gruchot

GRUR	Die deutsche Rechtsprechung auf dem Gebiete des Internationalen Privatrechts
GS	Gedächtnisschrift
H.K.Ct.	Hong Kong Court of Appeal
H.L.	House of Lords
ICLQ	The International and Comparative Law Quarterly (engl.)
ILPr	International Litigation Procedure (engl.)
IPRax	Praxis des Internationalen Privat- und Verfahrensrechts
IPRspr.	Die deutsche Rechtsprechung auf dem Gebiete des Internationalen Privatrechts
IR	The Irish Reports
J	Judge
JA	Jurstische Arbeitsblätter
JbjZivilRWiss	Jahrbuch junger Zivilrechtswissenschaftler
JR	Juristische Rundschau
JURA	Jurstische Ausbildung
JurA	Juristische Analysen
JurBüro	Das Juristisch Büro
JuS	Juristische Schulung
JW	Juristische Wochenschrift
JZ	Juristenzeitung
LJ	Lord Justice
Lloyd's Rep	Lloyd's Law Reports (engl.)
LM	Nachschlagewerk des Bundesgerichtshofes, begr. v. Lindenmaier und Möhring
LMCLQ	Lloyd's Maritime and Commercial Law Quartely (engl.)
LQR	The Law Quarterly Review (engl.)
MDR	Monatsschrift für deutsches Recht
MünchKomm	Münchener Kommentar
NCPC	Nouveau Code de Procédure Civile (frz.)
NILR	Netherlands International Law Review
NJW	Neue Juristische Wochenschrift
NJW-RR	Neue Juristische Wochenschrift, Rechtsprechungsreport
OGH	Oberster Gerichtshof (österr.)
OLGRspr.	Die Rechtsprechung der Oberlandesgerichte auf dem Gebiete des Zivilrechts
OLGZ	Entscheidungen der Oberlandesgerichte in Zivilsachen
P.C.	The Judicial Committee of the Privy Council
QB	The Law Reports, Queens Bench Division (engl.)
RabelsZ	Zeitschrift für ausländisches und internationales Privatrecht
RCDIP	Revue Critique de Droit International Privé (frz.)
RGZ	Entscheidungen des Reichsgerichts in Zivilsachen
RIW	Recht der internationalen Wirtschaft

RPC	Reports of Patent, Design and Trade Mark Cases (engl.)
Rpfleger	Der Deutsche Rechtspfleger
RSC	Rules of the Supreme Court (engl.)
SA	Seufferts Archiv für die Entscheidungen der obersten Gerichte in den deutschen Staaten
SchlHA	Schleswig-Holsteinische Anzeigen
Slg	Sammlung der Rechtsprechung des Gerichtshofes und des Gerichts erster Instanz (z.T.: Teil I: Gerichtshof) [EuGH]
Stud.L.Rev.	Student Law Review (engl.)
SvJT	Svensk Juristtidning (schwed.)
SZIER	Schweizerische Zeitschrift für internationales und europäisches Recht
TranspR-IHR	Internationales Handelsrecht, Beilage der Zeitschrift für Transportrecht
US	United States Supreme Court Reports
Warneyer	Warneyers Jahrbuch der Entscheidungen: Die Rechtsprechung des Reichsgerichts auf dem Gebiete des Zivilrechts, hrsg. v. Warneyer
WLR	The Weekly Law Reports (engl.)
WM	Zeitschrift für Wirtschafts- und Bankrecht, Wertpapier-Mitteilungen Teil IV
YEL	Yearbook of European Law (engl.)
ZEuP	Zeitschrift für europäisches Privatrecht
ZfA	Zeitschrift für Arbeitsrecht
ZIP	Zeischrift für Wirtschaftsrecht
ZvglRWiss	Zeitschrift für vergleichende Rechtswissenschaft
ZZP	Zeitschrift für Zivilprozeß
ZZPint	Zeitschrift für Zivilprozeß international. Jahrbuch des internationalen Zivilverfahrensrechts

Für die übrigen im Text verwendeten Abkürzungen sei verwiesen auf Kirchner, Hildebert: Abkürzungsverzeichnis der Rechtssprache, 4. Aufl., Berlin 1993

STUDIEN ZUM VERGLEICHENDEN UND INTERNATIONALEN RECHT

Herausgeber: Bernd von Hoffmann und Erik Jayme

Band 1 Ferdinand Henke: Die Datenschutzkonvention des Europarates. 1986.

Band 2 Peter Czermak: Der express trust im internationalen Privatrecht. 1986.

Band 3 Peter Kindler: Der Ausgleichsanspruch des Handelsvertreters im deutsch-italienischen Warenverkehr. Eine rechtsvergleichende und kollisionsrechtliche Untersuchung. 1987.

Band 4 Wilhelm Denzer: Stellung und Bedeutung des Engineers in den FIDIC-Bauvertragsbedingungen. 1988.

Band 5 Marijan-Maximilian Lederer: Die internationale Enteignung von Mitgliedschaftsrechten unter besonderer Berücksichtigung der französischen Enteignungen 1982. 1989.

Band 6 Rainer Esser: Klagen gegen ausländische Staaten. 1990.

Band 7 Chang Jae-Ok: Auf dem Weg zu einer Materialisierung des Immateriellen ? Personen-, Persönlichkeitsschutz und Geldersatz des immateriellen Schadens in rechtsvergleichender Hinsicht am Beispiel des koreanischen und japanischen Zivilrechts unter besonderer Berücksichtigung des deutschen Rechts. 1990.

Band 8 Paul-Frank Weise: Lex mercatoria. Materielles Recht vor der internationalen Handelsschiedsgerichtbarkeit.1990.

Band 9 Werner Born: Der Auftrittsvertrag für Musikgruppen im Bereich der Rock- und Popmusik. 1990.

Band 10 Ralf Erich Jürgens: IPR und Verfassung in Italien und in der Bundesrepublik Deutschland. 1990.

Band 11 Rainer Gildeggen: Internationale Schieds- und Schiedsverfahrensvereinbarungen in Allgemeinen Geschäftsbedingungen vor deutschen Gerichten. 1991.

Band 12 Klaus Grabinski: Die kollisionsrechtliche Behandlung des Durchgriffs bei rechtlich verselbständigten Unternehmen in privater oder öffentlicher Hand. 1991.

Band 13 Dieter Stummel: Konkurs und Integration. Konventionsrechtliche Wege zur Bewältigung grenzüberschreitender Insolvenzverfahren. 1991.

Band 14 Joachim Güntzer: Die Rechtsstellung des Geschäftsführers im spanischen Aktienrecht. Die Neuregelung des spanischen Aktienrechts nach dem Beitritt Spaniens zur EG. 1991.

Band 15 Sabine Isenburg-Epple: Die Berücksichtigung ausländischer Rechtshängigkeit nach dem Europäischen Gerichtsstands- und Vollstreckungsübereinkommen vom 27.9.1968. Untersuchungen zum Anwendungsbereich von Art. 21 EuGVÜ unter schwerpunktmäßiger Behandlung der Frage nach der Bestimmung eines europäischen Streitgegenstandsbegriffs. 1992.

Band 16 Ulrich Nickl: Die Qualifikation der culpa in contrahendo im Internationalen Privatrecht. 1992.

Band 17 Theo Rauh: Leistungserschwerungen im Schuldvertrag. Eine rechtsvergleichende Untersuchung des englischen, US-amerikanischen, französischen und deutschen Rechts unter besonderer Berücksichtigung der gerichtlichen Praxis. 1992.

Band 18 Bernadette Chaussade-Klein: Vorvertragliche "obligation de renseignements" im französischen Recht. 1992.

Band 19 Josef Sievers: Verbraucherschutz gegen unlautere Vertragsbedingungen im französischen Recht. Vom Code civil zum "Code de la consommation" – die Entstehung eines Sonderprivatrechts für Verbraucher. 1993.

Band 20 Achim Schäfer: Grenzüberschreitende Kreditsicherung an Grundstücken, unter besonderer Berücksichtigung des deutschen und italienischen Rechts. 1993.

Band 21 Eugenio Hernández-Breton: Internationale Gerichtsstandsklauseln in Allgemeinen Geschäftsbedingungen. Unter besonderer Berücksichtigung des deutsch-südamerikanischen Rechtsverkehrs (dargestellt am Beispiel Argentinien, Brasilien und Venezuela). 1993.

Band 22 Ingo Reng: Unterhaltsansprüche aufgrund nichtehelicher Lebensgemeinschaft – Internationales Privatrecht und ausländisches materielles Recht. 1994.

Band 23 Stefanie Roloff: Die Geltendmachung ausländischer öffentlicher Ansprüche im Inland. 1994.

Band 24 Katharina Ludwig: Der Vertragsschluß nach UN-Kaufrecht im Spannungsverhältnis von Common Law und Civil Law. Dargestellt auf der Grundlage der Rechtsordnungen Englands und Deutschlands. 1994.

Band 25 Malte Diesselhorst: Mehrparteienschiedsverfahren. Internationale Schiedsverfahren unter Beteiligung von mehr als zwei Parteien. 1994.

Band 26 Manfred Kost: Konsensprobleme im internationalen Schuldvertragsrecht. 1995.

Band 27 Wolff-Heinrich Fleischer: Das italienische Wettbewerbsrecht und die Probleme des selektiven Parfümvertriebs unter Berücksichtigung der Rechtslage in Frankreich und Deutschland. 1995.

Band 28 Angelika Fuchs: Lateinamerikanische Devisenkontrollen in der internationalen Schuldenkrise und Art. VIII Abschn. 2 b) IWF-Abkommen. 1995.

Band 29 Jacques Matthias Aull: Der Geltungsanspruch des EuGVÜ: "Binnensachverhalte" und Internationales Zivilverfahrensrecht in der Europäischen Union. Zur Auslegung von Art. 17 Abs. 1 S. 1 EuGVÜ. 1996.

Band 30 Hartmut Ost: EVÜ und fact doctrine. Konflikte zwischen europäischer IPR-Vereinheitlichung und der Stellung ausländischen Rechts im angelsächsischen Zivilprozeß. 1996.

Band 31 Stefan Wagner: Die Testierfähigkeit im Internationalen Privatrecht. 1996.

Band 32 Wolfgang Jakob Hau: Positive Kompetenzkonflikte im Internationalen Zivilprozeßrecht. Überlegungen zur Bewältigung von *multi-fora disputes*. 1996.

Band 33 Markus Schütz: UN-Kaufrecht und *Culpa in contrahendo*. 1996.

Band 34 Volker Geyrhalter: Das Lösungsrecht des gutgläubigen Erwerbers. Ein "vergessener" Kompromiß und die Auswirkungen auf das heutige deutsche Recht unter besonderer Berücksichtigung des internationalen Sachenrechts. 1996.

Band 35 Andreas Kramer: Abwicklungsstörungen bei Kaufverträgen. Die Lieferung vertragswidriger Sachen im deutschen und italienischen Recht. 1996.

Band 36 Petra Krings: Erfüllungsmodalitäten im internationalen Schuldvertragsrecht. 1997.

Band 37 Tonja Gaibler: Der rechtsgeschäftliche Irrtum im französischen Recht. 1997.

Band 38 Dirk Otto: Rechtsspaltung im indischen Erbrecht. Bedeutung und Auswirkungen auf deutsch-indische Nachlaßfälle. 1997.

Band 39 Gregor W. Decku: Zwischen Vertrag und Delikt. Grenzfälle vertraglicher und deliktischer Haftung dargestellt am Beispiel der Berufs- und Expertenhaftung zum Schutze des Vermögens Dritter im deutschen und englischen Recht. 1997.

Band 40 Ulrike Höpping: Auswirkungen der Warenverkehrsfreiheit auf das IPR unter besonderer Berücksichtigung des Internationalen Produkthaftungsrechts und des Internationalen Vertragsrechts. 1997.

Band 41 Andreas Bartosch: Die vermögensrechtlichen Beziehungen der Ehegatten bei bestehender Ehe im englischen Recht – Eigentum, Besitz, Schuldvertrag. 1997.

Band 42 Helene Boriths Müller: Die Umsetzung der europäischen Übereinkommen von Rom und Brüssel in das Recht der Mitgliedstaaten. Dargestellt am Beispiel Deutschlands und Dänemarks. 1997.

Band 43 Bernd von Hoffmann / Myong-Chang Hwang (eds.): The Public Concept of Land Ownership. Reports and Discussions of a German-Korean Symposium held in Seoul on October 7-9, 1996. 1997.

Band 44 Oliver Heeder: Fraus legis. Eine rechtsvergleichende Untersuchung über den Vorbehalt der Gesetzesumgehung in Deutschland, Österreich, der Schweiz, Frankreich und Belgien unter besonderer Berücksichtigung des Internationalen Privatrechts. 1998.

Band 45 Heinrich Schütt: Deliktstyp und Internationales Privatrecht. Dargestellt an grenzüberschreitenden Problemen der Arzthaftung. 1998.

Band 46 Axel Steiner: Die stillschweigende Rechtswahl im Prozeß im System der subjektiven Anknüpfungen im deutschen Internationalen Privatrecht. 1998.

Band 47 Martina Schulz: Der Eigentumsvorbehalt in europäischen Rechtsordnungen. Rechtsvergleichende Untersuchung des deutschen, englischen und französischen Rechts unter besonderer Berücksichtigung von Erweiterungen und Verlängerungen. 1998.

Band 48 Karin Dreher: Die Rechtswahl im internationalen Erbrecht. Unter besonderer Berücksichtigung des italienischen IPR-Reformgesetzes N. 218 vom 31. Mai 1995. 1999.

Band 49 Giuliano Gabrielli: Das Verhältnis zwischen der Anfechtung wegen Eigenschaftsirrtums und den Gewährleistungsansprüchen im deutschen, österreichischen und italienischen Recht. 1999.

Band 50 Bernd von Hoffmann / Myong-Chan Hwang (eds.): Developments in Land Law. Reports and Discussions of a German-Korean Symposium held in Berlin and Trier on July 21-24, 1997. 1999.

Band 51 Volker Heidbüchel: Das UNCITRAL-Übereinkommen über unabhängige Garantien und Standby Letters of Credit. Vergleiche mit den Richtlinien der Internationalen Handelskammer, dem deutschen, englischen und US-amerikanischen Recht. 1999.

Band 52 Jan Christoph Nordmeyer: Pflichtteilsansprüche und Wiedervereinigung. Eine systematische Analyse der Ausgleichsansprüche nach BGB-Pflichtteilsrecht unter besonderer Berücksichtigung der durch den Wiedervereinigungsprozeß eingetretenen Wertveränderungen. 1999.

Band 53 Bettina Linder: Vertragsabschluß beim grenzüberschreitenden Verbraucherleasing. 1999.

Band 54 Almontasser Fetih: Die zivilrechtliche Haftung bei Vertragsverhandlungen. Eine rechtsvergleichende Studie zum deutschen, französischen, ägyptischen und islamischen Recht. 2000.

Band 55 Sona Rajani: Die Geltung und Anwendung des Gemeinschaftsrechts im Vereinigten Königreich von Großbritannien und Nordirland. Der Grundsatz der Parlamentssouveränität im Wandel. 2000.

Band 56 Joachim Kayser: Gegenmaßnahmen im Außenwirtschaftsrecht und das System des europäischen Kollisionsrechts. Eine Analyse der EU-Abwehrverordnung gegen die Auswirkungen extraterritorialer Rechtserstreckung eines Drittlandes. 2001.

Band 57 Albrecht Conrad: Qualifikationsfragen des Trust im Europäischen Zivilprozeßrecht. 2001.

Band 58 Bernd Borgmann: Die Entsendung von Arbeitnehmern in der Europäischen Gemeinschaft. Wechselwirkungen zwischen Kollisionsrecht, Grundfreiheiten und Spezialgesetzen. 2001.

Band 59 Aleksandar Jaksic: Arbitration and Human Rights. 2001.

Band 60 Islamisches und arabisches Recht als Problem der Rechtsanwendung. Symposium zu Ehren von Professor Emeritus Dr. iur. Omaia Elwan. Veranstaltet vom Institut für ausländisches und internationales Privat- und Wirtschaftsrecht der Universität Heidelberg und der Gesellschaft für Arabisches und Islamisches Recht e.V. Herausgegeben von Herbert Kronke, Gert Reinhart und Nika Witteborg. 2001.

Band 61 Patrick Fiedler: Stabilisierungsklauseln und materielle Verweisung im internationalen Vertragsrecht. 2001.

Band 62 Werner Mangold: Die Abtretung im Europäischen Kollisionsrecht. Unter besonderer Berücksichtigung des spanischen Rechts. 2001.

Band 63 Eike Dirk Eschenfelder: Beweiserhebung im Ausland und ihre Verwertung im inländischen Zivilprozess. Zur Bedeutung des US-amerikanischen discovery-Verfahrens für das deutsche Erkenntnisverfahren. 2002.

Band 64 Bernd Ehle: Wege zu einer Kohärenz der Rechtsquellen im Europäischen Kollisionsrecht der Verbraucherverträge. 2002.

Band 65 Heiko Lehmkuhl: Das Nacherfüllungsrecht des Verkäufers im UN-Kaufrecht. 2002.

Band 66 Jochen Nikolaus Schlotter: Erbrechtliche Probleme in der Société Privée Européenne. IPR-Harmonisierung im einheitlichen Europäischen Rechtsraum. 2002.

Band 67 Konrad Ost: Doppelrelevante Tatsachen im Internationalen Zivilverfahrensrecht. Zur Prüfung der internationalen Zuständigkeit bei den Gerichtsständen des Erfüllungsortes und der unerlaubten Handlung. 2002.